다산 기념 철학 강좌 5

문명 간의 대화

● 제5회 다산 기념 철학 강좌(2001년) ●

문명 간의 대화
— 유교 인문주의의 현대적 변용에 관한 연구

「두유명(杜維明) 지음 ▪ 나성 옮김」

철학과현실사

머리말

이 책은, 수년 전 <다산 기념 철학 강좌>의 연사로 초대된 하버드대 두유명(杜維明) 교수의 강연 원고가 다소 증보된 형태의 성과다. 출간이 늦어지게 된 연유는, 두유명 교수가 각계의 요구에 쫓기시는 분이라 바쁘신 탓도 있었겠지만, 그간 신변에 갖가지 애로가 있었던 이유 때문이기도 하다. 여하튼 제3기 유학을 주도하는 두유명 교수의 저서가 늦게나마 빛을 보게 된 것은 다행인 동시에 축하할 만한 일이다. 이제 유학이 좁은 동아시아의 울타리를 벗어나 인류 공영의 문화 유산으로서 소임을 다하게 되는 데 이 저서가 크게 보탬이 될 것이라 생각된다. 옮긴이 나성 교수와 더불어 교정의 노고를 감수한 박사 과정 김민철 선생, 석사 과정 정훈 군에게도 깊은 감사를 드린다.

다산기념철학강좌 운영위원회 적음

차 례

차 례

차 례

제1장
■ ■ ■
문화적 다양성 시대의 보편 윤리

    지역·국가·사회·개인들이 상호 의존한다는 느낌이 드는 것은 부정할 수 없는 사실이다. "지구촌(global village)"[1)]이라는 생각이 단지 상상으로만 가능한 것이든 아니면 실현할 수 있는 목표든 간에, 세계화의 추세로 인해 세계가 상호 연결된 공동체가 되어 엄청난 거리를 극복하고 사실상 모든 국경들을 넘나들 수 있게 되어가고 있다. 그러나 경제적 부·권력·영향력 및 경제·사회·문화적 재화에 대한 접근 가능성으로 인해 인간이 지금처럼 분열된 적이 없었다. 이러한 명백한 역설의 이면에는 인류의 생존을 위협할 정도로 엄청난 힘이 존재한다. 따라서 우리 일반 시민들, 그 가운데에서도 특히 미래의 민족 지도자들은 공통의 과제로서 이 고통스런 분열을 해소하기 위해 용감하고 지

---

1) 이런 생각을 최초로 구성해낸 사람은 토론토대에 있던 맥루헌이다. Marshall McLuhan 및 Bruce R. Powers, *The Gobal Village : Transformation in World Life and Media in the 21st Century* (New York, N.Y., 1989) 참조.

적으로 그리고 효율적으로 대처하는 법을 배워야만 한다.

1. 인간의 현황

최근 수십 년 사이에 인류가 진화 과정에서 분리될 수 없는 일부임을 인정하게 된 것은 전례 없는 통찰이라 할 수 있다. 그러나 우리가 단순한 진화의 산물에 불과한 것은 아니다. 왜냐하면 우리 인간들은, 불행히도 많은 경우 부정적이기는 했지만, 지난 수백만 년 동안 우리 삶의 형태를 결정하는 데 도움이 되었던 것들에 영향을 미치기도 하기 때문이다. 좀더 직접적으로 표현하자면, 우리는 이미 인간으로서 우리 자신뿐 아니라 자연 환경의 진화까지도 결정하는 하나의 요소가 되어버린 것이다. 인간으로서 우리의 행위는 어머니 지구에 지대한 영향을 미친다. 사실상 우리의 행위는 자연 질서를 돌이킬 수 없는 위험에 빠뜨리고 있다.[2] 유학에서는 우리가 개인으로서 집에서 사사롭게 하는 행위조차도 우리 자신에게만 의미가 있는 것이 아니라 사회·국가·세계 그리고 우주에까지 영향을 미친다고 생각해왔는데, 이러한 생각은 상상 속의 허구가 아니라 실제로 경험할 수 있는 현실이다.[3]

우리 인간이 자연에 가하는 충격은 너무나 커서, 우리가 파괴

---

2) 인간·우주 동형 동성적 관점에서 지구를 설명한 것으로, Brian Swimme와 Thomas Berry, *The Universe Story*를 볼 것. 아울러 Berry의 *The Dream of the Earth and The Great Work*를 볼 것.

3) 유교 인문주의의 생태주의적 함의에 관해서는, Tu Weiming, "The Ecologocal Turn in New Confucian Humanism : Implications for China and the World", 130(4) (fall 2001), 243-264를 볼 것.

시키고 고갈시킨 환경과 천연 자원이 우리 자신의 생존에 직접적 영향을 줄 정도가 되었다. 인간이 최초로 우주비행사의 육안을 통해 우주 공간에서 푸른 지구 전체를 관찰한 것은 지금으로부터 불과 38년 전인 1968년의 일이다. 그 이후 자연의 풍요로움 덕분에 우리의 영원한 주거지가 되어줄 듯했던 지구는 과학적 탐사로 인해 토양·광물·석유·물·공기 등에서조차도 사실상 취약성을 드러내고 있다. 우리 강연의 초점은 황사·산성비·해양 오염 등에 맞추어지게 되겠지만,4) 삼림 및 토양 손실·지구 온난화·오존 문제 등도 목록에 포함될 수 있다. 북경대의 저명한 학자 계이림(季羨林)이 예리하게 지적했듯이, 지난 세기에는 많은 경우 석유가 국가 간 분쟁의 원인이었다면, 미래에는 결국 물이 분란의 원인이 될 것이다.5)

인간이 만들어낸 자기 파멸의 도구, 그 가운데에서도 특히 대량 살상 무기 또한 마찬가지로 환경 파괴적이다. 독창적인 과학적 혁신의 결과물이기는 하지만, 이러한 장치들은 인간의 생존에 대해서도 심각한 위협이 되고 있다. 한 나라의 국방이 아무리 잘 갖추어진다 하더라도 공격 위험이 반드시 감소되는 것은 아니라는 사실을 우리는 최근에야 깨닫게 되었다. 지구상에서 가장 부유하고 최강의 군사력을 갖춘 나라에까지도 불안감이 만연해 있다. 인류의 안전은 매우 바람직한 소망이지만 쉽게 성취되지 않는다는 점으로부터 우리 모두는 자신의 통제 밖에 있는 힘

---

4) Kwak Il Chyun, "Environmental Cooperation in *Northeast Asia : Yellow Dust, Acid Rain, Marine Pollution*", in *Community Building in Northeast Asia*, 프로그램, 제3분과 : 제5강연, 46-48.
5) 계이림 교수는 2001년 9월 11~12일 북경에서 중화인민공화국 인민자문회의의 주최 아래 열린 문명 간의 대화에 대한 국제 심포지엄의 기조 연설에서 이러한 주장을 했다.

의 영향을 받을 수밖에 없음을 분명히 알 수 있다. 이러한 사실은 테러의 사례에서 분명하게 드러난다. 이렇게 취약성을 공유하고 있기 때문에 국제적인 협력이 필요하게 되고, 지방·국가·지역·세계의 모든 차원에서 함께 노력할 필요성이 더욱 커질 것이다.

그러나 환경 위기와 인간이 만들어낸 재난의 위험에도 불구하고 인류에게는 아직 희망과 미래가 있다. 분명 우리의 취약한 인간적 상황들은 소름끼치는 문제들을 제기하고 또 엄청난 공포와 불안을 야기하고 있다. 그러나 17세기 계몽주의 이래, 서구의 엄청난 변화를 통해 인간 해방의 과정이 생겨났으며, 이러한 과정에서 우리가 누구며 어떤 존재가 될 수 있는지 하는 문제가 근본적으로 재정의되었다. 일련의 놀라운 기술적 발명을 탄생시킨 과학 혁명을 통해 인간의 독창성·창조성·생산성은 너무나도 강력해져서, 인간들은 실질적으로 우주적 변화의 공동 창조자가 되어버렸다.[6] 최근 수십 년 동안에는 정보 혁명으로 인해 우리가 의사 소통하고 상호 교류하며 서로 함께 살아가는 방식이 완전히 변해버렸다. 이렇게 새로 등장하고 있는 네트워크로 인해 "사해 안에서는 모든 인간이 형제자매"[7]라는 고대의 이상적인 생각이 생생한 현실이 되었다.

국제 금융·무역·관광·이민이 기하급수적으로 증가하면서 세계는 더욱더 상호 연결된 공동체가 되어가고 있다. 세계 전역에 걸쳐 비정부기구(NGO)가 결성되면서 국제연합(UN)보다 더

---

6) 공동 창조자로서의 인간이라는 생각에 관한 토의를 위해서는, Tu Weiming, *Centrality and Commonality : An Essay on Confucian Religiousness* (Albany, N.Y. : State University Press, 1989, pp.67-91을 볼 것.
7) "四海之內 皆兄弟也", 「顏淵」, 『論語』.

효율적인 국가 간 협력 가능성이 열리고 있다. 세계 정부는 더 이상 긴 안목을 가진 극소수 정치가들의 꿈이 아니며, 무수한 자칭 세계 시민들의 열망이기도 하다. 기근의 근절은 요원한 일 같지만, 가능성은 항상 존재한다. 세계화가 불평등의 경제적 해결책이라는 믿음은 다양한 반대에 부딪혔지만, 부를 생산해내는 시장을 통해 부자는 더욱 부유해지고 가난한 사람도 결국은 수혜자가 될 것이라는 신념은 아직도 강렬하다.

멋진 신세계가 도래한 것은 아니다. 그러나 자연과학과 과학기술이 인류에게 부여한 혜택들을 살펴볼 때, 많은 점에서 우리가 모든 선조들보다 나은 상황에 있다는 점에 우리는 감사해야 한다. 식량·공중 보건·의료·장수·주택·교통 등과 기타 많은 사회·문화적 재화들이 분명 이러한 혜택에 포함된다. 우주를 지탱해주는 미세한 힘들에 대한 힘은 물론이고, 우주(천문학), 소립자(물리학), 유전자의 응용(생명공학) 등에 대한 우리의 지식은 인류 역사상 전례가 없을 정도다. 우리가 진보하고 있음에 대해서는 논란의 여지가 없다. 사실상 자연에 대해 우리가 얻은 자료와 정보, 지식을 통해 우리는 지적으로 뿐만 아니라 미적으로도 매력적인 지구를 전체적으로 바라볼 수 있게 되었다.

인간은 결코 전지전능하지도 않고, 어디에나 존재하는 것도 아니다. 그러나 이 지구상에서 우리 인간은 어디에나 존재한다. 가장 높은 산에서부터 가장 깊은 바다에 이르기까지 인간은 자신이 사는 지구의 지리적·생물학적 다양성을 경이롭게 관찰했으며, 토양·광물·물·공기·식물·조류·동물 등 우리의 생존을 유지시켜주는 이 구명정의 모든 측면들을 사실상 탐사했다. 나아가 인간의 마음은 우리를 둘러싼 우주에 반응할 수 있는 무한한 감수성을 가지고 있는 듯하다. 따라서 가장 멀리 있는 별이나 가장 미세한 먼지조차도 탐구하고 이해하며 평가하려는, 만족을 모르는 호기심을 자극한다. 인간의 능력은 너무나도 커져서, 그것을 생산적인 용도로 이용한다면 세계는 실제로 모든 피조물들을 위한 우호적 환경이 되었다. 우리는 지구의 지킴이가 될 수 있는 커다란 잠재력을 가지고 있다. 진정한 의미에서 인간이 지구의 정복자가 아니라 수호자가 될 때 인간의 번영이 가능하다.[8] 우리가 사용할 수 있는 자원은 충분하다. 인류의 생존 위기는 아마도 우리 인간으로 하여금 스스로를 구하고 우주를 책임지는 공동 창조자가 되려는 열망을 실현할 수 있는 최선의, 그리고 아마도 마지막이 될 기회를 찾을 것을 촉구하는 것인지도 모른다.

2. 지구촌의 등장

경제적 용어로 가장 간단하게 표현하자면 세계화란, "자유 무역을 방해하는 장애물을 제거하고 국가 경제를 더욱 긴밀하게 통합하는 것"[9]을 의미한다고 볼 수 있다. 이렇게 생각해보면 세

---

8) 「창세기」 1 : 28의 구절에서 우리는 인간이 신으로부터 "땅에 충만하고 정복하라" 그리고 "바다의 고기와 공중의 새와 땅에 움직이는 모든 생물들을 다스리라"는 권한을 위임받은 것 같은 인상을 받는다. 내가 "정복"과 "다스리라"를 강조한 것은 수십 년 동안 이 구절은 기독교 전통이 심층적인 신학적 전제의 측면에서 인간-지구 관계에 장애가 된다는 증거로서 인용되어 왔다는 것을 지적하기 위해서다. Lynn White Jr.의 논문, "The Historical Roots of our Ecological Crisis", *Science* 155(10 March 1967)를 볼 것. 완전히 다른 새로운 해석을 위한 최근의 시도로서 Sallie McFague, "New House Rules : Christianity, Economics, and Planetary Living", *Daedalus* 130(4) (fall 2001), 125-140을 볼 것.
9) Joseph E. Stiglitz, *Globalization and its Discontents* (New York : V. W.

계화란 불길한 것이라기보다는 긍정적인 추세다. 이는 가난한 사람을 포함하여 모든 사람을 부유하게 만들 잠재력을 가지고 있다. 스위스의 다보에서는 매년 다국적 기업의 최고 경영자들과 정치가들이 모여 세계의 핵심적 관심사를 토의하는데, 이 세계 경제 포럼은 분명 이러한 믿음에 기반하고 있다 ; 그들은 세계화가 번영의 밀물처럼 실질적으로 빈부 양자 모두를 고양시킬 수 있다는 명제에 기초하고 있는 것이다. 비록 공식적으로 선언된 내용은 아니지만, 이 포럼은 시장의 힘이 결국 빈곤을 근절하고 모든 개발도상국에게 혜택을 줄 풍요로운 사회를 가져올 것이라는 묵계(默契)를 상징적으로 보여준다.[10]

이러한 낙관론을 비판하는 사람들은, 몇몇 국가들에서 기아를 겪고 있는 사람들의 비율이 줄어들기는 했지만, 세계화가 많은 개발도상국, 그 가운데에서도 특히 빈민들에게 참혹한 결과를 초래했다는 사실을 지적한다. 나아가 자유화와 사유화의 측면에서 정의된 이른바 '워싱턴합의안(Washington Consensus policies)'은 세계적인 재정 위기, 특히 1997년에 발생한 아시아의 재정 위기를 효과적으로 처리하는 데 실패를 거듭해왔다. 그러나 "시장 근본주의"의 심각한 부정적 결과에도 불구하고, 재정 및 금융 시장의 자유화와 국가 기업의 사유화는 멈출 수 없는 미래의 조류인

Norton, 2002), 서언, ix.

10) 데보스 총의는 워싱턴 총의와 달리 이념성이 덜하다. 데보스 포럼은 21세기의 주요 문제들을 탐구하기 위한 새로운 의사 일정을 만들 정도로 개방적이었던 것 같다. 최근에 와서 이 포럼은 관심의 범위를 대폭 넓혀 인간 상황의 현 상태의 이해에 중요한 주제들을 다루었다. 예를 들어, 200년 1월에 있었던 연례 회의에서는 「가족 : 문명의 핵심」, 「상상력 : 예외적 수단, 빼어난 결과」, 「세계화는 모든 이를 위한 것인가?」, 「종교의 미래 : 믿음을 넘어서?」, 「미래를 위한 전망들」이 토의되었다.

듯하다. 자유 무역의 압박이 거세지면서 세계가 상호 연결된 네트워크로 변해가는 것은 필연적인 추세다. 외관상 분명한 이런 과정을 확실히 보여주는 것은 세계무역기구(WTO)가 무역 분쟁의 주요 조정자 역할을 담당한다는 사실이다.

물론 경제적 세계화만이 전부는 아니다. 세계화가 인류 공동체에게 긍정적 영향을 미칠지 아니면 부정적 영향을 미칠지에 대한 판단은 분명 아직 미정이다. 20여 년 전에만 해도 존재하던 행복감은 이제 사라져버렸다. 대신, 최근에는 "시장 근본주의"에 대한 비판의 목소리가 드높아졌는데, 이는 강력한 이념적 편견에 의해 자극된 것임에 틀림없다. '시장', 좀더 정확하게 말해서 '불완전한 시장'의 무차별적인 힘은 다수의 개발도상국들을 비참하게 만들었으며, 전 세계 도시 및 농촌의 수천만 빈민들에게는 너무나도 잔혹했다. 세계무역기구 자체가 조직적 항의의 목표가 되어버렸다. 시애틀에서 있었던 세계무역기구 회의 및 워싱턴과 프라하에서 있었던 국제통화기금(IMF)과 세계은행(World Bank)의 회의는 환경 보호에서부터 소비자 권리 보호에 이르기까지 광범위한 세계 시민 운동 단체들의 연대에 의해 저지되었다. 이러한 항의에서 부각된 주제는 국제·지역·국가·지방의 차원에 존재하는 불평등, 외국 차관에 대한 약속 불이행, 더욱 지속 가능한 성장을 책임지겠다던 선진 산업 국가들의 위선 등이었다.

자유 무역이라는 이념의 배후에는 대개 완전한 시장(perfect market)이 그 근거로 전제되어 있지만, 그러한 것은 인류 역사상 존재한 적이 없다. 아담 스미스는 『국부론』(1776)에서, 시장은 "보이지 않는 손"이 작동하고 있는 것처럼 스스로 효율적으로 운영된다고 주장했지만, 그러한 주장은 현대 경제학자들에 의해 크게 수정되었다. 간단히 말해, 정보가 불완전하거나 시장이 완벽하지 않다면 "경쟁적 균형은 효율적이지 못하다."[11][12]

시장이 자율적으로 작동할 수 있다는 하이엑(F. von Hayek)의 믿음은, 이론적으로는 설득력은 있을지 몰라도 구체적 경제 상황에서는 통용될 수 없다.[13] 1980년대의 홍콩이 자유방임주의의 전형적 표본이었다는 밀턴 프리드만(Milton Friedman)의 주장은 잘못이다. 아시아의 경험에 의할 때, 정부의 간섭이 항상 경제 발전에 장애가 된다는 주장은 잘못된 것이다.

중국·일본·한국·대만·베트남·싱가포르에서는 사회주의자와 자본주의자를 막론하고 모두가 시장이 원활하게 기능하기 위해서는 강력한 정부의 지도가 필요할 뿐만 아니라 바람직하다는 점을 당연하게 여기는데, 이는 아마도 유교 인문주의의 영향 때문일 것이다. 관료제의 비효율성·공적 책임 소재·투명성의 결핍과 부패에 대한 불안감이 들 수밖에 없지만, 고삐 풀린 시장을 규제하기 위해서는 책임지는 정부가 필수적이다. 분명, 정부의 역할은 구체적 상황에 따라 다르다 — 중국과 베트남은 직접 참여형, 싱가포르는 주도적 개입형, 한국은 간접적 참여형, 일본은 전략적 지도형, 타이완은 수동적 권장형, 홍콩은 능동적 비개입형 등이다. 그러나 정부는 시장 실패에 대한 일차적 책임을 져야 한다.[14] 모두가 다 알고 있듯이, 국제통화기금이 요구한 자유

---

11) 이 주제에 관한 탁월한 설명을 위해서는 Jérôme Bindé, "Toward an Ethic of the Future", Arjnun Appadurail 편, *Globalization* (Durham : Duke University Press, 2003), pp.90-113을 볼 것.

12) B. Greenwald and J.E. Stiglitz, "Externalities in Economies with Imperfect Information and Incomplete Markets", *Quarterly Journal of Economics* 101 (2) (May 1986), pp.229-264.

13) 자기 조절적 시장에 관한 그의 철학적으로 정교한 주장을 위해서는 Friedrich A. von Hayek, The Constitution of Liberty (Routledge & Kegan Paul, 1960)를 볼 것.

화와 사유화를 통해 아시아의 재정 위기를 막을 수는 없었으며, 여러 가지 측면에서 볼 때 상황은 크게 악화되었다. 구소련 연방이 경제적인 재앙을 맞게 된 것은 시장 근본주의자들의 사고 및 행동 방식 때문이라고 할 수 있다 ; 그들은 제도적 하부 구조에 충분한 주의를 기울이지 않은 상태에서 사실상 정부의 역할을 무시한 정책을 독단적으로 고집한 것이다.

세계화를 단순하게 경제적 측면에서만 바라보는 것은 부적절할 뿐만 아니라 기만적이기까지 하다. 세계화가 발전을 의미한다면, 경제 성장은 발전에 관해 부분적이고 많은 경우 왜곡된 이야기를 전해줄 뿐이다. 한결같은 환경 · 평등한 사회 · 민주적 정치를 지향하는 발전을 소망하려면 먼저 건전한 제도가 있어야 한다. 고도 산업 국가들에게 넘치는 공적 책임 소재 · 투명성 · 책임감의 정신은 전 세계 국가들이 국제적 행위 규범을 지키도록 훈련하는 데 도움이 된다. 대외 원조를 취급하면서 뻔뻔스런 위선을 자행하는 일부 초강대국들조차도 내부적으로는 기본적으로 정직하고 효율적이며 공정한 사법적 틀 속에서 운영된다. 서구로부터 유교 · 힌두교 · 불교 · 이슬람교 등 다른 문화권까지 확산된 민주주의적 이념과 실천은 정치적 세계화의 가시적 증거다.

결국 전제 · 독재적 정부 체제 안에서 등장하는 시민 사회들로부터 우리는 세계 통치가 더 이상 상상의 허구가 아니라는 의미심장한 증거를 발견할 수 있을 것이다. 중국의 상황은 적절한 예가 될 것이다. 1970년대에 개혁 정책을 실시한 이래 중앙 집권적 통치는 점차 다원적 구조로 대체되었다. 중화인민공화국이 민주주의와 거리가 멀다는 것은 분명한 사실이다. 그러나 주목할 만

---

14) Tu Weiming, "Cultural Implications of the Rise of 'Confucian' East Asia", *Daedalus* 129 (1), 195-218을 볼 것.

한 번영의 수준을 달성하기 위해 최근 15년 동안 모든 중요한 분야에 능동적 참여를 촉구한 결과 사회주의적 기풍은 근본적으로 퇴조하였다. 그 결과, 전체주의적 정부는 의도적이든 그렇지 않든 간에 다른 영향의 중심들, 특히 기업·대중 매체·학원 등과 권력을 공유할 준비가 되어 있다.

전 세계적으로 볼 때, 사실상 모든 관심 분야에서 최근에 등장한 비정부기구들은 국제 협력에 있어 전례 없는 역동성을 상징한다. 전국인민대회(全人大)를 겉으로나마 희망적으로 관측한다는 사실은 유엔의 규칙을 민주적 원리들에 좀더 부합하도록 재편성할 시기가 성숙했다는 전체적 합의가 등장했다는 점을 보여준다.15) 코펜하겐에서 있었던 사회 정상 회의 이래 유엔 자체는 비정부기구들의 설득력을 충분히 인정해왔다.16) 유엔사무총장은 재정·구호·평화 유지의 노력에서 유엔의 역량을 제고시키는 데 이러한 새로운 현상을 이용해왔다. 비정부기구들은 환경·인권·종교 충돌·이주·난민 등과 같은 주요 세계적 문제들을 거론할 뿐만 아니라, 일부러 의도한 것은 아니지만 지뢰 금지 운동과 같은 관련 문제들에 관심을 갖는 독창적 방법들을 만들어냈다. 유엔은 상이한 집단들을 국제적 기구 속으로 통합하여 초국가적 단체를 만드는 데 특히 적절하다.

또 다른 주목할 만한 발전은 지역적 통합이다. 아세안(Association

---

15) 이 생각을 주장한 사람은 프린스턴대와 UC 산타바바라대의 교수인 저명한 법학자 Richard Falk다. *Reforming the International : Law, Culture, Politics*, Richard Falk, Lester Edwinn, L Ruiz 및 R. B. J. Walker 편집(New York : Routledge, 2002)을 볼 것.

16) 미국 대표단의 대표인 힐러리 클린턴은 이 컨퍼런스의 지구 분과에서 한 자신의 연설에서 국제 기구들은 자신들의 이익을 위해 NGO들의 목소리와 충고에 유의해야 한다고 분명하게 밝혔다.

of Southeast Asian Nations)은 지역적 협력의 예를 가장 잘 보여준다. 아세안의 기저는 존중 · 타협 · 대화 · 총의 · 화합 · 상호 학습의 정신이 있다. 그러나 아세안은 관념적 선언을 하는 회의라기보다는 구체적 목표 달성이라는 실제적 목적을 위한 공동적 모험이다. 아세안 플러스 쓰리(중국 · 일본 · 한국)의 타당성을 타진함으로써 아시아 · 태평양 지역에서 아세안의 존재를 확대시키려는 최근의 시도는 긴 안목을 가진 움직임이다. 비록 동아시아의 지역적 통합은 아직 초기 단계에 있지만, 잠재력은 가시권 안에 있다. 결국, 중국 · 일본 · 한국 · 베트남 · 싱가포르는 모두 유교적 문화 지구에 속한다.17)

　일본은 문화적 정체성이라는 측면에서 예외적 경우였다고 할 수 있다. 근대 서구의 일원이 되기 위해 후쿠자와 유키치가 "탈아(脫亞)"의 노력을 기울인 이래, 일본은 심지어 G7에 합류할 정도로 예외적 성공을 거두었다. 그러나 미래를 생각해보면, 일본이 진정으로 아태 지역에서 벗어난 듯한 위상을 유지하는 것은 불가능하다.18) 따라서 지적인 측면에서 오늘날 일본이 당면한 주된 과제는 수입된 외래 생각과 관습을 토착 전통과 융합시키는 데에서 자신의 놀라운 성취를 위험에 빠뜨리지 않은 채 적절

---

17) 일본이 유교적 문화 지역에 포함되는지의 문제는 논란거리다. 사무엘 헌팅턴은 명백한 이념적 이유로 인해 일본을 유교적이라고 규정하기를 거부한다. 그의 *Clashing of Civilizations and the Remaking of World Order* (New York : Simon & Schuster, 1996)를 볼 것. 한편, Ronald Ingleheart는 일본이 유교 세계의 일부라는 점을 당연시한다. 그의 "Culture and Democracy", in *Culture Matter : How Values Shape Human Progress*, Lawrence E. Harrison and Samuel Huntington 편집(New York : Basic Books, 2000), p.85를 볼 것.
18) 내 생각에 지금까지 일본이 가치 定向에서 중국적 세계의 일부라는 점을 가장 간결하게 서술한 학자는 에드윈 라이샤워다. Edwin Reischauer, "The Sinic World in Perspective", *Foreign Affairs* (1974), 341-348.

한 "귀아(歸亞)" 방법을 발견하는 것이다. 미국과의 관계는 거론할 필요도 없겠지만, 미래 일본이 한국 및 중국과 어떤 관계를 갖느냐 하는 점이 동아시아의 안전·안정·단결에 주요 요소가 될 것이다.

유엔의 대학 지구화 세미나 서울 분과 회의와 특별히 관련되는 것은 한국·중국·일본·몽고를 포함하는 동북아에서의 공동체 건립이다. 이러한 발의의 목적은 아태 지역의 이 부분에서 도전과 기회를 모색하는 것이다. "세계화, 지역주의 및 민족국가"라는 제목의 강연에서 연세대의 문정인 교수가 주장하듯이, 세계화는 자율·타율의 가능성을 모두 갖고 있다. 자율의 측면에서 신흥 산업 국가들은 경제적 상호 의존을 자유 시장에서의 수요와 공급 결과에 기인한 기정 사실로 인정한다. 인공적인 국경이 허물어짐에 따라 복합적 상호 의존의 유기적이고 기능적 네트워크가 출현했다. 한편, 타율적 세계화는 "방어적 중상주의·패권적 지배·공격적 쌍무주의"로 귀결할 수 있다. 아태 경제 협력을 열린 제도로 실천할 때, 이것은 지역 통합의 형태로서 전도가 유망한 것 같다. 문 교수는 북아시아에서의 공동체 건설에서 세계화에 적대적이기보다는 그와 조화하는 열린 지역주의를 추천한다.

지역 통합의 가장 중요한 사례는 말할 것도 없이 유럽연합(EU)이다. 아직 진행형이기는 하지만, 제2차 세계대전기에 소수 긴 안목의 정치가들이 품었던 꿈이 세기가 바뀌는 시점에서 실현되고 있다는 점은 진정으로 놀랄 만하다. 진행되고 있는 과정은 유동적이고 무한하기 때문에, 유럽연합이 지속될 것인지를 확실히 알기까지는 오랜 시간이 필요할 것이다. 그럼에도 최근에 나타난 조짐들은 매우 고무적이다. 유로화의 발행은 대다수의 유럽

국가들이 광범위한 문화적 함의를 갖는 하나의 경제 체제, 심지어 통합된 정체로서 나아가겠다는 강력한 의지를 상징한다. 현안인 터키의 유럽연합 가입은 유럽이 이웃 국가들에 대해 개방적 태도를 갖는 다문화적 문명으로 자신을 변모시키겠다는 결의를 시험하는 시금석이 될 것이다.

문화적 세계화는 천착하기에 더욱 어려운 주제다. 그것은 역설에 근거하고 있기 때문이다. 표면적으로 볼 때, 서구화와 현대화에 의해 추진된 세계화가 집약적 동질화의 과정이었다는 점은 놀라운 사실이다. 전 세계적으로 확산되는 신속한 세계화는 눈부신 결과를 가져왔다. 이 중 명백한 것은 언어적·문화적 손실이다. 영어가 결국에는 세계를 압도할 것이라는 추측은 특히 국제적 상업 공동체에서 설득력을 갖는 것 같다. 프랑스 엘리트들은 자신의 언어가 잊혀졌다는 점에 심각한 염려를 하는 반면, 이탈리아의 상인들은 자신의 경제를 국제화시키는 방법으로서 학교에서 영어를 장려할 것을 촉구한다.[19) 어느 경우든, 유럽·동아시아·동남아시아·남아시아·라틴 아메리카·러시아·이슬람 세계에서의 영어 확산은 부정할 수 없는 사실이다. 영화·음악·텔레비전 드라마·기타 연예의 형태 및 패스트푸드와 삶의 방식들은 미국주의로서의 세계화가 전례 없는 방법으로 가속화되고 있다는 사실을 분명하게 보여준다.

분명한 점은 세계화가 단순히 미국화는 아니라는 사실이다. 세계화는 또한 워싱턴 디시의 연방 정부를 포함한 각 주의 권위를 잠식하는 것 같다. 더욱 중요한 것은 세계화가 통치권의 의미를 복잡하게 만들며 또 국경을 변모시킨다는 점이다. 저명한 정

---

19) 이러한 관심은 2003년 Aspen Italia가 Villa D'Easte에서 주최한 '지도력과 법인의 책임'이라는 세미나에서 이탈리아의 CEO들에 의해 계속 표명되었다.

치가들은 다국적 기업, 특히 주로 자금·재정적 이전을 다루고 있는 기업들의 세력이 국내 및 국제적 조직들의 통치를 침해한다는 불안에 사로잡혀 있다.[20] 신생 기업들, 특히 정보 과학 기술이 사회에 미치는 영향은 헤아릴 수 없다. 아마도 법인 문화는 지구촌의 미래 지도자들인 대학생들에게 가장 많은 영향을 미치는 세력이다.

그러나 세계화는 문화적 정체성의 욕구를 제고시킨다. 세상이 세계화될수록 뿌리를 찾는 우리의 노력은 더욱 활발해진다. 우리의 존재를 규정하는 모든 "원본적 유대(primordial ties)"는 우리가 사는 세상이 갖는 환원 불가능한 측면들이다. 민족·인종·성별·연령·국토·믿음 등이 현재에 갖는 중요성은 역사상 다른 어떤 시기보다도 명백하다.[21] 현대화로 인해 결국 문화적 차이가 사소해져버릴 것이라는 주장은 단호히 거부된다. "원본적 유대"는 선진 산업 국가 및 개발도상국의 경제·정체·사회에서 중요한 역할을 담당한다. 어떠한 국가도 문화적 정체성의 문제를 회피할 수 없다. 에릭 에릭슨에 의해 만들어져 현재

---

20) 1995년 코펜하겐에서 열린 사회 개발을 위한 세계 정상회의에서는 빈곤·실업·사회 해체의 문제들이 논의되었다. 이어서 열린 사회 발전을 위한 코펜하겐 세미나에서는 '모든 사람의 혜택을 위한 세계 경제'(1996), '인도적 사회를 위한 인도적 시장'(1997), '세계 공동체를 위한 정치 문화와 제도들'(1998), '사회 진보와 사회 퇴보에 대한 정의와 측정 및 감시' 등의 주제들이 토의되었다. 이점을 가장 강력하게 주장한 사람은 캐나다 수상인 피에르 엘리엇 투르도였다. 그러나 그의 1996년도 발언은 확인되지 않았고 단지 마지막 보고서에서의 일반적 발언으로 간주되었다. Jacque Baudot 편, *Building a World Community : Globalization and the Common Good* (Royal Danish Ministry of Foreign Affairs, June 2000)을 볼 것.
21) 나는 "원본적 유대들"에 관해 서너 차례 언급한 적이 있다. 예를 들어, Gianni Picco 편, *Crossing the Divide* 제2장, 「대화의 맥락 : 세계화와 다양성」(New York : St. John's University, 2001), pp.51-59를 볼 것.

통용되고 있는 "정체성"이라는 용어가 처음 출현한 것이 1960년
대라는 사실은 주목할 가치가 있다.[22] 그 이후로 정체성이라는
용어는 개인의 귀속감 · 하나의 집단을 응집시키는 핵심 가치 ·
개인이나 공동체의 차별성을 수립하려는 자발성 · 어떤 조직, 직
업, 학문 분야의 결정적 특성 등으로 이해되어 왔다. 이렇게 광범
위하게 이해되어온 "정체성"이란 용어를 우리가 어떻게 도외시
할 수 있을까?

국제화와 지역화 사이의 역동적인 상호 작용으로 인해 우리는
세계화를 보편화나 특수화보다는 좀더 복잡한 맥락에서 검토하지
않으면 안 된다. 지역화를 통한 국제화라는 역설, 다시 말해 세계
화의 환원 불가능한 차원으로서의 문화적 정체성을 이해하게 될
때 우리는 인간의 상황을 새롭게 조명할 수 있게 된다. "Glocal"이
라는 부자연스런 용어는 "이것이냐 저것이냐?(either-or)"의 사유
방식이 갖는 불편함을 담고 있다. 이 현상을 이해하는 기본적 방
법론을 바꾸기 위해서는 반드시 이러한 정신 자세의 근본적 개
혁이 선행되어야 한다. 문화적 세계화의 의미를 평가하기 위해,
보스턴대의 피터 버거 교수는 이 현상을 여러 시각에서 연구하
기 위한 중요한 조직을 구성했다. 이 연구 결과를 통해, 문화적인
측면에서 볼 때 세계화에는 문화적 다양성의 시대에 반드시 높
이 평가되어야 하는 수많은 형태가 있음을 잘 보여준다.[23]

---

22) 정체성, 더 정확히는 "정체성 위기"라는 문제는 Erik Erikson이 자신의 책
*Martin Luther*에서 제시했다. *Young Martin Luther : A Study in Psychoanalysis
and History* (New York : Norton, 1993)를 볼 것.
23) Peter Berger 및 Samuel Huntington 편, *Many Globalization : Cultural
Diversity in the Contemporary World* (Oxford ; New York : Oxford University
Press, 2002).

3. 계몽주의 정신을 넘어서 : 아시아적 관점

지금까지 현대 역사에서 가장 영향력이 있는 이념은 계몽주의다. 자본주의와 사회주의는 모두 이 노력의 산물이다. 그러나 이 지면과 관련된 것은 하버마스 같은 철학자가 계몽주의에 대해 자세히 설명한 내용 자체는 아니다.24) 논의의 주제는 오히려 19세기 이래 동아시아 사상의 주류를 점거해온 계몽주의 정신이다. 최근 수십 년간, 특히 냉전이 종결된 이래 계몽주의의 한 형태인 자본주의가 승리했다는 주장이 거세게 들려왔다. 현대의 서구, 특히 미국이 미래의 조류와 관련해서 예증할 수 있는 대안은 더 이상 존재하지 않는다. 원활하게 기능하는 시장 경제·공정하고 효율적인 민주적 정체·역동적 시민 사회 등이 인간의 복지에 관한 주요한 제도적 특징들로 간주된다. 더욱 중요한 것은 아마도 자유·합리성·법률·권리·개인의 존엄과 같이 이러한 제도들을 지탱하는 가치일 것이다.

나는 이 주제에 관해 다른 곳에 기고한 적이 있는 관계로,25) 계몽주의 정신을 초월해야 할 필요성에 대해서는 단지 간략하게만 언급하겠다. 계몽주의의 유산은 이미 지구촌 어디에서나 발견할 수 있기 때문에, 이것이 인간의 번영을 위한 지침 원리로 계속 존속하기 위해서는 그 지성적 범위와 정신적 기초가 확대되고 심화되어야만 한다. 계몽주의에 기초한 진정한 통합적 시

---

24) 하버마스의 기회에 관한 간결한 설명을 위해서는 Richard Bernstein 편, *Habermas and Modernity* (Cambridge MA : MIT Press, 1985)를 볼 것.

25) Tu Weiming, "Beyond the Enlightenment Mentality", Mary Evelyn Tucker 및 John Berthrong 편, *Confucianism and Ecology* (Cambridge MA : Harvard University Center for the Study of Religion, 1998), pp.3-21.

각이 보완되기 위해서는 상호 연결된 세 가지 요구 조건이 선행되어야만 한다.

(1) 중세 기독교에 대한 강력한 반작용으로 17세기 계몽주의 사상가들은 일반적으로 종교에 반감을 가졌다. 결과적으로 그들은 근대 서구를 압도한 세속적 운동을 일으켰다. 세속적 인본주의는 결코 21세기의 생동적 정신을 설명하지 못한다. 더욱 심각한 것은 "인간이 만물의 척도"며 또 인간만이 인생이 갖는 가치와 의미의 원천이라는 자긍심에 넘치는 교만한 주장이다. 이러한 견해는 역사적 종교의 부활과 양립할 수 없을 뿐만 아니라 또한 새로운 종교의 성장에도 방해가 된다. 환경에 대한 관심이 점점 더해감에 따라 우리는 토착적인 정신적 전통의 가치를 새롭게 인식하게 되었는데, 이 새로운 인식은 계몽주의적인 인본주의를 은연중 비판한다. 인간·우주 동형 동성적 시각을 향한 움직임은 바람직하고도 필연적이다.

(2) 계몽주의는 합리성을 강조함으로써 인간의 "발전"에 주요한 공헌을 하였다. 그러나 "지식이 힘"이라는 프랜시스 베이컨의 주장에 기초하고 있기 때문에, 계몽주의 정신에서는 도구적 합리성이 두드러진 특징을 형성하고 있다. 자연과 사회에 대한 탐구·통제·착취·제압에 능통한 인간의 개인적 창의성만을 강조하는 관계로 우리를 둘러싼 세계는 객관화되고 생명이 없는 사실들로 전락하고 만다. 이러한 삶으로부터 환경 파괴와 공동체 해체와 같은 중요한 부정적 결과가 생겨난다. 합리성, 특히 공감과 감정 이입을 상실한 도구적 합리성만으로는 결코 인간이 스스로를 반성하기에 충분치 않다.

(3) 위에서 열거한 것처럼, 근대 서구의 가치들은 보편적이거나 적어도 보편화될 수 있는 것들이다. 자유·합리성·법률·권

리·개인의 존엄성이 근대적 의식의 결정적 특징이 되었음은 분명하다. 아무리 설득력 있는 논쟁일지라도 의미 있는 인간 존재에 본질적인 이러한 가치들에 맞서 싸울 수는 없을 것 같다. 시민들의 기본적 자유마저 부정하고, 대중을 통제하기 위해 비합리적 수단들을 사용하고, 법을 지키지 않고, 인권을 부정하고 또 개인의 사생활을 무시하는 정부마저도 이러한 기본적 예의를 어기고 있음을 국제 사회로부터 감추기 위해서는, 많은 경우 잘못된 것일지라도 정당화의 방법을 찾아야만 한다.

복합적으로 구성된 지구촌에서 인간이 번영하기 위해서는 더욱 광범위한 본질적 가치들이 필요하다. 이러한 가치를 "아시아적 가치"라고 특징짓는 것은 오해의 가능성이 있을 수 있다. 더구나 이러한 생각이 반서구(反西歐) 논리에 원용되기 위해 정치화될 때는 더욱 오해의 가능성이 크다. 그러나 이 가치들을 보편적 가치 또는 적어도 보편화될 수 있는 가치로 장려하는 것은 매우 중요하다. 여기에는 공감·예의·책임감·공동체적 단결 등이 포함된다. 만일 우리가 빈민들의 긴요한 관심을 언명해야 한다면, 만일 우리가 세계화를 개발도상국 및 선진국 모두에게 작용하도록 만들고 싶다면, 만일 우리가 고삐 풀린 시장 경제의 야수적 세력을 억제하기 원한다면, 그렇다면 우리는 서양과 동양의 모든 가치가 주입된 제도를 개발해야만 한다. 세계 질서에 존재하는 불평등한 하부 구조를 바로잡을 확실한 방법은 아직 존재하지 않는다. 통전적 시각이 없이는 세계 질서를 인간화하는 작업을 시작조차 할 수 없다.

4. 문명 간의 대화

2001년 유엔의 사무총장이 문명 간의 대화의 해를 지정한 이래, 국제 사회에서 상호 작용의 새로운 패러다임은 곧 실현되는 듯했다. 불행하게도, 비극적인 9·11 사태로 인해 이러한 패러다임이 실현되기까지는 많은 시간이 더 필요한 것 같다. 더구나 테러리즘을 다루는 데 일방적인 노선을 따르기로 한 워싱턴의 처사는 세계 정치에서 새로운 사유 방식으로서 이 패러다임의 효율성에 부정적인 영향을 미쳤다. 그러나 결국에는 대립이 아닌 대화가 국제적 의사 소통과 협상을 위한 규범이 될 것 같다.

문명 간의 대화를 촉진시키기 위해 유엔사무총장이 지명한 "명사 그룹"의 일원으로서, 나는 이 생각을 개념화하고 또 실천에 옮기기 위한 국제적 공동 노력에 참가해왔다. 개인·공동체·국가·지역·세계적 차원에서 대화의 양식을 인간 상호 작용의 지속적 패턴으로 제시하는 것이 타당성이 있는지를 알아보기 위해 나는 더블린·도하·베이징 그리고 최근에는 뉴델리까지 갔다왔다. 계몽주의 정신을 초월하자는 나의 제안에서와 마찬가지로, 이 문제는 내가 이미 다른 곳에서 다루었기 때문에[26] 여기에서는 요점만 간단히 정리하도록 하겠다.

동질화의 위력이 제아무리 강하다고 해도, 언어·종교적 차이점들을 포함하는 문화적 다양성은 계속 존속할 것이다. 음식·음악·예술·연예 일반 등에서 혼합의 조류가 존재하는 것은 사실이지만, 상이한 전통들은 각자의 독특한 특징들을 유지할 것

---

26) 좀더 포괄적인 취급을 위해서는 G. Picco 편, *Crossing the Divide*를 볼 것. 제2장 "Globalization and Cultural Diversity"가 여기에서의 논의와 더욱 관련될 것 같다.

같다. 전통들은 창안되고 또 재창안되는 것이 분명하지만, 이러한 변형들의 기저에 있는 역학은 다양하고 많은 경우 바뀌지 않는다. 종교의 경우는 특별히 주목할 만한 가치가 있다. 세계 3대 종교인 기독교·이슬람·불교가 각각 다른 종교로 집단 개종하리라고 상상하는 것은 불가능하다. 이것은 또한 유대교·힌두교·자이나교·유교·도교·조로아스터교에도 적용될 수 있다. 물론 모든 종교들은 자체의 내적 긴장이나 외적 압력에 따라 대대적 변화를 겪게 될 것이다. 개인이나 집단의 개종은 언제나 일어나는 것이지만, 어떤 전통이 통째로 다른 전통 속으로 흡수될 가능성은 매우 희박하다.

종교적 전통이 다양하다는 사실은 한 개인의 신앙이 아무리 강렬해도 그곳에는 반드시 전혀 다른 형태의 신앙에 따르는 사람이 있을 수 있음을 시사한다. 세계 3대 종교로 개종하는 것은 불가피하다 해도, 평화적 공존의 중요성은 아무리 강조해도 지나치지 않다. 갈등과 알력을 최소화하기 위해서 필수적인 것은 상호 존중이다. 대화가 없으면 막강한 조직과 강력한 힘을 가진 종교는 다른 종교들을 압도하려 할 것이며, 따라서 강력하고 폭력적인 반응을 초래할 것이다. 다른 한편으로, 대화가 없다면 종교적 근본주의는 호전적 방어와 공격적 배타주의로 발전될 것이다.

좀더 심층적인 측면에서 볼 때, 우리는 종교적 다원주의로부터 칼 야스퍼스가 말한 "기축 시대"의 의미를 재검토할 시기가 무르익었다는 예시를 읽을 수 있다. 그의 해석에 따르면, 2000년이 넘는 시간 동안 기원전 1000년 동안에 독립적으로 출현한 정신적 문명들, 특히 남아시아의 힌두이즘과 불교, 동아시아의 유교와 도교, 중동 지방의 유대교 및 그리스 철학이 세계의 종교적 분포도를 형성했다는 것이다. 1948년에 야스퍼스는 소크라테

스·공자·부처·예수를 세계사에서 가장 영향력이 큰 전형적
인물들로 골라냈다.27)(당대의 맥락에서 볼 때 마호메트도 당연
히 첨가되어야 한다.) 기축 시대 문명들은 각각 자체의 역학에
따르고 있지만, 이들은 반드시 지구와 대면하는 핵심적 문제들
에 대한 반응 및 다른 문제들에 비추어 자신들을 재정의해야만
한다. 이러한 전혀 새로운 상황으로 인해 신학자 유어트 커진스
는 제2의 기축 시대라는 생각을 제창했다.28) 이 적절한 주장은
대화 양식에 대해 새로운 시각을 제공한다.

　관용의 필요성은 분명하지만, 그것은 단지 공존을 위한 최소
한의 조건일 뿐이다. 모든 종교들은 상대방의 존재를 사물의 자
연적 질서로서 인정해야만 한다. 존경은 상호 의존과 상호 학습
의 기초가 될 수 있다. 기독교인은 불교도의 참선에서 배울 수
있고 불교도는 기독교인의 사회 봉사에서 배울 수 있다. 유대인
과 무슬림은 아브라함에 대한 신앙에서 공동의 뿌리를 공유할
수 있다. 마찬가지로, 유교인은 영적 수련의 기술을 힌두교도로
부터 배울 수 있고, 힌두교도는 경세술을 유교로부터 배울 수 있
다. 평화 문화의 기풍이 없이 종교 간의 대화가 가능하다고 믿는
것은 지나친 이상주의다. 종교적 갈등은 종교 사이에서 뿐만 아
니라 단일 종교 내부에서도 발생한다. 많은 경우 종교 내부의 투

---

27) Karl Jaspers, *The Great Philosophers* (New York : Harcourt, Brace &
World(1962~c1995), in 4 volumes. 첫 번째 책에서는 전형적 개인들 : 소크라테
스·붓다·공자·예수와, 철학 사상의 창시자들 : 플라톤·어거스틴·칸트가
논의된다.
28) Tu Weiming, "Crisis and Creativity : A Confucian Response to the Second
Axial Age", Steve Chase 편, *Doors of Understanding : Conversations in
Global Spirituality in Honor of Ewet Cousins* (Quincy, IL : Franciscan Press,
1997), pp.401~417.

쟁은 더욱 거칠고 참혹하다. 우리는 어떻게 대화가 대립과 노골적 적대감에 대한 현실적 대안이라고 생각할 수 있을까?

문화적 다양성의 시대가 갖는 현저한 특징은 타자가 반드시 공격자·위협·적·도전자·경쟁자가 아니라는 의식이다. 잠재적으로 타자는 친구·동업자·동료·합작자·고문이 될 수 있다. 마틴 부버의 "나와 너"의 관계에 대한 책에 나타난 것처럼,[29] 대화의 진정한 정신은 상호 반응성이다. 대화에 참여하는 목적은 개종시키고 설득하고 영향을 미치고 설명하려는 것이 아니라, 오히려 듣고 배우고 자신의 지성적 지평을 넓히고 자신의 자기 내성(內省)을 제고시키려는 것이다. 인간끼리의 만남에서 사실상 공동의 경험인 대화를 통하여, 우리의 자기 인식은 강화되고 타자에 대한 우리의 이해 능력은 심화된다. 제2의 기축 시대에 세계는 지수적으로 더욱 복잡해지고 정교해진다. 지혜를 얻는 전통적인 방법, 즉 듣는 것과 일 대 일 의사 소통의 기술은 역설적으로 하나의 삶의 방식으로서 더욱 존중된다. 대화란 성취할 수 없는 이상이 아니라 일상적으로 실천하는 인간화의 학습이다.

5. 보편 윤리를 향하여

세계화는 문화적 다양성을 제고시킨다. 일부 학자들은 문화적 다양성이 세계화의 조류에 어울리고 또 필수적이라고 주장한다.

---

29) Martin Buber, *I and Thou*, Ronald G. Smith 번역 (New York, Scribner, 2000).

이러한 역설적 상황에서 우리가 감지할 수 있는 것은 만일 새로운 세계 질서가 가능하다면, 보편적으로 적용할 수 있는 가치와 규범이 반드시 필요하다는 사실이다. 주지하다시피, 철학자들은 수십 년 동안 보편 윤리의 실천 가능성을 탐구해왔다. 그 공동체의 모든 구성원들이 인정하는 행동 기준 없이도 인간 공동체가 생겨날 수 있다는 것은 상상도 할 수 없다. 이러한 주장은 지금과 같은 다원적 사회에서 실행에 옮기기에는 너무 이상적일지 모르나, 보편적 관련성을 가진 윤리가 발견되어야만 하거나 재구성되어야만 한다는 열망은 전 세계의 공적 지식인들 사이에 널리 퍼져 있다. 예를 들어, 유네스코는 보편 윤리의 타당성을 검토하는 특별 그룹을 구성했다. 김여수 교수의 주도 아래 이 주제에 관해 다양한 학문 분야에서 검토하기 위해 국제 세미나와 컨퍼런스들이 소집되었다.30)

보편 윤리를 위한 이러한 탐구에서 주도적인 조류는 최소한의 타협적 접근(minimalist approach)이다. 전혀 다른 신앙 체계 사이의 화해할 수 없는 갈등을 잘 알고 있기 때문에, 최소한의 타협자들은 이론과 실천에서 최소한의 공통 분모를 만들기 위해 특정한 문화·종교·도덕을 초월할 필요성을 역설한다. 이들은 진정한 보편적 토의란 반드시 초월적 시각을 가져야 한다고 주장한다. 끝없는 이념적 논쟁에 휘말릴 위험성은 많은 경우 피할 수 없다. 결국, 강렬한 독단적 입장을 가진 두 개의 집단 사이에서 진정한 대화를 기대하는 것은 거의 불가능하다. 그러나 우리는

---

30) Yersu Kim, *Common Framework for the Global Ethics of the 21st Century* (UNESCO, 1999). 아울러 Nancy Hodes and Michael Hays 편, *The United Nations and the World's Religious Prospects for a Global Ethic* (Cambridge, MA : BOS).

다른 신앙을 가진 사람들과 의사 소통을 하기 위해 기본적으로 공유 가능한 기초를 찾기 위하여 우리 자신의 신앙에 대한 충성심을 중지해야만 한다. 전략적으로 볼 때 보편 윤리의 본질적 특징에 대한 기술은 "엉성한" 것이 최고며, 이것만이 종교 간의 교리 분쟁의 늪에서 빠져나갈 유일한 길이다.

최소한 타협론자들의 "엉성한" 접근 방식의 논리는 단행본들로 결실을 맺었다. 스위스의 신학자인 한스 큉은 종교 간의 맥락에서 보편 윤리를 개념화하는 데 도움을 주었다. 1993년에 시카고에서 열린 세계 종교 공의회 100주년 기념식에서 종교 지도자들은 보편 윤리의 절실한 필요성에 관한 자신들의 공동 결의문을 표명하는 귀한 기회를 가졌다. 한스 큉은 모든 종교적 전통들이 인정할 수 있는 제안서의 초안을 작성하였는데 이것은 높은 지지를 받았으며, 이로써 문화 교차적 종교 협력의 새로운 장이 시작되었다. 비교 문명적 관점에서 볼 때 주목할 만한 점은 모든 주요 역사적 종교들이 새로운 인간 상황의 중요성을 인식하였다는 점이다. 교리의 차이에도 불구하고 지구에 관한 한, 인간에게는 자연과 지속 가능하고 조화로운 관계를 수립할 의무가 있다는 점을 인정한 것이다. 이 새로운 인간 상황에서 가장 분명하게 표명된 것은 환경 인식이었다. 인간 공동체(비록 상상의 공동체이긴 해도)의 복지는 종교·신학적 사유에서 매우 중요한 것이기 때문에, 불교에서의 피안이나 아직 실현되지 않은 신의 왕국 같은 외견상 모순적인 교리들은 지금 이 자리의 세계에서 인간의 복지 유지에 관한 우리의 공통된 관심을 전혀 저해하지 못한다. 따라서 다수의 철학자들과 신학자들은 생태·안전·폭력·테러리즘·질병이라는 중요하고도 긴급한 문제들에 의해 기가된 새로운 휴머니즘이 종교적 의식에서 없어서는 안 될 부분이 되었다는 점을 당연하게 받아들였다. 한스 큉은 보편 윤리를 향한 자신의 탐구를 조심스럽게 "휴머니즘적"이라고 정의한다.

보편주의를 향한 이러한 휴머니즘적 탐구의 기초를 이루고 있는 것은 도덕적 추론에 대한 칸트의 고전적 공헌이다. 모든 합리적 존재들은 정언 명령의 투명성을 이해할 수 있다고 가정한다면, 영혼의 불멸성이나 신의 존재는 이론적으로 볼 때 윤리적 사유에서 이 핵심 사상의 보편성에 본질적인 것은 아니다. 적어도 표면적으로는, 의사 소통의 합리성에 관한 완벽한 논증을 수립하려는 아펠과 하버마스의 노력은 여전히 칸트의 선험 원리에 기초하고 있다. 최근에 와서 하버마스는 선험 원리란 바꿀 수 없다는 자신의 스승 겸 친구의 주장에서 떠났을 가능성도 있지만, 미국의 실용주의에 민감한 그도 모든 교양 있는 대화를 지배하는 영원한 법칙을 향한 자신의 고집으로 인해 타협할 줄 모른다. 정의를 공정함으로 정의하는 존 롤스도 어떤 의미에서는 칸트의 영향 아래 있다. 아마도 다문화주의에 대한 비판을 의식해서 그렇겠지만, 정의론을 단지 민주적 자유주의에만 적용하는 그의 자제력을 놓고 볼 때 그의 해석적 입장은 분명히 보편주의적이다.

문화적 다양성의 도전에도 불구하고, 보편주의자들은 결코 일반화가 가능한 원리들의 위력을 의심하지 않는다. 세계 종교에서 황금률을 확인하려는 한스 큉의 고집스런 노력은 주목해야 할 경우다. 그는 황금률이 적극적으로 표현되든 소극적으로 표현되든 간에 유교·유대교·자이나교·불교·힌두교에서 발견될 수 있다고 주장한다.[31] 나아가 그는 마이클 왈처가 주장하는 것처럼, 진리와 정의만을 기초 가치로 정하는 것은 기초가 되기

---

31) Hans Küng, *A Global Ethic for Global Politics and Economics* (New York : Oxford University Press, 1998), pp.98-99.

에 충분치 않다고 주장한다.[32] 오히려 인간성 그 자체에 대해서는 "최소한의 합의" 또는 "인간이 함께 생활하고 행동하기 위한 가능한 최소의 기초"라고 생각하고 있음에 분명하다.[33] 결과적으로 큉은 다음과 같은 두 개의 핵심적 원리들을 보편 윤리의 기초로 인정한다. "모든 인간은 인도적으로 취급되어야 한다"; "네게 해주었으면 하는 대로 남에게 하라."[34]

큉이 생각하는 인간성의 황금률에는 진지한 토의의 가치가 있는 미묘한 점이 포함되어 있음을 주목해야만 한다. 유교와 유대교의 소극적 황금률이나 기독교의 적극적 황금률이 그러한 선택이 항구적 함의를 갖는다는 의미에서 중요한 것인지의 여부에 관한 것이다. 소극적인 경우는 공감과 동정의 원리라고 특징지울 수 있다. 이 원리에 따르면, 남을 자신만큼 알 수 없기 때문에, 자신에게 절대적으로 좋다고 생각하는 것이 남에게는 적절하지 않을 수도 있다는 것이다. 따라서 공감과 동정에서 우리는 우리의 견해를 남에게 강요하는 것을 자제해야만 한다. 엄격한 의미에서는 소극적 황금률이 종교 간의 평화적 공존에 더욱 적합하다. 스스로 전도를 자제하는 것이 서로 다른 종교적 전통 사이에서는 좀더 대화의 정신에 어울린다.

표면적으로 볼 때 이 소극적 원리는 너무 수동적이어서 역동적으로 통합된 공동체의 수요를 설명하기에 부적합한 것 같다. 적극적 황금률이 유기적인 사회적 유대의 역할에 더 어울리는 점은 분명하다.[35] 더구나 나에게 되었으면 하는 대로 "남에게 하

---

32) 같은 책, p.98.
33) 같은 책, pp.97-98.
34) 같은 책, p.110.
35) Emile Durkheim, *The Elementary Forms of Religious Life*, Carol Cosman

라"는 이상의 명령에 따라 타자의 복지를 인정하는 것에서 우리
는 공동체 윤리에 아주 어울리는 이타주의를 발견한다. 개종에
서 발생하는 갈등의 위험을 회피하는 것이 우리 시대에서는 아
주 중대한 문제이기 때문에 우리는 먼저 전혀 다른 타자에 대한
사려와 존경의 의식을 배양해야 한다. 만일 문명 간의 평화가 종
교 간의 평화에 달려 있고, 종교 간의 평화가 종교 간의 대화에
달려 있다면, 소극적 황금률은 우리에게 특히 의미 있는 것으로
서 귀하게 생각하는 것을 남에게 강요함으로써 우리의 축복을
공유하라고 명령하는 황금률에 우선해야만 한다. 공동체 건설에
대한 적극적 참여를 독려하기 위해서, 우리는 반드시 그러한 황
금률이 다음과 같이 적극적 명령으로 보충되도록 만들어야 한
다. "인자(仁者)는 자신을 위해 성취하고자 하는 것을 남들이 성
취하도록 돕고, 자신이 얻고자 하는 것을 남들이 얻도록 돕는
다."36) 한편으로는 공감·동정·사려 깊음·존중과 다른 한편
으로는 책임감·의무라는 두 그룹의 원리들은 한스 큉이 말하는
인간의 황금률에 상응하는 것들이다.37)

모든 사람을 인도적으로 취급하라는 칸트의 사상은 보편 윤리
에 대한 최소한도의 타협자적 접근의 구성 부분이다. 이 주제에
대한 시세라 복의 철학적 저작은 이러한 계통의 사유가 갖는 설
득력을 구체적으로 보여준다.38) 왈처의 도전에 답하면서 큉은
기초적(얇은) 도덕과 분화된(두꺼운) 도덕의 정교한 결합을 선

역(New York : Oxford University, 2001).

36) "夫仁者, 己欲立而立人, 己欲達而達人."「雍也」, 『論語』.

37) 한스 큉, 앞의 책, p.110.

38) Sissela Bok, *Common Values* (Columbia : MO : University of Missouri Press, 1995).

택한다. 그가 고안한 노력이 목적으로 삼는 것은 보편적인 윤리적 원리들이 인간 공동체의 생존·지속·번영을 위해 절대적으로 필요한 그러한 행동 규범들을 확인하는 것이다.

최소한의 타협주의(minimalism)를 비판하는 사람들은 자주 해체주의자나 포스트모더니스트라고 잘못 인식되는데, 그들은 보편 윤리의 타당성과 실천 가능성에 대해 심각한 의문을 제기한다. 통상적으로는 그들은 최소한의 타협주의의 이론적 기초에 도전하지 않는다. 오히려 그들은 문화적 경계 저편에서의 비교 불가능성과 번역 불가능성 같은 문제들이 보편 윤리의 성공 가능성을 부정하는 충분한 이유가 된다고 생각한다. 그들 중 일부는 상대주의를 불가피하고 심지어 바람직한 대안이라고 생각한다. 그들은 결단코 독단적 윤리주의자의 입장보다는 상대주의자의 입장을 선호한다. 대부분의 경우 그들은 상대주의를 목적 그 자체로 간주하지 않고 오히려 편협한 독단주의를 폭로하는 유리한 절차라고 간주한다.

상대주의적 입장이 도구적 유용성을 갖고 있는 것이 사실이지만, 사유 형식으로서의 상대주의는 보편주의에 대해 엄중하게 도전한다. 상대주의자들은 다수의 보편주의적 주장들이 일반화될 수 있을지에 대해 회의적이다. 그들은 우리가 사는 다양성의 시대에는 진리, 특히 절대적 진리의 기초가 되는 합리성이 그 자체로 문제가 있다고 강력하게 주장한다. 만일 평화의 문화가 우리의 생전에 혹시 실현될 기회가 있다면, 우리는 추상적 보편주의의 성공하지 못할 시도들을 포기해야만 한다. 타당성(reasonableness)의 관념은 개인들과 집단들 사이에서 예의를 양성하는 데 더욱 적절하다. 나아가 그들은 최소한도 타협주의의 입장이 겉보기에는 자명하지만 실제로는 문명들 간의 대화와 관련이 없는 일종의 진부함의 형식이라고 주장한다. 만일 우리가 자신을 윤리의 실천에 전념하도록 만들지 않는다면, 모든 이상주의적 주장들은 빈 이야기에 불과하다. 심지어 동일한 문화·언어·종교의 공동체 안에서도 집단 내부의 갈등을 해소할 방법은 없다. 진실함(truthfulness)을 추구하는 것은 틀린 생각이다. 대신에 우리는 의미의 문제에 초점을 집중해야만 한다.[39]

초보적인 의미에서 볼 때, 진리와 의미 사이의 차이는 우리의 경험에 놓여 있다. 진리의 목표는 공평무사한 객관적 기준인 데 반해 의미는 개인적 지식과 뒤엉켜 있다. 의미라는 주제와 관련되는 것은 진정성(authenticity)·진실성(sincerity)·사실성(reality)이다. 의미의 추구는 우리가 획득할 만한 가치가 있는 것으로서 경험한 것을 개인적으로 체현하는 것과 관련이 있다. 미학 및 윤리학에서 획득은 특히 이해와 가치 인식에서의 성취를 의미한다. 신체의 경우를 예로 들자면, 신체는 체험적으로 파악되어야만 한다. 신체를 관찰의 대상으로 삼으려는 시도는 반드시 실패할 것이다. 사실상 우리는 신체를 소유하는 것이 아니다. 오히려 우리는 결코 완전히 객관화될 수 없는 주체이기 때문에 이 주체가 획득한 것이 되기 위해 노력한다.[40] 마찬가지로 의미는 자기 지식과 자기 반성을 수반한다. 특별히 의미 있는 것을 발견할 때 많은 경우 신체적 감각이 반응한다. 의미가 갖는 역사·문화·언어적 상황을 부정할 수는 없다. 의미는 항상 살아 있는 대면의

---

39) 이 문제에 관해서 나는 하버드 옌칭연구소의 동료인 Huang Wansheng과의 유익한 토론에서 많은 도움을 받았음을 이 자리를 빌어 밝힌다.

40) Thomas Kasulis 편, *Self as Body in Asian Theory and Practice* (Albany : State University of New York Press, 1993). 아울러 Eliot Deutsch, *Humanity and Divinity* (Honolulu : University of Hawaii Press, 1970).

현실 속에 묻혀 있다.

의미는 관습적 지혜와 분리될 수 없다. 의미 있다는 판단은 많은 경우 뿌리 깊은 진·선·미 의식과 얽혀 있다. 추상적 보편주의는 의미의 조건이 아니다. "경험된 구체성(lived concreteness)"은 의미의 두드러진 특징이다. 명제를 제아무리 정교하게 구성한다고 해도 몇 줄의 명제로는 완전히 체화된 의미를 전달할 수 없다. 의미 구성(meaning construction)에는 항상 언어 외적 지시물(referent)이 존재한다. 언어는 결코 화자-작가가 의도한 의미를 완전히 포착하지 못한다. 내적 경험은 결코 타자에게 충분히 설명될 수 없지만, 의미는 이러한 내적 경험으로서 이해되고 파악될 수 있다. 의미를 정확하게 표명하는 구체성은 반드시 의미를 배타적으로 만든다. 그러나 지역적 지식의 형태로서의 의미가 결코 보편적 의미를 얻을 수 없다고 가정하는 것은 잘못이다. 역설적으로 들리겠지만, 아주 특정한 맥락에서 "두꺼운 기술(thick description)"[41]이 보편적 매력을 갖지 말란 법은 없다.

의미는 개인의 진정성(authenticity)·진실성(sincerity)·사실성(reality)과 얽혀 있지만, 결코 주체적 영역으로만 제한되지 않는다. 의미 창조는 반드시 타자와 연결된다. 어떠한 상황에서도 의미를 마치 사적인 일인 양 개인이 홀로 창조할 수는 없다. 타자가 자아성의 결정적 특징이라는 엠마누엘 레비나스의 주장은 이 문제에 호소력을 갖는다. 그는 오직 타자를 위한 삶만이 우리 자신을 진정·진실·사실적인 존재로 만든다고 역설한다.[42]

---

41) 이 "방법"에 관한 전형적 본보기를 위해서는 Clifford Greetz, *Local Knowledge : Further Essays in Interpretive Anthropology* (New York, Basic Books, 2000)를 볼 것.

42) Edwin Gantt 및 Richard N. Williams, *Psychology of the other : Lévinas,*

이러한 포괄적인 자아성은 개방적이고 역동적이다. 타자성을 자아 속으로 통합함으로써 주체·객체 또는 내·외 관계는 새로운 의미를 갖는다. 긴장과 갈등에도 불구하고 상호 보완성과 공생은 자아와 타자 사이의 의미 있는 상호 작용의 특징이 된다. 2001년 명사 그룹이 유엔 총회에 상정한 보고서인 『분단을 넘어서(Crossing the Divide)』에는 다음과 같은 인간 상호 작용의 새로운 패러다임이 제시되어 있다. 타자가 원수·위협·도전·경쟁자로 간주될 필요는 없다. 대부분의 경우 타자는 친구·동료·동업자·짝·동료 시민·직장 동료·사회 운동의 동지·기념제의 참석자다.

이러한 타자의 지각은 종교 간의 대화에 적용될 수 있다. 종교는 원래 자기 폐쇄적이고 그 경계는 확고하며, 신자와 비신자를 확실하게 구별한다는 가정은 기껏해야 순진한 생각이다. 모든 종교들과 기축 시대 문명들은 거대한 강물처럼 수많은 지류들을 포용한다. 이들 각각은 자신의 정체성을 규정하는 분명한 핵심 가치들을 갖고 있지만, 이러한 가치들의 적응 가능성과 유연성으로 인해 기축 시대의 역사적 종교들은 수십 세기를 지속할 수 있다. 사실상 모든 항구적인 정신적 전통들은 동일한 성질을 가지고 있다. 자폐적인 근본주의가 그 내면적 힘을 보존할 수 있는 기간은 몇십 년 정도일 것이다. 그러나 카리스마를 가진 지도자가 사라지게 되면 분열의 운명을 모면하기는 힘들 것이다.

최대한도 타협주의자들(maximalists)은 인간성에 관한 "얇은 기술"이란 생존·안전·안정에 관한 최소 조건만을 따질 때 전략적 유용성이 있다고 주장한다. 힌두교도·유교인·도교인·

Ethics, and the Practice of Psychology (Pittsburgh, Pa : Duquesne University, 2002).

불교도 · 유태인 · 기독교인 · 회교도가 인간인 점은 논란의 여지가 없다. 우리는 먼저 인간됨의 기초적 가치들을 수립해야만 한다. 그리고 나서야 우리는 각각의 위대한 전통들의 차별화된 가치들에 대해 자세히 말할 수 있다. 이것은 희망적 관측일지 모른다. 좀더 현실적인 접근 방법은 각각의 전통에 대한 "두꺼운 기술"을 출발점으로 삼는 것이다. 특수한 것의 경험적 구체성을 통해 보편적인 것을 활성화시키는 이 고통스럽고 어려운 절차가 추상적 보편주의와 포괄적 특수주의 사이의 갈등이라는 딜레마에서 해방되는 유일한 길일지 모른다.

행위에 관한 이러한 구체-보편의 과정이 대화를 통해 작용할수도 있다는 희망적 조짐이 보인다. 사실상 최근 수십 년 동안 타인의 믿음을 자신의 종교와 밀접하게 연결된 것으로 여기자는 공동 결의를 통해 종교 간의 의사 소통은 매우 크게 촉진되었다. 극단적 타자와의 대면을 해방적 경험으로 간주하는 것은 아마도 지나친 이상주의일지 모르지만, 차이를 축하하는 것은 종교 간의 대화에서 더 이상 참신한 것이 아니다. 특히 주목할 만한 것은 기독교인인 존 캅(John Cobb)과 불교도인 아베 마사오 간의 장기간에 걸친 교류다. "기독교인은 불교도가 될 수 있을까? 또는 불교도는 기독교인이 될 수 있을까?"라는 질문 자체의 형식은 매우 의미심장하다. 기독교인은 더 나은 기독교인이 되기 위하여 불교도로부터 배울 수 있다(이것의 역도 성립함).[43] 종교적 실천에서 복수 종교, 심지어 다수 종교를 겸하는 것은 점점 더 정상적인 것으로 인정된다.[44] 종교적 보편주의의 실현은 이제

---

43) Christopher Ives 편, *Divine Emptiness and Historical Fullness : a Buddhist-Jewish-Christian Conversation with Masao Abe* (Valley Forge, Pa : Trinity Press International, 1995).

멀지 않다.

그러나 우리가 살고 있는 문화적 다양성의 시대에 민족중심주의·호전적 민족주의·문화적 우월주의·종교적 근본주의가 역사상 전례가 없는 정도로 등장하는 것을 우리는 경계와 걱정의 마음을 가지고 목격하고 있다. 우리는 어떻게 "문명의 충돌"[45]을 피할 수 있으며 또 어떻게 종교 간의 평화적 공존을 마음에 그릴 수 있을까?

우리는 종교가들이 새로운 인간 환경에 비추어 자신들의 신앙을 재규정해야 함을 자각하길 바란다. 종교들 사이에는 제2의 기축 시대에서의 위기에 대한 반응이라는 문제에서 합치점이 있다. 대표적으로 몇 개만 나열하자면, 그 위기들은 천연 자원의 고갈·환경 파괴·대량 살상 무기에 의한 멸절·불안정·범죄·마약·질병 등이다. 긴 안목의 철학자들과 신학자들은 인류가 등장한 이래 일찍이 없었던 이러한 새로운 도전들에 대처하는 방법을 찾기 위해 가장 소중하게 생각하는 일부 교리들을 재검토하고 있다. 우리에게 긴급하게 필요한 것은 자아의 존엄·공동체의 통합·자연의 지속 가능성을 담보해줄 새로운 우주론과 새로운 생활 방식이다. 궁극적으로 우리는 계몽주의의 인간 중심주의와 세속성을 반드시 초월하여 생명에는 목적이 있다는 것과 우리에게는 우주의 공동 창조자로서 우리의 책임을 가족·공동체·국가·종교·세계 너머로 확대시킬 의무가 있다는 것을 깨달아야만 한다. 우리가 존재하는 것은 지구와 생명의 다양

---

44) 예를 들어, John H. Berthrong, *The Divine Deli : Religious Identity in the North American Culture Mosaic* (Maryknoll, N.Y. : Orbis Books, c1999)를 볼 것.
45) Samuel P. Huntington, *The Clash of Civilizations and the Remaking of World Order.*

성 때문이다. 우리 자신의 문화적 다양성으로 인해 우리는 자연의 관리자가 될 수 있다.

우리 시대에 가장 중요한 윤리는 현재적 당위성과 역사적 유산을 고려하는 미래 지향적인 것이 되어야만 한다.46) 다음과 같은 아프리카의 격언은 많은 것을 시사한다. 지구는 우리의 조상들이 물려준 선물일 뿐만 아니라, 수많은 미래의 세대들이 우리에게 맡겨준 보물이기도 하다.47) 마찬가지로 중요한 것은 새로운 윤리가 마땅히 통전적이고 보편적이어야만 한다는 점이다. 이러한 맥락의 보편성은 역사적 종교로부터 추출한 것이 아니다. 오히려 이것은 독특한 당대의 인간적 조건과 대면하면서 완벽하게 실현된 정신적 전통의 결과물이다. 이 자리를 빌어 아프리카 대륙의 믿기지 않는 상황에 대해 언급해야 할 것 같다. 우리는 현재의 상황에서 빈곤·실업·부패·기아·질병·사회적 해체가 지배하는 희망이 없는 인상을 받는다.48) 그러나 미래적인 안목으로 본다면, 아프리카는 천연 자원들과 지리적 다양성이 풍부하다는 점에 주목해야 한다.49) 치유·인간의 상호 작용·사

---

46) 이 주제에 관한 탁월한 설명을 위해서는 Jérôme Bindé, "Toward an Ethic of the Future", Arjnun Appadurail 편, *Globalization* (Durham : Duke University Press, 2003), pp.90-113을 볼 것.

47) 나는 이것이 상이한 형태로 표현되는 것을 여러 번 들을 기회가 있었으나 이것의 정확한 출처는 알 수 없다. 이것이 단지 아프리카 장로들의 지혜로부터 유래한다고는 하지만, 이것이 갖고 있는 교훈적 가치는 분명하다.

48) 헌팅턴에게는 "문명의 충돌"에 관한 자신의 논의와는 무관하거나 중요치 않은 것으로서 이 문제를 무시하는 것이 정당화될지 모르지만, 이처럼 중요한 대륙을 그렇게 시의적절한 주제에서 배제시킨다는 것은 장기적 관점에서 볼 때 경솔한 것 같다.

49) 아프리카는 가장 오래된 대륙으로서 케이프타운 주위의 지역에는 카나다에 비길 만한 다양한 토양과 암석, 광물들이 있다고 한다.

회적 단결·정신적 훈련 등에서 나타난 장로들의 전통적 지혜는 말할 것도 없이, 아프리카의 언어·문화적 다양성은 실로 엄청나다. 아프리카의 개발 잠재력은 자연·비자연적 측면 모두에서 대단하기 때문에 결국에 아프리카는 인간 번영의 빛나는 본보기로 등장할 것이다.

인간 자신의 파괴적 위력은 역사상 전례가 없을 정도로 인류를 위협해오고 있다. 인류의 생존은 더 이상 당연시되지 않는다. 인간에게는 또한 적응력·재생력·창조성·상상력 등과 같은 위대한 잠재력이 풍부하다. 우리 자신의 복지뿐만 아니라 지구의 지속적이고 회복 가능한 생명력은 인간의 행동에 달려 있다. 우리의 생존력에 관한 가장 우울한 이야기의 하나는 자기 멸절의 돌이킬 수 없는 조류를 뒤집기 위해 우리가 무엇을 해야 하는지를 점차 이해하게 되자, 하부 구조와 정신 태도가 올바른 일을 하기 위한 우리의 노력을 방해한다는 사실이다. 우리는 우리 자신의 무지와 오만의 희생물이다. 정보와 지식을 많이 동원할 수 있다고 해서 우리가 자동적으로 현명해지는 것은 아니다.

공정성의 원리에 의하면, 재화·권력·영향력·지식이 많은 개인·사회·국가·종교들은 지구촌의 장점을 증진시키기 위하여 지도력을 발휘하고 책임감을 질 의무가 있다. 그러나 현실에서 선진국들은 자기 중심성·이기성·방종의 관성을 무의식적으로 보여준다. 시장 근본주의의 기풍은 정의·공감·예의·의무·공동체성 등을 공유 가치로서 양성하는 것에 방해가 된다. 1991년에 발생한 걸프전 이래, 미국의 정치적 엘리트들은 미국의 무소부재와 전능에 취해왔다. 부강(富强)은 남아 있는 유일한 초대강국 미국이 생각하는 대로의 세계 질서를 지배하고 그리고 패권적 지배가 미국의 활동 양식의 기초를 이룬다.

2001년의 9 · 11 사태 이래, 자신과 세계에 대한 미국의 지각은 큰 변화를 겪었다. 이 비극적 사건은 미국에게 깊은 자기 반성과 타문명들, 특히 이슬람 세계와의 대화라는 흔치 않은 기회를 제공해줄 수 있었다. 불행하게도 자국의 안보에만 몰두했기 때문에 미국의 행정부는 국제적 기구들을 제치고 맹방들인 프랑스와 독일을 소외시키는 일방적 행동을 선택하였다. 나아갈 길은 매우 힘들고, 미국을 지구촌의 도덕적 지도자로서 재건하는 노력은 많은 세월을 필요로 할 것이다.

초강대국이 외교 정책의 유일한 지침이 되는 자국의 이익을 초월하든 안 하든 간에, 북아메리카 · 유럽연합 · 동아시아라는 영향력의 세 중심을 갖는 다원적 세계는 오래 지속될 것이다. 세계화는 현대화의 직선적 발전이며, 전통과의 결별이며, 동질화의 과정이라는 주장을 근본적으로 무효화시킬 것이 확실하다. 전통들은 현대성 속에 계속 존재할 것이다. 다시 말해 현대화는 다양한 형태를 가질 것이며, 역동적 변화이기 때문에 발산하여 다양화되는 것은 물론 수렴하여 통일될 것이다.[50] 바로 이런 의미에서 현재 상황을 적절하게 서술하자면 다중현대성(multiple modernities)이 될 것이다.[51] 이러한 새로운 전망은 세계라는 무대 위에서 활약하는 한 사람을 독재자가 아닌 대화자 · 협상자 · 중재자 · 의사소통자 · 대화상대자로 만들 것이다.

---

50) 이 흥미로운 현상의 본보기로서는 Tu Weiming 편, *Confucian Traditions in East Asia : Exploring Moral Education and Economic Culture in Japan and the Four Mini-Dragons* (Cambridge, MA : Harvard University Press, 1996)를 볼 것.

51) Shuel N. Eisenstadt 및 Wolfgang Schluchter, "Introduction : Paths to Early Modernities – A Comparative View", *Daedalus* 127 (3) (Summer 1998) : 2. 또한 "Multiple Modernities", *Daedalus* 129 (1) (Winter, 2000).

세계화는 강압적 패권을 탄생시킬 수 있지만, 대화를 통해 또한 평화롭고 번영하는 공동체를 생산할 수도 있다. 문화적 다양성은 공격적 배타주의를 야기할 수 있지만, 대화를 통해 안전과 안정의 의식을 발생시킬 수도 있다. 앞에 놓인 도전은 다원주의에 뿌리가 있으며 모든 인간들에게 개방적인 보편 윤리를 형성하는 것이다. 우리의 "집"을 건강하게 만들기 위하여 우리는 마땅히 인간·우주 동형 동성적 시각을 개발해야만 한다. 자신의 집에 살지 않는다면, 우리는 결코 안전하다고 느끼지 못할 것이다. 우주 질서와 연결되지 않는다면, 우리는 결코 우주의 공동 창조자로서의 우리의 역할을 완수하지 못할 것이다.

Global Ethics in the Age of Cultural Diversity

The emergence of sense of interdependence among regions, nations, societies, and individuals is undeniable. Whether or not the idea of a "global village"[1] is only an imagined possibility or a realizable goal, the globalizing trends enable the world to become an interconnected community, overcoming vast distances as it is now and crossing virtually all borders. Yet, humanity has never been as divided by wealth, power, influence, and accessibility to economic, social, and cultural goods. Underlying this obvious paradox are forces so serious and threatening to human survival that we, ordinary citizens especially future national leaders, must learn to cope courageously, intelligently, and effectively to, as a joint enterprise, solve these troubling divisions.

I. The Human Condition

It is an unprecedented insight that our species has in recent decades been acknowledged as an integral part of the evolutionary process. We are more than simply a product of evolution because we also contribute, unfortunately often negatively, to what for millions of years has been instrumental in shaping our form of life. To put it more directly, we have become a factor in determining the evolution of the natural environment as well as ourselves as human beings. What we do as human beings has great consequences for Mother Earth. Indeed, our activities are irreversibly endangering the natural order.[2] The Confucian idea that what we do as individuals in the privacy of our homes is not only significant for us but also relevant to society, the nation, the world, and the cosmos is not a figment of the imagination but an experienced reality.[3]

Our human impact on nature is such that environmental degradation and the depletion of natural resources directly affect our own existence. It was only thirty-five years ago, in 1968, when human beings, through the naked eyes of the astronauts the first time observed from space the entire earth and our blue planet. Since then, facilitated by scientific exploration, our seemingly eternal habitat provided by the bounty of nature is actually vulnerable in very respect; soil, mineral, oil, water, and air. Our conference will focus on yellow dust, acid rain, and marine pollution,[4] but the list can be extended to include loss of forests and soil, global warming, and the ozone problem. As the noted scholar Ji Xianlin of Peking University poignantly reminded us, whereas conflicts among nations in the last century were often occasioned by fights over oil, water may turn out to be a source of contention in our lifetime.[5]

Equally devastating to the environment are the man-made instruments for self annihilation, notably weapons of mass destruction. Although these devices are the result of ingenious scientific breakthroughs, they pose grave threats to human survival. We have to come to the recent realization that no matter how well protected a country is in terms of national defense, the danger of being attacked is not necessarily reduced. A sense of insecurity is pervasive even in the wealthiest and militarily most powerful nation on earth. Human security is a highly desirable aspiration but not easily achievable, clearly indicating that we are all vulnerable to forces beyond our control. The case of terrorism is the most obvious. This shared vulnerability makes international cooperation necessary. Which may enhance the need for collaborative efforts at all levels — local, national, regional, and global.

Despite the environmental crisis and the danger of man-made disasters, however, there is hope and promise for humanity. Surely, our vulnerable human condition raises frightening questions and causes great anxiety and insecurity, but it is undeniable that since the Enlightenment of the seventeenth century, the great Western transformation has engendered a process of human liberation that has fundamentally redefined who we are and what we can become. The scientific revolution, which brought about a series of breathtaking technological inventions, empowered human ingenuity, creativity and productivity to such an extent that human beings have virtually transformed themselves into co-creators of the cosmic process.[6] In recent decades, the information revolution has changed the way we communicate, interact, and live with one another. This emerging network has made the ancient utopian idea, "within the four seas, all human beings are brothers and sisters",[7] a lived experience.

The exponential growth in international finance, trade, tourism, and immigration makes the world an increasingly interconnected community. The formation of non-governmental organizations(NGOs) throughout the world opens up the possibility that transnational cooperation, more effective than the United Nations, is emerging. The proposal for global governance is no longer the dream of a few farsighted statesmen, but also the aspiration of numerous self-defined citizens of the world. The eradication of abject poverty is far from being realized, but the potential if there. Although faith in globalization as an economic solution to inequality has met with a variety of opposition, the belief is still strong that, through the wealth-generating market, the rich will become richer and the poor may also be the beneficiaries of this mechanism.

I am not suggesting that a brave new world is upon us. Yet, if we examine the benefits that science and technology have given to empower the human species, we should be grateful that in many ways we are better off than all our ancestors. These obvious benefits include food, public health, Medicare, longevity, housing, transportation, and a host of other social and cultural goods. Our knowledge about the cosmos (astronomy), subatomic particles (physics), and the application of the genetic code (biotechnology), not to mention the subtle forces that keep the universe together, is unparalleled to any other period of human history. The idea of progress is irrefutable. Indeed, our data, information, and knowledge about nature have provide us with a holistic sense of our blue planed that is intellectually captivating and aesthetically enchanting.

Human beings are far from being omnipresent, omniscient, or omnipotent. Yet on this earth our presence is everywhere. From the tallest mountain to the deepest ocean the human eyes has observed with wonderment the geodiversity and biodiversity of our habitat and the human hand has touched virtually all aspects of the lifeboat that sustains us : soil, minerals, water, air, plants, birds, and animals. Futhermore the human mind seems to have an unlimited sensitivity to respond to the cosmos around us ; the most distant star or the tiniest piece of dust arouses our insatiable curiosity to explore, to understand, and to appreciate. The human capacity has been so enhanced that if it is put to productive use, the world can be substantially improved as a hospitable environment for all creatures. The potential for us to become the custodian of the earth is great. Human flourishing, in the true sense of the term, lies in our stewardship, for rather than our domination over, the blue planet.[8] The resources available to us are rich. The crisis of the viability of the human species may urge us to seek the best opportunity and, perhaps the last, to save ourselves and realize our aspiration to be responsible co-creators of the universe.

II. Emergence of a Global Community

In simplistic economic terms, globalization may mean "the removal of barriers to free trade and the closer integration of national economies."[9] Globalization so conceived is a positive trend rather than a sinister force. It has the potential of enriching everyone, including the poor. It is certainly the belief of the World Economic Forum where CEOs (chief executive officers) of multinational corporations and political leaders gather annually at Davos in Switzerland to discuss vital issues of the world based on the proposition that globalization, like a rising tide of prosperity, can actually lift all boats, both rich and poor. The Frum symbolizes a tacit understanding, if not a formal declaration, that marked forces will eventually eradicate poverty and bring about an affluent society that will benefit all developing countries.[10]

Critics of this optimistic view point out that, although several nations have been successful in reducing the percentage of those living in poverty, globalization has had a devastating effect on many developing countries, especially on the poor within them. Furthermore, the so-called Washington Consensus policies, defined in terms of liberalization and privatization, have failed repeatedly to deal effectively with financial crises throughout the world, notably the Asian financial crisis of 1997. Nevertheless, despite the grave negative consequences of "market funda-mentalism", the liberalization of financial and capital markets and the privatization of state enterprises seem unstoppable waves of the future. The increasing pressures of free trade inevitably are transforming the world into an interconnected network. A clear indication of this seemingly certain process is the role of the World Trade Organization (WTO) as the major arbiter of trade disputes.

Economic globalization is, of course, only part of the story. Obviously, the jury is still out about its positive or negative impact on the human community. The euphoria merely two decades ago has now dissipated. Instead, critics of "market fundamentalism", clearly motivated by a strong ideological bias, have been vocal in recent years. The brutal force of the market, more appropriately the imperfect marked, has been devastating to many developing countries and extremely cruel to the tens of millions of urban and rural poor throughout the world. WTO itself has become the target of well-organized protests. Its meetings in Seattle and the meetings of the IMF and World Band in Washington and Prague were disrupted by a coalition of movements in the global civil society, ranging from environmental protection to consumer advocacy. The issue of inequities at international, regional, national, and local levels, the broken promises of foreign aid and the hypocrisy of the advanced industrial countries in assuming responsibility for more sustainable growth loomed large in these protests.

The perfect market, often the assumptive reason behind free trade ideologies, has never existed in human history. Adam Smith's argument in his *Wealth of Nations* (1776) that markets by them lead to efficiency as if an "invisible hand" is at work has been significantly modified by contemporary economists. Simply put, if information is not perfect or markets are not complete "competitive equilibrium is not efficient."[11]

[12]F. von Hayek's faith in the workability of the spontaneous market, while theoretically persuasive, is not practical in concrete economies.[13] Milton Friedman's assertion that in the 1980's Hong Kong was a paradigmatic example of laissez-faire is misleading. The experience of Asia strongly refutes the claim that government interference is always detrimental to

economic development.

Probably under the influence of Confucian humanism, Mainland China, Japan, Korea, Taiwan, Vietnam, and Singapore, whether socialist or capitalist, all take it for granted that strong government leadership is necessary and desirable for the smooth functioning of the market. Anxieties over bureaucratic inefficiency, public accountability, and lack of transparency and corruption notwithstanding, a responsible government is essential for restrain a runaway market. Surely, the role of government differs dramatically according to specific circumstances — direct involvement (china and Vietnam), proactive interference (Singapore), indirect engagement (South Korea), strategic guidance (Japan), passive encouragement (Taiwan), and active non-interference (Hong Kong), but the government is expected to assume the main responsibility for market failures.[14] Understandably, the demands of the International Monetary Fund (IMF) for liberalization and privatization failed to stem the Asian financial crises and, in several ways, considerably worsened the situation. The economic disaster of the former Soviet Union can be attributed to the mind-set and the praxis of market fundamentalists who, without sufficient attention to the institutional infrastructure, dogmatically advocated a course of action that substantially marginalized the role of government.

A merely economic perspective on globalization is inadequate and deceptive. If globalization symbolizes development, economic growth tells only a partial and often distorted story about development. The hope for environmentally sustainable, socially equitable, and politically democratic development requires sound institutions. The pervasive ethos of public accountability, transparency and responsibility in highly industrialized countries helps to "discipline" governments all over the world to abide by international norms of behavior. Even though the hypocrisy of some of the most powerful nations in dealing with foreign assistance is blatant, domestically they do function in a legal framework that is basically honest, efficient, and just. The spread of democratic ideas and practices from Europe and America to other cultural zones 9 for example, Confucian, Hindu, Buddhist, and Islamic areas) is an observable indicator of political globalization.

In the long run, the emergence of civil societies in dictatorial and authoritarian systems of government may be the most significant sign that world governance is no longer a figment of the imagination. The situation in China is a case in point. Since the reform policies of the 1970s, centralized control has been gradually replaced by a pluralistic mechanism. Surely the People's Republic of China is far from democratic, but the demand for active participation in all important sectors to realize the goals of a level of noticeable prosperity within fifteen years fundamentally eroded the socialist ethos. As a result, the totalistic government either by design or, more likely, by default, is willing to share power with several centers of influence, notably business, the mass media and academia.

On the global scene, the recent appearance of NGOs in practically all spheres of interest signals an unprecedented dynamics in international cooperation. The seemingly wishful thinking about a People's General Assembly indicates an emerging consensus that the time is ripe for reformulating the UN's rules of the game by making them more compatible with democratic principles.[15] Since the Social Summit at Copenhagen, the U.N. itself has fully recognized the persuasive power of NGOs.[16] The Secretary-General has taken advantage of this new phenomenon to enhance the U.N.'s strengths in finance, relief, and peace-keeping efforts. NGOs not only address vital issues of the world — the environment, human rights, religious conflicts, migration, and refugees, but also have almost inadvertently created ingenious methods of considering related issues, such as the movement to ban land mines. The U.N. is particularly suited to integrating discrete groups into an international organization and facilitating transnational institution building.

Another noteworthy development is regional integration. The Association of Southeast Asian Nations (ASEAN) exemplifies regional cooperation at its best. The ethos underlying ASEAN is respect, negotiation, dialogue, consensus, harmony, and mutual learning. However, it is joint venture for the practical purpose of achieving tangible aims, rather than a forum to make idealistic declarations. The recent attempt to broaden its presence in the Asia-Pacific region by exploring the feasibility of an ASEAN Plus Three (China, Japan, and South Korea) is a farsighted move. Although the regional integration of East Asia is still at an initial stage, the potential is there. After all, China, Japan, Korea, Vietnam, and Singapore all belong to the Confucian cultural zone.[17]

Japan may have been an exception in her cultural identity. Ever since Fukuzawa Yukichi's concerted effort to "leave Asia" in order to become part of the modern West, she has been unusually successful even to the point of joining the G7. Yet, it is inconceivable that, with a view toward the future, Japan can maintain her posture as if she has really left the Asia-Pacific region.[18] Thus, the major intellectual challenge for Japan today is to find the proper way of returning to Asia, without jeopardizing her remarkable achievement in amalgamating imported foreign ideas and practices with indigenous traditions. In the future, Japan's relationships with Korea and China, let alone that with the Unites States, will be a major factor in East Asian security, stability and solidarity.

Particularly relevant to our United Nations University's Global Seminar (Seoul Session) is the community building in Northeast Asia, involving South Korea, China, Japan, and Mongolia. The purpose of this initiative is to explore challenges and opportunities in this part of the Asia-Pacific region. As Professor Moon Chung of Yosei University, in his lecture on "Globalization, Regionalism, and Nation-States" notes, globalization can either be spontaneous or managed. On the spontaneous side, as a result of supply and demand in the free market, economic interdependence is a recognized fact among newly industrialized countries (NICs) As artificial national boundaries are torn down "an organic and functional network of complex interdependence" has appeared. Managed globalization, on the other hand, may lead to "defensive mercantilism, hegemonic domination, and offensive bilateralism." The practice of Asia Pacific Economic Cooperation, as an open system, seems promising as a form of regional integration. Moon's recommendation for community building in North Asia suggests an open regionalism compatible with, rather than hostile to, globalization.

Undoubtedly the most significant case in regional integration is the European Union (EU). Although it is still unfolding, it is truly remarkable that the dream of a few farsighted statesmen in World War II is now being realized at the turn of the century. Since the process under way is fluid and open-ended, it will take years to know for sure if the EU is durable. Nevertheless, the signs in recent years are most encouraging. The issuance to unite as one economic of the Euro symbolized the strong will of the majority of European countries to unites as one economic system, even as a united polity, with far-reaching cultural implications. Pending Turkish membership will test the resolve of Europe in transforming itself into a multicultural civilization with an open-minded attitude toward its neighbors.

Cultural globalization is more difficult to fathom because it is predicated on a paradox. On the surface, it is surprising that globalization, propelled by Westernization and modernization, has been an intensified process of homogenization. The speed with which it spreads throughout the world brings about dazzling results. Among them, linguistic and cultural losses are apparent. The assumption that the English language will eventually overwhelm the world seems persuasive, especially in the international business community. While the French elite are deeply concerned that their language has become obsolete, Italian business urges the promotion of English in schools as a way of internationalizing its economy.[19] In either case, the spread of English in Europe, East Asia, Southeast Asia, South Asia, Latin America, Russia, and the Islamic world is irrefutable. Of course, English is only one aspect of Anglo-American culture. Films, music, TV dramas, and other forms of entertainment, as well as fast-food and life styles clearly indicate that globalization as Americanism is accelerating in an unparalleled way.

Obviously globalization is not simply Americanization. It seems also to erode the authority of the state, including the federal government in sovereignty and transfigures the boundaries of nationality. A prevailing corporations, especially those dealing primarily with capital and financial transfers undermines the governance of national and international organizations.[20] The impact of new enterprises, notably information technology upon society, is inestimable. Corporate culture may be the single most important influence on college students, the future leaders of the global community.

Nevertheless, globalization enhances the desire for cultural identity. The More global our world becomes, the more vital our search for roots. All the primordial ties that define our existence are irreducible aspects of our lived world. It is not surprising that the importance of ethnicity, race, gender, sexual, orientation, age, land, and faith are much more pronounced now that at any prior period in history.[21] The strong claim that modernization will eventually make cultural difference insigni-ficant is definitely rejected. "Primordial ties" play a major role in the economy, polity and society in advanced industrial nations as well as in developing societies. No country can avoid the issue of the cultural identity. It is worth noting that the term "identity" in its current usage, coined by the psycho-analyst Erik Erikson, first appeared in the 1960s.[22] Since then, identity is understood as a personal sense of belonging, the core values that make a group cohesive, the willingness to establish the distinctiveness of an individual or community, and the defining characteristic of an organization, a profession, or an academic discipline. Then how can we avoid "identity" if it is so broadly conceived?

The dynamic interplay between internationalization and localization compels us to examine globalization in a more complex context than either universalism or particularism. The paradox of internationalization through localization or, in other words, cultural identity as an irreducible dimension of globalization opens up a new horizon to understand the human condition. The awkward term "glocal" captures the uneasiness of the "either-or" mode of thinking. To change the basic methodology to comprehend the phenomenon signifies the necessity to radically restructure this mind-set. In assessing the meaning of cultural globalization, Peter Berger of Boston University organized a major team to study this phenomenon from several perspectives. The resultant book amply recognizes that, culturally speaking, globalization takes on a variety of forms that must be appreciated in this age of cultural diversity.[23]

III. Beyond the Enlightenment Mentality : An Asian Perspective

By far the most influential ideology in modern history is the Enlightenment project. Both capitalism and socialism are products of this endeavor. However, what is pertinent here is not the project itself as elaborated on by philosophers such as Habermas.[24] Rather, it is the mentality that underlies the mainstream of East Asian thinking since the late nineteenth century. In recent decades, the end of the Cold War in particular, there has been a strong claim that a version of the Enlightenment, namely capitalism, triumphed. There is no longer any alternative to what the modern West, especially the United States, exemplifies in terms of the wave of the future. A smoothly functioning market economy, a fair and efficient democratic polity and a vibrant civil society are regarded as essential institutional characteristics of human well-being. More important, perhaps, are the values that sustain these institutions — liberty, rationality, law, rights, and the dignity of the individual.

Since I have written on this subject elsewhere,[25] my comments on the need to go beyond the Enlightenment mentality will be brief. While the Enlightenment legacy is already a common heritage of the global community, its intellectual scope should be broadened and its moral basis deepened so that it can continue to serve as a guiding principle for human flourishing. A truly ecumenical vision based on the Enlightenment must be supplemented by three interrelated requirements.

(1) As a strong reaction against the Christendom of the medieval period, the Enlightenment thinkers of the seventeenth century were, in general, against religion. As a result, they initiated a secular movement that overwhelmed the modern West. Secular humanism can hardly account for the vibrancy of spirituality in the twenty-first century. More serious is the

proud and arrogant assertion that "man is the measure of all things" and that man alone is the source of the value and meaning of life. Such a view is not only incompatible with the revival of historical religions but also detrimental to the growth of new religions. Actually, the renewed appreciation of indigenous spiritual traditions, mainly because of the increa-singly acknowledged environmental concerns, is also an implicit critique of the Enlightenment anthropocentrism. The move toward an anthropocosmic vision is desirable and inevitable.

(2) The Enlightenment emphasis on rationality is a major contribution to human "progress" However, predicated on Francis Bacon's assertion that knowledge is power, instrumental rationally features prominently in the Enlightenment mentality. The exclusive emphasis on individual human ingenuity in exploring, controlling, exploiting and subduing nature and society reduces the world around us to objectified and lifeless facts. Environmental degradation and the disintegration of community are serious negative consequences of this life-orientation. Rationality, specifically instrumental rationally, without sympathy and empathy, is hardly sufficient for human self-reflexivity.

(3) The values of the modern West, as enumerated above, are universal, or at least universalizable. Indeed, liberty, rationality, law, rights, and the dignity of the individual have become defining characteristics of the modern consciousness. It seems that no persuasive argument can be marshaled to

fight against any of these values being inconsequential for meaningful human existence. Even if a government that chooses to deny its citizens their basic freedoms, uses irrational means to control the masses, refuses to be law-abiding, denies human rights, and ignores the privacy of the individual, must find its justifications, often fallacious ones, to cover up for its blatant violation of basic civility in the eyes of the international community.

The complexity of the global community demands a much broader scope of the essential values for human flourishing. It may be misleading to characterize them as "Asian values", especially when such an idea is politicized to serve an anti-West rhetoric. Nevertheless, it is vitally important to promote them as universal, or at least univeralizable, values as well. These include sympathy, civility, responsibility, and communal solidarity. If we are to address the urgent concerns of the poor, if we want to make globalization work for the developing as well as for the developed countries, if we want to constrain the brute force unleashed by the runaway market economy, then we must develop institutions inspired by a whole range of values, both Western and Asian. There is not a sure way to fix the unequal infrastructure of the world order. Without a holistic vision we cannot even begin to humanize it.

IV. Dialogue among Civilizations

Since 2001 when the General Assembly of the United Nations designated the Year of the Dialogue among Civilizations, a new paradigm of interaction in the international community has been in the offing. Unfortunately the tragic events of September 11 may have seriously delayed the full burgeoning of such a paradigm. Furthermore Washington's decision to follow a unilateral course of action in dealing with terrorism has further negatively affected its effectiveness as a new mode of thinking in world politics. In the long run, however, it seems that dialogue, rather than confrontation, will be the norm for international communication and negotiation.

As a member of the "Group of Eminent Persons" appointed by the U.N. Secretary-General to facilitate the Dialogue among Civilizations, I have taken part in an international joint effort to conceptualize this idea and, then, to put it into practice. I have raveled to Dublin, Doha, Beijing, and, more recently, New Delhi to learn about the feasibility of presenting a dialogical mode as the enduring pattern of human interaction at individual, communal, national, regional, and global levels. Again, like in my suggestion that we move beyond the Enlightenment mentality, I have discussed this issued elsewhere.[26] I will confine myself to a brief note here.

Despite the power of homogenization, it seems irrefutable

that cultural diversity, including linguistic and religious differences, will persist. Although there are trends toward a mixture of cuisine, music, arts, and entertainment in general, the different traditions of eating and playing will likely maintain their distinctive features. Surely traditions are themselves invented and reinvented, but the dynamics beneath these metamorphoses are varied and often untranslatable. The case of religion is particularly noteworthy. It is difficult to imagine that each of the three world religions — Christianity, Islam and Buddhism would be converted to the others en masse. This may apply as well to Judaism, Hinduism, Jainism, Confucianism, Daoism, or Zoroastrianism. Of course, all religions will undergo a major transformation according to their inner tensions or external pressure. Although the conversion of individuals or groups occurs all the time, the likelihood of one entire tradition being absorbed into another is slim.

The multiplicity of religious traditions suggests a new situation where no matter how strong one's faith is, there always are others (otherwise an amicable neighbor, for example) who may subscribe to a radically different form of worship. Even though proselytizing by the three world religions is unavoidable, the importance of peaceful coexistence cannot be exaggerated. Indeed, mutual respect is necessary to minimize confrontation and conflict. Without dialogue, well-organized and powerful religions will attempt to overwhelm the others, thus provoking a strong and violent reaction. On the other hand, without dialogue, religious fundamentalism may develop into militant defenses and aggressive exclusivism.

In a deeper sense, religious pluralism suggests that the time is ripe for us to reexamine Karl Japsers' idea of the "Axial Age." According to his interpretation, for more than two thousand years, the religious landscape has been shaped by spiritual civilizations that emerged independently in the first millennium B.C., specifically Hinduism and Buddhism in South Asia, Confucianism and Daoism in East Asia, and Judaism (later the other Abrahamic religions — Christianity and Islam) in the Middle East, and Greek philosophy. In 1928, Jaspers singled out Socrates, Confucius, Buddha, and Jesus as the four paradigmatic personalities most influential in world history[27] (in the contemporary context, we should also add Mohamed). Although each of these Axial-Age civilizations follows its own dynamics, it is inevitable that they will redefine themselves in response to the vital issues confronting the earth and in light of the others. This entirely new situation inspires the theologian Ewert Cousins to promote the idea of a Second Axial-Age.[28] This felicitous observation offers a new perspective on the dialogical mode.

The need for tolerance is obvious, but tolerance is only the minimum condition for co-existence. All religions must recognize the existence of the other as a natural order of things. With recognition, there is an opportunity to cultivate mutual respect. Respect can serve as a basis for mutual reference and mutual learning. A Christian can learn from Buddhist meditative practices and a Buddhist can learn from Christian social services. A Jew and a Muslim can share a common root in the faith of Abraham. Similarly, a Confucian can learn from a Hindu in the art of spiritual exercises and a Hindu can learn from a Confucian in managing the world (statecraft). It is too idealistic to believe that inter-religious dialogue is possible, let alone practicable, without the ethos of a culture of peace. Religious conflict occurs not only between religions but also within a single religion itself. Often intra-religious struggles are even more vicious and more devastating. How can we assume that dialogue is a realistic alternative to confrontation and outright hostility?

A salient feature of the age of cultural diversity is the consciousness that the other is not necessarily an aggressor, a threat, and enemy, a challenger, or a competitor. Potentially, the other can be a friend, a partner, a companion, a collaborator, or an adviser. The true spirit of dialogue, like in Martin Buber's seminal work on the "I-Thou" relationship,[29] is mutual responsiveness. When one enters into a dialogue, the purpose is not to convert, persuade, influence, or explain. Rather, it is to listen, to learn, to extend one's intellectual horizons, and to enhance one's self-reflexivity. Through dialogue, which is actually a common experience in interpersonal encounters, our self-awareness is heightened and our ability to understand others is deepened. In the Second Axial Age, the world becomes exponentially more complex and sophisticated. Paradoxically the age-long means of acquiring wisdom — the art of listening and face-to-face communication — is more appreciated and more valued as a way of life. Dialogue, far from being an unattainable ideal, is an ordinary practice of learning to be human.

V. Toward a Global Ethic

Globalization enhances cultural diversity. Some scholars maintain that cultural diversity is compatible with and essential to the globalizing trends. This paradoxical situation strongly suggests that, if there is any possibility of a new world order, the need for universally applicable values and norms is imperative. Understandably, philosophers have been exploring the practicability of a global ethic for decades. It is inconceivable that a human community can really come into being if there are no standards of behavior that all community members accept. Although, in practice, such an assertion is too idealistic in our pluralistic society, the aspiration that a universally relevant ethic must be found or reformulated is pervasive among public intellectuals throughout the world. UNESCO, for example, organized a special group (a five year-long project in the Philosophy Division) to examine the feasibility of universal ethics. Under the leadership of Professor Yersu Kim, several international seminars and conferences were convened to initiate a multidisciplinary inquiry on this subject.[30]

The dominant trend in this quest for universal ethics is the minimalist approach. Acutely aware of the irresolvable conflict between radically different belief systems, the minimalists strongly urge, in theory and in practice, the necessity to rise above any particular culture, religion, or morality so that the lowest common denominator can be established. They insist that any truly ecumenical discussion must take a transcending view. The danger of being mired in endless ideological debates is often unavoidable. After all, a genuine dialogue between two strong dogmatic positions is nearly impossible. But we should try to suspend our unrelenting commitment to our own faith in order to search for a more basic sharable foundation of communication with peoples of other faiths. Strategically, the "thin" description of what are the essential features of global ethics is the best and perhaps, the only way out of quagmire of inter-religious dogmatic quarrels.

The minimalists' logic of the "thin" approach has generated reasoned books and monographs. Hans Küng, the Swiss theologian, has been instrumental in conceptualizing global ethics in an inter-religious context. The celebration of the centenary of the first Parliament of the World's Religions in Chicago in 1993 provided a rare opportunity for religious leaders to articulate their joint resolution to address the critical need for a global ethic. Hans Küng's effort to come up with a draft proposal acceptable to all spiritual traditions was widely endorsed, signaling a new chapter in cross-cultural religious collaboration. In a comparative civilizational perspective, it is worth noting that all major historical religions recognize the significance of a new human condition : as far as the earth (our lifeboat) is concerned, despite dogmatic differences, we are all obligated to establish a sustainable and harmonious relationship with nature. Environmental awareness is only the most visible manifestation of this new human condition. Indeed, the well-being of the human village (even though it is no more than an imagined community) carries so much weight in religious and theological thinking that seemingly contradictory dogmatic ideas, such as the Other Shore in Buddhism or the Kingdom of God Yet To come, do not at all undermine the shared concern for maintaining the welfare of our existence in this world here and now. Accordingly many philosophers and theologians take it for granted that a new humanism, occasioned by serious and pressing issues in ecology, security, violence, terrorism, and disease, has become an integral part of religious consciousness. Hans Küng deliberately defines his quest for a global ethic as humanistic.

Underlying this humanistic quest for universalism is the classical Kantian contribution to moral reasoning. Assuming that all rational beings can apprehend the transparency of the categorical imperative, either the immortality of the soul or the existence of God is, theoretically, nonessential to the universality of this core idea in ethical thinking. On the surface, at least, Apel and Habermas' effort to establish an impeccable argument for communicative rationality is still predicated on Kant's transcendental principle. Surely, in recent years, Habermas may have departed from his teacher-friend's strong claim that the transcendental principle is nonnegotiable, but, even with his sensitivity to American pragmatism, his insistence on the perennial rules governing all civilized conversation is never compromise. John Rawls' definition of justice as fairness is, in a sense, also Kantian. Even though, perhaps as a response to the critique of multiculturalism, in his self-constraint in applying the theory of justice only to democratic liberalism, his interpretive position is un- mistakenly universalistic.

Despite the challenge of cultural diversity, the universalists never question the appeal of generalizable principles. Küng's persistent effort to identify the Golden Rule in world religions is a case in point. He observes that the Golden Rule, stated either in the negative or in the positive, can be found in Confucianism, Judaism, Islam, Jainism, Buddhism, and Hinduism.[31] He further observes that it is not basic enough to single out truth and justice as elementary values, as Michael Walzer proposes.[32] Rather, the "minimum consensus" or the "smallest possible basis for human living and acting together" must be the idea of humanity itself.[33] Consequently, Küng identifies two cardinal principles as the basis of global ethics — "Every human being must be treated humanely!" and "What you wish done to yourself, do to others."[34]

It should be noted that Küng's Golden Rule of humanity contains a subtle point that merits serious discussion. Whether the Golden Rule stated in the negative as in the Confucian and Judaic cases or in the positive as in the Christian case is consequential, in the sense that the choice has far-reaching implications. The negative case can be characterized as a principle of sympathy and compassion. According to this principle, since we cannot know others to the extent and depth that we ought to know ourselves, what we take to be absolutely good for ourselves may not be appropriate for others. Therefore, out of sympathy and compassion, we should refrain from imposing our views on others. In a strict sense, the negatively stated Golden Rule is more confenial to peaceful co-existence among religions. Indeed, the self-imposed restriction on evangelism is more compatible with the spirit of dialogue among different religious traditions.

On the surface, this negative principle seems too passive to account for the need for an actively integrated community. The Golden Rule stated in the positive is obviously more congenial to the dynamics of organic social solidarity.[35] Moreover, the recognition of the well-being of the others as charged by the ideal of "doing unto others" what we wish done to ourselves suggests an altruism well-suited to communitarian ethics.

Avoiding the danger of conflict resulting from proselytizing is such an urgent matter in our age that we must first cultivate a sense of considerateness and respect for radical otherness. If peace between civilizations depends on peace between religions and peace between religions depends on dialogue between religions, the Golden Rule stated in the negative should take precedence over the Golden Rule that enjoins us to share our blessings by imposing on others what we cherish as particularly meaningful to us. For the sake of encouraging active participation in community building, we must see to it that such a rule be supplemented by a positive charge, "As for the good man : what he wishes to achieve for himself, he helps others to achieve ; what he wishes to obtain himself. He helps others to obtain."[36] These two principles — sympathy, compassion, considerateness, and respect on the one hand and responsibility and duty on the other — are commensurate with Küng's Golden Rule of humanity.[37]

The Kantian idea of treating every human being humanely is a constitutive part of the minimalist approach to the global ethic. Sissela Bok's philosophical work on this subject exemplifies the persuasion of this line of thinking.[38] In response to Walzer's challenge, Küng opts for a sophisticated combination of elementary (thin) and differentiated (thick) morality. The purpose of his concerted effort to underscore universal ethical principles is to identify those behavioral norms that are absolutely necessary for the human community to survive, endure and flourish.

The critics of minimalism, often mistakenly labeled as deconstructionists or post-modernists, raise serious questions about the feasibility and practicability of the global ethic. They normally do not take on the theoretical basis of the minimalists position. Rather, they consider issues such as incommensurability and un-translatability across cultural boundaries as sufficient reason for denying the workability of universally shared ethics. Some of them embrace relativism as an inevitable and even a desirable alternative. They definitely prefer a relativist to a dogmatic ethicist position. In most cases, they do not take relativism as an end in itself, but rather as an advantageous procedure to expose the narrow-mindedness of dogmatism.

The instrumental utility of the relativistic position notwithstanding, relativism as a mode of thinking is a serious challenge to universalism. Relativists are suspicious of the generalizability of many universalistic claims. Indeed, they argue vigorously that the rationality underlying truths, especially the Truth, is itself problematic in our age of diversity. If the culture of peace ever has a change to be realized in our life-world, we must abandon the abortive attempts of abstract universalism. The idea of reasonableness is more germane to the cultivation of civility among individuals and groups. They further maintain that the minimalist position is a form of truism, seemingly self-evident but in practice irrelevant to genuine dialogue among civilizations. Unless we are motivated to engage ourselves in practicing ethics, all idealistic assertions are no more than empty talk, Even within the same cultural, linguistic, or religious community, there is no way to steer clear of intra-group conflict. The quest for truthfulness is wrong-headed. We should instead focus our attention on the issue of meaning.[39]

In a rudimentary sense, the difference between truth and meaning lies in our experience Where truth is aimed at disinterested objective standards, meaning is inexorably intertwined with personal knowledge. Authenticity, sincerity, and reality are pertinent to the subject of meaning. The quest for meaning involves a personal embodiment of what we experience as worth attaining. In aesthetics as well as ethics, attainment connotes an achievement, especially in under-standing and appreciation. Taking the case of the body, it has to be comprehended experientially. The attempt to make it an object of investigation inevitably fails. Actually, we do not own our bodies. Rather, as a subject which can never be completely objectified, we learn to become what it has attained.[40] Meaning, likewise, entails self-knowledge and self-reflexivity. There is often a bodily sensation if we find something particularly meaningful. It is difficult to imagine that meaning is not historically, culturally, and linguistically situated. Meaning is always embedded in the presence of living encounter.

Meaning is inseparable from conventional wisdom ; the judgment of what is meaningful is often intermixed with a deep-rooted sense of the good, beautiful, and true. Abstract universalism is not a requirement for meaning. It may even delude the rich texture in which meaning is ingrained. A salient feature of meaning is its "lived concreteness." A fully embodied meaning cannot be reduced to a few propositions, no matter how sophisticatedly they are formulated. There is always an extralinguistic referent in the meaning-construction. Language can never thoroughly capture the meaning intended by the speaker-writer. Meaning can be understood and appreciated as an inner experience, even if it can never be sufficiently explained to an outsider. The concreteness with which meaning is articulated makes it unavoidably particularistic. However, it is mistaken to assume that meaning, as a form of local knowledge, can never attain universal significance. Paradoxically, nothing prevents a "thick description"[41] of meaning in a specific enough context to have universal appeal.

Although meaning is interwoven with a personal sense of sincerity, authenticity, and reality, it is never confined to the subjective domain. Meaning-creation necessarily involves the other. Under no circumstances a single individual can generate meaningfulness alone, as if it were private matter. Emmanuel Lévinas' insistence that the other is a defining characteristic of selfhood addresses this issue in a dramatic way. He argues passionately that only living for the other makes our own existence sincere, authentic, and real.[42]

This inclusive sense of selfhood is open and dynamic. By incorporating otherness into the self, the relationship between subject and object or between inner and outer, assumes a new significance. Despite tension and conflict, complementarities and symbioses characterize the fruitful interaction between the self and the other. In *Crossing the Divide*, the report by the Group of Eminent Persons presented to the General Assembly of the United Nations in November 2001, a new paradigm of human interaction is proposed : the other need not be regarded as an enemy, a threat, a challenge, or a competitor ; in most cases, the other is a friend, colleague, partner, companion, a fellow citizen, a member of a profession, a comrade in a social movement, or a participant in a celebratory event.

This perception of the other is eminently applicable to inter-religious dialogue. The assumption that a religion is organically self-contained, that its boundaries are solid, and that it clearly separates us (the believers) from them (the nonbelievers) is naive at best. All historical religions and Axial-Age civilizations, like mighty rivers, allow and attract numerous streams to enter into its major flow. Surely, each one of them has distinctive core values that define its identity, but it is the adaptability and fluidity of these values that enable a historical religion or an Axial-Age civilization to persist for centuries. Virtually all enduring spiritual traditions have the same quality. Self-enclosed fundamentalism may preserve its inner strength for decades, but as soon as its charismatic leader fades away, it can rarely escape the fate of disintegration.

The maximalists assert that a thin description of one's humanity may be strategically efficacious in singling out the minimum conditions for survival, security, and stability. Indisputably, a Hindu, Confucian, Daoist, Buddhist, Jew, Christian, or Muslim is above all a human being. We must first establish the elementary values of being human. Only then can we elaborate on the differentiated values in each of the great traditions. This may turn out to be wishful thinking. A more realistic approach is to take the thick description of each tradition as a point of departure. This painfully difficult procedure of animating the universal through the lived concreteness of the particular may be the only way out of the dilemma of abstract universalism vs. exclusive particularism.

There are hopeful signs that, through dialogue, this concrete-universal course of action may be workable. Actually, in recent decades, inter-religious communication has been greatly facilitated by a joint resolve to regard the faith of other people as intimately connected with one's own. It may be too idealistic to consider encountering radical otherness as a liberating experience, but the celebration of difference is no longer novel in interfaith dialogue. Especially noteworthy is the long term interchange between John Cobb (Christian) and Abe Masao (Buddhist). The mode of questioning itself, in "Can a Christian be a Buddhist or Can a Buddhist be a Christian?" is profoundly significant. A Christian can learn from a Buddhist (or a Buddhist from a Christian) in order to become a better Christian (or Buddhist).[43] Dual membership, even multiple memberships, in religious practices is increasingly accepted as normal.[44] A religious ecumenism is in the offing.

Nevertheless, it is undeniable that, in our age of cultural diversity, we are witnessing with alarm and anxiety the emergence of degrees of ethnocentrism, militant nationalism, cultural chauvinism, and religious fundamentalism unprecedented in human history. How can we avoid a "clash of civilizations"[45] and imagine there is peaceful coexistence among religions?

Hope lies in the heightened awareness of religionists to redefine their faith in light of the new human condition. There is convergence among religions in responding to the crises of the Second Axial-Age : the depletion of natural resources, environmental degradation, annihilation by weapons of mass destruction, insecurity, crime, drugs, and disease, just to mention a few. Farsighted philosophers and theologians have been reexamining some of the most cherished dogmas to find ways to confront these new challenges that have never been encountered since the advent of our species. We are urgently in need of a new cosmology and a new way of life to ensure the integrity of the self, the integration of the community, and the sustainability of nature. Ultimately, we must also transcend Enlightenment anthropocentrism and secularity so that we can fully realize that there is purpose in life and that, as co-creators of our universe, we are obligated to acknowledge that our responsibility extends beyond family, community, nation, region, and the world. We are indebted to geodiversity and biodiversity for our existence. Our own cultural diversity empowers us to be the stewards of nature.

The ethics vitally important for our age has to be future-oriented without losing sight of the historical legacy and the imperatives of the present.[46] An African proverb instructs us: the earth is not only a gift that our ancestors bequeathed to us but also a treasure that is entrusted to us by numerous future generations.[47] Equally important, the new ethic must be holistic and universal. The university so conceived is not abstracted from historical religions. Rather, it is the result of fully embodied spiritual traditions (including a variety of indigenous ways of life) encountering the uniqueness of the contemporary human condition. This may be the place to note the incredible circumstances of the African continent. The current situation gives the impression that the poverty, unemployment, corruption, famine, disease, and social disintegration portray a hopeless scenario.[48] Nevertheless, with a view toward the future, we should also note that Africa is rich in natural sources and geodiversity.[49] Its linguistic and cultural diversity, not to mention the traditional wisdom of the elders in healing, human interaction, social solidarity, and spiritual exercises, is truly extraordinary. The African developmental potential, both in natural and non-natural terms, is so great that it may eventually rise as a shining example of human flourishing.

Human beings have never been so threatened by our own destructive power. Our viability as a species is no longer taken for granted. We are also blessed with great potential for adaptation, revival, creativity, and imagination. Our own well-being as well as the sustainable and renewable vitality of the earth depends on our actions. One of the most depressing scenarios concerning our survivability is : as we become increasingly clear of what we ought to do to turn the tide of irreversible self-annihilation, the infrastructure and the mind-set constrain us from making any effort to do the right thing. We are victims of our own ignorance and arrogance. The availability of information and knowledge does not automatically make us wise.

According to the principle of fairness, those (individuals, societies, nations, and regions) who are wealthy, powerful, influential, and informed must be obligated to assume leader-ship and responsibility to promote the goodness of the global community. In reality, however, the developed countries exhibit of the heart that are unconscionably self-centered, self-interested, and self-indulgent. The ethos of market fundamentalism is detrimental to the cultivation of justice, sympathy, civility, duty, and communality as shared values. Sine the 1991 Gulf War, the political elite in the United States, has been intoxicated by its omnipresence and omnipotence.

Wealth and power dominate the world order as conceived by it the only remaining superpower and hegemonic control underlies its modus operandi.

Sine September 11, 2001, America's perception of herself and the world has undergone a major transformation. The tragic event could have provided a rare opportunity for deep self-reflection and for dialogue with other civilizations, especially the Islamic world. Unfortunately, preoccupied with homeland security, the American administration opted for unilateral action, bypassing international organizations(not only the UN and NATO) and alienating France and Germany, two of its staunchest allies. The road ahead is painfully difficult and the effort to rebuild the United States as a moral leader of the global community will take years.

Whether or not the superpower transcends national interests as the sole guidance for its foreign policies, the pluralist world with at least three centers of influence — North America, the European Union, and East Asia — will endure. It seems obvious that globalization fundamentally invalidates the claim that modernization is a linear progression, a rupture from tradition, and a process of homogenization. Instead, traditions continue to be present in modernity ; modernization takes many forms, and, as a dynamic transformation, it diversifies as well as it unifies.[50] It is in this sense that multiple- modernities is an appropriate description of the current situation.[51] This new vision makes a single player on the global scene, no matter how strong, a dialoguer, a negotiator, a mediator, a communicator, and a conversation partner, rather than a dictator.

Globalization may lead to oppressive hegemony, yet through dialogue, it may also bring about a peaceful and prosperous community ; cultural diversity may cause aggressive exclusivism, yet though dialogue, it may generate a sense of security and stability. The challenge ahead is to form a global ethic rooted in pluralism and open to all human beings. In order to put our own house in order, we must develop an anthro- pocosmic vision. Unless we are situated in our own home, we will never feel safe ; unless we are connected with the cosmic order, we will never fulfill our role as co-creators of our universe.

■ ■ ■

I am indebted to Ms. Nancy Hearst and Dr. Ronald Suleski, both of the John King Fairbank Center for East Asian Research at Harvard University, for meticulous and thoughtful editorial comments on an early version of this article.

1. The idea was first formulated by McLuhan of the University of Toronto, see Marshall McLuhan and Bruce R. Powers, *The Global Village : Transformation in the World Life and Media in the 21st Century* (New York, N.Y., 1989).

2. For an inspiring account of the earth from an "anthhropocosmic" perspective, see Brian Swimme and Thomas Berry, The Universe Story. It is "a celebration of the unfolding of the cosmos — from the primordial

flaring forth to the ecozoic era." Also, see Berry's *The Dream of the Earth and The Great Work.*

3. For the ecological implications of Confucian humanism, see Tu Weiming, "The Ecological Turn in New Confucian Humanism : Implications for China and the World", 130 (4) (fall 2001), 243-264.

4. Kwak Ⅱ Chyun, "Environmental Cooperation in Northeast Asia : yellow Dust, Acid Rain, Marine Pollution", in *Community Building in Northeast Asia*, Programme, session Ⅲ : lecture 5, 46-48.

5. Professor Ji Xianlin's remark was made in his keynote speech at the International Symposium on the Dialogue among Civilizations, organized by the People's Consultative Conference of the People's Republic of China, Beijing, September 11-12, 2001.

6. For a discussion of the idea of human beings as co-creators, see Tu Weiming, *Centrality and Commonality : An Essay on Confucian Religiousness* (Albany, N.Y. : State University Press, 1989, pp.67-91.

7. *The Analects*, 12.5 reads : "Sima Niu was grieving : All men have brothers ; I alone have none." Zixia said : "I have heard this : life and death are decreed by fate, riches and honors are allotted by Heaven. Since a gentlemen behaves with reverence and diligence, treating people with deference and courtesy, all within the Four Seas are his brothers. How could a gentlemen ever complain that he has no brothers?" For this translation, see *The Analects of Confucius*, translation and notes by Simon Leys (New York, Norton, 1997), p.56.

8. The Biblical reference to in Genesis, chapter 1 and verse 28, may give the impression that the humans are empowered by God to "replenish the earth, and **subdue** it" and to "have **dominion** over the fish of the sea, and over the fowl of the air, and over every living thing moveth upon the earth."

I have emphasized the words "subdue" and "dominion" to indicate that for decades, this passage has been cited as evidence that the Christian tradition, in terms of its deep theological assumption, is detrimental to human-earth relationship. See the prophetic article by Lynn White, Jr., "The Historical Roots of our Ecologic Crisis", *Science* 155 (10 March 1967). For recent attempts to give a significantly different interpretation, see Sallie McFague, "New House Rules : Christianity, Economics, and Planetary Living", *Daedalus* 130 (4) (fall2001), 125-140.

9. Joseph E. Stiglitz, *Globalization and its Discontents* (New York : W. W. Norton, 2002), preface, ix.

10. The Devos consensus, unlike the Washington consensus, is less ideologically motivated. It seems clear that the Forum is open enough to set a new agenda for has significantly broadened its spheres of interest to discuss topics significant for understanding the present state of the human condition. For example, in its annual meeting in January, 2000, topics such as "Family : the heart of civilization", "The power of imagination : unusual means, surpassing results", "Is globalization for everybody?" "The Future of religion : beyond beliefs?" and "Vision for the future" were discussed.

11. For an excellent exposition of this thesis, see Jérôme Bindé, "Toward an Ethic of the Future", in *Globalization*, edited by Arjnun Appadurail (Durham : Duke University Press, 2003), pp.90-113.

12. B. Greewald and J. E. Stiglitz, "Externalities in Economies with Imperfect Information and Incomplete Markets", *Quarterly Journal of Economics* 101 (2) (May 1986), pp.229-264.

13. For his philosophically sophisticated presentation of the self-regulating market, see Friedrich A. von Hayek, *The Constitution of Liberty* (Routledge & Kegan Paul, 1960).

14. See Tu Weiming, "Cultural Implications of the Rise of 'Confucian' East Asia", *Daedalus* 129 (1), 195-218.

15. This idea has been advocated by the noted legal scholar Richard Falk of Princeton and University of California at Santa Barbara, see his *Reforming the International: Law, Culture, Politics*, edited by Richard Falk, Lester Edwwin J Ruiz, and R. B. J. Walker (New York: Routledge, 2002).

16. Hilary Clinton, the head of the American delegation, made explicit that international organizations for their own good must heed the voice and advice of the NGOs in her speech to the planetary session of the conference.

17. Whether or not Japan is included in the Confucian culture zone is controversial. Samuel Huntington, apparently for ideological reasons, refuses to define Japan as Confucian. See his *Clash of Civilizations and the Remarking of World Order* (New York: Simon & Schuster, 1996). Ronald Ingleheart, on the other hand, takes it for granted that Japan is part the Confucian world. See his "Culture and Democracy", in *Culture Matters: How Values Shape Human Progress*, edited by Lawrence E.Harrison and Samuel P. Huntington (New York: Basic Books, 2000), p.85.

18. In my view, by far the most succinct statement that Japan is part of the Sinic world in value-orientation is made by the eminent scholar of East Asia, Edwin Reschauer, in his article "The Sinic World in Perspective", *Foreign Affairs* (1974), 341-348.

19. This concern was repeatedly articulated by leading Italian business executives at seminar on "Leadership and Corporate Responsibility" organized Aspen Italia at Villa D'Easte, May 2003.

20. The World Summit for social Development (Copenhagen,1995) addressed issues of poverty, unemployment, and social disintegration. The subsequent Copenhagen Seminar for Social Progress, "conceived in the context frame-

work of the follow-up to the Social Summit", discussed such topics as "A World Economy for the Benefit of All" (1996), "Humane Markets for Humane Societies" (1997), and "Political Culture and Institutions for a World Community" (1998), "Defining, Measuring, and Monitoring Social Progress and Social Regress." This point was made most forcefully by the former Preme Minister of Canada, Pierre Elliot Trudeau. However, his remarks in 1996 were not identified but only considered as the general input in the final report. See *Building a World Community : Globalization and the Common Good*, edited by Jacque Baudot (Royal Danish Ministry of Foreign Affairs, June 2000).

21. I have made several references to the issue of "primordial ties." For example, see Chapter II, "The context of Dialogue : Globalization and Diversity", in *Crossing the Divide*, edited by Gianni Picco(New York : St. John's University, 2001), pp.51-59.

22. The issue of identity, more precisely "identity crisis" was formulated by Erik Erikson in his seminal work on Martin Luther. See his *Young Man Luther : A Study in Psychoanalysis and History* (New York : Norton, 1993).

23. *Many Globalizations : Cultural Diversity in the Contemporary World*, edited by Peter L. Berger and Samuel P. Huntington (Oxford ; New York : Oxford University Press, 2002).

24. For a succinct exploration of Havermas' project see *Habermas and Modernity*, edited by Richard J. Bernstein (Cambridge MA : MIT press, 1985).

25. Tu Weiming, "Beyond the Enlightenment Mentality", in *Confucianism and Ecology*, edited by Mary Evelyn Tucker and John Berthrong (Cambridge MA : Harvard University Center for the Study of Religions, 1998), pp.3-21.

26. For a more comprehensive treatment, see *Crossing the Divide*, edited by

G. Picco. Chapter II on "Globalization and Cultural Diversity" is most relevant to our discussion here.

27. Karl Jaspers, The Great Philosophers (New York : Harcourt, Brace & World [1962-c1995], in 4 vloumes. The first volume discusses "the foundations The paradigmatic individuals : Socrates, Buddha, Confucius, Jesus. The seminal flunders of philosophical thought : Plato, Augustine, Kant."

28. See Tu Weiming, "Crisis and Creativity : A Confucian Response to the Second Axial Age", in *Doors of Understanding : Conversations in Global Spirituality in Honor of Ewert Cousins*, edited by Steven Chase (Quincy, IL : Franciscan Press, 1997), pp.401-417.

29. Martin Buber, *I and Thou*, trans. Ronald G. Smith (New York, Scribner, 2000).

30. For a summary of the findings, see Yersu Kim, *Common Framework for the Global Ethics of the 21th Century* (UNESCO,1999). See also *The United Nations and the World's Religious : Prospects for a Global Ethic*, edited by Nancy Hodes and Michael Hays (Cambridge, MA : BOS).

31. Hans Küng, *A Global Ethic for Global Politics and Economics* (New York : Oxford University Press, 1998), pp.98-99.

32. Hans Küng, p.98.

33. Hans Küng, pp.97-98.

34. Hans Küng, p.110.

35. Emile Durkheim, *The Elementary Forms of Religious Life*, trans. By Carol Cosman (New York : Oxford University, 2001).

36. *The Analects*, 6.30, see Simon Leys, 9.28.

37. Hans Küng, p.110.

38. Sissela Bok, *Common Values* (Columbia : MO. : University of Missouri Press, 1995).

39. I would like to acknowledge my indebtedness to Mr. Huang Wansheng, a colleague at the Harvard-Yenching Institute, for a fruitful discussion on this issue.

40. *See Self as Body in Asian Theory and Practice*, edited by Thomas Kasulis ; with Roger T. Ames and Wimal Dissanayake (Albany : State University of New York Press, 1993). Also see Eliot Deutsch, Humanity and Divinity (Honolulu : University of Hawaii, 1970).

41. For a paradigmatic example of this "method", see Clifford Greetz, *Local Knowledge : Further Essays in Interpretive Anthropology* (New York, Basic Books, 2000).

42. Edwin Gantt and Richard N. Williams, *Psychology of the Other : Lévinas, Ethics, and the Practice of Psychology* (Pittsburgh, Pa. : Duquesne University, 2002).

43. See *Divine Emptiness and Historical Fullness : a Buddhist-Jewish-Christian Conversation with Masao Abe*, edited by Christopher Ives (Valley Forge, Pa. : Trinity Press International, 1995).

44. For example, see John H. Berthrong, The Divine Deli : Religious Identity in the North American Cultural Mosaic (Maryknoll, N.Y. : Orbis Books, c 1999).

45. Samuel P. Huntington, *The Clash of Civilizations and the Remaking of*

World Order.

46. For and excellent exposition of this thesis, see Jérôme Bindé, "Toward an Ethic of the Future", in *Globalization*, edited by Arjnun Appadurail (Durham : Duke University Press, 2003), pp.90-113.

47. I have heard this articulated in different version on several occasion, but I am unable to give a precise citation. Even if this is simply attributed to the wisdom of the elders in Africa, its instructive value is obvious.

48. It might have been justified for A. Huntington to ignore this point as inconsequential and insignificant to his discussion on the "clash of civilizations", but from a long- term perspective it is ill advised to exclude such a vitally important continent on such a timely topic.

49. As the oldest continent, it is said the area around Capetown exhibits a variety of soil, rocks and minerals comparable to those in Canada.

50. For an example of this intriguing phenomenon, see *Confucian Traditions in East Asian : Exploring Moral Education and Economic Culture in Japan and the Four Mini- Dragons*, edited by Tu Weiming (Cambridge, ma. : Harvard University Press, 1996).

51. See Shuel N. Eisenstadt and Wolfgang Schluchter, "Introduction : Paths to Early Modernities — A Comparative View", *Daedalus* 127 (3) (summer 1998) : 2. Also see the special issue of the Proceedings of the American Academy of Arts and Sciences entitled "Multiple Modernities", *Daedalus* 129 (1) (Winter 2000).

제2장

■ ■ ■

종교다원주의에 대한 유교의 인식
― 세계화와 문화적 다양성

세계화와 지역화, 선진국과 개발도상국, 자본주의와 사회주의의 간극을 넘어설 때, 세계는 점점 더 상호 연결된 지구촌이 된다. 우리가 상정하고 있는 전통과 현대, 동양과 서양, 우리와 남이라는 이분법을 초월한다면, 인간의 상황이 처한 곤경을 이해하기 위한 노력을 통해 지구촌의 풍부하고 다양한 정신적 자원들을 개발할 수 있다. 적어도 우리는 "이성의 시대―근대 서구의 계몽주의"에 중대한 공헌을 했던 위대한 종교 전통들이 전 세계적으로 사람들의 삶을 형성하는 데 심오한 의미를 갖는다는 사실을 안다. 기독교, 유대교, 회교 그리고 그리스 철학은 지혜의 중요한 원천이며 앞으로도 또한 그러할 것이다. 하지만 현대 세계에서 힌두교, 자이나교, 불교, 유교, 도교 등으로 대표되는 비서구적인 삶의 방식들도 또한 그에 못지 않은 역동성을 가지고 있으며, 분명 앞으로도 계속해서 번성할 것이다. 그 종교 전통의 종사자들뿐 아니라 일반 학자들도 아프리카, 신도(神道), 마오리(Maori), 폴리네시아, 아메리카 원주민, 이누이트(Inuit) 그리고 하와이 등에서 볼 수 있는 토착적인 형태의 정신 세계 또한 지구촌을 위해 정신적 영감을 부여해줄 수 있는 원천임을 인정하게 되었다.

　서구적 전통과 비서구적 전통 그리고 토착적 전통들은 모두 매우 복잡하며, 모호하면서도 유익한 특징들을 풍부하게 가지고 있다. 사실상 이른바 서구의 종교들(유대교, 기독교, 회교)은 모두 동양에서 유래했으며, 오랜 시간에 걸친 실질적 변화의 과정을 상징적으로 보여준다. 마찬가지로 힌두교, 불교, 유교 그리고 도교적인 생활 방식들은 모두 근본적 통찰력, 정교한 의례(儀禮), 사회적 제도 및 일상의 실천과 관련된 장엄한 정신 세계를 펼쳐 보여주고 있다. 지구촌을 위해 사용할 수 있는 인간 공동체의 정신적 자산이 풍요롭고 다양하다는 사실을 깨닫는다면, 우리는 패권적이고 배타적인 오만함을 넘어서 다른 전통들로부터 조언과 지도 그리고 지혜를 구할 수 있게 될 것이다. 나아가 우리는 또한 종교 내부적 갈등과 종교 상호간의 갈등이 가지고 있는 위험성에 대해서도 충분히 인식하고 있다. 이러한 갈등은 향토적, 민족적 그리고 지역적 공동체들의 안정을 유지하는 데 심각한 위협이 될 것이며, 범세계적인 평화의 문화를 배양하는 데에서도 중요한 도전이 되기 때문이다. 문명 간의 대화가 필요하다는 사실은 명백하다.

A. 세계화와 인간 상황

　지난 10여 년간 급속한 세계화가 이루어지면서, 이와 함께 세계화의 장단점에 대한 논쟁도 점차 가열되었다. 세계화로 인해 새로운 지식 체계들이 생겨났고, "자명한"것으로 여겨지던 전통적인 진리들도 허위로 간주되게 되었다. 더불어 세계화 자체에 대한 신화와 오해도 생겨나게 되었다. 정보 통신 기술의 폭발적 성장, 시장 경제의 급속한 확산, 인구 통계학적인 측면에서의 극적인 변화, 그칠 줄 모르는 전 세계적인 도시화 현상, 더욱 개방된 사회를 지향하는 추세 등에서 세계화의 힘을 느낄 수 있다. 경제적인 측면에서는 직접 투자와 금융 자금에서 사적 자본이 급격히 증가해왔으며, 전 세계적으로 관세 장벽을 완화하는 현상이 두루 확산되었다. 그리고 금융 제도의 투명성에 대한 요구가 점점 더해지고 있으며, 부패에 대한 우려가 확산되고 있다.

경제적인 측면에서의 세계화에 따라 부수적으로 생겨난 이러한 현상들은 정부에 좀더 공개적인 설명을 요구하는 엄청난 압력으로 작용했으며, 이에 따라 민주화의 새로운 가능성이 열리게 되었다. 결과적으로 민족적, 지역적, 국제적 정치에서 시민 사회가 중요한 역할을 담당하게 되었는데, 이는 국가와 민족을 초월하는 비정부적 기구가 형성되었다는 사실에서 상징적으로 드러난다. "밀물이 되면 모든 배가 떠오른다"는 생각은 현실로 드러나고 있는 듯하다. 부자는 더욱 부자가 되지만, 가난한 사람들이 반드시 더욱 가난해지는 것은 아니다. 경제를 개방하고, 관세 장벽을 낮추며, 외국과의 쌍방 무역을 장려한 국가들이 새로운 세계적 환경으로 인해 혜택을 입은 것으로 보인다. 처참한 빈곤 상태를 전 세계적으로 근절하겠다는 꿈 또한 앞으로 50년 안에 실현 가능할 것 같다. 이미 지난 30년 동안 20여 개의 산업화된 나라들과 10개 이상의 개발도상국들에서 실질적으로 빈곤이 퇴치되었다. 우리는 분단과 장벽의 구세계로부터 거미줄처럼 서로 연결된 멋진 신세계로 옮겨가고 있는 것처럼 보인다.

그러나 세계 인구의 20%가 세계 소득의 75%를 차지하고 나머지 25%는 2% 미만의 소득을 차지할 뿐이며, 31%가 문맹이고 80%가 기준 이하의 주거 환경에서 살아가고 있다. 10억 이상의 사람들이 하루에 1달러 미만의 돈에 의지해서 살고 있으며, 거의 15억에 달하는 사람들이 깨끗한 물을 사용하지 못하고 있다. 이러한 측면에서 본다면 세계의 상황은 전혀 고무적이지 않다. 더구나 가진 자와 못 가진 자 사이의 차이는 더욱 커져가고 있으며, 가족의 생활, 학교, 종교 제도를 포함한 사회적 삶의 영역에서 상업화와 상품화가 만연하고 있다. 이로 인해 개발도상국에서는 시민적 유대가 약화되고 있으며, 선진국에서는 사회의 도덕 체계가 위협받고 있다. 문화적 정체성이 상실되고 공동체적 유대가 약화되리라는 데 대한 불안이 만연해 있다. 우리는 세계화를 통해 보장된 미래가 있는 약속의 땅에 도달할 수 있을 것인가 아니면 그로 인해 이미 긴장에 싸인 세계에 더 많은 갈등과 모순이 생겨나게 될 것인가?

1. 서구화와 현대화로부터 세계화로

아마르다 센(Amartha Sen)에 따르면, 세계화란 "여행, 무역, 이주 등을 포함해서 인간들이 상호 교류하는 과정이 더욱 증대되고, 천 년 이상의 기간 동안 세계가 진보하는 데 근간이 되어온 지식이 광범위하게 확산된 것이다." 그 역사적 사례로는 불교가 바나레스(Banares)로부터, 기독교가 예루살렘으로부터, 회교가 메카로부터 전파된 사건을 들 수 있다. 세계화는 상업, 외교, 군사적 제국 건설에서도 또한 목격되었다. 사실 근대 이전에 선교사, 상인, 군인, 외교관 사이에서 문명 간의 교류가 이루어짐으로써 산업 혁명이나 정보 혁명이 등장하기 오래 전에 이미 원초적인 형태의 세계화가 이루어지는 데 기여하였다. 15세기에는 해양에서의 탐험이 이루어짐으로써 세계를 하나의 "체제"로 만드는 데 크게 공헌하였다. 뒤돌아보면, 후에 학자들이 '서구화'라고 묘사한 현상은 주로 식민주의와 제국주의라고 하는 특징을 가진 것이었다. 서유럽은 많은 부분에서 인문지리학을 재구성하도록 해왔으며, 지구촌에 지울 수 없는 흔적을 남겼다.

1950년대 미국에서 형성된 현대화론에서 주장하는 바에 따르면, 근대 서구에서 시작된 "현대화" 과정은 그 변화의 잠재력에서 사실상 "세계적"인 것이었다고 한다. '서구화'라고 하는 공간적인 관념에서 '현대화'라고 하는 시간적 개념으로 변화했다는 사실은 커다란 의미를 가진다. 산업화와 같은 발전이 서구에서 처음 생겨났기는 하지만, 그것은 또한 계속해서 일본적, 러시아적, 중국적, 터키적, 인도적, 이란적인 것이 되었기 때문에, 단순히 "서구적인 것"이라고 생각해서는 안 된다는 점을 시사하기 때문이다. '시간적 현대화'라고 하는 지리적인 측면과는 무관한 관념이 세계적인 변화 과정으로서의 '서구화'가 가지고 있는 중요한 특징을 좀더 잘 포착하는 것처럼 보였던 까닭은 바로 이 때문이었다.

하지만 현대화론에는 발전(development)은 필연적으로 진보(progress)와 동일한 방향으로 진행되며, 결국 세계는 단 하나의 문명으로 수렴될 것이라고 하는 가정이 은연중에 깔려 있다. 미국으로 대표되는 선진국들이 선도적인 역할을 담당하고 있었기 때문에, 현대화는 본질적으로 서구화 그 가운데에서도 특히 미국화와 동일한 것으로 간주되었다. 피상적으로 볼 때, 이러한 설명 방식이 커다란 설득력을 가지는 이유는, 이론가들이 규정하고 있듯이, 현대성의 특징이나 현대화의 성과가 단순히 서구나 미국에 의해서 창조된 것이 아니기 때문이다. 세계의 나머지 나라들 또한 그러한 현대적인 특징이나 성과를 이상적인 것으로 생각한다. 시장 경제, 민주적 정치 체제, 시민 사회, 개인주의는 분명 보편적인 열망이다.

최근 수십 년간 발생한 사건들을 보면, 경쟁 시장이 경제 발전의 주된 원동력이었다는 점을 분명히 알 수 있다. 또한 민주화가 광범위하게 확산되었고, 역동적인 시민 사회가 정치적인 과정에 적극적으로 참여하는 것을 장려하고 있으며, 사회적 결속을 위해서는 반드시 개인의 존엄성을 존중해야 한다는 사실도 또한 이 사건들을 통해 알 수 있다. 몇몇 학자들이 "세계에는 더 이상 이념적 분열이 존재하지 않는다 : 자본주의가 승리했고, 시장경제와 민주 정치는 미래의 조류며, 우리가 알고 있는 '역사'는 막을 내렸다"고 주장하게 된 것은 아마도 이러한 발전적인 모습들 때문이었을 것이다.

그러나 하나의 문명이 경험한 현대화가 나머지 세계의 귀감이 될 것이라는 행복감에 가득 찬 기대는 오래 가지 못했다. 사무엘 헌팅턴(Samuel Huntington)이 문명의 충돌이 도래할 것이라고 경고하면서 의도한 바는 아마도, "상충하는 세계관과 가치 체계가 존재하는 한, 아무리 강력하고 부유한 나라라 할지라도 자신의 특정한 방식을 다른 나라에 강요할 수 없다"는 점을 보여주려 한 것이다. 21세기에서 국제 안보에 가장 심각한 위협이 되는 것은 경제나 정치가 아니라 문화적인 것이다. 얼핏 보면, "문명 충돌"론은 프랜시스 후쿠야마(Francis Fukuyama)가 주창한 "역사의 종말"보다 더 설득력이 있는 듯하다. 문명충돌론에서는 중요한 것은 문화며, 종교 간의 차이를 적절하게 다루어야 한다는 점을 인정하고 있기 때문이다. 그러나 불행히도 그 이면에 깔려 있는 전제는 여전히 "서양과 그 나머지 세계"라고 하는 구분과, 결국은 서구적인 것이 승리할 것이라는 전제 아래에서 행동해나가야 할 길에 대한 권유다.

문명 간의 충돌이 임박하였다는 경고를 보면, 문명 간의 대화는 단지 바람직한 것일 뿐만 아니라 필수불가결한 것이다. 시장 경제, 민주적 정치 체제, 시민 사회, 개인주의 등과 같은 현대화에 대한 가장 긍정적인 정의(定議)에 대해서조차도 그 타당성에 대해서는 논의의 여지가 남아 있다. 자유 시장에서는 통제의 문제가 생겨난다 ; 민주주의는 현실적으로 다양한 형태를 취할 수 있다 ; 시민 사회의 형태는 문화마다 다르다 ; 존엄이 반드시 개인주의라고 하는 원칙에 기반해야만 하는가 하는 문제에 대해서는 대답하기 쉽지 않다. 현대화는 서구화도 아니고 미국화도 아니다. "우리와 그들"이라고 하는 구분에서처럼, "서양과 그 나머지 세계"라고 구분할 경우 범하게 되는 오류는 "모 아니면 도" 식의 태도를 극복하려고도 하지 않고 극복할 수도 없다는 것이다. 세계화를 위해서는 다른 식으로 생각하지 않으면 안 된다.

서구화와 현대화가 세계화의 전례임은 분명하다. 그러나 변화 속도와 개념적 전환의 깊이라는 측면에서 본다면 엄청난 차이가 있다. 경제 발전의 가장 중요한 원동력인 정보 기술은 정치·사회·문화에 광범위한 영향을 끼쳐왔다. "지식 경제(knowledge economy)"를 통해 가난한 나라들이 넘어서기 힘들어보이는 발전 단계를 뛰어넘어 비약할 것이라는 희망은 아직 실현되지 않았지만, 전 세계적으로 모든 단계에서의 정보 교환이 크게 증가하였다. 마찬가지로 경제 교류와 소득 분배에서 여전히 지리적인 여건이 커다란 문제가 되고 있지만, 새로운 정보 통신 기술은 국제적 소득 불균형을 크게 변화시킬 만한 잠재력을 가지고 있다. 우리 시대에 당연시되고 있는 원칙은, "세계 지도에서 부와 권력 그리고 영향력을 보여주는 선은 게임의 법칙 그 자체가 끊임없이 개정되어야만 하는 그 마땅한 방식에 의거해서 다시 그려질 수 있다"는 것이다. 특히 주목해야 하는 것은 해방과 파괴의 잠재력을 동시에 가진 세계화 기술들이 등장하고 있다는 사실이다. 로봇과 컴퓨터를 통해 인간 게놈(genome)을 배열하고, 약품을 고안해내며, 신소재를 제조하고, 동·식물의 유전자 구조를 변화시킬 수 있을 뿐 아니라, 인간을 복제해내는 일까지도 가능하다. 따라서 소수 집단이 더욱 커다란 사회에 심각한 긍정적 부정적 영향을 줄 수 있는 권력을 가지게 된다.

개념적인 측면에서 볼 때 세계화는 획일화 과정이 아니다. 최소한 현 상황에서 볼 때 나머지 세계가 결국은 단일한 발전 모델을 따르는 방향으로 "수렴"될 것이라고 하는 생각은 복잡한 세계화 추세를 설명하기에는 지나치게 단순하다. 환경 파괴·질병·약품 남용·범죄 등이 과학·기술·무역·금융·관광·이주(移住)만큼 철저하게 국제적인 현상이 되었음은 분명하다. 세계는 전례 없이 상호 연결되었으며 상호 의존적이 되었다. 그러나 이제 등장하고 있는 지구촌은, 단일한 패턴에 따라 형성되지 않는다는 사실은 말할 것도 없고, 하나로 통합되고 있는 것도 아니며, 오히려 다양성이라고 하는 특징에 의해 규정된다.

2. 지역적 인식, 원초적 유대 그리고 정체성

이러한 다양성이 생겨나게 된 중요한 이유 중 하나는 세계화가 '지역적'인 의식, 감수성, 정서, 열정 등을 강조하기 때문이다. "원초적 유대"에 강하게 집착하는 현상이 직접적으로 세계화 조류에 의해 생겨난 것은 아니겠지만, 그러한 조류에 의해 생겨난 의도하지 않았던 결과일 것이다. 현재 인간이 처한 상황을 설명하는 데 인종, 성별, 언어, 지역, 계층, 연령, 신앙적인 측면을 무시할 수는 없다. 인종 차별로 인해 다양한 인종으로 구성된 사회의 결속이 위협받고 있다. 이 문제를 적절히 다루지 않으면 강대국이라도 분열을 맞게 될 수 있을 것이다. '성적인 평등'은 보편적인 호소력을 가지고 있다. 성적 평등을 주장하는 강력한 여성운동으로부터 자유로울 수 있는 사회는 없다. 개발도상국뿐 아니라 선진국에서도 언어적 갈등만 없었다면 안정되었을 공동체들이 언어적 갈등으로 인해 분열되어 왔다. 주권을 위한 투쟁은 전 세계적인 현상이다. 원하는 모든 국가가 가입한다면 UN 회원국은 몇 배로 늘어날 것이다. 이른바 '남북 문제'는 국제적, 지역적, 국가적, 향토적인 모든 차원에 걸쳐 있다. 개발도상국에서는 도시와 농촌 격차가 점점 커지고 있다; 모든 선진국에서는 도시의 빈곤이라고 하는 중요한 문제에 직면해 있다. 세대 간격이 더욱 좁아져서 이제는 더 이상 과거와 같이 한 세대를 30년이라고 정의할 수 없게 되었다. 이에 따라 생겨나는 세대 차로 인해 세대 간의 갈등이 더욱 심각해졌다. 형제자매 간의 균열은 많은 경우 세대 차가 나는 음악, 영화, 게임, 컴퓨터로 인한 생활 방식에서 생겨난다. 종교적 갈등은 믿음이 다른 집단 사이에서 뿐 아니라 같은 믿음을 가지고 있지만 전통이 다른 집단 사이에서도 발생한다. 종교 내적인 분쟁이 서로 다른 종교 사이의 분쟁보다 더 폭력적인 경우도 적지 않다.

간단히 말해서 우리로 하여금 구체적인 인간이 될 수 있도록 해주는 "원초적 유대"라고 하는 다루기 쉽지 않아보이는 조건에 관한 문제가, 세계화로 인해 잠식되어 없어져버리기는커녕 최근 몇십 년간 더욱 두드러지게 제기되어 왔다.

세계화로 인해 국가의 권위가 잠식되고 주권과 국적의 의미가 바뀔지도 모른다. 하지만 세계화로 인해 정체성은 더욱 중요한 의미를 가진다. 우리가 사는 세계가 더 세계화될수록, 자신의 정체를 확인하려는 노력은 더욱 활기차게 전개된다.

세계 시민이 되기 위해 원초적 유대를 포기해야 한다는 것은 참으로 비현실적인 생각이다. 원초적 유대가 반드시 세계 시민의 정신에 장애가 된다고 생각한다면 이는 현명하지 못한 판단이다. 이미 알고 있듯이 우리가 가지고 있는 강렬한 느낌, 고원한 열망, 계속적으로 가지게 되는 꿈 등은 많은 경우 특정한 집단 및 장소와 연관되어 있으며, 모국어를 통해 표현되고, 시대와 믿음을 같이 하는 사람들을 그 대상으로 삼는다. 또한 성적(性的)이고 계급적인 요소가 자기 자신을 정의하는 데 가장 두드러진 특징이 된다. 우리는 원초적 유대에 깊이 뿌리박고 있으며, 이로 인해 우리의 일상 생활이 의미를 가지게 된다. 의식적인 선택을 통해 완전히 다른 사람이 될 수는 없는 것과 마찬가지로, 이러한 유대도 자의적으로 없애버릴 수 있는 것이 아니다.

세계화가 패권적인 세력으로 작용해서 개인과 집단, 국가의 영혼이 파괴되어버릴 것이라고 하는 두려움을 심각하게 경험하고, 또 실재로 그러한 모습을 생생하게 보여주는 사람들이 점점 더 많아지고 있다.(예를 들어, 1999년 12월에는 미국 시애틀에서 WTO에 반대하는 폭동이 발생했고, 2000년 1월 스위스 다보스에서는 세계 경제 포럼에 반대하는 항의가 있었다.) 그러므로 우리는 세계화 과정에서 원초적 유대가 존재한다는 사실을 진지하게 받아들일 필요가 있다. 이 유대를 단순한 수동적 제약으로 뿐만 아니라 그로부터 힘을 얻을 수 있는 자원으로 다룰 때만 지역적 연계에 굳은 기반을 두고 세계적 조류에 적극적으로 참여하는 가운데 생겨나는 인간 상호 간의 유익한 교류의 혜택을 받을 수 있을 것이다.

현실적으로 보면, 원초적 유대는 부동의 실체도 아니고 정적인 구조를 가진 것도 아니다. 분명 우리는 인종적이고 성적인 특징을 가지고 태어나며, 연령 집단, 출생지, 제1언어, 국가 경제 발전 단계, 믿음 공동체 등은 우리가 선택할 수 있는 사항이 아니다. 하지만 민족성과 성적 역할은 학습을 통해 얻어지는 후천적인 것이다. 더구나 민족적 긍지를 자각하고 의식하며, 성적인 평등을 요구하는 것은 교육의 결과다. 인종 차별과 성적 불평등에 의해 생겨난 정서와 격정이 자기 개인적으로 보기에 아무리 강렬하고 자연스러운 것이라고 하더라도, 이것은 사회화의 결과며 의도적인 배양을 필요로 하는 것이다. 이는 연령, 지역, 언어, 계층, 신념에서도 마찬가지다. 이 모두는 다양한 상황 아래에서 문화적으로 형성된 사회적 현실이며 그 정도 또한 다양하다. 이런 면에서 본다면 각각의 원초적 유대는 유동적이고 역동적인 과정을 상징한다. 흐르는 냇물처럼 그것 또한 다양한 방향으로 돌려놓을 수 있는 것이다.

원초적 유대로 인해 새롭게 부상하는 지구촌이 생동감 있는 색깔과 풍부한 구조를 가질 수 있는 반면에, 이로 인해 취약한 세계 질서와 인간의 안전에 심각한 문제가 제기되기도 한다. 국제주의(internationalism)라고 하는 세계국가주의적인 정신에서 출발한 UN은 언제 폭발할지 모르는 공동체적 감정으로 가득 찬 정체성의 문제를 다루어야만 한다. 인종에 대한 선입관, 성적 편견, 연령에 따른 차별, 종교적 편협성, 문화적 배타성, 외국인 혐오증, 증오감에 기인한 범죄 및 폭력이 전 세계적으로 두루 퍼져 있다. 이러한 문제점에 비추어볼 때, 어떻게 해야만 세계화를 통해 모두가 한 인류 가족이라고 하는 의미를 잃지 않은 상태에서, 개인적 정체성이라고 하는 느낌을 증진시킬 수 있는가 하는 문제에 대해 심도 있는 이해가 절대적으로 필요하다.

세계화로 인해 국가와 문명들은 서로 더 가까워졌다. 문명들이 수렴되는 과정에서 무수히 많은 근본적인 공통의 가치와 더 많은 유사성이 발견되었다. … 세계화가 발전되어 나아감에 따라, 문명들이 자신만의 독특한 특성을 잃지 않은 상태에서 발전해나갈 수 있는 공간이 더 넓어질 것이다(宋健).

많은 경우 경제적 세계화의 척도는 총 성장, 생산성, 자본 투자의 수익 등이다. 빈곤의 근절, 고용, 건강, 기대 수명, 교육, 사회보장, 인권, 정보와 통신의 이용 가능성 등과 같은 다른 지표들은 생활의 질을 개선하는 데 필수적인 것들이다. 자신이 단순한 주식 투자자가 아니라 결정권자라고 생각할 때, 점점 더 많은 관계망 속에 속해 있는 사람들이 이렇게 모든 것을 포괄할 수 있는 잠재력을 가진 과정에 참여할 수 있게 될 것이다. 우리가 시장

경제의 직접적인 수혜자가 아닐 수도 있지만, 우리 모두는 이 지구의 삶의 질을 유지하는 데 결정권을 가지고 있는 것이다.

세계적인 경제 기구들을 통해 삶의 질이 향상될 수 있음은 부정할 수 없다. 예를 들어, 사회적 형평성을 강하게 선호하는 정부는 농업과 산업 생산성을 높이기 위해 WTO에 가입하거나, 빈곤을 줄이기 위해 세계은행의 차관을 사용하고자 할 수 있을 것이다. 분명, 경쟁 시장에는 승자와 패자가 있고 어떤 한 순간에 특정 지역의 문화적, 언어적 영향력이 주도권을 쥐는 현상은 피할 수 없을지도 모른다. 그러나 의도적이든 아니든 간에 세계화가 패권적 지배 세력이 부상하는 것으로 받아들여진다면 국제적 안정에 도움이 되지 못할 것이다. 세계화는 획일화가 아니기 때문에 상상 속의 것이든 실재적인 것이든 간에 패권주의는 세계 평화의 문화를 배양하는 데 장애가 된다. 문명 간의 대화는 세계화를 통해 이러한 뜻하지 않은 부정적 결과가 생겨나지 않도록 하기 위한 것이다.

3. 상호 학습으로서의 대화

일상적인 인간의 경험을 통해 우리는 진실한 대화란 신중한 교육을 필요로 하는 기술이라는 점을 안다. 지성적, 심리적, 정신적인 준비가 잘 되어 있지 않다면, 우리는 진지한 대화에 깊이 참여할 수 있는 입장에 서 있지 못한 것이다. 사실, 우리가 진정한 대화의 기쁨을 즐길 수 있는 것은 참된 친구나 유사한 마음을 가진 사람들뿐이다.

서로 전혀 알지 못하는 이방인들이 어떻게 문화적인 단절을 뛰어넘어서 진실한 대화에 참여할 수 있겠는가? 더군다나 "상대방"을 나와는 근본적으로 다른 사람, 가르침만을 주려는 사람, 적 등으로 받아들인다면 말이다. 그러한 상황에서 진실한 대화가 가능할 뿐 아니라 실현 가능한 것이라고 믿는 것은 너무나 단순한 생각인 듯하다. 개인적, 지역적, 국가적 그리고 문명 상호 간의 차원에서 대화 관계를 통해 얻을 수 있는 혜택을 모두 실현해내는 데에는 분명 몇 년 혹은 몇 세대가 걸릴 수도 있다. 현재로서 우리는 단지 세계가 처한 상황에 대한 전환점으로서 최소한의 조건들만을 제시할 뿐이다.

환경을 유지하고 미래의 세대에게 삶의 전망을 주는 데 대해 우리는 관심을 가지고 있고 또 염려하고 있기 때문에, 다급함이 생겨나지 않을 수 없다. 우리는 보편적인 공통의 관심사에 대해 새로운 수호자의 위치가 필요함을 굳게 믿는다. 우리는 문명 간의 대화를 통해 물질적, 도덕적, 미적, 정신적 복지를 증진시킬 수 있는 세계화의 긍정적인 힘을 촉진시키고, 현재의 경제 개발 조류로 인해 기본권을 보장받지 못한 사람들, 불이익을 당하는 사람들, 소외된 사람들, 침묵을 강요당한 사람들에게 특별한 관심을 가질 수 있기를 바란다. 또한 문명 간의 대화를 통해 개인적인 지식, 집단의 결속, 스스로에 대한 이해, 개인적인 정체성과 공동체적인 정체성을 건전하게 추구하는 자세가 확산되기를 바란다.

우리는 다양한 종교 간의 대화로부터 서로의 차이점을 관대하게 받아들이는 태도야말로 의미 있는 대화를 위한 필수적인 전제 조건임을 알게 되었다. 하지만 단순한 관용만으로는 "우물 안 개구리"의 편협한 견해를 넘어서기에 너무 수동적이다. 다른 사람이 존재하고 있다는 사실을 절실하게 깨달아야만 실질적인 의사 소통이 시작될 수 있다. 잠재적인 대화의 상대자로서 다른 사람이 존재하고 있다는 사실을 깨닫는다면, 우리가 공존한다는 부인할 수 없는 사실을 받아들일 수밖에 없다. 이를 통해, 다른 사람의 역할(믿음, 태도, 행동)이 우리와 관련된 의미 있는 것이라는 사실을 인정하게 된다. 다시 말해서, 우리 두 사람이 서로 만나서 분열된 긴장 상태를 해결하거나 공동 과업에 착수할 수 있는 교차점이 존재하게 되는 것이다. 양자가 상호 존중의 태도를 가지고 서로를 마주 대할 수 있을 만큼 충분한 신뢰를 쌓을 수 있게 된다면 만남이 가능하게 된다. 오직 그러한 상황에서만 생산적인 대화가 시작될 수 있다. 대화를 통해 우리는 서로를 준거로 삼는 정신 속에서 상대방으로부터 배운다는 것의 가치를 올바로 평가할 수 있게 된다. 그를 통해 양자 모두의 지평을 넓힐 수 있는 근거가 되기 때문에, 심지어는 서로간의 차이를 찬양하는 것조차도 가능하다.

이렇게 생각한다면 대화란 상대방을 설득하거나 전향시키기 위한 전략이 아니다. 대화란 가치를 공유하고 새로운 삶의 의미를 함께 창조해냄으로써 상호간의 이해를 발전시키기 위한 것이다. 문명 간의 대화에 접근해 가기 위해서는 자신의 생각을 선전하고, 자신의 믿음을 받아들이도록 설득하며, 자신의 의견에 대해 인정받고자 하고, 자신이 소중히 여기는 것이 참이라는 사실에 대한 동의를 얻기 위해서 자신의 행동 방향을 평가하며, 자신이 마음 깊숙이 가지고 있는 신념을 정당화하고자 하는 이러한 모든 욕구를 보류시켜야 한다. 그 대신, 자신이 알지 못하는 것을 배우고, 다른 목소리를 들으며, 다양한 시각에 대해 스스로를 개방하고, 자신이 가진 전제에 대해 반성하며, 서로의 통찰력을 공유하고, 암묵적으로 동의할 수 있는 영역을 찾아내며, 인간의 번영을 위한 최선의 실천 방안을 탐구해내는 것을 목적으로 삼아야 한다.

B. 다양성과 공동체

우리는 역사적인 우연성이나 변화하는 환경뿐 아니라 피부색, 인종, 언어, 교육적 배경, 문화적 유산, 종교 집단의 차이 등도 누구나 공통적으로 가지고 있는 인간성의 가치를 경감시킬 수 없다는 점을 항상 끊임없이 상기해야 한다. 우리의 유전자를 보면, 우리 인간들이 대개 동일한 구성 성분으로 이루어져 있다는 사실을 분명히 알 수 있다. 동료 인간들뿐만 아니라 다른 동물, 식물, 나무와 돌을 포함하는 천지 만물까지도 일체를 형성하고 있다는 생각은 상호 연관성이라고 하는 시적인 의미뿐 아니라 우주적인 전망까지도 드러내 보여준다. 몇몇 학자들이 주장하는 것처럼 우리 모두가 아프리카에 근원을 두고 있는 것은 아닐지라도, 우리 조상들을 추적해 올라가보면 동일한 하나의 근원에까지 이를 수 있다. 지구는 우리 조상들이 물려준 것일 뿐 아니라 후손들이 우리에게 맡긴 것이라고 하는 아프리카의 속담은, 우리가 이 지구상에서 함께 살아왔으며 앞으로도 그렇게 살아갈 것이라고 하는 부인할 수 없는 사실을 잘 보여준다.

우리는 우리가 공통의 인간성을 가지고 있다는 사실은 긍정하지만, 얼굴 없는 추상적인 보편주의는 경계한다. 우리는 다양성이 인간의 번영에 필수적인 요소임을 절실히 깨닫고 있다. 지구가 생명력을 유지하기 위해서는 다양한 생물체들이 반드시 필요한 것처럼, 인간들의 공동체를 규정하는 특징은 문화적, 언어적 다양성임을 우리는 알고 있다. 하지만 그 차이를 받아들이는 방식이 사회적으로 도출되거나 문화적으로 구성된 것이라면 이는 개인 대 개인, 집단 대 집단, 다수 대 소수가 반목하도록 하는 데 이용된다. 그 결과로 나타나는 차별로 인해 투쟁, 폭력, 기본권에 대한 체계적인 침해 등이 생겨나게 된다. 다양성은 찬양되어야 하지만, 민족중심주의적인 혹은 다른 형태의 배타적 우월주의는 비난받아야 한다.

얼굴 없는 보편주의와 민족 중심적인 우월주의 사이에는 넓은 공간이 열려 있다. 이 영역이 바로 문명 상호 간의 대화가 가능한 장소다. 위대한 윤리적, 종교적 전통들을 통해 우리 세계의 정신적인 모습이 수천 년 동안 그려져 왔다. 인종, 언어, 종교, 문화적 단절을 가로지르는 대화야말로 인류 역사의 가장 중요한 특징이었다. 이렇게 단절된 부분들 간 혹은 그 부분 안에 긴장과 갈등이 있었음에도 불구하고, 이러한 간극을 가로질러 더 많은 접촉과 상호 교류를 지향하는 전반적인 추세는 결코 약화되지 않았다. 역사적으로 보면 모든 위대한 윤리적, 종교적 전통들은 다른 신념의 체계와 믿음을 가진 공동체들과 조우해왔다. 사실 그 위대한 전통들이 가진 생명력은 많은 경우 이러한 만남의 결과로 생겨난 것이었다. 타자에게 배움으로써 그 전통의 지평은 크게 확대되었다. 예를 들어, 기독교 신학은 그리스 철학의 혜택을 받았고, 회교 사상은 페르시아 문학에서 영감을 얻었으며, 중국 지성사는 1세기 불교의 도래와 더불어 인도적 사유에 의해 풍요로워지게 되었다.

그럼에도 불구하고 타자에 대한 공포로 인해 갈등도 생겨났으며 그 투쟁이 길어지기도 했다. 종교 간의 전쟁은 역사 전반에 걸쳐 공통적으로 등장한다. 인도의 전통에 의해 중국의 문화 세계가 변화되어 대승불교를 도입하고, 자신의 문명에 동화시키고 통합시킨 것과 같은 사례에서처럼, 두 개의 중요한 문명이 평화적으로 상호 교류를 한 예는 드물다. 인류 가족을 위한 평화의 문화를 배양하기 위해서는 종교 간의 조화가 반드시 필요하기 때문에 종교 간의 대화는 문명 간의 대화에서 가장 중요한 부분이다. 최근 수십 년간의 세계화로 인해 종교 간 대화 밀도가 크게 증가되었다. 신흥 종교를 포함하는 모든 종교들이 "공통의 공적 선(common public good)"을 증진시키기 위한 일치된 목적을 받아들일 수 있는 기회가 왔다는 것은 인류 역사에 전례가 없는 사건이다.

지구촌이 도래하지 않았다면 "공통의 공적 선"이라는 생각은 불가능했을 것이다. 상상 속 현실로서의 지구촌은 공동체가 아니다. 이상적으로 생각할 때 "공동체"라고 하는 말은 사람들이 함께 살아가면서 사회적인 기풍과 실행 가능한 시민 윤리를 공유하고, 공통의 선에 헌신하는 일치된 입장을 가지는 것을 암시한다. 하지만 그러한 일치된 목적이 있다고 하더라도, 다양성과 차이로 인해 다른 사람의 근본적인 자유와 권리에 침해가 되지만 않는다면, 다양한 생활 방식과 신념이 허용된다. 현재 지구촌 안에서 진정한 의미의 공동체가 실현되고 있는 것은 아니라고 할지라도, 이러한 발전 방향에 우호적인 세계적, 지역적 추세가 계속적으로 가속화되고, 그에 적합한 전통적, 현대적 관습들이 계속 확산되어나가기를 바란다.

과거를 뒤돌아보고 자손들이 살아갈 바람직한 미래에 대해 깊이 생각해본다면, "어떻게 하면 부상하고 있는 지구촌에서 다른 전통을 존중하면서도 자신의 전통에는 충실한 책임감 있는 삶을 통해 다양성을 포괄할 수 있을까?"라는 문제가 마음속에 크게 다가올 것이다. 진정으로 다양성을 수용하기 위해서는 참된 관용을 넘어서서 상호 존중으로, 그리고 결국에는 서로를 찬양하는 태도로 긍정해주는 방향으로 나아가지 않으면 안 된다. 종교적, 문화적, 인종적, 민족적인 맥락에서 볼 때 무지와 오만은 틀에 박힌 태도, 편견, 증오, 폭력의 주된 원인이다. 신체적 안전, 경제적인 여건의 유지, 정치적 안정을 통해서 사회적 통합을 위한 맥락은 제공되겠지만, 진정한 공동체적인 삶이 가능하기 위해서는 우리가 분단을 가로질러 서로에 대한 책임감과 존경심을 가지고 행동할 의향을 가져야만 한다. 대화를 통해, 다른 사람들이 가지고 있는 전혀 다른 특성을 올바로 평가하는 방법을 배우고, 사람들과 문화들 간의 멋진 결합으로서의 다양성에 의해 자신에 대한 앎이 더욱 풍요로워질 수 있다는 사실을 이해할 수 있게 된다. 대화를 통해 모두의 진정한 공동체를 향한 노력이 증진될 수 있을 것이다.

문명 간의 대화는 인간의 문명이 다수 존재한다는 것을 전제로 한다. 대화는 평등과 구별을 인정한다. 평등이 없다면, 의사소통을 위한 공통의 기반이 존재할 수 없을 것이다 ; 구별이 없다면 대화할 필요가 없을 것이다. 평등은 문명 상호간 대화의 기반을 확립해주고, 구분은 그러한 공동의 과업을 바람직하고, 필요하고 가치 있고 의미 있는 것으로 만들어준다. 대화에 헌신하는 교량 건설자로서, 우리의 다양한 전통 속에 인류 가족의 구성원 (남, 여, 어린이)인 우리들을 함께 묶어주는 공통의 가치가 있다는 사실을 인정한다. 이러한 가치가 상호 연결되어 있는 것임을 탐구하고자 하는 노력을 함께 함으로써, 우리는 다양성이야말로 공개적이고 역동적인 공동체를 형성하는 데 힘을 실어주는 요소라는 사실을 알 수 있게 된다. 다양한 문명의 조우에 대한 경험, 분단의 장벽을 부수려는 공동의 결의, 계속해서 반복되는 사회적 관심사를 이해하고 처리하려는 헌신적인 노력을 통해, 우리는 책임 있는 공동체를 선포하는 데 극도로 중요한 가치들을 확인할 수 있었다.

C. 공통적 가치

세계적 공동체가 부상하게 된 유례없는 사건으로 인해 우리는 보편적 상황에 대한 새로운 이해를 구하지 않으면 안 되게 되었다. 엄청나게 다양한 문화 가운데 있기는 하지만, 우리는 공동의 운명을 가진 인간이라고 하는 한가족이다. 세계가 점점 상호 의존적이 되어감에 따라 우리 스스로가 지역적 공동체뿐 아니라 지구촌 전체와도 밀접하게 연관되어 있음을 깨달아야만 한다. 우리는 자신이 속한 나라 각각의 운명을 맡아 쥐고 있을 뿐 아니라 향토적, 국가적, 지역적, 세계적인 것들이 떼려야 뗄 수 없을 정도로 밀접하게 연결되어 있는 '하나의 세계'의 운명을 맡아 쥐고 있기도 하다. 공통의 가치에 대한 견해를 공유함으로써 문명 간의 대화에 필요한 윤리적 기초를 제공하고, 또 지속적으로 유지할 수 있을 것이다. 우리는 현대의 복잡한 생활 양식으로 인해 중요한 가치들 간에 긴장이 생겨날 수 있다는 점을 알고 있다. 다양성을 통일성과 조화시킨다는 것은 매우 어려운 과제다 ; 사적인 이익과 공공의 선 사이의 갈등은 해결할 수 없는 것처럼 보일지도 모른다 ; 많은 경우 단기적 소득과 장기적 이익 사이의 선택은 쉽지 않다. 하지만 지구촌이 서로 의존하고 있다는 점을 새롭게 느끼는 일은 현재 진행중인 전 세계적인 평화의 문화를 배양하려는 공동의 노력에 필수적이다.

십계명에서 불교, 자이나교, 유교, 힌두교를 비롯한 다른 많은 전적에 이르기까지, 가장 계속적으로 거부되어온 것은 폭력과 기만이다. 이는 고문이나 절도와 같은 해악을 가능하게 하기 때문이다. 또한 폭력과 기만, 배반 등에 대한 이와 같은 금령(禁令)은 어느 사회, 어느 법 체계에서나 낯설지 않다. 이러한 금령들은 『이집트 사자(死者)의 서』, 『아이슬랜드의 에다』, 『바가바드 기타』와 같이 다양한 작품들 속에서 표현되어 왔다(시슬라 복, Common Value, 1995).

우리는 개인의 자유를 보호해야 하고, 기본권을 보장해야 하며, 누구나 모든 사람들이 동등한 가치를 가지고 있다는 사실을 인정하고 그를 존중해야만 한다는 점을 처음부터 분명히 밝혀둔다. 이것들은 시장경제, 민주 정치, 시민 사회의 근간을 이루는 현대 서구의 계몽주의적 가치들이다. 이러한 가치들 중 어떤 것도 현재의 사회에서 완전히 실현되고 있는 곳은 없지만, 이것은 인간의 보편적 열망이다. 참으로 자유와 권리, 인간의 존엄은 보편적 호소력을 가진다.

하지만 개인의 자유, 기본권, 모든 인간의 동등한 가치 등의 문제와 더불어 "공동체의 생존이 달린 가치가 무엇인가?" 하는 문제는 우리에게 반성을 시작해보아야 하는 충분한 논제를 제공한다. 의무감의 배양과 개인적 자유의 보장은 사회 해체의 위험 없이도, 인간의 정신을 고양시키는 방향으로 함께 나아갈 수 있다. 사람들의 책임감을 고무하는 것과 기본권을 보장하는 일도, 사회적 응집력을 위협하는 일없이 서로를 보완함으로써 사람들에게 사유와 행동을 위한 더욱 안전한 공간을 제공할 수 있다. 우리 모두가 서로에게 책임감 있게 행동해야 한다는 요건과, 모든 인간이 동등한 가치를 가지고 있다는 사실에 대한 인정과 존중을 통해, 자신과 사회의 관계에 대한 균형 잡힌 접근이 가능하게 될 것이다. 윌리엄 제임스(William James)는 다음과 같이 말한다 :

> 개인적인 충동이 없다면 공동체는 활기를 잃어버리게 된다 ; 공동체에 대한 공감이 없다면 개인적 충동은 시들어버리고 만다.

자신과 사회 사이의 호혜적인 상호 작용은 우리 시대에서 새로운 의미를 가진다. 우리는 이 의미를 개인적, 향토적, 국가적, 지역적, 세계적인 맥락에서 검토할 필요가 있다. 우리는 또한 개인적 이해라고 하는 분열을 초월하기 위해서는 개인적이고 향토적인 관심사뿐 아니라 국가적이고 지역적인 관심사까지도 넘어서야 한다는 사실도 알고 있다. 이 중요한 역사적인 순간에 우리는 이해할 수 없는 보편적 힘에 의해 너무나 쉽게 압도되어버리고, 통제할 수 없는 인종적, 종교적 분쟁에 의해 너무나 쉽게 무기력해져버린다. 그래서 마치 우리는 두 가지 극단적인 형태의 파괴, 다시 말해서 지배와 해체라고 하는 난관에서 벗어날 수 없는 것처럼 보인다. 하지만 그럼에도 불구하고 우리는 대화하는 지구촌의 도래와 더불어, 실질적인 의사 소통과 상호 연관이라고 하는 의미에서의 "인간 가족(human family)"에 대해 처음으로 이야기할 수 있기를 바란다. 우리는 세계화에 무시무시한 측면들이 있음을 강조하고자 한다. 예를 들면, 세계화로 인해 패권주의와 독점주의가 생겨날지도 모른다. 하지만 그렇다고 해서 그것이 불가피한 것은 아니다. 유사하게, 정체성의 확립을 추구하는 정책에는 완고함과 배타주의의 위험이 있기는 하지만, 정체성을 추구하는 것은 고귀한 소명이며, 우리 자신과 우리의 아이들에게 교육적인 경험이기도 하다.

우리는 한편으로 얼굴 없는 보편주의, 권위주의적 통제, 독점적인 행태를 거부하며, 다른 한편으로는 완고한 민족중심주의, 종교적 배타주의, 문화우월주의를 배제할 것이다. 우리는 '세계화'와 '진실한 정체성의 추구'에 포함된 긍정적인 힘을 통해 미덕의 순환(virtuous circle)을 창조하여 다가올 시기에 인간의 정신을 고양시킬 수 있다고 믿는다. 다양성을 찬양하고 공동체를 증진시켜주는 건전한 세계화는 합류(confluence)의 문제, 다시 말해서 풍요롭고 다양한 인류의 유산을 서로 배우고 인정하는 문제다. 이를 통해 문명 간의 수평적이고 상호적인 관계가 성립될 수 있을 것이며, 진정한 대화도 가능해지게 될 것이다. 그러한 대화적인 형식에서 각각의 문명에서 퍼져나오는 메아리가 다른 문명을 일깨우고, 고무하고, 그에 영감을 불어넣어 줄 것이다. 그 결과로 생겨나게 되는 공감에 기반한 공명은 서로 다른 문화와 시대를 연결해주는 진정한 범세계적인 조화다. 이러한 공통의 가치를 충분히 인정한다면, 문명 간의 대화를 촉진하는 데 도움이 될 것이다 : 그리고 그러한 대화는 보편 윤리의 실현 가능성을 크게 높여줄 것이다.

1. 인간다움[仁]

("남이 너에게 해주기를 바라는 대로 남에게 해주어라!"와 같은) 적극적인 형태로 표현되든 아니면 ("남이 너에게 하지 않기를 바라는 일을 남에게 하지 말아라!"와 같이) 소극적인 형태로 표현되든 간에, 실질적으로 모든 위대한 윤리적, 종교적 전통에서는 황금률을 공유하고 있다. 1993년 세계 종교 회의에서는 떠오르는 보편 윤리의 기본 원칙으로 이 황금률을 지목하였다. 우리는 황금률에 함축된 것처럼 자기 자신에 대한 이해 속에서 다른 사람을 인식하고 인정하고 받아들이고 찬양한다면, 우리가 좀더 인도적이 되는 데 도움이 되리라고 믿는다.

'인도적'(혹은 좀더 직접적으로 말해서 '인간적')이 되기를 배우는 것은 동서를 막론하고 모든 고전적 교육의 결정적인 특징이다. 이 점은 현대 세계에서 심오한 문제를 제기해준다. 우리는 인간의 역사에서 가장 야수와 같은 시기를 넘어서고 있기 때문이다. 포괄적이고 전체론적인 측면에서 받아들인다면, '인간다움'이라고 하는 생각은 모든 상황에 있는 모든 사람들에게 적용될 수 있다. 인간의 존엄성을 침해해서는 안 된다는 신념을 천명하는 데에서 인종, 언어, 성별, 지역, 계급, 신념의 장벽을 넘어서야 하는 반면에, 우리는 또한 모든 개인들을 인간적으로 대하는 법을 배울 필요가 있다 ; 그가 늙고 가난한 백인 남성이든 중국 상인이든, 유대교의 랍비든 회고의 물라든, 범죄자든 젊고 부유한 흑인 여성이든 간에 말이다. 이를 위해서는 서로간의 차이를 인간다움의 확장에서 위협적인 요소가 아니라 기회로 보는 능력이 필요하다. 종교, 문화, 인종, 민족적인 맥락에서 틀에 박힌 생각, 편견, 증오, 폭력을 거부하는 능력을 배우기 위해서는 호혜성 [恕]이라고 하는 가치가 반드시 필요하다. 호혜성은 인류의 모든 정신적 전통이 공유하고 있는 황금률에서 없어서는 안 되는 부분이다. 우리는 그 중요성을 강조해야만 한다.

인간은 흔히 합리적 동물이라고 정의되어 왔다. 자기의 이해 관계를 알고, 자유 시장에서 자신의 이익을 극대화하며, 비교적인 이익을 계산할 수 있는 능력을 가지고 있다는 사실은 인간이 도구적 합리성을 이용할 수 있다는 점을 보여준다. 합리성 혹은 좀더 적절한 표현으로 사려 분별력은 인간 상호간의 관계, 지식의 획득, 사회 정치적인 참여를 위해서도 없어서는 안 된다. 하지만 '인도적'이라고 하는 것은 공감, 교감, 연민까지도 포함한다. 인간다움이라고 하는 가치가 합리성만으로 실현될 수 있는 것은 아니다. 구체적인 사람을 인도적으로 대하는 능력은 합리적 선택의 결과가 아니라 감수성, 신념, 헌신, 정감의 결과다.

우리와 가까이 있는 사람들에게 애정과 친밀감을 느끼는 것은 인간이 공통적으로 가지고 있는 가장 자연스러운 경험 가운데 하나다. 우리는 사랑하는 사람의 고통을 차마 눈뜨고 보지 못한다. 이러한 동정심은 많은 경우 자신의 아이, 배우자, 부모, 가까운 친척, 친한 친구 등으로 제한되어버린다. 우리가 가지고 있는 이러한 개인적인 느낌을 좋아하는 사람, 관심을 가진 사람, 잘 모르는 사람 그리고 심지어는 전혀 모르는 사람이나 그 이상까지 확장한다면, 우리가 상호 연결되어 있다는 느낌은 크게 증강 될 것이다. 우리는 천인합일이라고 하는 고원한 이상을 결코 실현할 수 없을지도 모른다. 하지만 모든 인간을 형제자매로 대해야 한다는 도덕적 가르침을 이루고자 열망한다면, 우리는 끊임없이 확장되는 의미있는 관계망과의 조화로운 관계를 확립하기 위해 노력하게 될 것이다. 문명 간의 대화는 타자에 대한 이러한 기본적 정서에 기반하고 있는 것이다.

2. 의로움[義]

인간다움[仁]이 동료 인간들과의 의미 있는 관계 형성을 도와 준다면, 의로움[義]은 이 가치를 구체적인 행동으로 옮기는 실천적인 방법이다. 인(仁)한 세계는 항상 의롭다. 성적 불평등과 인종 차별은 의롭지 못하다. 소득, 부, 특권, 재화와 정보 및 교육에 대한 접근 기회 등에서 큰 차이가 나는 경우 또한 의롭지 못하다. 가진 자와 그렇지 못한 자 사이의 틈이 더욱 벌어지는 것은 세계화에서 의도하지 않았던 부정적인 결과이기 때문에, 우리는 특히 인류 가족에서 소외되고 불이익을 받고 있고 침묵하고 있는 개인과 집단에게 관심을 가진다. 그들은 우리의 집중적인 관심과 지속적인 지원을 받을 만하기 때문이다. 한 개인, 집단, 국가, 지역이 더 커다란 힘과 영향력을 가지게 될수록, 그 개인이나 집단은 인류의 복지를 증진할 의무를 그만큼 더 가지게 된다고 우리는 믿는다. 개인이나 집단에게 자의적인 평등주의의 원칙을 강요하는 것은 실제로 가능하지도 않고 의로운 것도 아니다. 하지만 세계화의 수혜자들이 그들이 가지고 있는 재원을 세계와 더욱 균등하게 공유해야 한다고 요구하는 것은 그 자체로 의로워보인다. 의로움[義]이란 공공 정책이 약자에게 이익을 주는 방향성을 가져야 함을 의미한다. 소외되고, 권리를 누리지 못하고, 불이익을 당하고 있고, 침묵하고 있는 사람들에게 힘을 줄 수 있는 방법을 생각해내는 것은 인간다운[仁] 것일 뿐만 아니라 의로운[義] 것이기도 하다.

공정으로서의 정의는 더 높은 행동 기준을 요구한다. 빈곤의 근절은 떠오르는 지구촌에서 가장 두드러진 의로운 대의명분이다. 어떻게 하면 가난한 사람들이 빈곤을 벗어날 수 있는 능력을 가질 수 있도록 도움을 줄 수 있을까? 어떻게 하면 여성들을 교육시켜서 인구 밀집과 경제적 빈곤의 악순환을 깨뜨릴 수 있을까? 어떻게 하면 북반구의 지도자들과 다른 곳에 있는 경제적으로 성공한 국가들로 하여금 가난에 찌든 지역을 돕는 것이 곧 자기 국가의 이익과 불가분의 관계에 있다고 여길 수 있도록 장려할 수 있을까? 어떻게 하면 전 세계의 사람들이 "빈곤은 어느 곳에 있든 보편적으로 관심을 가져야 할 문제다"라고 생각하는 의식을 가지도록 호소할 수 있을까? 이러한 질문들은 향토적, 국가적, 지역적, 세계적 차원에서 제기되어야만 한다.

1995년에 코펜하겐에서 열린 사회 문제 정상 회의에서 아프리카와 미개발 국가들의 개발을 촉진시키기로 한 서약은 현실적인 상호 의존적 모델이 아니면 실현 불가능한 것이다. 민족적, 문화적, 언어적, 종교적 다양성을 보편적 자산으로 생각한다면, 아프리카를 단지 에이즈, 빈곤, 실업, 사회 해체의 대륙으로만 규정해서는 안 된다. 아프리카 또한 인류의 정신적 전통과 조상들의 지혜가 축적된 보고(寶庫)라는 점을 인정해야만 한다. 남아프리카 케이프타운 주변에 있는 작은 지역의 지리적, 생물학적 다양성(그 풍요로움에서 캐나다의 광대한 면적과 비견된다고 여겨진다)으로 상징되는 아프리카적 정신은, 사회 발전을 세계의 공동 과업으로 여기는 변화된 정신 자세를 만들어가기 위한 영감을 얻을 수 있는 근원이 되어야 한다. 아프리카의 운명은 비아프리카인들에게도 중요하다. 인간의 번영에 대한 전체론적 의식이 없다면 복지는 말할 것도 없고 지구촌 전체에서 적절한 안전성을 확보할 수조차 없기 때문이다.

아프리카에 관심의 초점을 맞추어야 한다고 주장한다고 해서 그것이 단순히 낭만주의나 감상주의에 불과한 것은 아니다. 공감, 교감, 연민을 통해 고통에 빠진 형제자매와의 유대를 형성해야 함을 알 수 있듯이, 우리는 의로움을 통해 한 대륙은 물론이고 세계의 한 구석이라도 심각한 위험에 빠진다면 우리의 복지도 위협받게 되리라는 사실을 인정할 수 있게 된다. 제한된 단기적인 합리적 계산을 통해서는 아프리카의 문제가 다른 지역의 자기 이익과 직접적인 관계가 있음을 파악하지 못할 수도 있다. 하지만 지구촌에서 상호 의존이라는 것은 생활 속의 사실이 되어왔기 때문에, 세계의 실제적인 한 부분을 무시한다면 결국에는 인간의 안전에 해가 될 것임을 우리는 상식을 통해 알고 있다. 사실 우리들 중 어느 한 사람이라도 학대한다면 전체로서 인류의 신성함은 감소되어버리고 만다.

문명 간의 대화는 포괄적이다. 이는 지구촌의 모든 구성원들을 열린 마음으로 초대하는 것이다. 공평무사함에 기반한 의로움[義]을 통해 의지를 가진 사람이면 누구나 차별을 받지 않고 대화에 참여할 수 있도록 보장해줄 수 있을 것이다. 나아가 공정에 기반한 의로움을 통해 주변부로 소외된 사람들을 적극적으로 포괄함으로써 더욱 광범위한 참여를 장려할 수 있을 것이다. 기본적 생존이라고 하는 현실적인 심각한 문제 때문에 대화를 아무 소득도 없는 활동이나 없어도 되는 사치품 정도로 여기는 사람들이야말로 현재 진행중인 대화에 참여함으로써 누구보다 이익을 얻을 수 있다. 사실 공정한 태도의 상호 교환(예를 들어 이야기를 함께 하는 것)에 적극적으로 참여함으로써, 소외된 사람들의 비참한 현실에 무감각해진 사람들의 행동, 태도, 신념을 개선시키는 데 도움이 될 수 있다. 동시에 시급한 문제들에 관한 원인과 해결책을 새롭게 조명해볼 수 있다. 많은 경우 정치 지도자들에게서의 부정의(투명성, 공개적인 설명 가능성, 페어 플레이 등의 결여)가 경제, 사회적 위기의 주된 원인이 된다. 이러한 문제들도 비교 문화적인 견지에서 더욱 분명하게 규명하고 더욱 효율적으로 관리할 수 있을 것이다.

3. 예의[禮]

법치는 질서 유지에 필수적이다. 시장경제에서 투명성, 민주정치에서 공개적 설명 가능성 그리고 시민 사회에서 공정한 절차에 대한 요구는 법치가 없다면 안전과 훌륭한 통치 그리고 권리의 보호를 보장하기 어렵다는 점을 강하게 시사한다. 하지만 질서의 최소 조건으로서의 법 그 자체만으로는 공공 정신이나 의무감이 생겨날 수 없다. 공공의 화합 속에서 충족된 삶을 추구하는 사람이라면 반드시 시민 윤리를 배양해야만 한다. 다양한 전통이 세계인들의 사유와 행동을 인도하고 있기 때문에, 예의 없이 합법성만 가지고는 공공 정신을 고취시킬 수 없다. 시민 윤리가 결여된 채 법 체계만이 있다면 과다하게 송사만 남발되는 상황으로 빠져들기 쉽다.

예의는 법치를 보완해주며, 법 체계에 도덕적 기반을 제공해준다. 예의는 동료 시민들을 대하는 적절한 방식이다. 보편적 추세의 긍정적 측면은 패권주의의 확산 없이 의사 소통과 상호 연결을 증진시켜준다는 것이다. 이러한 측면이 '계속 확장되어 가는 상호 연결된 공동체'의 탄생에 도움을 줄 수 있다면, 예의는 그러한 과정을 지탱해주는 관건이다. 예의가 없다면 진정한 대화는 불가능하다. 예의는 문화 상호간의 의사 소통에 필수불가결하다. 시민 윤리를 배양하기 위해서는 판단을 멈추고, 우리가 가지고 있는 전제들을 비판적으로 검토하며, 미리 결론을 내리지 않은 상태에서 상대방이 말하는 내용을 올바로 평가하고, 관련된 사항들에 대해 더욱 깊이 탐구해 들어가며, 상호 교류의 의미에 대해 반성해보려는 자세가 필요하다.

우리는 인간다움[仁]을 통해 다른 사람과의 호혜적인 관계를 확립할 수 있고, 의로움[義]를 통해 그러한 다른 사람에 대한 인도적인 감정이 행위로 옮겨지도록 할 수 있다. 그리고 예의[禮]는 인간 상호간의 의사 소통에서 적절한 형식을 제공해준다. 예의가 없다면 경쟁은 정복이라고 하는 야만적인 일이 되어버릴 것이고, 적대적인 체계 속에서의 긴장 관계는 곧바로 권력을 향한 적대적인 투쟁으로 변해버리고 말 것이다. 법 그 자체만으로는 그것을 따라야 하는 동기를 부여하지 못한다 ; 법은 처벌에 대한 불안감에서 폭력을 억제시켜주는 기능을 할 수 있을 뿐이다. 이와는 달리, 조화로운 사회가 순조롭게 기능하기 위해서는 반드시 예의를 함양해야 한다. 우리가 새롭게 등장하는 문화를 포함해서, 모든 문화 간의 수평적 관계를 통해 상호간의 학습이 더 수월해지는 보편적 시민 사회를 마음속에 그릴 때, 평화의 문화가 자라가게 되는 것이다.

4. 지혜[智]

지혜는 전체적인 이해, 자신에 대한 깊이 있는 앎, 장기적인 관점, 실천적 감각 그리고 훌륭한 판단 등을 암시한다. 번뜩이는 영감이 세계가 처한 상황의 한 측면을 밝혀줄 수 있을지는 모르지만, 인간의 상황을 포괄적으로 이해하기 위해서는 계속적인 교육이 필요하다. 학습에 대한 단편적인 접근으로는 충분치 못하다. 공동체적이면서도 비판적인 성격의 경험적 자기 인식의 일종인 '인격적 지식'은 겸손함을 동기로 하는 지속적인 노력에 의해서만 배양될 수 있다. 장기적인 이익을 희생시켜가면서 단기적인 이득만을 추구한다면, 약삭빠르다고 할 수 있을지는 몰라도 지혜롭다고 할 수는 없다. 장기적인 견지에서 생각하는 것이 지혜로운 것이기는 한 반면, 지혜는 결코 사변적인 사유에 불과한 것이 아니라 언제나 구체적인 결과를 산출해내는 것이다. 판단을 내리는 데 다양한 요소들을 고려하는 능력이 바로 지혜를 가지고 있다는 신호다. 건전한 대화에는 선입견을 갖지 않을 필요가 있기는 하지만, 이렇게 미리 판단을 내리지 않는 태도가 곧 훌륭한 판단을 결여하고 있음을 의미하지는 않는다. 현명한 사람들의 판단은 신중하고 균형이 잡혀 있다 ; 그것은 독선적인 양극단을 넘어서는 중도(中道)인 것이다.

과학 기술의 진보로 인해 우리의 지평은 엄청나게 넓어졌으며 주변 세계에 대한 인식도 심화되었다. 그래서 많은 사람들은 위대한 종교적, 철학적 전통들이 우리의 교육과 무관하다고 느낀다. 분명 세계화로 인해 우리가 이용하고 소비할 수 있는 자료, 정보, 지식은 엄청나게 확대되었다. 하지만 이로 인해 유서 깊은 학습 방법, 그 가운데에서도 특히 지혜를 획득하는 전통적인 방법이 크게 손상을 입은 것도 사실이다. 자료와 정보, 정보와 지식, 지식과 지혜를 혼동해서는 안 된다 ; 단지 어떻게 해서 정보와 지식을 얻을 것인가가 아니라 지혜롭게 되는 법을 배울 필요가 있다. 실제 현실에서 우리가 배울 수 없는 것에는 특히 세 가지가 있다. 첫째는 귀기울여 듣는 기술이다. 귀기울여 듣는 것은 보는 것보다 더 많은 인내와 받아들이려는 자세가 필요하다. 인내가 없다면 그 속에 담긴 미묘한 의미는 고사하고, 전달하려는 메시지조차도 파악할 수 없을 것이다 ; 받아들이려는 자세가 없다면 말하는 내용은 알아듣는다 하더라도 그 메시지가 우리 마음 깊숙한 곳에 담기지 않게 될 것이다. 심층적으로 귀기울여 듣는 자세를 통해 우리는 진정으로 다른 사람을 만나게 된다. 원주민들은 우리에게 서로의 목소리뿐 아니라 자연의 목소리를 듣는 방법까지도 가르쳐줄 수 있다. 오직 심층적으로 귀기울여 듣는 자세를 통해서만, 귀를 통해서 전달되는 내용을 이해할 수 있을 것이다.

둘째는 서로 마주보고 이야기하는 것이다. 이것은 가장 흔하고 단순한 이야기 방법이지만, 가장 어렵고 가치 있는 것이기도 하다. 전화나 그보다 훨씬 정교한 전자 장치를 통해서 대화를 하더라도, 서로 마주보고 이야기하는 것을 대신할 수는 없다. 이러한 종류의 의사 소통에는 상대방이 필요하다. 서로 마주보고 이야기하는 것은 인간에게 가장 지속적으로 이어져온 상호 작용 방식이며, 결국에는 가치를 전달하는 가장 참된 방법이기도 하다. 그러한 방법이 뒷전으로 밀려나버린다면 우리가 현명해질 수 있는 가능성은 거의 없다. 귀기울여 듣는 기술과 서로 마주보고 이야기하는 것은 세 번째에 다가가는 데 없어서는 안 된다.

이 세 번째도 또한 현실을 통해서는 배울 수 없는 것으로, 그것은 바로 조상들의 축적된 지혜다. 현대 세계에서는 너무나 많은 자료, 정보, 지식에 노출되기 때문에 지혜를 배워야 할 필요성이 어느 때보다도 절실하다. 위대한 종교적, 철학적 전통을 통해 우리는 어떻게 해서 완전한 인간성을 갖출 수 있는가를 배울 수 있다. 조상들의 누적된 지혜를 통해 그 사회의 본보기가 되는 사유와 행동을 체화한 삶을 살아가는 방법을 알 수 있다. 말을 통해서가 아닌 본보기에 의한 가르침을 통해야만, 완전한 인간성을 갖출 수 있는 법을 배울 수 있다. 우리의 삶을 살 만한 것으로 만들어주는 정신적 자원으로부터 스스로를 단절시켜서는 안 된다. 우리는 사회에서 완전한 인간성을 성취하는 방식을 가장 감동적으로 보여준 사람들을 본받는다. 단지 두뇌를 통해서만 그렇게 하는 것이 아니라 마음으로 그리고 심지어는 온몸으로 본받는 것이다. 이런 형태의 체화된 학습은 시뮬레이션만으로는 이루어질 수 없다. 주지하다시피 언어, 역사, 문학, 고전, 철학, 종교, 문화 인류학과 같은 인문과학 교육의 주제들을 통해 우리는 지혜를 얻는 데 도움을 받는다. 이러한 주제들은 결코 구닥다리가 아니다.

완전한 인간성을 성취하는 법을 배우는 것은 지식의 습득이나 기술의 내면화보다는 인격 형성과 관련이 있다. 현대 세계에서 잘 살아가기 위해서는 기술적 능력뿐 아니라 문화적 능력도 필요하다. 인격적인 성장을 위해서는 인지적인 지성뿐 아니라 윤리적인 지성도 없어서는 안 된다 ; 윤리적 지성이 없다면 사회의 도덕적인 구조가 손상되어버릴 것이다. 충분한 물질적 조건뿐 아니라 정신적인 이상과 훈련 또한 인간 공동체의 복지에 극도로 중요하다. 문화적 능력 또한 매우 바람직하다. 읽고 쓰는 능력, 역사 의식, 문학적 기호, 고전에 대한 기본 지식 등이 없더라도 시민에게 기대되는 기본치 정도의 생활을 할 수는 있겠지만, 국가의 시민 생활에 참여하는 일은 어려워지게 될 것이다. 윤리적 지성은 사회의 결속을 위해 필요하다. 정신적 이상과 훈련은 한가한 계층들에게나 해당하는 없어도 되는 사치품이 아니다; 그것은 정신적 삶에서 없어서는 안 되는 부분이며, 이를 통해 문화는 특정한 성격과 다른 문화와는 구분되는 기풍을 갖게 되는 것이다.

5. 신뢰[信]

지혜를 통해 문명 간 대화의 내용이 심화될 수 있는 반면, 그 대화를 지속적이게끔 해주는 가치는 신뢰다. 그것은 진정한 의사 소통의 중추다. 신뢰가 없다면 의미 있는 대화를 촉진시킬 수 있는 방법은 거의 없다. 신뢰는 맹목적인 것이 아니다. 그것은 다른 사람과의 의사 소통에 참여하기 위한 합리적인 선택이다. 그것은 불안의 심리를 초월하기 위한 최소한의 조건이다. 우리 스스로가 부과한 껍질을 깨고 나와서 미지의 도전에 과감히 맞서지 않는다면 이기주의, 연고주의, 편협한 지역주의, 민족 중심주의를 결코 넘어설 수 없을 것이다. 신뢰가 없다면 서로 다른 문화 사이의 공동 노력은 거의 불가능해질 것이고, 평화의 문화가 성장하는 데도 장애가 될 것이다. 신뢰는 공동체가 계속적으로 확장될 수 있다는 데에 대한 강한 믿음이다. 그것은 상호 존중과 이해의 원천이다. 신뢰를 통해 우리는 다른 사람을 목적을 위한 수단이 아닌 목적 그 자체로 받아들일 수 있다.

신뢰를 가진다고 해서 건전함을 유지할 수 있을 만한 회의적인 태도나 비판적인 정신과 저촉되는 것은 아니다. 하지만 그렇다고 해서 다른 사람에게 적대적이거나 실제적 사태에 냉소적인 것도 결코 아니다. 세계에 긴장과 갈등이 있다고 하더라도, 신뢰를 통해 흔히 전혀 다르다고 생각되는 사람들과의 공통점과 공유 가능성을 추구하려는 의사를 가질 수 있게 된다. 신뢰는 통상적으로 적으로 간주되는 이방인과 함께 하는 공동의 사업에 참여하고자 하는 용기다. 신뢰를 통해 우리는 다른 사람들도 완결성을 가지고 있다는 사실을 존중하게 되며, 이러한 태도를 원칙이자 출발점으로 삼을 수 있게 된다. 남을 신뢰하는 사람은 실망할 수도 있고 때로는 속임을 당할 수도 있다. 하지만 그러한 아픈 경험이 있다고 해서 그 사람이 가족, 사회, 국가 안에서 그리고 그 너머에서 계속적으로 의사 소통을 하려는 강한 의지를 포기하지는 않는다. 신뢰는 약속을 지키고 자신의 행위를 완수하는 것과 관련되지만, 올바름(rightness)이라고 하는 더 상위 원리의 지배를 받는다. 예를 들어 마약 중독자에게 돈을 빌려주는 경우에서처럼 약속을 지키는 것이 한 사람의 전반적인 행복에 해가 된다면 약속을 어기는 것이 올바른 것이다 ; 예를 들어 환경에 유해한 발전소 건설의 경우에서처럼, 이미 시작된 행위가 예기치 못한 피해를 일으킬 가능성이 높다면 그 행위를 중단하는 것이 옳다.

올바름과 마찬가지로 신뢰도 의로움(justice)과 밀접하게 연관되어 있다. 다른 사람의 완결성에 대해 신뢰를 가진다는 것은 공정하고 존중하는 자세를 가지는 것이다. 사업상 거래를 할 때나 계약에 동의를 하는 데에서는 반드시 신뢰가 필요하다는 점은 분명하다. 하지만 개인 상호간의 의사 소통이나 문명 상호간의 의사 소통에서 신뢰는 훨씬 더 중요하다. 법적인 행위를 취함으로써 사업상의 부정이나 계약 위반을 바로잡을 수는 있지만, 신뢰가 없어서 개인이나 문명 상호간의 대화 가능성이 사라져버린다면 모든 것을 잃게 된다. 공정해야 한다는 의식을 통해 신뢰의 정신이 생겨날 수 있다 ; 신뢰가 있다면 의로움을 실천에 옮기기 쉽다. 마찬가지로 인도적인 사람은 남을 신뢰하고 그 자신도 신뢰할 만하다. 공감과 연민이 동기가 되기 때문에 인도적인 사람은 개인이나 문명 상호간에 계속적으로 확장되는 관계를 확립한다. 신뢰는 이러한 관계 속에서 은연중에 드러나는 것이다. 신뢰가 있다면 법적인 제재는 단순히 예방 대책일 뿐이다. 사람들과 문화들 사이의 상호 교류가 좋은 신뢰 관계 속에서 이루어진다면, 그 과정에 예의가 충만하게 되고 상호 학습의 태도가 보장될 것이다. 문명 간의 대화에 대한 믿음을 가진다면, 우리 자신의 전통으로부터 뿐 아니라 전 인류 공동체의 축적된 지혜로부터 배울 수 있는 것이다.

위에서 자세히 설명한 인의예지신(仁義禮智信)이라고 하는 다섯 가지 가치는 포괄적이라기보다는 선택적인 것이다. 문명 간의 대화가 효과적이고 풍요로운 것이 되기 위해서는 반드시 이러한 가치에 따라 행동해야 한다 ; 이러한 가치는 또한 대화라고 하는 실제적인 과정을 통해 배양될 수 있다. 그 가치들은 다양한 맥락과 역사적 상황 속에서도 모든 정신적 전통에 의해 표현되어온 공통의 가치들이다. 이러한 가치들은 본보기, 담화의 공유, 종교적 설교, 윤리적 가르침 그리고 무엇보다도 대화를 통해 배울 수 있다.

이상의 논의는 두 가지 명제로 단순히 도식화해볼 수 있다 :
(1) 세계화로 인해 다양성을 무시하고 패권에 대해 오만한 태도
를 취하는 얼굴 없는 보편주의가 생겨날 수도 있다 ; 하지만 그로
인해 진정한 의미의 지구촌이 생겨날 수도 있다. (2) 정체성을
추구하다보면 완고한 민족중심주의와 배타적 폭력성을 가진 치
명적인 분열상을 초래할 수도 있다 ; 하지만 그로 인해 세계적인
차원에서의 의사 소통과 진정으로 다양성을 존중하는 태도가 생
겨날 수도 있다. 문명 간의 대화는 평화의 문화를 개발하는 데
우리가 가진 최고의 희망이다. 그것이 바람직한 이유는 얼굴 없
는 보편주의와 치명적인 분열상이 등장하는 것을 막을 수 있기
때문이다. 그것이 반드시 필요한 이유는, 우리의 불안과 우려가
무엇인지를 이해하고 이 지구를 공유하고 있는 우리 모두의 삶
의 질을 높이는 방법을 제시해주기 때문이다.

The Confucian Perception of Religious Pluralism:
Globalization and Diversity

As we move beyond the dichotomies of globalization and localization, developed and developing, capitalism and socialism, we become an increasingly interconnected global village. By transcending the assumed dichotomies of tradition and modernity, East and West, and us and them, we can tap the rich and varied spiritual resources of our global community as we strive to understand the dilemmas of the human condition. At a minimum, we realize that the great religious traditions that had significantly contributed to the "Age of Reason" — the Enlightenment of the modern West — contain profound meaning for shaping the lives of people throughout the world. Christianity, Judaism, Islam, and Greek philosophy are and will remain major fonts of wisdom for centuries to come, but non-

Western ways of lie, notably Hinduism, Jainism, Buddhism, Confucianism, and Daoism are equally vibrant in the contemporary world and will most likely to continue to flourish in the future. Scholars as well as practitioners have recognized that indigenous forms of spirituality — such as African, Shinto, Maori, Polynesian, Native American, Inuit, and Hawaiian — are also sources of inspiration for the global village.

Western, non-Western, and indigenous traditions are all immensely complex, each rich in fruitful ambiguity. Actually, the so-called Western religions (Judaism, Christianity, and Islam) all originated form the East and symbolize an age-long process of substantial transformations. Similarly, the Hindu, Buddhist, Confucian, and Daoist ways of life are each the unfolding of a spectacular spiritual vision involving fundamental insights, elaborate rituals, social institutions, and daily practice. Our awareness of the richness and variety of the human community's spiritual resources available to the global community enables us to rise above our hegemonic and exclusive arrogance and seek the advice, guidance and wisdom of other traditions. Furthermore, we also fully acknowledge the danger of inter - and intra - religious conflicts which seriously threaten the stability of local, national, and regional communities, creating major challenges to cultivating a worldwide culture of peace. The need for a dialogue among civilizations is obvious.

A. Globalization and the Human Condition

Accompanying the rapid globalization of the last decade was an increasingly heated debate over its merits and demerits. Globalization has produced new bodies of knowledge, falsified "self-evident" conventional truths, and created myths and misperceptions of its own. Forces of globalization include the explosion in information and communications technologies, rapid expansion of the market economy, dramatic demographic change, relentless urbanization throughout the world, and the trend toward more open societies. In the economic sphere, private capital in direct investments and portfolio funds has grown rapidly, the reduction of tariff barriers has become a pervasive worldwide phenomenon, the demand for transparency of financial institutions is increasing, and concerns about corruption are spreading.

These byproducts of economic globalization have exerted great pressure on governments to become more publicly accountable, thus creating new possibilities for democratization. As a result, civil societies, symbolized by the formation of trans-national non-governmental organizations, have emerged as important actors in national, regional, and international politics. Surely, the idea that "the rising tide carries all boats" seems to be working. While the rich are getting richer, the poor are not necessarily becoming poorer. The countries which have opened their economies, reduced tariff barriers and encouraged two- way foreign trade seem to have benefited from the new global situation. The dream of eradicating abject poverty throughout the world also seems realizable in the coming five decades. Already, in the last thirty years, twenty industrialized stated and more than a dozen developing countries have actually eliminated poverty. It seems that we are moving from an old world of division and walls to a brace new world of connections and webs.

Yet, with 20% of the world's population earning 75% of the income and 25% with less than 2%, 31% illiterate, 80% living in substandard housing, more than a billion people living on les than a dollar a day and nearly a billion and half people without access to clean water, the state of the world is far from encouraging. Furthermore, the widening gap between the haves and have-nots and the rampant commercialization and commodification of social life, including the life of family, school and religious institution undermine the civic solidarity of developing countries and threaten the moral fabric of societies in developed countries. Anxiety over the loss of cultural identity and the weakening of communal ties is widespread. Can globalization lead us to a more promising land or will it generate more conflicts and contradictions in our already tension- ridden world?

1. From Westernization and Modernization to Globalization

Amartha Sen said that globalization is "an intensification of the process of human interaction involving travel, trade, migration, and dissemination of knowledge that have shaped the progress of the world over millennia." The spread of Buddhism from Banares, Christianity from Jerusalem, and Islam from Mecca are historic cases in point. Globalization was also seen in commercial, diplomatic and military empire-building. Indeed, the inter-civilizational communication among missionaries, merchants, soldiers, and diplomats in pre-modern times was instrumental in fostering proto-globalization long before the advent of the industrial and information revolutions. The 15th century maritime exploration significantly contributed to bringing the world together into a single "system." In hindsight, the phenomenon scholars later described as Westernization was mainly characterized by colonialism and imperialism. Western Europe has substantially reshaped human geography and lefr an indelible imprint on the global community.

Modernization theory, formulated in the 1950s in the United States, asserts that the "modernizing" process that began in the modern West was actually "global" in its transformative potential. The shift from the spatial idea of Westernization to the temporal concept of modernization is significant, suggesting that developments that fist occurred in Western Europe, such as industrialization, should not be conceived simply as "Western" because they were on their way to becoming Japanese, Russian, Chinese, Turkish, Indian, and Iranian as well. This was precisely why the non-geographic idea of temporal modernization seemed to better capture the salient features of Westernization as a process of global transformation.

However, implicit in modernization theory was the assumption that development inevitably moves in the same direction as progress and, in the long run, the world will converge into one single civilization. Since the developed countries, notably the United States, were leading the way, modernization was seen as essentially Westernization and particularly Americanization. This narrative is, on the surface, very persuasive because the characteristics of modernity and the achievements of moderni- zation, as defined by the theorists, are not merely Western of American inventions. The rest of the world also regards them as ideals. Market economy, democratic polity, civil society, and individualism are arguably universal aspirations.

Events in recent decades clearly show that the competitive market has been a major engine for economic growth. They also show that democratization is widespread, that a vibrant civil society encourages active participation in the political process and that respect for the dignity of the individual is a necessary condition for social solidarity. These developments may have prompted several scholars to argue that there is no longer any major ideological divide in the world : Capitalism has triumphed, market economy and democratic polity are the waves of the future, and history as we know it has ended.

Nevertheless, the euphoric expectation that the modernizing experience of one civilization would become the model for the rest of the world was short-live. Samuel Huntington's warning of the coming clash of civilizations was perhaps intended to show that, as long as conflicting world views and value systems exist, no nation, no matter how powerful and wealthy, can impose her particular way upon others. In the 21st century, the most serious threats to international security will not be economic or political but cultural. At first blush, the "clash of civilizations" theory seems more persuasive than the "end of history" advocated by Francis Fukuyama, because it acknowledges that culture is important and that religious difference must by properly managed. Unfortunately, its underlying thesis is still "the West and the rest", and recommends a course of action that presumes the West will eventually prevail over its adversaries.

Warnings about imminent civilizational conflict make a dialogue among civilizations not merely desirable, but necessary. Even the most positive definition of modernization — market economy, democratic polity, civil society, and individualism — allows room for debate and discussion about its feasibility. Free market evokes questions of governance ; democracy can assume different practical forms ; the styles of civil society vary from culture to culture ; and whether dignity must be predicated on the doctrine of individualism has no easy answer. Modernization is neither Westernization nor Americanization. The fallacy of "the West and the rest", like that of "us and them", is its inability and unwillingness to transcend the "either-or" mentality. Globalization compels us to think otherwise.

Westernization and modernization are clearly antecedents of globalization, but between them is a quantum leap in terms of the rate of change and the depth of conceptual transformation. Information technology, the prime mover of economic development, has had far reaching political, social and cultural implications. Although the promise that the knowledge economy can help poor countries leap from over seemingly intractable stages of development has yet to become a reality, information exchange at all levels has substantially increased throughout the world. Similarly, although geography still matters greatly in economic interchange and income distribution, new information and communications technologies have the potential to significantly change international income inequalities. An axiom of our age is that the lines of wealth, power and influence can be redrawn on the world map in such a way that the rules of the game themselves must be constantly revised. Especially noteworthy is the great emancipatory and destructive potential of emergent globalizing technologies. Robotic machines and computers can sequence the human genome, design drugs, manufacture new materials, alter genetic structures of animals and plants, and even clone humans, thus empowering small groups of individuals to make profound positive and negative impacts on the larger society.

Conceptually, globalization is not a process of homogenization. For now, at least, the idea of convergence — meaning that the rest of the world will eventually follow a single model of development — is too simplistic to account for the complexity of globalizing trends. Surely, environmental degradation, disease, drug abuse, and crime are as thoroughly internationalized as science, technology, trade, finance, tourism, and migration. The world has never been so interconnected and interdependent. Yet, the emerging global village, far from being integrated. Let alone formed according to monolithic pattern, is characterized by diversity.

2. Local Awareness, Primordial Ties, and Identity

One important reason for this diversity is that globalization accentuates local awareness, consciousness, sensitivity, sentiment, and passion. The resurfacing of strong attachments to "primordial ties" may not have been caused by globalizing trends, but it is likely to be one of their unintended consequences. We cannot afford to ignore race, gender, language, land, class, age, and faith in describing the current human condition. Racial discrimination threatens the solidarity of all multiethnic societies. If it is not properly handled, even powerful nations can become disunited. Gender equality has universal appeal. No society is immune to powerful women's movements for fairness between the sexes. Linguistic conflicts have ripped apart otherwise stable communities in developed as well as in developing countries. The struggle for sovereignty is a pervasive phenomenon throughout the world. The membership of the United Nations would be expanded several times if all aspiring sovereign states could be admitted. The so-called North-South problem exists at all levels — international, regional, national, and local. The disparity between urban and rural is widening in developing countries ; urban poverty presents a major challenge to all developed countries. Generation gaps have become more frequent — the conventional way of defining a generation in terms of a thirty- year period is no longer adequate — and the struggle between "generations" more intense. Fissures among siblings are often caused by life styles influenced by different generations of music, movies, games, and computers. Religious conflicts occur not only between two different faith but also between divergent traditions of the same faith. Not infrequently, intra-religious disputes are more violent than inter-religious ones.

In short, the seemingly intractable conditions, the "primordial ties", that makes us concrete living human beings, far from being eroded by globalization, have become particularly pronounced in recent decades.

> Globalization may erode the authority of the state, and alter the meaning of sovereignty and nationality, but it increases the importance of identity. The more global our world becomes, the more vital the search for identification.

Indeed, it is impractical to assume that we must abandon our primordial ties in order to become global citizens. Further, it is ill advised to consider them necessarily detrimental to the cosmopolitan spirit. We know that our strong feelings, lofty aspirations and recurring dreams are often attached to a particular group, expressed through a mother tongue, associated with a specific place, and targeted to people of the same age and faith. We also notice that gender and class feature prominently in our self-definition. We are deeply rooted in our primordial ties, and they give meaning to our daily existence. They cannot be arbitrarily wished away more than one could consciously choose to be a totally different person.

Since the fear that globalization as a hegemonic power will destroy the soul of an individual, group, or nation is deeply experienced and vividly demonstrated by an increasing number of people (for example, riots in Seattle against the World Trade Organization in December 1999 and protests in Davos against the World Economic Forum in January 2000), we need to take seriously the presence of primordial ties in the globalizing process.. Only by working with them, nor merely as passive constraints but also as empowering resources, will we benefit from a fruitful interaction between active participation in global trends that are firmly anchored in local connectedness.

Realistically, primordial ties are neither frozen entities nor static structure. Surely, we are born with racial and gender characteristics, and we cannot choose our age cohort, place of birth, first language, country's stage of economic development, or faith community. Ethnicity and gender roles, however, are acquired through learning. Moreover, our awareness and consciousness of ethnic pride and the need for gender equality is the result of education. Our sensitivity, sentiment and the passion aroused by racial discrimination and gender inequality, no matter how strong and natural to us personally, are the results of socialization and require deliberate cultivation. This is also true with age, land, language, class and faith. They are all, under different circumstances and to varying degree, culturally constructed social realities. In this sense, each primordial tie symbolizes a fluid and dynamic process. Like a flowing stream, it can be channeled to different directions.

While primordial ties give vibrant colors and a rich texture to the emerging global community, they also present serious challenges to the fragile world order and to human security. The United Nations, which arose from the cosmopolitan spirit of internationalism, must deal with issues of identity charged with explosive communal feelings. The pervasiveness of cultural exclusivity, xenophobia, hate crimes, and violence throughout the world makes it imperative that we understand in depth how globalization can enhance the feeling of personal identity without losing the sense of integrally belonging to the human family.

Globalization has brought countries and civilizations increasingly closer to one another. More similarities and a host of fundamental common values are discovered in the course of convergence of civilizations ···. The development of globalization will create broader space for the development of civilizations, each with its own unique characteristics. (Song Jian)

Economic globalization is often measured by aggregate growth, productivity rates, and returns on capital investment. Other indicators such as eradication of poverty, employment, health, life expectancy, education, social security, human rights, and access to information and communication are essential to improve the quality of life. The idea of the stakeholder, rather than shareholder, can enable an ever-expanding network of people to participate in this potentially all-inclusive process. We may not be the beneficiaries of market economy, but we all have a stake in maintaining the quality of life of this earth.

Undeniably, global economic institutions can enhance the

quality of life. For example, a government with strong preference for social equity may try to join the WTO to increase its agricultural and industrial productivity or to use World Bank loans to alleviate poverty. Obviously, there are winner and losers in a competitive market and the pervasiveness of the cultural and linguistic influence of a particular region in a given moment may be unavoidable. But, if globalization is perceived as the rise of hegemonic domination, either by design or by default, it will not be conducive to international stability. Since globalization is not homogenization, imagined or real hegemonism is detrimental to the cultivation of a culture of world peace. The dialogue among civilizations is intended to reverse this unintended negative consequence of globalization.

3. Dialogue as Mutual Learning

Ordinary human experience tells us that genuine dialogue is an art that requires careful nurturing. Unless we are intellectually, psychologically, mentally, and spiritually, well prepared, we are not in a position to engage ourselves fully in a dialogue. Actually, we can relish the joy of real communication only with true friends and like-minded souls.

How is it possible for strangers to leap across the civilizational divide to take part in genuine dialogue, especially if the "partner" is perceived as the radical other, the advisory, the enemy? It seems simple-minded to believe that it is not only possible, but realizable, Surely, it could take years or generations to completely realize the benefits of dialogical relationships at the personal, local, national, and inter-civilizational levels. At this time we, propose only minimum conditions as a turning point on the global scene.

Our urgency is dictated by our concerns for and anxieties about the sustainability of the environment and the life prospects of future generations. We strongly believe in the need for a new guardianship with a global common interest. We hope that, through dialogue among civilizations, we can encourage the positive forces of globalization that enhance material, moral, aesthetic, and spiritual well-being, and take special care of those underprivileged, disadvantaged, marginalized, and silenced by current trends of economic development. We also hope that, through dialogue among civilizaiton, we can foster the wholesome quests for personal knowledge, group solidarity, self-understanding, and individual and communal identities.

We have learned from a variety of inter-religious dialogues that **tolerating** difference is a prerequisite for any meaningful communication. Yet. merely being tolerant is too passive to transcend the narrow vision of the "frog in the well." We need to be acutely aware of the presence of the other before we can actually begin communicating. **Awareness** of the presence of the other as a potential conversation partner compels us to accept our co-existence a s an undeniable fact. This leads to the **recognition** that the other's role (belief, attitude and behavior) is relevant and significant to us. In other words, there is an intersection where the two of us are likely to meet to resolve divisive tension or to explore a joint venture. As the two sides have built enough trust to see each other face-to-face with **reciprocal respect**, the meeting becomes possible. Only then can a productive **dialogue** begin. Through dialogue, we can appreciate the value of learning from the other in the spirit of **mutual reference**. We may even **celebrate the difference** between us as the reason for expanding both of our horizons.

Dialogue, so conceived, is a tactic of neither persuasion nor conversion. It is to develop mutual understanding through sharing values and creating a new meaning of life together. As we approach civilizational dialogues, we need to suspend our desires to sell our ideas, to persuade others to accept our beliefs, to seek their approval of our opinions, to evaluate our course of action in order to gain agreement on what we cherish as true, and to justify our deeply held convictions. Instead, our purpose is to learn what we do not know, to listen to different voices, to open ourselves up to multiple perspectives, to reflect on our own assumptions, to share insights, to discover areas of tacit agreement, and to explore best practices for human flourishing.

B. Diversity and Community

We need to remind ourselves, time and again, that neither the historical contingencies and the changing circumstances, nor the differences in color, ethnicity, language, educational background, cultural heritage, and religious affiliation among us mitigate against our common humanity. Our genetic codes clearly indicate that, by and large, we are made of the same stuff. The idea that we humans form one body not only with our fellow human beings, but also with other animals, plants, tress, and stones — "Heaven and earth and the myriad things" — expresses a comic vision as well a poetic sense of inter-connectedness. We may even be able to trace all out ancestries to one source, if not to the African mother as proposed by some scholars. The African proverb that the earth is not only bequeathed to us by our ancestors but also entrusted to us by generations to come elegantly illustrates the undeniable fact that we have lived and will continue to live on this planet together. While we affirm our common humanity, we are wary of faceless of abstract universalism.

While we affirm our common humanity, we are way of faceless or abstract universalism. We are acutely aware that diversity is necessary for human flourishing. Just as biodiversity is essential for the survival of our planet, cultural and linguistic diversity is a defining characteristic of the human community as we know it. However, socially derived and culturally constructed perceptions of differences are used for setting individual against individual, group against group, and majorities against minorities. The resultant discrimination yields to strife, violence and systematic violation of basic rights. While we celebrate diversity, we condemn ethnocentric and other exclusivist forms of chauvinism.

The space between faceless universalism and ethnocentric chauvinism is wide and open. This is the arena in which inter-civilizational dialogues can take place. Great ethical and religious traditions have shaped the spiritual landscape of our world for millennia. Communication across ethnic, linguistic, religious, and cultural divides has been a salient feature of human history. Despite tension and conflict between and among the divides, the general trend toward more contact and interaction across these divides has never diminished. Historically, each great ethical and religious tradition has encountered different belief systems and faith communities. Indeed, their vitality has often resulted form these encounters. By learning from others, the horizon of a given tradition became significantly broadened. For example, Christian theology benefited form Greek philosophy, Islamic thought was inspired by Persian literature, and Chinese intellectual history was enriched by

Indian ideas with the arrival of Buddhism in the first century.

Nevertheless, the fear of the other has also led to strife and prolonged struggle. Inter-religious wars are common throughout history. The peaceful interaction of tow major civilizations, such as the Indian transformation of the Sinic cultural universe and the introduction, assimilation and incorporation of Mahayana Buddhist schools into the Chinese spiritual landscape, is rare. Sine harmony among religions is essential for cultivating a culture of peace for the human family, inter-religious communication The opportunity for all religions, including emerging ones, to affirm unity of purpose for the promotion of the common public good is unprecedented in human history.

The idea of the "common public good" is predicated on the advent of a global community. A global village, as an imagined virtual reality, is not a community. The term "community" ideally implies that people live together, share an ethos and a practicable civic ethic and are unified in their commitment to the common good. Such a unity of purpose, however, allows for diversity in lifestyles and differences in belief, so long as the diversity and differences do not infringe upon the fundamental freedoms and rights of others. Although we far from realizing a true sense of community in the global village, we hope that global and local trends congenial to this development continue to accelerate, and that traditional and modern practices appropriate to it continue to spread.

As we reflect upon the past and meditate on the future we

would want for our children, the question that looms large in our minds is : How can we embrace diversity by living responsibly — respectful of others' traditions and yet faithful to our own — in the emerging global community? Real acceptance of diversity compels us to move beyond genuine tolerance to mutual respect and, eventually, to celebratory affirmation of one another. Ignorance and arrogance are the major roots of stereotyping, prejudice, hatred, and violence in religious, cultural, and ethnic contexts. While physical security, economic sustenance, and political stability provide the context for social integration, real community life emerges only if we us are willing to walk across the divides and act responsibly and respectfully towards one another. Through dialogue, we learn to appreciate other in their full distinctiveness and to understand that diversity, as a marvelous mixture of peoples and cultures can enrich our self-knowledge. Dialogue enhances our effort to work toward an authentic community for all.

The dialogue among civilizations presupposes the plurality of human civilizations. It recognizes equality and distinction. Without equality, there would be no common ground for communicating ; without distinction, there would be no need to communicate. While equality establishes the basis for inter-civilizational dialogues, distinction make such joint ventures desirable, necessary, worthwhile, and meaningful. As bride-builders committed to dialogue, we recognize that there are common values in our diverse traditions that blind us together as women, men and children of the human family. Our collaborative effort to explore the interconnectedness of these values enables us to see that diversity empowers the formation of an open and vibrant community. Our own experience in multicultural encounters, our shared resolve to break down divisive boundaries, and our commitment to address perennial social concerns have helped us to identify the values critical to the promulgation of responsible community.

C. Common Values

As never before in history, the emerging world community beckons us to seek a new understanding of the global situation. In the midst of a magnificent diversity of cultures, we are one human family with a common destiny. As our world becomes increasingly interdependent, we must identify ourselves with the whole global community as well as our local communities. We are both stakeholders of our own respective countries and of one world in which the local, national, regional, and global are intricately ethical foundation for a dialogue among civilizations. We recognize that the complexity of contemporary life may generate tensions between important values. The task of harmonizing diversity with unity is daunting ; the conflict between private interests and the public good may seem unresolvable and the choice between short-term gains and long-term benefits is often difficult. Yet, we believe that a new sense of global interdependence is essential for our ongoing collaborative effort to foster a worldwide culture of peace.

From the Ten Commandments to Buddhist, Jain, Confucian, Hindu, and many other texts, violence and deceit are most consistently rejected, as are the kinds of harm they make possible, such as torture and theft. Together these injunctions, against violence, deceit, and betrayal, are familiar in every society and every legal system. They have been voiced bn works as different as the Egyptian Book of the Dead, the Icelandic Edda, and the Bhagavad-Gita. (Sissela Bok, Common Values 1995)

We affirm, from the outset, that individual freedoms must be protected, that fundamental rights must be guaranteed, and that the equal worth of every human being must be recognized and respected by all. These are the Enlightenment values of the modern West that underlie a market economy, the democratic polity, and civil society. While none of them are fully realized in any given society, they are universal aspirations. Indeed, liberty, rights and personal dignity have universal appeal.

However, the values upon which the viability of community depends, along with individual freedoms, fundamental rights, and the equal worth of every human being, provide us with a fuller agenda to begin our reflection. The cultivation of a sense of duty and the protection of individual freedoms can work together to allow the human spirit to soar without the danger of social disintegration. The encouragement of human responsibility and the guarantee of fundamental rights can complement each other to give people a secured space for thought and action without threatening the fabric of social cohesiveness. The requirement that each act responsibly to one another and the recognition of and respect for the equal worth of every human being offer a balanced approach to the relationship between self and society. As William James notes,

Without the individual impulse, community stagnates ; without the sympathy of the community, individual impulse fades away.

The mutually beneficial interplay between self and society assumes a new shade of meaning in our time. We need to examine it in personal, local, national, regional, and global contexts. We also recognize that, to transcend the divisiveness of self-interest, equires moving beyond national and regional as well as personal and local concerns. At this critical moment in history, global forces beyond our comprehension easily overwhelm us and ethnic and religious conflicts beyond our control easily immobilize us, as if we cannot escape the predicament of the tow extreme forms of destruction — domination and disintegration. Nevertheless, we hope that, with the advent of a dialogical global community, we can, for the first time, talk about the human family in the realistic sense of communication and interconnection. We want to stress that globalization has frightening aspects. It may bring about hegemonism and monopolism for example, but this is not inevitable. Similarly, despite bigotry and exclusivism in identity politics, the quest for identity is a noble calling and an educational experience for our children and us.

We choose to reject faceless universalism, hegemonic control, and monopolistic behavior on the one hand and ethnocentric bigotry, religious exclusivism, and cultural chauvinism on the other. We believe that positive forces in globalization and authentic quests for identity can create a virtuous circle uplifting the human spirit in the coming decades. Wholesome globalization, which celebrates diversity and enhances community, is a matter of confluence, of mutual learning and recognition of the rich and varied human heritage. This allow for lateral and reciprocal relationships among civilizations and makes genuine dialogue possible. In such a dialogical mode, the echoes of each civilization awaken encourage, and inspire the others. The resultant sympathetic resonance is a truly cosmo-politan harmony, cross-cultural and trans-temporal. To this end, we propose the following common values. These common values, if fully recognized, can help to facilitate dialogue among civilizations ; such dialogue can significantly enhance the possibility of realizing a global ethic.

1. Humanity

The Golden Rule, whether stated in the positive ("do unto others what you would want the others do unto you") or the negative ("do not do unto others what you would not want other to do unto you"), is shared by virtually all the great ethical and religious traditions. It was identified by the Parliament of World Religions in 1993 as the basic principle in the emerging global ethic. We believe that the awareness, recognition, acceptance, and celebration of the other in our own self-understanding, implicit in the Golden Rule, helps us to learn to be humane.

Learning to be humane (or straightforwardly "human") is a defining characteristic of all classical education, East or West. It is a profoundly meaningful challenge in the contemporary world as we move beyond perhaps the most brutish century in human history. The idea of humanity, perceived inclusively and holistically, is applicable to every person under all circumstances. While we must transcend race, language, gender, land, class, age and faith in asserting our conviction that the dignity of the human person is inviolable, we need to learn to treat each individual person humanely ; whether a poor old White man, a Chinese merchant, a Jewish rabbi, a Muslin mullah, a criminal, or a rich young Black woman This requires an ability to see difference not as a threat but as an opportunity to broaden humanity. Our learned capacity to reject stereotyping, prejudice, hatred, and violence in religious, cultural, racial, and ethnic contexts is predicated on the value of reciprocity. Reciprocity is an integral component of the Golden Rule, a value included in all our spiritual traditions. We should emphasize its importance.

Human beings have often been defined as rational animals. The ability to know our self-interest, to maximize our profit in a free market, or to calculate our comparative advantages indicates that we are capable of instrumental rationality. Rationality, or more appropriately reasonableness, is also essential for interpersonal relationships, acquisition of knowledge, political participation, and social engagement. Humaneness, however, involves sympathy, empathy, and compassion as well. Humanity as a value cannot be realized through rationality alone. The ability to treat a concrete person humanely is not the result of rational choice but of sensitivity, conviction, commitment, and feeling.

Attachment to and intimacy with those who are close to us is one of the most natural and common human experiences. We cannot bear the suffering of those we love. This sense of commiseration is often confined to children, spouse, parents, immediate kin, and close friends. If we can extend this personal feeling to commiserate with those we like, we care for, we barely know, and even with strangers and beyond, our sense of interconnectedness will be greatly enhanced. We may never truly experience the lofty ideal of forming one body with humanity, but if we aspire to the moral dictum that we should treat all human beings as brothers and sisters, we will try to establish harmonious relationships with an ever-extending network of meaningful relationships. The need for dialogue among civilizations is based on this rudimentary feeling for the other.

2. Justice

If humanity helps us to relate meaningfully with our fellow human beings, justice is the practical method of putting this value into concrete action. A humane world is necessarily just. Gender inequality and racial discrimination are unjust. So are major discrepancies in income, wealth, privilege, and accessibility to good, information, or education. Sine the widening of the gap between the haves and have-nots is an unintended negative consequence of globalization, we are particularly concerned about the marginalized, disadvantaged, and silenced individuals and groups in the human family. They deserve our focused attention and our persistent support. We believe that the more influential and powerful an individual, a group, a nation, or a region is, the more obligated he or she is to improve the well-being of the human community. It is not practicable or even just to impose an arbitrary principle of egalitarianism on individuals and groups, but it seems only right to ask that the beneficiaries of globalization share their resources more equitably with the world. Justice means that public policies should then toward benefiting the weaker. It is humane and just to figure our ways of empowering the marginalized, underprivileged, disadvantaged, and silenced.

Justice as fairness is a call to higher standards of behavior. The eradication of poverty is a prominent just cause in the emerging global community. How can we help to build capacities to enable the poor to rise out of their poverty? How can we educate women and girls so that they can break away from the vicious cycles of population pressure and economic underdevelopment? How can we encourage the leadership of the North and successful economies elsewhere to regard aids to poverty-stricken areas as integral to their national interests? How can we appeal to the conscience of people worldwide to see that poverty anywhere is a global concern? Such questions need to be addressed at local, national, regional, and global levels.

The 1995 Social Summit in Copenhagen's commitment to accelerate the development of Africa and the least developed countries is predicated on a realistic model of interdependence. If we consider ethnic, cultural, linguistic, and religious diversity as a global assert, Africa should not be solely characterized as the continent of the HIV epidemic, poverty, underemployment and social disintegration alone. It should also be recognized as a rich reservoir for human spirituality and the accumulated wisdom of the elders. The African spirit, symbolized by the geological and biological diversity, of the tiny area around Cape Town, South Africa (said to be comparable in richness to the vast area of Canada) ought to be a source of inspiration for a changed mindset that addresses social development as a global joint venture. The fate of Africa is important for non-Africans as well because, without a holistic sense of human flourishing, we cannot properly anchor our security, let alone well-being, in the global community as a whole.

It is neither romanticism nor sentimentalism that compels us to focus our attention on Africa. While sympathy, empathy and compassion propel us to form solidarity with our brothers and sisters in agony, justice impels us to recognize that our well-being is at stake if even a corner of the world, let alone a continent, is in grave peril. A limited short-term rational calculation may fail to show any tangible linkage between Africa's problems and the self-interests of other regions, but common sense tells us that, since interdependence has become a fact of life in the global community, ignorance and neglect of a substantial part of the world is detrimental to human security in the long run. Indeed, the abusive treatment of any one of us diminishes the sacredness of humanity as a whole.

Dialogue among civilizations is inclusive. It is an open invitation to all members of the global community. Justice, founded on impartiality, assures us that all willing participants should be allowed in the dialogue without discrimination.

Justice, based on fairness, further encourages wider participation by actively involving those on the periphery. Those who perceive dialogue as an exercise in futility or merely a dispensable luxury, because the burning issues of basic survival overwhelm the, could particularly benefit from positive engagement in an on-going dialogue. In fact, their presence in a fair-minded interchange (sharing stories for example - can help to improve the behavior, attitudes and beliefs of those immune to the plight of the marginalized. At the same time, the causes of and solutions to urgent problems can be put in a new light. Often, injustice (the lack of transparency, public accountability and fair play) on the part of political leadership is the main reason for economic and social crises. The issues can be more clearly identified and more effectively managed from a comparative cultural perspective.

3. Civility

The rule of law is essential for the maintenance of order. The demand for transparency in the market economy, for public accountability in a democratic polity and for due process in civil society, strongly indicates that, without the rule of the law, it is difficult to assure security, good governance, and the protection of rights. Yet, law, as the minimum condition for orderliness, cannot in itself generate public-spiritedness or a sense of responsibility. The cultivation of a civic ethic is necessary for people who seek the fullness of life in communal harmony. Since a multiplicity of traditions guides the thoughts and actions of the world's peoples, legality without civility cannot inspire public-spiritedness. A legal system devoid of civic ethic can easily degenerate into excessive litigiousness.

Civility complements the rule of law and provides legality with a moral base. It is the proper way to deal with fellow citizens. If positive global trends — those that enhance communication and interconnection without increasing hegemonism — help to bring about an ever-expanding connected community, civility is the key to sustaining such a process. Without civility, genuine dialogue is impossible. Civility is indispensable in intercultural communication. Our willingness to suspend judgment, to critically examine our own assumptions, to appreciate what has been said without drawing up premature conclusions, to inquire further into the relevant points, and to reflect on the meaning of the interchange is congenial to the cultivation of a civic ethic.

Humanity enables us to establish a reciprocal relationship with the other, justice helps us to put our humane feelings for the other into action, and civility provides the proper form of inter-personal communication. Without civility, competition becomes a brutal task of domination and tension in a adversarial system quickly degenerates into a hostile struggle for power. Laws in themselves do not motivate compliance ;

they can serve as a deterrent against violence out of fear for punishment. Instead, the cultivation of civility is essential for the smooth functioning of a harmonious society, As we envision a global civil society in which the lateral relationships of all cultures, including newly emerging ones facilitate mutual learning, the culture, of peace is being fostered.

4. Wisdom

Wisdom connotes holistic understanding, profound self-knowledge, a long-term perspective, practical sense, and good judgment. A spark of inspiration may elucidate an aspect of the world's situation, but a comprehensive grasp of the human condition requires continuous education. A fragmented approach to learning is inadequate. Personal knowledge, the kind of experiential self-awareness that is both communal and critical, can only be cultivated through persistent effort motivated by humility. If we go after short-run gains at the expense of long term benefits, we may be smart, but never wise. Although thinking in long term perspective is wise, wisdom, far from being speculative thought, always brings about concrete results, The ability to take a variety of factors into account in making judgments is a sign of wisdom. While healthy dialogue requires suspension of preconceived opinion, the non-judgmental attitude does not mean the absence of good judgment. The judgment of the wise is measure and balance ;

it is the middle pathe transcending opinionated extremes.

Advances in science and technology have so significantly broadened our horizons and deepened our awareness of the world around us that many fell that the wisdom of the great religions and philosophical traditions is irrelevant to our education. Surely, globalization has greatly expanded the data, information, and knowledge available for our use and consumption, but it has also substantially undermined the time-honored ways of learning, especially the traditional means of acquiring wisdom. We should not confuse data with information, information with knowledge, and knowledge with wisdom ; we need to learn how to become wise, not merely informed and knowledgeable. There are three things in particular that virtual reality will not be able to teach us. One is the art of listening. Listening requires more patience and receptivity than seeing. Without patience, we may listen but fail to grasp the message, let alone the subtle meaning therin ; without receptivity, even if we manage to capture what is said, the message will not register in the inner recesses of our hearts and minds. Through deep listening, we genuinely encounter others. Indigenous peoples can teach us how to listen not only to one another but also to the voice of nature. Only through deep listening will we truly comprehend what is communicated through the ear.

The second is face-to-face communication. This is the commonest and simplest way of talking, but it is also the most challenging and rewarding. Conversation over the telephone, or through even more sophisticated electronic devises, is no substitute for a face-to-face talk. A partner is required for this kind of communication. Face-to-face communication is the most enduring method of human interaction and, in the last analysis, the most authentic way of transmitting values. If it is relegated to the background, there is little chance that we an become wise. The art of listening and face-to-face communication are the indispensable ways to access the third thing that virtual reality cannot teach : the cumulative wisdom of the elders. Precisely because we are exposed to so much data, information and knowledge in the modern world, our need to acquire wisdom is more urgent than ever. The wisdom of the great religious and philosophical traditions teaches us how to be fully human. The cumulative wisdom of the elders refers to the art of living embodied in the thoughts and actions of a given society's exemplars. Only through exemplary teaching, teaching by example rather than by words, can we learn to be fully human. We cannot afford to cut ourselves off from the spiritual resources that make our life worth living. We emulate those who exemplify the most inspiring ways of being fully human in our society, not only with our brain, but with our heart and mind, indeed our entire body. This form of embodied learning cannot be done by simulation alone. Understandably, language, history, literature, classics, philosophy, religion, and cultural anthropology — subjects in the liberal arts education — helps us to acquire wisdom and are never outdated.

Learning to be fully human involves character building rather than the acquisition of knowledge or the internalization of skills. Cultural as well as technical competence is required to function well in the contemporary world. Ethical as well as cognitive intelligence is essential for personal growth ; without the former, the moral fabric of society will be undermined. Spiritual ideas and exercises as well as adequate material conditions are crucial for the well being of the human community.

Cultural competence is also highly desirable. Without literacy, a sense of history, a taste for literature, or a rudi-mentary knowledge of the classics, we can still live up to the basic expectations of citizenship, but our participation in our nation's civic life will be impoverished. Ethical intelligence is necessary for social solidarity. Spiritual ideas and exercises are not dispensable luxuries for the leisure class ; they are an integral part of the life of the mid that gives a culture a particular character and a distinct ethos.

5. Trust

While wisdom can deepen the content of the dialogue among civilizations, the value that allows the dialogue to continue is trust. It is the backbone of true communication. Without, trust, we can do little to facilitate any meaningful communication. Trust is not blind. It is a rational choice to enter into communication with the other. It is the minimum condition for transcending the psychology of fear. Unless we can move out of our self-imposed cocoons and face up to the challenges of the unknown, we will never be able to rise above our egoism, nepotism, parochialism, and ethnocentrism. Mistrust inhibits any cross-cultural collaborative effort and stunts the growth a culture of peace. Trust is a commitment to the possibility of an ever-enlarging community. It is the source of mutual respect and understanding. Trust enables us to accept the other as an end rather than a means to an end.

Trust is not opposed to a healthy dose of skepticism or the critical spirit, but it is never hostile to the other or cynical about the actual state of affairs. Despite tensions and conflicts in the world, trust involves a willingness to explore commonality and sharability with those who are stereotyped as radical others. It is the courage to enter into a joint venture with a stranger who is conventionally labeled as the enemy. Through trust, we respect the integrity of the other as a matter of principle and also as a point of departure. A trusting person may be disappointed and deceived sometimes, but the damaging experience does not deflect him or her from the commitment to continuous communication within and beyond family, society and nation. Thrust involves keeping promises and seeing one's action through, but it is dictated by a higher principle of rightness. If promise-keeping will be harmful to the overall well-being of a person, for example lending money to a drug abuser, it is right to break the promise; if an initiated action is likely to lead to unanticipated harm, for example, the development of an environmentally unsound power plant, discontinuing the action is right.

As rightness is closely linked to justice, so is trust. To have trust in the integrity of the other is to be fair and respectful. The need for trust in any business transaction or contractual agreement is obvious, but trust in interpersonal and cross-cultural communications is even more important. While legal actions can be taken to remedy commercial misconduct or a breach of contract, the loss is total when the possibility of communication simply evaporates between persons and cultures when trust is absent. A sense of fairness can generate a spirit of trust; with trust, it is easy to put justice into practice. Similarly, a humane person is trusting and trustworthy. Motivated by sympathy and compassion, a humane person establishes an ever-expanding network of interpersonal and cross-cultural relationships. Trust is implicit in these relationships. With trust, legal constraints are simply preventive measures. When interchange among peoples and cultures is conducted in good faith, civility pervades the process and mutual learning ensures. If we have faith in the dialogue among civilizations, we can learn not merely from the wisdom of our own tradition but from the cumulative wisdom of the entire human community.

The five values specified above — humanity, justice, civility, wisdom, and trust — are selective rather than comprehensive. Acting in accordance with these values is necessary for an effective and enriching dialogue among civilizations ; these values can also be cultivated through the actual process of the dialogue. They are common values that have been articulated by all spiritual traditions in different contexts and historical situations. These values can be taught through example, story sharing, religious preaching, ethical instruction, and , most of all, through dialogue.

The ideas in this discussion can be shown in a simple diagram with two propositions : (1) Globalization may lead to faceless universalism that is ignorant about differences and arrogant about hegemonic power ; it may also lead to a genuine sense of global community. (2) The quest for identity may lead to pernicious divisiveness, with ethnocentric bigotry and exclusivist violence ; it may also lead to an authentic way of global communication and a real respect for diversity. The dialogue among civilizations is our best hope to develop a culture of peace. It is desirable because it can help prevent the rise of faceless universalism and pernicious divisiveness. It is necessary because it provides a way to address our fears and concerns and to enrich the quality of life for all of us sharing this planet.

제3장
■ ■ ■
계몽주의 정신을 넘어서

현대 서구의 등장 이면에는 인류 역사에서 가장 역동적이고 변화적인 이념으로서 계몽주의 정신이 자리잡고 있다.[1] 현대를 특징짓는 사실상의 모든 주요 관심 영역들—과학 및 기술과학·산업 자본·시장경제·민주적 정체·매스컴·연구 대학·민과 군의 관료 제도·전문 기구—는 이 정신의 산물이거나 이

---

[1] 나는 이 자리를 빌어 나의 구두 발제를 논문으로 전환시키도록 도움을 준 Mary Evelyn Tucker와 John Berthlong에게 감사를 표하고 싶다. 아울러 나의 세 편의 기발표 논문들의 자료가 이 논문에서 사용되었음을 밝혀둔다. 그 논문들과 출처는 각각 다음과 같다. "Beyond the Enlightenment Mentality", Mary Evelyn Tucker and John A. Grim 편, *Worldviews and Ecology : Religion, Philosophy, and the Environment* (Maryknoll, N.Y. : Orbis Books, 1994), 19-28 ; "Global Community as Lived Reality : Exploring Spiritual Resources for Social Development", *Social Policy and Social Progress : A Review Published by the United Nations, Special Issue on the Social Summit, Copenhagen, 6-11 March 1995* (New York : United Nations Publications, 1996), 39-51 ; "Beyond Enlightenment Mentality : *A Confucian Perspective on Ethics, Migration, and Global Stewardship", International Migration Review 30* (Spring 1996), 58-75.

것과 얽혀 있다. 나아가 우리가 현대 의식을 규정하는 것으로 귀하게 생각하는 것들 — 자유·평등·인권·개인의 존엄·사생활의 존중·민주주의·법률의 정당한 절차 등 — 은 구조적으로는 아니더라도 발생적으로 계몽주의 정신과 분리될 수 없다. 18세기 이래 현대 서구의 등장을 계기로 관심의 영역과 그 종속적 가치에서 번영이 이루어져 왔다. 이것들은 우리의 생활 세계에 동력과 의미를 부여해주었다. 우리는 도구적 합리성을 통하여 세계의 주요 문제들을 해결할 수 있고, 또 주로 경제적 의미이지만, 발전은 전체로서의 인간 공동체를 위하여 바람직하고 필연적이라는 점을 당연시한다.

우리는 계몽주의 정신에 너무 익숙해져 있어 그 일반적인 이념적 공격성에 일리가 있다고 생각한다. 자본주의와 사회주의가 모두 현대적 정신 상태의 근간이 되는 다음과 같은 공격적 인간 중심주의에 찬동하는 것은 자명한 사실이다. 인간은 만물의 척도일 뿐만 아니라 경제적 복지·정치적 안정·사회적 발전을 위한 역량의 유일한 원천이다. 현대 서양 학계의 일부 탁월한 지성들은 발전·이성·개인주의에 대한 계몽주의적 믿음을 공격해왔지만, 이것은 여전히 전 세계의 지성적, 정신적 지도자들에게 영감의 표준으로 남아 있다. 생태 과학을 포함하는 모든 국제적 기획에서 인간의 상황이 개선될 수 있다는 것과 세계의 문제를 해결하기 위해서는 합리적 수단을 발견하는 것이 바람직하다는 것, 그리고 개인으로서의 인간의 존엄은 마땅히 존중되어야 한다는 명제들에 찬동하지 않는다는 것은 상상할 수 없다. 현대의 정치 문화에서 가장 영향력 있는 도덕적 담론에서는 계몽주의를 여전히 인간의 각성, 세계적 변화를 위한 인간의 잠재력의 발견, 만물의 척도와 주인이 되기 위한 인간 욕망의 실현으로 이해하고 있다. 개발도상국들 및 고도 개발국들의 소수 통치 계층과 문화적 엘리트들은 수십 년 동안 이러한 이해를 의심의 여지가 없는 전제로 받아들였다.

계몽주의 정신을 공정하게 이해하기 위해서는 현대 서구의 어두운 측면에 대한 솔직한 논의도 필요하다. 발전을 향한 고삐 풀린 과학 기술을 상징하는 "풀려난 프로메테우스"가 산업혁명 초기 양상에는 인간 독창성의 탁월한 성취를 상징했는지도 모르겠다. 낭만주의 운동의 열정적 반응과 "인간 과학" 창시자들의 통찰력 있는 비판에도 불구하고, 개발·지식·정복·지배를 향한 파우스트적 추진력에 힘입은 계몽주의 정신은 현대 서구의 지배적 이념으로서 존속해왔다. 이제 계몽주의 정신은 아시아에서 발전을 위한 의심의 여지없는 이론적 근거로 철저하게 신봉되고 있다.

그러나 계몽주의 정신을 현실적으로 평가할 때, 우리는 현대 서구에서 "이성의 시대"와는 어울리지 않는 많은 측면들을 발견할 수 있다. 현대 서구의 패권적 담론의 맥락에서, 발전은 불평등·이유·자기 이익·개인적 탐욕을 수반할 수 있다. 차와 집을 소유하고, 공정한 임금을 받으며, 사생활·종교·표현·여행의 자유를 즐기는 아메리칸 드림은 일상 생활적 수요라는 미국적 의미에서는 타당할지 모르지만, 세계적 관점에서 볼 때 현대적 필수품으로 수출되기에는 전혀 적절치 않다. 현재 많은 사람들은 이것이 상당수 미국인들의 몽상에 불과함을 인정하고 있다. 생태적 문제들과 모든 차원에서의 공동체의 해체에 깊은 관심을 가진 사람들이 시급하게 해결해야 하는 과제는 현대 서구의 소수 지배층과 문화적 엘리트들이 계몽주의 유산을 재고하는 정신적인 공동 작업에 확실하게 참여하도록 만드는 것이다. 그러나 우리가 처한 상황은 다음과 같은 면에서 역설적이다. 의도적인 것은 아니지만, 계몽주의의 유산으로 인해 생명 유지를 위한 체계에 여러 가지 부정적 결과들이 생겨났으며, 이러한 점에 비추어볼 때 계몽주의에 내재된 논리를 무비판적으로 수용할 수는 없다. 그러나 다른 한편으로 계몽주의에는 너무 많은 모호성이 내포되어 있음에도 불구하고, 그것이 현재와 미래에서 우리의 지적 자기 정체성과 관련되어 있음을 부인할 수도 없다. 탈출구는 쉽게 발견되지 않는다. 우리에게 주어진 것은 "이것이냐 저것이냐"의 선택이 아니다. 계몽주의 정신과는 별개면서 독립적인 전혀 다른 윤리나 새로운 가치 체계가 가능하다는 생각은 현실적이지도 않고 신빙성도 없다. 이러한 생각 자체는 심지어 냉소적이거나 혹평하는 것으로 보일 수도 있다. 계몽주의 기획이 세계관으로서 갖는 잠재력을 전체적인 인간 상황을 위해 충분히 실현시키기 위해 이것의 범위를 넓혀주고, 그 도덕적 감수성을 심화시키며, 그리고 필요하다면 그 내재적 문제점들을 창조적으로 변화시켜줄 정신적 자원을 개발할 필요가 있다.

이 정신적 공동 모험의 핵심은 공동체라는 생각 자체가 계몽주의적 기획에 눈에 띄게 결여되어 있음을 인식하는 것이며, 지구 공동체라는 생각도 예외는 아니다. 프랑스혁명의 3대 핵심적인 가치 중에서 공동체와 기능적으로 같은 의미를 갖는 우애(fraternity)는 현대 서구의 경제 · 정치 · 사회적 사상에서 거의 주목을 받지 못했다. 불평등에 대한 관용 · 자기 이익에 대한 맹신 · 공격적 이기주의에 대한 긍정은 발전 · 이성 · 개인주의의 샘물을 오염시켜버렸다. 관심을 가진 지식인들은 "지구촌" 형성을 위한 보편적 의도를 표명해야 될 필요성과 일상 생활에서 경험하는 조각난 세계와 인류 전체를 위한 가상적 공동체 사이를 연결해야 될 필요성이 절실하다는 점에 점점 더 인식을 함께 해가고 있다. 이를 위해서는 최소한, 제아무리 광범위하게 정의된 것이라고 하더라도, 자기 이익의 원리를 다음과 같은 새로운 황금률로 교체해야만 한다. "남이 당신에게 하기를 원치 않는 것으로 남에게 하지 말라."2) 이 새로운 황금률은 소극적 표현이기 때문에, 여기에는 다음과 같은 적극적 원리가 첨가되어야 한다. "나 자신을 세우고자 하면 남이 서는 것을 돕는다."3) 반성적 정신을 가진 공동체적인 비판적 자기 의식에 입각한 포괄적 의미의 공동체는 윤리·종교적 목표일 뿐만 아니라 철학적 이상이기도 하다.

이러한 단순한 이상이 오늘날 우리의 삶의 방식을 채우는 문화적 복합체의 역사성에 분명하게 근거하도록 만들기 위해 필수적인 것은 적어도 세 종류의 정신적 자원을 동원하는 일이다. 첫 번째는 현대 서구의 윤리·종교적 전통, 그 가운데에서도 특히 그리스 철학, 유대교 및 기독교와 관계가 있다. 이것들이 계몽주의 정신의 탄생에 도움을 주었다는 바로 그 사실 때문에 전형적인 서구 가치들의 교차 평가(transvaluation)를 위한 새로운 공적 영역을 창조하기 위해서는 이 가치들과 현대 서구의 등장의 관계를 재검토하는 일이 시급하다. 지구의 신성함·존재의 연속성·인간 공동체와 자연 사이의 유익한 상호 작용·인간과 절대자 사이의 상호성과 같은 최고의 가치들이 철학·종교·신학에서 이것들에 합당한 주목을 받기 위해서는 물질/정신·몸/마음·성/속·인간/자연·창조자/피조물의 배타적 이분법이

---

2) "己所不欲, 勿施於人."「顔淵」, 『論語』.
3) "己所欲立而立人."「雍也」, 『論語』.

초월되어야만 한다.

충분하지는 않지만, 계몽주의 정신에 필수적인 자원을 마련해 준 것은 합리성을 강조한 그리스 철학, 땅을 "지배"하는 인간이라는 성경의 이미지 그리고 개신교의 근로 윤리다. 그러나 현대 서구의 등장이 가져다준 의도하지 않은 부정적 결과들이 헬라의 시민 개념·유대교의 계약 개념·기독교의 친교 개념에 함축된 공동체 의식을 해쳤기 때문에, 계몽주의 정신과 매우 복잡하고 긴장된 관계를 유지했던 이러한 위대한 전통들이 하루바삐 해야 할 일은 계몽주의 기획에 내재하는 인간중심주의를 비판하는 일이다. 권리를 소유하고, 이익에 동기를 둔 합리적 경제 동물이라는 개인 관념에 대한 비판으로서 공동체 윤리가 등장한 사실은 아리스토텔레스·바울·아브라함·공화국적 윤리가 북아메리카에서 현재의 도덕적 자기 성찰과 관련이 있다는 점을 의미한다. 사회적 교류에서 "의사 소통적 합리성"을 강조하여 합리적 담론의 범위를 넓히려는 위르겐 하버마스의 시도는 계몽주의 전통을 살찌우게 하기 위해 새로운 개념적 장치를 개발하려는 주요한 지성적 노력을 대변한다.[4]

두 번째 종류의 정신적 자원은 비서구적 기축 시대 문명에서 유래하는데, 여기에는 힌두교·자이나교·불교·유교·도교·이슬람이 포함된다. 역사적으로 볼 때 이슬람은 문예 혁명에 대한 공헌으로 인해 현대 서구의 본질적인 지적 유산으로서 간주되어야만 한다. 최근에 특히 북아메리카와 서부 유럽에서의 대중 매체에서는 이슬람을 극단적 타자로 치부하는데, 이러한 행

---

4) Jürgen Habermas, "What is Universal Pragmatics?" Thomas McCarthy 역, *Communication and the Evolution of Society* (Boston : Beacon Press, 1979), 1-168.

태는 역사적으로는 불건전하고 문화적으로는 둔감한 것이다. 사실상 이것은 현대 서구의 자체적 이익은 물론 자신에 대한 이해를 심각하게 손상시켰다. 이슬람과 이러한 비서구적 윤리·종교적 전통들은 세계관·의례·제도·교육의 형태·인간 관계의 패턴에서 정교하며 실천 가능한 자원들을 제공해준다. 이것들은 서부 유럽과 북아메리카가 실례로 보여준 계몽주의 정신의 연속과 대안 모두가 될 수 있는 삶의 방식의 개발에 도움을 줄 수 있다. 산업화된 동아시아가 발전시킨 유교 문화의 영향을 받은 현대 문명은 적대성·개인주의·이기성 등의 측면에서 훨씬 폐해가 덜하다. 이 지역이 제2차 세계대전 이래 경제적·정치적으로 세계에서 가장 역동적인 지역이 되었던 것은 시장경제와 정부의 지도력·민주적 정체와 능력 본위 제도·개인적 창의성과 집단 본위성이 공존했기 때문이다. 산업 동아의 등장에 미친 유교 윤리의 공헌의 중요성은 힌두교·자이나교·불교·이슬람교 형태의 현대성에 관한 가능성을 활짝 열어놓았다.

일본·한국·중국·홍콩·타이완·싱가포르·베트남을 포함하는 유교 아시아의 서구화는 이 지역의 정신적 상황을 영원히 바꿔놓을 수도 있었지만, 대승불교·도교·신도·무속·기타 민속 종교들과 같은 토착적 자원들은 새로운 종합에서 다시 떠오르고 자신의 존재를 알릴 수 있는 탄성을 가지고 있다. 여기에 나타난 경고는 한 세기 이상 현대 서구의 제국주의 및 식민주의적 지배에 의해 수모와 좌절을 당한 뒤에 등장한 산업화된 동아시아가 계몽주의 유산의 도구적 합리성을 강력하게 상징한다는 점이다. 일본과 네 마리의 용의 정신 상태는 중상주의·상업주의·국제적 경쟁성을 그 특징으로 한다. 중국은 발전을 향한 이와 동일한 전략을 선택했고 따라서 1979년의 개혁 개방 이래 동일한 정신 상태를 보여주었다. 이러한 국가들이 좀더 인간적이고 지속될 수 있는 공동체를 개발할 가능성은 과장되어서도 안 되고 손상되어서도 안 된다.

세 번째 종류의 정신적 자원은 아메리칸 인디안, 하와이의 마오리족 및 수많은 부족의 토착적 종교 전통들과 같은 원시 전통들이다. 이것들이 가진 물리적 역량과 미학적 우아함은 인간의 삶이 신석기 시대 이래 한결같았다는 점을 보여주었다. 실제적 삶을 위한 함의는 광범위하다. 이것들이 보여주는 인간 번영에 관한 양식은 마음이 빚어낸 허구가 아니라 현대에서 경험된 현실이다.

원시적 전통들의 두드러진 특징은 문화적 뿌리에 대한 심층적 체험이다. 각각의 토착적인 종교 전통들은 지각의 방법·사유 방식·삶의 형식·태도·세계관 등을 상징하는 구체적 장소에 새겨 있다. 계몽주의 정신이 의도하지 않았던 재난적 결과들을 감안할 때, 현대적인 정신 자세는 토착적인 종교 전통들로부터 분명히 배울 것이 있다. 토착민들은 구체적인 지역에 뿌리를 두고 있기 때문에 그들은 자연적으로 자신들의 환경에 대해 친밀하고도 자세한 지식을 갖고 있다. 따라서 그들에게 인간의 주거지와 자연 사이의 구분은 약화된다. 존재에 관한 이러한 모델로부터 우리는 인간적 세계와 전체적 우주 사이에서 바람직하고 필수적인 조건은 상호성과 호혜성이라는 점을 읽을 수 있다. 그렇다면 우리가 그들로부터 배울 수 있는 것은 새로운 지각의 방법·새로운 사유 양식·새로운 삶의 형태·새로운 태도·새로운 세계관이다. 토착민들의 관점에 근거한 계몽주의 정신과 여기에서 파생된 현대적 정신 자세에 대한 비판은 많은 생각거리를 제공할 수 있을 것이다.

이와 마찬가지로 토착적 삶의 방식이 갖는 또 한 가지 중요한 측면은 일상적인 인간의 상호 작용에서의 유대 의례다. 친족 관계의 끈끈함·인간 상호 의사 소통의 풍부함·주변의 자연 세계와 문화 세계에 대한 자세하고 미묘한 가치 인식·조상들과의 체험적인 연결성은 종족·성별·언어·토지·믿음에 근거한 공동체와 관계가 있다. 원본적 유대들은 그들의 존재와 행위의 구성 요소다. 휴스톤 스미스(Huston Smith)의 설명에 의하면, 그들이 구체적으로 증거하는 것의 특징은 동기에서는 통제보다는 참여이고, 인식론에서는 경험주의적 파악보다는 감정 이입적 이해며, 세계관에서는 자연에 대한 지배보다 초월적인 것에 대한 존경, 인간 경험에서는 소외보다 완수다. 우리가 소중하게 생각하는 사유 방법들 가운데 일부는 지혜보다는 지식을 역량으로 간주하고, 영혼에 미치는 잠식적 영향에도 불구하고 물질적 발전의 바람직함을 역설하며, 생명 유지 체계를 파괴하는 대가를 치르면서도 자연에 대한 인간 중심적 조작을 정당화한다. 이러한 사유의 건전성, 나아가 그 정상성에 대해 회의를 갖기 시작할 때 토착적 관점들이 영감의 원천으로 등장한다.

　물론 내가 "원시적 의식"에 대한 낭만적 집착이나 향수적 정서를 제의하는 것은 아니지만, 나는 원초성에 대한 주장들이 많은 경우 인정의 정치(politics of recognition)에 의해 조정되는 현대주의자의 문화적 건조물이라는 점을 잘 알고 있다. 오히려 나는 계몽주의 정신의 수혜자 겸 희생자로서 진정으로 보편적 의미의 지구 공동체의 발전을 위해 위에서 말한 아직도 존재하는 세 가지 종류의 정신적 자원들을 가지고 우리의 공동 유산을 풍부하게 만들며 변화시키고 재조정함으로써 이것에 대해 충성심을 보일 것을 제안한다. 프랑스혁명에 구체화된 세 가지 위대한 계몽주의의 가치 중에서 박애(fraternity)는 이어지는 두 세기에서 가장 적은 관심을 끌었던 것 같다. 최근에 다시 제시된 공동체의 문제에는 명백히 모순된 두 세력이 합류할 조짐을 보이는데, 이 세력이란 20세기 후반 우리가 살고 있는 정보 시대에서 가상적 현실과 상상적 공동체를 모두 겸하는 지구촌이라는 세력과, 가족에서부터 민족에 이르는 모든 차원에서 보이는 인간 통합의 해체와 개조라는 세력이다.

우리가 계몽주의 기획 자체의 핵심으로부터 네 번째 종류의 정신적 자원을 개발하기 시작했다고 말하더라도 뻔뻔스런 것은 아닐 것이다. 종교 지도자들과 윤리 교사들이 꿈꾸는 "창조적 구역(creative zone)"을 향한 첫 걸음은 고립된 투쟁이 아닌 공동체적 행위로서의 훈련된 반성이다. 이 새로운 공동의 비판적 자기 인식의 실례들을 꼽자면 전통에 대한 페미니스트의 비판·환경에 대한 관심·종교적 다원주의의 설득 등을 들 수 있다. 계몽주의 정신이 갖는 합리성·자유·평등성·인권·분배 정의와의 관계를 해체하거나 포기하지 않은 채, 이 정신을 초월하기 위해서는 상징(signifier)으로서의 현대성과 과정으로서의 현대화에 대한 철저한 재검토가 필요하다.

이 재검토의 근간을 이루는 것은 현대성 속의 전통이라는 흥미로운 문제다. 전통과 현대성을 두 개의 어울릴 수 없는 삶의 형식으로 생각하는 이분법적 사고는 베버적 의미로 정의된 "합리화"가 지각된 결과로서의 현대화와, 사유의 영속적 양식, 즉 문화적 자기 이해의 현저한 특징인 전통 사이의 지속적 상호 작용―토크빌(Tocqueville)은 이를 "마음의 관성(habits of the heart)"이라고 표현했다― 이라는, 한층 더 뉘앙스가 있는 검토로 대체되어야 할 것이다.

현대성 속의 전통은 단순히 현대적 의식 속에 수동적으로 축적된 역사적 침전물이 아니며, 또한 기능적 의미에서 발전의 단일한 궤적에 의해 손상당하는 금지적 요소들도 아니다. 반대로, 전통은 어떤 주어진 사회 속에서 현대성의 특정한 윤곽을 형성하는 소극성과 적극성을 모두 겸비한 힘이다. 따라서 현대화 과정에 대한 우리의 토의에서 전통을 잔여적 범주로 격하시킨다면, 우리는 관념적 순진성과 방법론적 오류에 빠지게 될 것이다. 우리가 현대화를 서구화의 동질적 통합 과정이 아니라 고도로 분화된 문화적 현상으로 인식하는 데 현대성 속의 전통을 검토하는 일은 매우 중요하다.

　시장경제·민주적 정체·개인주의를 현대성과 불가분의 관계에 있는 세 가지 차원이라고 생각한 랄코트 파슨즈(Ralcott Parsons)의 의견은 옳았을지 모른다.5) 냉전 이후에 출범한 새로운 세계 질서에서 시장화·민주화·개인주의는 새로운 지구촌의 두드러진 특징들이다. 사회주의의 붕괴가 주는 인상은 계획경제보다는 시장경제, 독재 정체보다는 민주 정체, 집단주의적 삶의 방식보다는 개인주의적 삶의 방식이 미래의 조류를 상징한다는 사실이다. 다국적 기업·정보 고속도로·기술 과학에 입각한 자연과학·매스컴·현저한 소비를 특징으로 하는 고도 자본주의만이 지배하는 인간 발전의 한 단계인 "역사의 종말"을 믿든 안 믿든 간에, 우리는 세계화의 세력이 다양한 네트워크를 통해 문자 그대로 지구를 유선 담론 공동체로 변모시키고 있다는 사실을 잘 인식해야만 한다. 수천 마일이나 떨어진 친구들과는 자주 대화를 할 수 있음에도 불구하고, 우리는 이웃·동료·친척들에 대

5) Talcott Parsons, "Evolutionary Universals in Sociology", *Sociological Theory and Modern Society* (New York : The Free Press, 1967), 490–520.

해서는 자주 이방인 같은 느낌을 받는다.

지구촌이 진정한 집이 아닌 가상적 현실로 등장하는 것은 결코 인간의 번영에 적합한 일이 아니다. 유교의 고전적 이상인 "대동(大同)"과는 반대로, 지구촌이 보여주고 있는 모습은 첨예한 차이 · 극심한 차별화 · 철저한 경계 · 시끄러운 불화 · 공공연한 차별이다. 상호 연결된 생태 · 재정 · 상업 · 무역 · 전자적 체계 속으로 압축된 세계가 부 · 영향 · 권력에서 지금처럼 분열된 적은 일찍이 없었다. 우리가 상상했던, 심지어 예상했던 지구촌은 결코 축하할 거리가 못 된다.

인류 역사상 일찍이 부자와 빈민 · 권력자와 주변인 · 발언자와 침묵자 · 국내자와 국외자 · 지식인과 비지식인 · 관계자와 소외자 사이의 대비가 이렇게 두드러진 적은 없었다. 체제의 수혜자들인 부자 · 권력자 · 발언자 · 국내자 · 지식인 · 관계자는 무수한 초국가적 네트워크를 형성하여 지배를 향한 자신들의 전진에 거리 · 민족적 경계 · 문화적 다양성 · 종교적 배타주의 · 국가의 주권을 무의미한 것으로 만들어버린다. 다른 한편, 같은 이웃에 사는 주민들은 정보 · 사상 · 동산(動産) · 비물질적 재화(명예 등)로부터 철저하게 차단되어 있다. 같은 선거구에 살면서도 날카롭게 대립하는 정치 이념 · 사회 규범 · 세계관에 찬동하는 주민들이 있을지도 모른다. 또한 이들은 시간과 공간 같은 인간 존재의 기본적 범주들을 비교가 안 되는 방식으로 경험하는지도 모른다. 가진 자와 못 가진 자 사이의 인간 경험의 모든 차원에서의 심각한 대립은 경험적 데이터를 통해 쉽게 입증될 수 있다. 대중 매체에 의한 대량 소비의 찬양이 상대적 박탈감을 극도로 강화시킨다. 불만 · 불안 · 좌절의 분위기는 경제적으로 가장 앞선 국가들에도 팽배해 있다.

만일 자연과학·과학 기술·의사 소통·무역·재정·오락·여행·관광·이주·질병 등과 같이 제2차 세계대전 이래 지구 공동체에 막대한 영향을 행사해왔던 강력한 조류들에만 전적으로 초점을 고정시킨다면, 우리는 인간 상황이 새로 등장하는 세계적 세력에 의해 물려받은 역사·문화적 실천과는 아무런 관련 없이 새로운 구조를 가질 정도로 세계가 변했다고 믿는 오류에 빠질 수도 있을 것이다. 20세기의 가장 중요한 세기말적 반성 중의 하나는 세계화가 동질화를 의미하는 것이 아니며, 현대화는 국가의 안과 밖 모두에서 경제·정치·사회·문화·종교적 갈등들을 강화시키며 동시에 약화시켰다는 사실을 인정한 것이다. 내적으로 방어적인 문화적 정체성과 외적으로 공격적인 종교적 배타성을 건설하는 데에 종족성·언어·성별·국토·계층·신앙과 같은 강력한 세력을 가진 원초적 유대들이 등장하게 됨에 따라, 실제적 정신을 소유한 세계의 사상가들은 이 시대의 정신을 이해하기 위해 새로운 개념적 자원들을 개발하지 않으면 안 되었다. 세계 정세에 대한 최정예 분석가들의 일부가 포함되는 국제주의자들은 일상적으로 원초적 유대들의 지속적인 역량을 지구화의 필연적 과정에 대한 편협한 반응이라고 폄하하는데, 이것은 단순한 행태이고 현명치 못한 것이다. 우리가 보스니아·아프리카·스리랑카·인디아에서 목도하는 것은 세계적 통합과는 배치되는 "국소화"다. 우리는 미국에서의 종족, 캐나다에서의 언어, 세계 3대 유일신교에서의 종교적 근본주의가 갖는 폭발적인 잠재력에 대해서 잘 알고 있다. 따라서 우리는 뿌리 찾기가 세계적 현상이라는 점을 충분히 인정하는 법을 마땅히 배워야 한다.

요즈음 우리가 지구 공동체에서 경험하는 것은 세계화와 지역화라는, 상충하며 심지어 모순적인 세력들이다. 세계화의 정신 때문에 탄생하게 된 유엔은 이제 위에서 원초적 유대라고 설명된 모든 뿌리를 가진 문제를 반드시 다루어야만 한다. 국제화가 자연과학·과학 기술·의사 소통·무역·재정·오락·여행·관광·이주·질병 등에서 전례 없는 비율과 정도로 발전하고 있는 것은 사실이지만, 겉으로 드러난 것과 감춰진 공동체적 감정의 확산도와 깊이는 도구적 합리성·개인적 자유·계산된 자기이익·물질적 발전·권리 의식과 같은 계몽주의 가치들에 의해 쉽사리 변화되지 않는다. 인간의 연결성이 갖는 탄력과 폭발적 위력을 좀더 정확하게 인정할 수 있는 것은 모든 형태의 타협·분배적 정의·공감·예의·의무 의식·개인의 존엄·본유적 가치의 의식·도덕적 수양에서 요구되는 합리성에 배려를 할 수 있는 윤리다.

유교적 관점에서 인간은 단순히 합리적 존재·정치적 동물·도구 사용자·언어 조작자가 아니다. 유학자들은 단순한 환원주의적 모델을 의도적으로 거부하는 것 같다. 그들은 다섯 개의 통합적 시각을 통해 인간을 정의한다.

1. 인간은 지각이 있는 존재다. 따라서 인간들 자체 안에서 뿐만 아니라 다른 동물·식물·산·강 등 실로 자연 전체와 내적 공명을 할 능력이 있다.
2. 인간은 사회적 동물이다. 고립되었을 때 인간은 동물의 왕국의 다른 구성원들과 비교해서 연약하지만, 조직되어 사회를 구성할 때 생존뿐만 아니라 번영을 위한 내적 역량을 갖는다. 상호 작용의 다양한 네트워크 속에서 구체적으로 보이는 인간의 연결성은 인간의 생존과 번영을 위해 필수적이다. 우리의 사회성은 우리의 정체성을

규정한다.

3. 인간은 정치적 동물이다. 이것은 인간의 연결성이 생물학적 본성과 사회적 필연성에 의해 사회 계급·신분·권위의 측면에서 차별화된다는 의미다. 유학자들은 인위적으로 건조된 경계의 유연성을 강조하면서도, "기계적" 단결과는 전혀 다른 "유기적" 단결에서 "차이"의 중요성을 인정한다. 따라서 인간 사회 안에서 공정성의 원리가 갖는 중심성 및 분배적 정의의 실천이 갖는 우선성도 인정된다.

4. 인간은 또한 역사적 존재다. 따라서 집단적 기억·문화적 기억·문화적 전통·의례적 실천·"마음의 관성"을 공유한다.

5. 인간은 형이상학적 존재다. 따라서 단순히 인간 중심적 측면에서 정의된 열망이 아니라 천명에 계속 반응하고 또 천명으로부터 항상 영감을 받으려는 궁극적 관심의 특징이 있는 최고의 열망을 갖는다.

유교의 도는 학습, 즉 인간화의 학습이다. 유교적 정신에서 인간화의 학습은 공동체적 행위와 하늘에 대한 대화적 반응 모두로서의 자기 변화의 끊임없는 과정에 자신을 끌어들이는 것이다. 이것에는 자아·공동체·자연·초월성이라는 네 개의 분리할 수 없는 차원이 관계된다. 학습의 목적은 항상 자신을 위한 것으로 이해되는데, 자아는 결코 고립적 존재가 아니라 오히려 관계의 중심이다. 관계의 중심이 되는 자아는 폐쇄된 정태적 구조가 아니라 역동적인 개방적 체계다. 따라서 인간 기획에서 결정적 특징이며 최고의 가치는 자아와 공동체 사이의 상호성, 인류와 자연 사이의 조화, 하늘과의 지속적 의사 소통이다.6)

---

6) Thome' H. Fang, "The Spirit of Life", *The Chinese View of Life: The Philosophy of Comprehensive Harmony* (Taipei: Linking Publishing, 1980), 71-93.

유학자들이 철학적 인간학의 발전에서 출발점으로 삼는 것은 지금 여기에 존재하는 살아 있는 구체적 인간이기 때문에, 그들은 인간 상황의 깊이 새겨 있음과 뿌리박고 있음을 인정한다. 따라서 유교적 기획에 본질적인 종족성·성별·언어·국토·계층·기본적인 정신적 정향 같은 이른바 원초적 유대들의 깊은 의미는 문화적 다양성을 귀하게 생각하는 데 있다. 많은 경우 유학자들은 자신의 길을 신심지학(身心之學)이나 성명지학(性命之學)이라고 이해한다. 우리들 각자는 특정한 상황과 결부된 고유한 인격이 될 운명을 타고났다는 점이 인정된다. 우리는 독특하고 특별한 인간으로 정의되지만, 동시에 우리들 모두는 각각 자기 수양·자기 개발·자기 성취의 본질적인 가능성을 갖고 있다. 상황성이라는 운명과 뿌리를 필수적인 구조적 한계로서 갖고 있음에도 불구하고, 우리는 인간화의 학습 과정에서 무한한 자기 변화의 가능성을 부여받았다. 따라서 우리는 본질적으로 자유로운 존재다. 관계의 중심으로서의 우리 자신에 대한 책임 속에 구체화된 자유는 우리 자신의 가치를 창조한다. 이것만으로도 존경받을 자격이 있고 또 존경을 요구한다.

벤자민 슈워츠는 자신의 『중국 고대 사상의 세계』의 결론 부분에서 오경의 정신을 논의하면서 신유학의 중심 문제에 대해 다음과 같이 언급한다.

결국 근본의 문제는 공자와 맹자가 그것을 찾았던 곳, 즉 인간의 마음에서 찾아야만 했다. … 자신을 성실하게 만들고, 자신을 성실하게 만든 후에 이 초월적 능력을 인간 사회의 구조 안에서 도를 실현하는 데까지 확장시키는 능력을 소유한 것은 단지 인간의 마음뿐이다. 이러한 관점에서 보았을 때, 이것은 『사서』의 핵심적 복음이다. 심층적 차원에서 『사서』는 또한 초윤리적 도교 및 불교 신비주의의 목하 진행되고 있는 도전에 직면한 개인의 초월적인 윤리적 능력에 대한 존재론적 근거를 지시한다.[7]

신유학적 기획이 그 존재론적 정초를 마음에 대한 학습에 두었기 때문에 제국 시대 후기의 중국, 전근대 시기의 베트남, 한국의 조선조, 일본의 도쿠가와 시대의 유교 지성인들은 국가와 가족 사이에 문화적 공간을 만들 수 있었다. 따라서 그들은 결코 집을 떠나지 않고도 공동체의 일에 능동적으로 참여할 수 있었다. 다시 말해 향촌·지역·국가의 정치에 깊이 관여했음에도 그들은 자신을 세계에 맞추지 않았다. 따라서 막스 베버가 평가한 유교적 삶의 방향 설정은 정곡을 찌르지 못했다. 그들의 사회적 활동을 지탱했던 정신적 자원의 원천은 자신의 일에 힘쓰는 것이었으며, 이 정신적 자원에는 자신의 수양, 남에게 선함을 가르치기, 역사에서 친구 찾기, 성인의 모방, 문화적 규범의 설정, 천명의 해석, 도의 전파, 세계를 도덕적 공동체로 변화시키기가 포함된다.

우리가 초강대국에 의해 부과된 배타적 이분법(자본주의와 사회주의) 대신에 새로운 세계 질서의 문제에 직면함에 따라 우리는 "역사의 종말",[8] "문명의 충돌",[9] "태평양 세기"와 같은 손쉬

---

7) Benjamin I. Schwartz, *The World of Thought in Ancient China* (Cambridge, Mass.: Harvard University Press, 1985), 406.
8) 프랜시스 후쿠야마가 사용하는 이 표현은 냉전 종료와 함께 자본주의의 승리는 필연적으로 지구적 사고의 동질화로 귀결됐다는 잘못된 인상을 주었을지 모른다. 후쿠야마는 최근 동아시아의 지성적 자원에 의지해 "신뢰"라는 관념을 강조했는데, 이것은 공유 가능한 가치들에 관한 한 서구가 결코 담론을 독점할 수 없다는 사실을 분명하게 시사한다.

운 일반화를 만들어내고 싶은 충동을 받는다. 더욱 힘들고, 장기적으로 볼 때 더욱 의미 있는 탐구의 노선은 인간화의 학습에서 다음과 같이 진정으로 근본적인 문제들을 언급하는 것이다. 우리는 고립적 개인들인가 아니면 관계의 중심으로서 사는가? 도덕적 자기 지식은 인격적 성장에 필수적인가? 사회는 구성원 사이에서 기초적 의무감과 책임감을 발전시키지 않고도 번영하거나 지속할 수 있을까? 우리의 다원적 사회는 공유 가치들과 인간 이해의 공동적 근거를 의도적으로 양성시켜야만 할까? 우리가 사는 지구의 취약성을 자세하게 알고, "위험에 처한 유(類)"로서 우리 자신의 운명에 대해 점차 걱정하게 될 때, 우리는 어떠한 정신적 질문들은 결정적으로 물어야 하는가?10)

아편전쟁(1840~1842) 이래 중국은 많은 대학살을 견뎌왔다. 1949년 이전에는 제국주의가 주범이었으나, 중화인민공화국 건국 이후로는 잘못된 지도자와 정책들이 마땅히 책임을 져야만 한다. 수백만의 중국인이 사망했지만 이웃 국가들에 미친 영향은 심각하지 않았으며 일반적으로 바깥 세계는 실제로 발생한 것을 망각했다. 1979년 이래 중국은 신속하게 세계 경제 체제의 필수적 부분이 되어왔다. 중국 경제의 30% 이상이 국제 무역과 연계되어 있다. 자연적 경제 지역들이 홍콩과 천주(泉州), 복건성과 타이완, 산동성과 한국 사이에 출현했다. 일본 · 유럽 · 미국 및 홍콩과 대만의 투자는 사실상 중국의 모든 지역에 존재한

9) Samuel P. Huntington, "The Clash of Civilizations?", *Foreign Affairs* 72, no.3 (Summer 1993), 22-49.
10) 이러한 질문들은 하버드대의 핵심 교과 프로그램의 "도덕적 추론" 부분에서 개설된 나의 과목, 「유교 인문주의: 자기 수양과 도덕적 공동체」에서 제기되는 중요한 문제들이다.

다. 홍콩의 중국 귀속, 양안(兩岸) 사이의 갈등, 화교 공동체 내부 및 이들과 중국 본토 사이의 경제, 문화적 교류, 동아시아에서의 지역 간의 의사 소통, 아세안(ASEAN)의 정치, 경제적 통합, 아태 지역의 부상 등은 우리의 위축되는 세계 공동체에 실질적인 영향을 미칠 것이다.

유교 담론을 재활성화시키면 동아시아 지식인들 사이에서 매우 수요가 큰 공동체적이며 비판적인 자기 의식을 형성하는 데에 공헌할 것이다. 우리는 역사의 종말을 목격하는 것이 아니라 세계사가 시작하는 바로 그 시점에 있는지도 모른다. 그리고 비교 문화적 관점에서 볼 때, 이 새로운 시작은 반드시 문명의 충돌보다는 대화를 그 출발점으로 삼아야만 한다. 종족·언어·국토·종교에 뿌리를 둔 문명 충돌의 위험을 알게 됨으로써, 우리는 대화가 필요하다는 점을 강렬하게 깨닫는다. 우리는 인간 복지의 윤리적, 정신적 차원들을 강조하는 지속 가능한 대안적 모델을 반드시 찾아야만 한다.

도구적 합리성과 사적인 이익에 의해 조성된 정신 자세는 더 일찍이 극복되었어야 했다. 지배의 정치가 사라짐에 따라 우리는 의사 소통·망화(網化)·협상·상호 작용·영역의 공유·공조의 시대가 시작됨을 목격한다. 중국인·일본인·한국인·베트남인들이 세계의 다른 지역으로 이민을 감에 따라, 자기 수양·가족의 응집성·사회적 단결·인정(仁政)·우주적 평화라는 유교 정신으로 충만한 동아시아의 지식인들이 책임감의 윤리를 명확히 표명하게 되면, 세계의 경영은 새로운 의미를 갖게 될 것이다.

우리는 사실상 유교가 지각하는 인간의 존엄성에 근거한 인간의 번영을 자아·가족·공동체·사회·국가·세계·우주라는 일련의 동심원을 통해 그려볼 수 있다. 우리는 먼저 개방적이며 창조적으로 변화하는 자아인 진정한 개인적 정체성을 찾는 일을 시작해야 하는데, 이 작업은 역설적으로 사욕과 이기주의를 극복하는 우리의 능력 위에 기초해야만 한다. 우리는 가족의 응집력을 소중히 생각한다. 이렇게 하기 위해 우리는 족벌주의를 초월해야 한다. 우리는 공동체적 단결을 귀하게 생각하지만, 이것의 진정한 가치를 실현하기 위해서는 편협성을 초월해야만 한다. 우리가 종족중심주의와 배타적 문화주의를 극복한다면, 사회적 통합은 우리를 풍성하게 만들 것이다. 국민적 통합은 우리의 목표이지만, 진정한 애국자가 되기 위해서는 마땅히 공격적 민족주의를 초월해야만 한다. 인간의 번영은 우리를 고무시키지만, 우리는 인간중심주의에 갇히지 않도록 노력해야만 한다. 왜냐하면, 인간성의 완전한 의미는 인간 중심적이기보다는 인간·우주 동형 동성적이기 때문이다. 1995년 3월에 말라야대가 주최한 이슬람-유교 간의 대화에 관한 국제 심포지엄에서, 말레이시아의 부수상인 안와르 이브라힘(Anwar Ibrahim)은 휴스턴 스미스의 책 『세계의 종교들』에서 다음과 같이 인용했다.

감정 이입적 관심의 중심을 자아에서 가족으로 바꾸면, 사욕이 극복된다. 가족에서 공동체로 바뀌면 족벌주의가 극복된다. 공동체에서 국가로 바뀌면 편협주의가 극복되고, 모든 인간에게로 바뀌면 배타적 민족주의가 배격된다.[11]

---

11) 유교적 기획과 특별히 관련성을 갖는 휴스턴 스미스의 이 주장은 유교 인문주의에서 자아 초월의 의미에 관한 나의 논의에 근거하고 있음을 밝혀두고 싶다. 인간·우주동형동성론에 관한 나의 논의를 충분히 이해한다면, 인간중심주의를 초월해야 할 필요가 있음을 알게 될 것이다. Huston Smith, *The World's Religion* (San Francisco : Harper San Francisco, 1991), 183, 193, 195.

여기에 우리는 다음과 같은 내용까지도 첨가할 수 있다. 천인합일로 바뀌면 계몽주의 정신의 특징인 인본주의의 세속적 휴머니즘이 극복된다. 우리는 인간·우주동형동성론에서 진정으로 자아와 공동체 사이의 의사 소통, 인류와 자연 사이의 조화, 인간과 하늘 사이의 상호성을 발견하게 된다. 인간화의 학습에 관한 이러한 통합적이며 포괄적인 시각은 보편 윤리에 관한 새로운 담론의 좋은 출발점이 될 수 있다.

우리는 신유학자인 왕양명의 심학에서 인간·우주 동형 동성적 시각을 통해 인간중심주의를 간결하게 배격한 구체적인 경우를 발견할 수 있다. 그가 『대학문(大學問)』에서 말하는 바를 빠짐없이 살펴보자.

"대인은 천지만물을 한 몸으로 여긴다. 그는 세상을 한가족으로 여기고, 국가를 한 인간으로 여긴다. … 대인이 천지만물과 한 몸을 이룰 수 있는 것은 그가 의도적으로 그렇게 하기를 원해서가 아니라, 그렇게 하는 것이 그의 마음의 인(仁)에 자연스럽기 때문이다. 천지만물과 한 몸을 이루는 것이 어찌 대인에게만 옳은 것이겠는가. 소인의 마음도 이와 다르지 않다. 단지 그가 스스로 작게 만드는 것이다. 따라서 어린아이가 우물에 빠지려는 것을 보면, 그는 반드시 두려워하며 측은한 마음을 느낀다. 이것은 그의 인이 어린아이와 한 몸을 이룸을 보여준다. 어린아이는 같은 사람이기 때문에 그렇다고도 할 수 있다. 새와 동물들의 슬피 우는 소리와 두려워하는 모습을 보더라도, 그는 반드시 차마 하지 못하는 마음을 느낀다. 이것은 그의 인이 조수와 한 몸을 이룸을 보여준다. 조수는 사람처럼 지각을 가졌기 때문에 그렇다고도 할 수도 있다. 식물이 꺾이고 잘라진 모습을 보면, 그는 반드시 불쌍한 마음을 느낀다. 이것은 그의 인이 식물과 한 몸을 이룸을 보여준다. 식물은 사람과 같은 생의를 가졌기 때문에 그렇다고도 할 수도 있다. 기와와 돌이 부서진 모습을 보면, 그는 반드시 아까운 마음을 느낀다. 이것은 그의 인이 기와와 돌과 한 몸을 이룸을 보여준다. 이것은 소인의 마음조차도 반드시 만물과 한 몸을 이루는 인을 가짐을 의미한다. 이러한 마음은 하늘이 부여해준 본성에 뿌리가 있기 때문에 자연적으로 영명하며 밝은 것이다. 따라서 이것은 명덕이라고 불린다."[12]

유학자들이 자신을 충분히 실현하기 위해서는 책임 있는 가장, 능력 있는 사회 사업가, 양심적인 정치가가 되는 것만으로는 충분치 않다. 사회 정치적 영역에서 제아무리 성공하더라도 하늘과 관련이 없으면 그의 인간성은 완전히 발현될 수 없다. 유교에서 최고의 이상은 천인합일인데, 이것은 인간을 인간학적 의미뿐만 아니라 우주론적 의미로도 정의한 것이다.『중용』에서는 인간이 실현하는 진정한 최고의 경지는 삼재(三才)의 특징을 갖는다고 말한다.[13]

그러나 하늘은 말을 하지 않고도 그 자체로는 인간을 위대하게 만들 수 없기 때문에(이 사실은 비록 하늘이 무소부재하고 전지할지는 몰라도 전능하지는 않다는 것을 암시한다), 우리가

<hr />

12) "大人者, 以天地萬物爲一體者也. 其視天下猶一家, 中國猶一人焉... 大人之能以天地萬物爲一體也, 非意之也, 其心之仁本若是. 其與天地萬物而爲一也, 豈惟大人. 雖小人之心亦莫不然. 彼顧自小之耳. 是故見孺子之入井, 而必有怵惕惻隱之心焉. 是其仁之與孺子而爲一體也. 孺子猶同類者也. 見鳥獸之哀鳴觫, 而必有不忍之心焉. 是其仁之與鳥獸爲一體也. 鳥獸有知覺者也. 見草木之摧折而必有憫恤之心焉. 是其仁之與草木而爲一體也. 草木猶有生意者也. 見瓦石之毁壞而必有顧惜之心焉. 是其仁之與瓦石而爲一體也. 是其一體之仁也, 雖小人之心亦必有之. 是乃根於天命之性, 而自然靈昭不昧者也. 是故謂之明德."『大學問』.
13) 제22장. 이 생각을 유교의 "도덕적 형이상학"의 관점에서 논의한 것이 나의 책 *Centrality and Commonality : An Essay on Chung-yung* (Honolulu : The University Press of Hawaii, 1976)이다. 특히 pp.100-141을 볼 것.

천명을 이해하기 위해서는 우리의 마음에 내재하는 옳음과 원리를 충분히 인식해야만 한다. 이기주의·족벌주의·편협주의·종족중심주의·배타적 민족주의를 초월하는 우리의 능력은 인간중심주의에까지 연장되어야만 한다. 우리 자신을 하늘의 동반자에 합당한 존재로 만들기 위해서, 우리는 우리 마음속에 있는 옳음과 원리를 찬란하게 빛나도록 만드는 그 조용한 빛과 항상 관련을 가져야만 한다. 만일 인류라는 제약을 초월하지 못하면, 우리는 기껏해야 인간을 만물의 척도라고 주장하는 배타적이고 세속적인 휴머니즘만을 희망할 수 있을 뿐이다. 이와는 대조적으로 유교 인문주의는 포괄적이며, "인간·우주 동형 동성적"이상에 근거하고 있다. 완전히 실현되어 전체를 포괄할 때, 인간은 "천지만물과 한 몸을 이룬다." 자기 실현은 궁극적으로 최고의 변화며, 이 과정은 가족·공동체·국가·세계·우주를 우리의 감수성 속에 구체화시킬 수 있도록 만든다.

유교의 인간·우주 동형 동성적 세계관이 갖는 생태학적 의미는 암시적이어서 좀더 명백하게 다듬어질 필요가 있다. 한편으로 유교의 삼재인 천·지·인에는 풍부한 철학적 자원이 존재한다. 다른 한편으로는 좀더 포괄적인 환경 윤리를 발전시키기 위한 무수한 도덕적 자원들이 존재한다. 여기에는 문헌적 참고, 의례적 실천, 사회 규범, 정치적 정책들이 포함된다. 고전 시대로부터 유학자들은 자연과 조화하고, 자연의 적절한 한계와 경계를 수용하는 일에 관심을 가졌다. 이러한 관심은 덕을 쌓는 다양한 형태 속에 구현되었는데, 덕을 쌓는 일은 개인적인 것과 우주적인 것을 겸하는 것으로 간주되었다. 이 관심은 또한 자기 수양의 과정을 기술하는 데 쓰였던 생물학적 이미지를 포함했다. 인간과 우주 사이의 심오하고 다양한 상호 작용을 실현하는 것이 유교의 주된 목표다. 다시 말해, 이 실현은 중요한 정신적 의미를 갖는 이상이며, 동시에 요즘의 생태학적 위기에 대처하는 실천적 의미도 갖는다. 이러한 기획 자체는 인간을 자연 세계의 리듬과 한계 안에 재정착시키는 데에서 유교 전통의 풍부한 자원들을 실현하기 위한 청사진을 우리에게 그려준다.

Beyond the Enlightenment Mentality

The Enlightenment mentality underlies the rise of the modern West as the most dynamic and transformative ideology in human history.[1] Virtually all major spheres of interest characteristic of the modern age are indebted to or intertwined with this mentality : science and technology, industrial capitalism, market economy, democratic polity, mass communication, research universities, civil and military bureaucracies, and professional organizations. Furthermore, the values we cherish as definitions of modern consciousness — including liberty, equality, human rights, the dignity of the individual, respect for privacy, government for, by, and of the people, and due process of law — are genetically, if not structurally, inseparable from the Enlightenment mentality. We have flourished in the spheres of interest and their attendant values occasioned by the advent of the modern West since the eighteenth century. They have made our life-world operative and meaningful. We take if for granted that, through instrumental rationality, we can solve the world's major problems and that progress, primarily in economic terms, is desirable and necessary for the human community as a whole.

We are so seasoned in the Enlightenment mentality that we assume the reasonableness of its general ideological thrust. It seems self-evident that both capitalism and socialism subscribe to the aggressive anthropocentrism underlying the modern mind-set : man is not only the measure of all things but also the only source of power for economic well-being, political stability, and social development. The Enlightenment faith in progress, reason, and individualism may have been challenged by some of the most brilliant minds in the modern Western academy, but it remains a standard of inspiration for intellectual and spiritual leaders throughout the world. It is inconceivable that any international project, including those in ecological science, not subscribe to the these that the human condition is improvable, that it is desirable to find rational means to solve the world's problems, and that the dignity of the person as an individual ought to be respected. Enlighten-ment as human awakening, as the discovery of the human potential for global transformation, and as the realization of the human desire to become the measure and master of all things is still the most influential moral discourse in the political culture of the modern age ; for decades it has been the unquestioned assumption of the ruling minorities and cultural elites of developing countries, as well as highly industrialized nations.

A fair understanding of the Enlightenment mentality requires a frank discussion of the dark side of the modern West as well. The "unbound Prometheus", symbolizing the runway technology of development, may have been a spectacular achievement of human ingenuity in the early phases of the industrial revolution. Despite impassioned reactions from the romantic movement and insightful criticisms of the forebears of the "human sciences", the Enlightenment mentality, fueled by the Faustian drive to explore, to know, to conquer, and to subdue, persisted as the reigning ideology of the modern West. It is now fully embraced as the unquestioned rationale for development in East Asia.

However, a realistic appraisal of the Enlightenment mentality reveals many faces of the modern West incongruous with image of "the Age of Reason." In the context of modern Western hegemonic discourse, progress may entail inequality, reason, self-interest, and individual greed. The American dream of owning a car and a house, earning a fair wage, and enjoying freedom of privacy, expression, religion, and travel, while reasonable to our (American) sense of what ordinary life demands, is lamentably unexportable as a modern necessity from a global perspective. Indeed, it has now been widely acknowledged as no more than a dream for a significant segment of the American population as well.

An urgent task for the community of like-minded persons deeply concerned about ecological issues and the disintegration of communities at all levels is to insure that both the ruling minorities and cultural elites in the modern West actively participate in a spiritual joint venture to rethink the Enlightenment heritage. The paradox is that we cannot afford to accept uncritically its inner logic in light of the unintended negative consequences it has engendered on the life-support systems ; nor can we reject its relevance, with all of the fruitful ambiguities this entails, to our intellectual self-definition, present and future. There is no easy way out. We do not have an "either-or" choice. The possibility of a radically different ethic or a new value system separate from and independent of the Enlightenment mentality is neither realistic nor authentic. It may even appear to be either cynical or hypercritical. we need to explore the spiritual resources that may help us to broaden the scope of the Enlightenment project, deepen its moral sensitivity, and, if necessary, transform creatively its genetic constraints in order to realize fully its potential as a worldview for the human condition as a whole.

A key to the success of this spiritual joint venture is to recognize the conspicuous absence of the idea of community, let alone the global community, in the Enlightenment project.

Fraternity, a functional equivalent of community in the three cardinal virtues of the French Revolution, has received scant attention in modern Western economic, political, and social thought. The willingness to tolerate inequality, the faith in the salvific power of self-interest, and the unbridled affirmation of aggressive egoism have greatly poisoned the good well of progress, reason, and individualism. The need to express a universal intent for the formation of a "global village" and to articulate a possible link between the fragmented world we experience in our ordinary daily existence and the imagined community for the human species as a whole is deeply felt by an increasing number of concerned intellectuals. This requires, at a minimum, the replacement of the principal of self-interest, no matter how broadly defined, with a new Golden Rule : "Do not do unto others what you would not want others to do onto you."[2] Since the new Golden Rule is started in the negative, it will have to be augmented by a positive principle : "in order to establish myself, I have to help others to enlarge themselves."[3] An inclusive sense of community, based on the communal critical self-consciousness of reflective minds, is an ethico-religious goal as well as a philosophical ideal.

The mobilization of at least three kinds of spiritual resources is necessary to ensure that this simple vision is grounded in the historicity of the cultural complexes informing our ways of life today. The first kind involves the ethico-religious traditions of the modern West, notably Greek philosophy,

Judaism, and Christianity. The very fact that they have been instrumental in giving birth to the Enlightenment mentality makes a compelling case for them to reexamine their relationships to the rise of the modern West in order to create a new public sphere for the transvaluation of typical Western values. The exclusive dichotomy of matter / nature, or creator / reature must be transcended to allow supreme values, such as the sanctity of the earth, the continuity of being, the beneficiary interaction between the human community and nature, and the mutuality between humankind and Heaven, to receive the saliency they deserve in philosophy, religion, and theology.

The Greek philosophical emphasis on rationality, the biblical image of man having "dominion" over the earth, and the Protestant work ethic provided necessary, if not sufficient sources for the Enlightenment mentality. However, the unintended negative consequences of the rise of the modern West have so undermined the sense of community implicit in the Hellenistic idea of the citizen, the Judaic idea of the covenant, and the Christian idea of fellowship that it is morally imperative of these great traditions, which have maintained highly complex and tension-ridden relationships with the Enlightenment mentality, to formulate their critique of the blatant anthropocentrism inherent in the Enlightenment project. The emergence of a communitarian ethic as a critique of the idea of the person as a rights-bearing, interest-motivated, rational economic animal clearly indicates the relevance of an Aristotelian,

Pauline, Abrahamic, or Republican ethic to current moral self-reflexivity in North America, Jürgen Habermas's attempt to broaden the scope of rational discourse by emphasizing the importance of "communicative rationality" in social intercourse represents a major intellectual effort to develop new conceptual apparatuses to enrich the Enlightenment tradition.[4]

The second kind of spiritual resource is derived from non-Western, axial-age civilizations, which include Hinduism, Jainism, and Buddhism in South and Southeast Asia, Confucianism and Taoism in East Asia, and Islam. Historically, Islam should be considered an essential intellectual heritage of the modern West because of its contribution to the Renaissance. The current practice, especially by the mass media of North America and Western Europe, of consigning Islam to radical otherness is historically unsound and culturally insensitive. It has, in fact, seriously undermined understanding. Islam and these non-Western ethico-religious traditions provide sophisticated and practicable resources in worldviews, rituals, institutions, styles of education, and patterns of human-relatedness. They can help to develop ways of life, both as continuation of and alternative to the Enlightenment mentality. Industrial East Asia, under the influence of Confucian culture, has already developed a less adversarial, less individualistic, and less self-interested modern civilization. The coexistence of market economy with government leadership, democratic polity with meritocracy, and individual initiatives with group orientation has, since the Second World War, made this region economically and politically the most dynamic area of the world. The significance of the contribution of Confucian ethics to the rise of industrial East Asia offers profound possibilities for the possible emergence of Hindu, Jain, Buddhist, and Islamic forms of modernity.

The Westernization of Confucian Asia (including Japan, the two Koreas, mainland China, Hong Kong, Taiwan, Singapore, and Vietnam) may have forever altered its spiritual landscape, but its indigenous resources (including Mahāyāna Buddhism, Taoism, Shintoism, shamanism, and other folk religions) have the resiliency to resurface and make their presence known in a new synthesis. The caveat, of course, is that, having been humiliated and frustrated by the imperialist and colonial domination of the modern West for more than a century, the rise of industrial East Asia symbolizes the instrumental rationality of the Enlightenment heritage with a vengeance. Indeed, the mentality of Japan and the Four Mini Dragons (South Korea, Taiwan, Hong Kong, Singapore) is characterized by mercantilism, commercialism, and international competitiveness. The People's Republic of China (the motherland of the Sinic world) has blatantly opted for the same strategy of development and has thus exhibited the same mentality since the reform was set in motion in 1979. Surely the possibility for these nations to develop more humane and sustainable communities should not be exaggerated ; nor should it be undermined.

The third kind of spiritual resource involves the primal traditions : Native American, Hawaiian, Maori, and numerous tribal indigenous religious traditions. They have demonstrated, with physical strength and aesthetic elegance, that human life has been sustainable since Neolithic times. The implications for practical living are far reaching. Their style of human flourishing is not a figment of the mind but an experienced reality in our modern age.

A distinctive feature of primal traditions is a deep experience of rootedness. Each indigenous religious tradition is embedded in a concrete place symbolizing a way of perceiving, a mode of thinking, a form of living, an attitude, and a worldview. Given the unintended disastrous consequences of the Enlighten- ment mentality, there are obvious lessons that the modern mind-set can learn from indigenous religious traditions. A natural outcome of indigenous peoples' embeddedness in concrete locality is their intimate and detailed knowledge of their environment ; indeed, the demarcations between their human habitat and nature are muted. Implicit in this model of existence is the realization that mutuality and reciprocity between the anthropological world and the cosmos at large is both necessary and desirable. What we can learn from them, then, is a new way of perceiving, a new mode of thinking, a new form of living, a new attitude, and a new worldview. A critique of the Enlightenment mentality and its derivative modern mind-set from the perspective of indigenous peoples could be thought-provoking.

An equally significant aspect of indigenous lifeways is the ritual of bonding in ordinary daily human interaction. The density of kinship relations, the rich texture of interpersonal communication, the detailed and nuanced appreciation of the surrounding natural and cultural world, and the experienced connectedness with ancestors point to communities grounded in ethnicity, gender, language, land, and faith. The primordial ties are constitutive parts of their being and activity. In Huston Smith's characterization, what they exemplify is participation rather than control in motivation, empathic understanding rather than empiricist apprehension in epistemology, respect for the transcendent rather than domination over nature in worldview, and fulfillment rather than alienation in human experience. As we begin to question the soundness or even sanity of some of our most cherished ways of thinking — such as regarding knowledge as power rather than wisdom, asserting the desirability of material progress despite its corrosive influence on the soul, and justifying the anthropo-centric manipulation of nature even at the cost of destroying the life-support system — indigenous perspectives emerge as a source of inspiration.

Of course, I am not proposing any romantic attachment to or nostalgic sentiments for "primal consciousness", and I am critically aware that claims of primordiality are often modernist cultural constructions dictated by the politics of recognition. Rather, I suggest that, as both beneficiaries and victims of the Enlightenment mentality, we show our fidelity to our common heritage by enriching it, transforming it, and restructuring it with all three kinds of spiritual resources still available to us for the sake of developing a truly ecumenical sense of global community. Indeed, of the three great Enlightenment values embodied in the French Revolution, fraternity seems to have attracted the least attention in the subsequent two centuries. The re-presentation of the *Problematik* of community in recent years is symptomatic of the confluence of two apparently contradictory forces in the late twentieth century : the global village as both a virtual reality and an imagined community in our information age and the disintegration and restructuring of human togetherness at all levels, from family to nation.

It may not be immodest to say that we are beginning to develop a fourth kind of spiritual resource from the core of the Enlightenment project itself. Our disciplined reflection, a communal act rather than an isolated struggle, is a first step toward the "creative zone" envisioned by religious leaders and teachers of ethics. The feminist critique of tradition, the concern for the environment, and the persuasion of religious pluralism are obvious examples of this new corporate critical self-awareness. The need to go beyond the Enlightenment mentality, without either deconstructing or abandoning its commitment to rationality, liberty, equality, human rights, and distributive justice, requires a thorough reexamination of modernity as a signifier and modernization as a process.

Underlying this reexamination is the intriguing issue of traditions in modernity. The dichotomous thinking of tradition and modernity as two incompatible forms of life will have to be replaced by a much more nuanced investigation of the continuous interaction between modernity as the perceived outcome of "rationalization" defined in Weberian terms and tradition as "habits of the heart" (to borrow an expression from Alexis de Tocqueville), enduring modes of thinking, or salient features of cultural self-understanding. The traditions in modernity are not merely historical sedimentation passively deposited in modern consciousness. Nor are they, in functional terms, simply inhibiting factors to be undermined by the unilinear trajectory of development. On the contrary, they are both constraining and enabling forces capable of shaping the particular contour of modernity in any given society. It is, therefore, conceptually naive and methodologically fallacious to relegate traditions to the residual category in our discussion of the modernizing process. Indeed, an investigation of traditions in modernity is essential for our appreciation of modernization as a highly differentiated cultural phenomena rather than as a homogeneous integral process of Westernization.

Talcott Parsons may have been right in assuming that market economy, democratic polity, and individualism are three inseparable dimensions of modernity.[5] The post-Cold

War era seems to have inaugurated a new world order in which marketization, democratization, and individualism are salient features of a new global village. The collapse of socialism gives the impression that market rather than planned economy, democratic rather than authoritarian polity, and individualist rather than collectivist style of life symbolize the wave of the future. Whether or not we believe in the "end of history", a stage of human development in which only advanced capitalism — characterized by multinational corporations, information superhighways, technology-driven sciences, mass communication, and conspicuous consumption — dominates, we must be critically aware of the globalizing forces which, through a variety of networks, literally transform the earth into a wired discourse community. As a result, distance, no matter how great, does not at all inhibit electronic communication and, ironically, territorial proximity does not necessarily guarantee actual contact. We can be frequent conversation partners with associates thousands of miles apart, yet we are often strangers to our neighbors, colleagues, and relatives.

The advent of the global village as virtual reality rather than authentic home is by no means congenial to human flourishing. Contrary to the classical Confucian ideal of the "great harmony"(ta-t'ung), what the global village exhibits is sharp difference, severe differentiation, drastic demarcation, thunderous dissonance, and outright discrimination. The world, compressed into an interconnected ecological, financial, commercial, trading, and electronic system, has never been so divided in wealth, influence, and power. The advent of the imagined, and even anticipated, global village is far from a cause for celebration.

Never in world history has the contrast between the rich and the poor, the dominant and the marginalized, the articulate and the silenced, the included and the excluded, the informed and the uniformed, and the connected and the isolated been so markedly drawn. The rich, dominant, articulate, included, informed, and connected beneficiaries of the system form numerous transnational networks making distance and, indeed, ethnic boundary, cultural diversity, religious exclusivism, or national sovereignty inconsequential in their march toward domination. On the other hand, residents of the same neighborhood may have radically different access to information, ideas, tangible resources (such as money), and immaterial goods (such as prestige). People of the same electoral district may subscribe to sharply conflicting political ideologies, social mores, and worldviews. They may also experience basic categories of human existence (such as time and space) in incommensurable ways. The severity of the contrast between the haves and the have-nots at all levels of the human experience — individual, family, society, and nation — can easily be demonstrated by hard empirical data. The sense of relative deprivation is greatly intensified by the glorification of conspicuous consumption by the mass media. Even in the most economically advanced nations, notably North America, the

Scandinavian countries and other nations of Western Europe, and Japan and the Mini-Dragons, the pervasive mood is one of discontent, anxiety, and frustration.

If we focus our attention exclusively on the powerful megatrends that have exerted shaping influences on the global community since the end of the Second World War — science, technology, communication, trade, finance, entertainment, travel, tourism, migration, and disease — we may easily be misled into believing that the world has changed so much that the human condition is being structured by newly emerging global forces without and reference to our inherited historical and cultural praxis. One of the most significant *fin-de-siécle* reflections of the twentieth century is the acknowledgment that globalization does not mean homogenization and that modernization intensifies as well as lessens economic, political, social, cultural, and religious conflict in both inter - and intranational contexts. The emergence of primordial ties (ethnicity, language, gender, land, class, and faith) as powerful forces in constructing internally defensive cultural identities and externally aggressive religious exclusivities compels practical-minded global thinkers to develop new conceptual resources to understand the spirit of our time. The common practice of internationalists, including some of the most sophisticated analyzers of the world scene, of condemning the enduring strength of primordial ties as a parochial reaction to the inevitable process of globalization is simple-minded and ill-advised. What we witness in Bosnia, Africa, Sri Lanka, and India is not simply "fragmentization" as opposed to global integration. Since we are acutely aware of the explosive potential of ethnicity in the United States, language in Canada, and religious fundamentalism in all three major monotheistic religions, we must learn to appreciate that the quest for roots is a worldwide phenomenon.

Nowadays we are confronted with two conflicting and even contradictory forces in the global community : internationalization (globalization) and localization (communization). The United Nations, which came into being because of the spirit of internationalization, must now deal with issues of rootedness (all those specified above as primordial ties). While globalization in science, technology, mass communication, trade, tourism, finance, migration, and disease is progressing at an unprecedented rate and to an unprecedented degree, the pervasiveness and depth of communal (or tribal) feelings, both hidden and aroused, cannot be easily transformed by the Enlightenment values of instrumental rationality, individual liberty, calculated self-interest, material progress, and rights consciousness. The resiliency and explosive power of human-relatedness can be better appreciated by an ethic mindful of the need for reasonableness in any form of negotiation, distributive justice, sympathy, civility, duty-consciousness, dignity of person, sense of intrinsic worth, and self-cultivation.

In the Confucian perspective, human beings are not merely

rational beings, political animals, tool-users, or language-manipulators. Confucians seem to have deliberately rejected simplistic reductionist models. They define human beings in terms of five integrated visions :

1. Human beings are sentient beings, capable of internal resonance not only between and among themselves but also with other animals, plants, trees, mountains, and rivers, indeed nature as a whole.

2. Human beings are social beings. As isolated individuals, human beings are weak by comparison with other members of the animal kingdom, but if they are organized to form a society, they have inner strength not only for survival but also for flourishing. Human-relatedness as exemplified in a variety of networks of interaction is necessary for human survival and human flourishing. Our sociality defines who we are.

3. Human beings are political beings in the sense that human-relatedness is, by biological nature and social necessity, differentiated in terms of hierarchy, status, and authority. While Confucians insist upon the fluidity of these artificially constructed boundaries, they recognize the significance of "difference" in an "organic" as opposed to "mechanic" solidarity — thus the centrality of the principle of fairness and the primacy of the practice of distributive justice in a humane

society.

4. Human beings are also historical beings sharing collective memories, cultural memories, cultural traditions, ritual praxis, and "habits of the heart."

5. Human beings are metaphysical beings with the highest aspirations not simply defined in terms of anthropocentric ideas but characterized by the ultimate concern to be constantly inspired by and continuously responsive to the Mandate of Heaven.

The Confucian way is a way of learning, learning to be human. Learning to be human in the Confucian spirit is to engage oneself in a ceaseless, unending process of creative self-transformation, both as a communal act and as a dialogical response to Heaven. This involves four inseparable dimensions — self, community, nature, and the transcendent. The purpose of learning is always understood as being for the sake of the self, but the self is never an isolated individual (an island) ; rather, it is a center of relationships is a dynamic open system rather than a closed static structure. Therefore, mutuality between self and community, harmony between human species and nature, and continuous communication with Heaven are defining characteristics and supreme values in the human project.[6]

Since Confucians take the concrete living human being here and now as their point of departure in the development of their philosophical anthropology, they recognize the embeddedness and rootedness of the human condition. Therefore, the profound significance of what we call primordial ties — ethnicity, gender, language, land, class, and basic spiritual orientation — which are intrinsic in the Confucians project, is a celebration of cultural diversity (this is not to be confused with any form of pernicious relativism). Often, Confucians understand their own path as learning of nature and mind (*shen-hsin-chih-hseh*) or learning of nature and destiny (*hsing-ming-chih-hseh*). There is a recognition that each one of us is fated to be a unique person embedded in a particular condition. By definition, we are unique particular human beings, but at the same time each and every one of us has the intrinsic possibility for self-cultivation, self-development, and self-realization. Despite fatedness and embeddedness as necessary structural limitations in our conditionality, we are endowed with infinite possibilities for self-transformation in our process of learning to be human. We are, therefore, intrinsically free. Our freedom, embodied in our responsibility for ourselves as the center of relationships, creates our worth. That alone deserves and demands respect.

In discussing the "spirit" of the Five Classics in the concluding section of *The World of Thought in Ancient China*, Benjamin Schwartz, referring to the central issue of the Neo-Confucian project, observes :

> In the end the root problem was to be sought where Confucius
> and Mencius had sought them — in the human heart / mind. It is
> only the human heart / mind ⋯ . which possesses the capacity to
> "make itself sincere" and having made itself sincere to extend this
> transcendent capacity to realize the tao within the structures of
> human society. When viewed from this perspective, this is the
> essential gospel of the Four Books. At a deeper level, the Four
> Books also point to an ontological ground for the belief in this
> transcendental ethical capacity of the individual in the face of the
> ongoing challenge of a metaethical Taoist and Buddhist mysticism.[7]

The ontological grounding of the Neo-Confucian project on
the learning of the heart-and-mind enabled Confucian
intellectuals in late imperial China, premodern Vietnam, Chosŏn
Korea, and Tokugawa Japan to create a cultural space above
the family and below the state. This is why, though they never
left home, actively participated in community affairs, or deeply
engaged themselves in local, regional, or "national" politics,
they did not merely adjust themselves to the world. Max
Weber's overall assessment of the Confucian life orientation
misses the point. The spiritual resources that sustained their
social activism came form minding their own business and
included cultivating themselves, teaching others to be good,
"looking for friends in history", emulating the sages, setting

up cultural norms, interpreting the Mandate of Heaven, transmitting the Way, and transforming the world as a moral community.

As we are confronted with the issue of a new world order in lieu of the exclusive dichotomy (capitalism and socialism) imposed by the super powers, we are easily tempted to come up with facile generalizations : "the end of history",[8] "the clash of civilizations",[9] or "the Pacific century." The much more difficult and, hopefully, in the long haul, much more significant line of inquiry is to address truly fundamental issues of learning to be human : Are we isolated individuals, or do we each live as a center of relationships? Is moral self-knowledge necessary for personal growth? Can any society prosper or endure without developing a basic sense of duty and responsibility among its members? Should our pluralistic society deliberately among its members? As we become acutely aware of our earth's vulnerability and increasingly wary of our own fate as an "endangered species", what are the critical spiritual questions to ask?[10]

Since the Opium War (1840-1842), China has endured many holocausts. Prior to 1949, imperialism was the main culprit, but since the founding of the People's Republic of China, erratic leadership and faulty policies must also share the blame. Although millions of Chinese died, the neighboring countries were not seriously affected and the outside world was, by and large, oblivious to what actually happened. Since 1979, China has been rapidly becoming an integral part of the global economic system. more than 30 percent of the Chinese economy is tied to international trade. Natural economic territories have emerged between Hong Kong and Chuan Chou, Fujian and Taiwan, Shantung and South Korea. Japanese, European, and American, as well as Hong Kong and Taiwanese, investments are present in virtually all Chinese provinces. The return of Hong Kong to the PRC, the conflict across the Taiwan Straits, the economic and cultural interchange among overseas Chinese communities and between them and the mother-land, the intraregional communication in East Asia, the political and economic integration of the Association for Southeast Asian Nations, and the rise of the Asia-Pacific region will all have substantial impact on our shrinking global community.

The revitalization of the Confucian discourse may contribute to the formation of a much needed communal critical self-consciousness among East Asian intellectuals. We may very well be in the very beginning of global history rather than witnessing the end of history. And, form a comparative cultural perspective, this new beginning must take as its point of departure dialogue rather than clash of civilizations. Our awareness of the danger of civilizational conflicts, rooted in ethnicity, language, land, and religion, makes the necessity of dialogue particularly compelling. An alternative model of sustainable development, with an emphasis on the ethical and spiritual dimensions of human flourishing, must be sought.

The time is long overdue to move beyond a mind-set shaped by instrumental rationality and private interests. As the politics of domination fades, we witness the dawning of an age of communication, networking, negotiation, interaction, inter-facing, and collaboration. Whether or not East Asian intellec-tuals, inspired by solidarity, benevolent governance, and universal peace, will articulate an ethic of responsibility as Chinese, Japanese, Koreans, and Vietnamese emigrate to other parts of the world is profoundly meaningful for global stewardship.

We can actually envision the Confucian perception of human flourishing, based on upon the dignity of the person, in terms of a series of concentric circles : self, family, community, society, nation, world, and cosmos. We begin with a quest for true personal identity, an open and creatively transforming selfhood which, paradoxically, must be predicated on our ability to overcome selfishness and egoism. We cherish family cohesiveness. In order to do that, we have to go beyond nepotism. We embrace communal solidarity, but we have to transcend parochialism to realize its true value. We can be enriched by social integration, provided that we overcome ethnocentrism and chauvinistic culturalism. We are committed to national unity, but we ought to rise above aggressive nationalism so that we can be genuinely patriotic. We are inspired by human flourishing, but we must endeavor not to be confined by anthropocentrism, for the full meaning of humanity is anthropocosmic rather than anthropocentric. On the occasion of the international symposium on Islamic-Confucian dialogue organized by the University of Malaya (March 1995), the Deputy Prime Minister of Malaysia, Anwar Ibrahim, quoted a statement from Huston Smith's *The World's Religions*. It very much captures the Confucian spirit of self-transcendence :

In shifting the center of one's empathic concern form oneself to one's family one transcends selfishness. The move from family to community transcends nepotism. The move from community to nation transcends parochialism and the move to all humanity counters chauvinistic nationalism.[11]

We can even add : the move towards the unity of Heaven and humanity (*t'ien-jen-ho-i*) transcends secular humanism, a blatant form of anthropocentrism characteristic of the Enlightenment mentality. Indeed, it is in the anthropocosmic spirit that we find human species and nature, and mutuality between humanity and Heaven. This integrated comprehensive vision of learning to be human serves well as a point of departure for a new discourse on the global ethic.

The case against anthropocentrism through the formulation of an anthropocosmic vision embodied in the Neo-Confucian learning of the heart-and-mind is succinctly presented by Wang Yang-ming. Let me conclude with the opening statement in his *Inquiry on the Great Learning.*

The great man regards Heaven and Earth and the myriad things
as one body. He regards the world as one family and the country
as one person ⋯. That the great man can regard Heaven, Earth,
and the myriad things as one body is not because he deliberately
wants to do so, but because it is natural to the humane nature of
his mind that he do so. Forming one body with Heaven, Earth, and
the myriad things is not only true of the great man. Even the mid
of the small man is no different. Only he himself makes it small.
Therefore when he sees a child about to fall into a well, he cannot
help a feeling of alarm and commiseration. This shows that his
humanity (*jen*) forms one body with the child. It may be objected
that the child belongs to the same species. Again, when he
observes the pitiful cries and frightened appearance of birds and
animals about to be slaughtered, he cannot help feeling an "inability
to bear" their suffering. This shows that his humanity forms one
body with birds and animals. It may be objected that birds and
animals are sentient beings as he is. But when he sees plants
broken and destroyed, he cannot help ⋯ feeling ⋯ pity. This shows
that his humanity forms one body with plants. It may be said that
plants are living things as he is. Yet even when he sees tiles and
stones shattered and crushed, he cannot help ⋯ feeling ⋯ regret.
This show that his humanity forms one body with tiles and stones.
This means that even the mind of the small man necessarily has
the humanity that forms one body with all. Such a mind is rooted
in his Heaven-endowed nature, and is naturally intelligent, clear
and not beclouded. For this reason it is called "clear character."[12]

For Confucians to fully realize themselves, it is not enough to become a responsible householder, effective social worker, or conscientious political servant. No matter how successful one is in the sociopolitical arena, the full measure of one's humanity cannot be accommodated without a reference to Heaven. The highest Confucian ideal is the "unity of man and Heaven", which defines humanity not only in anthropological terms but also in cosmological terms. In the *Doctrine of the Mean* (*Chung yung*), the most authentic manifestation of humanity is characterized as "forming a trinity with Heaven and Earth."[13]

Yet, since Heaven does not speak and the Way in itself cannot make human beings great — which suggests that although Heaven is omnipresent and may be omniscient, it is certainly not omnipotent — our understanding of the Mandate of Heaven requires that we fully appreciate the rightness and principle inherent in our heart-minds. Our ability to transcend egoism, nepotism, parochialism, ethnocentrism, and chauvinistic nationalism must be extended to anthropocentrism as well. To make ourselves deserving partners of Heaven, we must be constantly in touch with that silent illumination that makes the rightness and principle in our heart-minds shine forth brilliantly. If we cannot go beyond the constraints of our own species, the most we can hope for is an exclusive, secular humanism advocating man as the measure of all things. By contrast, Confucian humanism is inclusive; it is predicated on an "anthropocosmic" vision. Humanity in its all-embracing fullness "forms one body with Heaven, Earth, and the myriad things." Self-realization, in the last analysis, is ultimate transformation, that process which enables us to embody the family, community, nation, world, and cosmos in our sensitivity.

The ecological implications of the Confucian anthropocosmic worldview are implicit, yet need to be more carefully articulated. On the on hand, there are rich philosophical resources in the Confucian triad of Heaven, Earth, and human. On the other hand, there are numerous moral resources for developing more comprehensive environmental ethics. These include textual references, ritual practices, social norms, and political policies. From classical times Confucians were concerned with harmonizing with nature and accepting the appropriate limits and boundaries of nature. This concern manifested itself in a variety of forms cultivating virtues that were considered to be both personal and cosmic. It also included biological imagery used for describing the process of self-cultivation. To realize the profound and varied correspondences of the person with the cosmos is a primary goal of Confucianism : it is a vision with vital spiritual import and, at the same time, it has practical significance for facing the current ecological crisis. This volume itself begins to chart a course for realizing the rich resources of the Confucian tradition in resituating humans within the rhythms and limits of the natural world.

■ ■ ■

1. I wish to acknowledge, with gratitude, that Mary Evelyn Tucker and John Berthrong were instrumental in transforming my oral presentation into a written text. I would also like to note that materials from three published articles of mine have been used in this paper : "Beyond the Enlightenment Mentality", in *Worldviews and Ecology : Religion, Philosophy, and the Environment*, ed. Mary Evelyn Tucker and John A. Grim (Maryknoll, N.Y. : Orbis Books, 1994), 19-28 : "Global Community. As Lived Reality : Exploring Spiritual Resources for Social Development", *Social Policy and Social Progress : A Review Published by the United Nations, Special Issue on the Social Summit, Copenhagen, 6-12 March 1995* (New York : United Nations Publications, 1996), 39-51 ; and "Beyond the Enlightenment Mentality : A Confucian Perspective on Ethics, Migration, and Global Stewardship", *International Migration Review* 30 (spring 1996) : 58-75.

2. Analects, 12 : 2.

3. Analects, 6 : 28.

4. Jürgen Habermas, "What Is Universal Pragmatics?" in his *Communication and the Evolution of Society*, trans. Thomas McCarthy (Boston : Beacon Press, 1979), 1-68.

5. Talcott Parsons, "Evolutionary Universals in Sociology", in his *Sociological Theory and Modern Society* (New York : The Free Press, 1967), 490-520.

6. See Thomé H. Fang, "The Spirit of Life", in his *The Chinese View of Life : The Philosophy of Comprehensive harmony* (Taipei : Linking Publishing, 1980), 71-93.

7. Benjamin U. Schwartz, *The World of Thought in Ancient China* (Cambridge, Mass. : Belknap Press of Harvard University Press, 1985),406.

8. Francis Fukuyama's use of this Helena expression may have given the misleading impression that, with the end of the Cold War, the triumph of capitalism necessarily led to the homogenization of global thinking. Dr. Fukuyama's recent emphasis on the idea of "trust" by drawing intellectual resources from East Asia clearly indicates that, so far as shareable values are concerned, the West can hardly monopolize the discourse.

9. Samuel P. Huntington, "The Clash of Civilizations?" *Foreign Affairs* 72, no.3 (summer 1993) : 22-49.

10. These questions are critical issues for my course, "Confucian Humanism : Self-Cultivation and the Moral Community", offered in the "moral reasoning" section of the core curriculum program at Harvard University.

11. Quoted by Anwar Ibrahim in his address at the opening of the international seminar entitle "Islam and Confucianism : A civilizational Dialogue", sponsored by the University of Malays, 13 March 1995. It should be noted that Huston Smith's remarks, in this particular reference to the Confucian project, are based on my discussion of the meaning of self-transcendence in Confucian humanism. If we follow my "anthropocosmic" argument through, we need to transcend "anthropocentrism" as well. See Huston Smith, *The World's Religions* (San Francisco : Harper San Francisco, 1991),183,193,and 195 (notes 28 and 29).

12. *A source Book in Chinese Philosophy*, trans. Wing-tsit Chan (Princeton : Princeton University Press, 1963), 659-660.

13. *Chung yung* (Doctrine of the Mean), chap. 22. For a discussion of this idea in the perspective of Confucian "moral metaphysics", see Tu Wei-ming, *Centrality and Commonality : An Essay on Chung-yung* (Honolulu : The University Press of Hawaii, 1976), 100-141.

제4장
■ ■ ■
유교와 자유주의

유교와 자유주의가 자동적으로 연결되는 주제는 아니다. 우리는 자유 사상에 의한 유교의 현대적 변화를 먼저 검토해야만 한다. 아울러 우리는 유교가 회피해야 할 자유주의의 문제점들을 인식할 필요가 있다. 우리의 목적은 비판적이며 반성적인 평등주의의 관점에서 자유주의와 유교를 다른 사상의 학파들과 함께 검토하는 것이다. 우리는 유교가 근대와 당대의 사회에서 겪었던 비판들에 대해 잘 알고 있다. 일부 유교의 약점들은 너무 적나라하게 들추어졌다. 그러나 서구의 자유주의 철학도 문제점을 안고 있으며, 따라서 자유주의가 당대 중국 사회가 처한 문제점들에 대해 실제적인 만병통치약이 될 수 없다는 점을 알 필요가 있다.

1. 생 태

비트겐슈타인은, 죽지 않는다면 결코 인간 생명의 가치를 알 수 없고 지구를 떠나지 않는다면 결코 지구의 가치를 알 수 없다고 말한 적이 있다. 물론 죽은 후에는 인간 생명의 가치를 안다는 것이 불가능하지만, 1969년에 아폴로호가 달 탐사를 위해 지구를 떠남으로써 지구의 가치를 아는 일은 가능해졌다. 이것은 또한 우리의 생활 환경 및 인류가 사용할 수 있는 자원의 양에 대한 좀더 포괄적인 이해를 가능케 했다. 예를 들어, 대기의 두께는 단지 300마일이며 오존층을 갖고 있다는 사실을 알게 되었다. 이것은 단지 1960년대부터 알게 된 것이다. 이후로 우리가 알게 된 사실은 우리가 개발할 수 있는 자연적 자원이 무한하지 않다는 것이다. 이것은 오늘날 누구도 피할 수 없는 중요한 문제다. 불행하게도 자유주의 전통에는 이 문제에 대해 필수적인 지성적 관심이 결여되어 있다. 철학자 로크 이래 자유주의의 중심적 관심은 인권이었다. 따라서 자유주의는 인권 문제를 다루는 풍부한 자원들은 개발했지만, 본질적으로 자연 정복을 출발점으로 하는 인간 중심적 입장이다. 이런 점에서 하버마스·롤즈·노직 같은 당대에 영향력을 가진 자유주의 사상가들조차 예외 없이 이 강력한 방향 설정을 가지고 있다. 이러한 인간중심주의는 계몽주의 정신과 밀접한 관계를 가지고 있으며, 자유주의는 이 계몽주의 정신의 소산이다. 이러한 당대의 자유주의 사상가들은 정의의 문제에 특별한 관심을 가져왔으며, 정의에 관한 중요한 이론들을 개발했다. 그러나 그들이 깨닫지 못한 것은 모든 생물에게 정말로 영향을 미치는 것은 생태와 환경이기 때문에 생태의 정의가 가장 중요한 문제라는 점이다.

생태 문제에 대한 유교의 이해를 알아보기 위해서는 17세기의 철학자 왕간(王艮)에게로 돌아가야 할 것 같다. 그는 인간이 화생(化生)의 과정을 통해 태어났다고 생각한다면 하늘과 땅은 우리의 부모이고, 형생(形生)으로 태어났다고 생각해도 우리의 부모는 하늘과 땅이라고 말했다.[1] 그가 말한 것은 인간의 탄생을 둘러싼 진화와 창조라는 모순적 주장들이 맞서는 오늘날 여전히 가치가 있다. 이 두 이론이 공존하는 이유는 이 둘이 모두 인간 삶의 목적성을 암시하기 때문이다. 이것들은 인간의 출현을 단순한 우연성으로 이해할 수 없다는 생각을 강화시킨다. 순자(荀子)에 의하면, 모든 것에는 기(氣)가 있지만 오직 식물에만 생명이 있고, 오직 동물에만 지각이 있으나, 오직 인간만이 의(義)를 가지고 있다.[2]

이러한 진화적 관점은 당대의 생물학적 추론에 의해서도 상당한 설득력을 갖는다.

인간의 생명에는 목적이 있는가? 이 질문은 유학자들이 오랫동안 관심을 가졌던 것이다. 존재에는 식물에서 동물, 인간으로 이어지는 오랫동안 계속되는 연쇄 고리가 있다. 이 연쇄의 일부인 인간이 마지막으로 등장한 것을 두고 유교에서는 "하늘은 낳고 인간은 완성한다(天生人成)"고 말한다. 우리를 낳는 것은 하늘이지만, 우리 자신을 재창조하는 것은 인간 자신이다. 이런 의미에서 우리는 하늘과 함께 하는 공동 창조자며, 따라서 우리가 하는 것에 대해 책임을 진다. 다시 말해, 우리는 모든 것의 원인을 자동적으로 신에게 돌릴 수 없다. 신유학자 장재(張載)는 다음과 같이 말했다. "하늘은 나의 아버지요 대지는 나의 어머니며, 나와 같은 미물도 그 가운데 적절한 자리를 가지고 있다. 따라서 나는 우주를 가득 채운 것을 내 몸으로 여기고 우주를 다스

---

1) 王艮.
2) "水火有氣而無生. 草木有生而無知. 禽獸有知而無義. 人有氣有生有知, 亦且有義. 故崔爲天下貴也.「王制」,『荀子』.

리는 것을 본성이라고 생각한다. 모든 사람들은 나의 형제자매
요 모든 사물들은 나의 동료다."3) 그가 말하고자 했던 것은 우리
가 인간으로 우리의 환경과 친밀한 관계를 유지해야 한다는 것
이다. 이 생각은 또 다른 신유학자 정호(程顥)의 사상과 일치한
다. 정호는 인(仁)을 "천지만물과 한 몸을 이루는 것"이라고 정
의했다.4) 이러한 이유들로 해서 나는 유교와 생태에 관한 나의
논문에서 계몽주의 정신을 초월해야 한다고 주장했던 것이다.5)

　1980년대에 나는 몸에 대한 논문을 한 편 썼는데, 거기에서 나
는 현대 철학이 "나는 생각한다 고로 존재한다"는 데카르트적
합리주의를 초월해야 한다고 주장했다. 이러한 합리주의는 더
이상 막스 베버가 말한 근대 사회의 위대한 역학이 아니다. 오히
려 이것은 우리를 곤경에 빠지게 했다. 왜 우리는 몸과 마음, 인
간과 자연, 주체와 객체 사이를 이렇게 날카롭게 구별해야만 하
는가? 몸은 정신을 결여한 물질의 덩어리에 불가한가? 몸에는
전혀 정신성이 없는가? 현재 하버드대에서는 기(氣)에 대한 연
구 기획이 진행되고 있다. 이것의 초점은 몸과 마음 모두에 있다.
몸과 마음을 통합적으로 보는 것은 인간에 관한 중국의 통전적
관념의 특징이다. 다행스럽게도 그러한 생각에 찬성하는 사람들
이 점점 늘어나고 있다. 인간은 감정을 갖고 있기 때문에, "나는
생각한다 고로 존재한다" 대신에 "나는 느낀다 고로 존재한다"
고 말해야 할 것 같다. 나의 관심은 언제나 "체지(體知)"였는데,6)

---

3) 張載, 『西銘』.

4) 程顥, 『二程遺書』.

5) "Beyond the Enlightenment Mentality", *Confucianism and Ecology*, Cambridge :
Harvard University Press.

6) "On the Embodied Knowledge." *Essays on Confucian Ethics*, 劉述先 編,
Singapore : Institute of East Asian Philosophies, 1986.

이제 페미니스트, 포스트모더니스트, 심지어 의료 과학자들까지
도 모두 "몸"의 문제에 관심을 가지고 있다.

자아란 무엇인가? 포스트모더니스트들은 자아에 관해 건조보
다는 해체에 더욱 관심이 있기 때문에, 이 질문은 가끔 철지난
질문으로 간주된다. 그러나 나는 프랑스 철학자 하도(F. Hadot)
를 상기시키고 싶다. 그는『삶의 방식으로서의 철학(*Philosophy
as a Way of Life*)』(1995)에서 푸코를 진지하게 비판했고 또 이
책은 그에게 심각한 영향을 미쳤다.[7]

푸코가 후기에 보인 자아 사랑에 대한 강조는 그가 이 비판에
반응을 보인 증거다. 푸코는 후기 인생에서 생각만으로는 안 된
다는 것을 믿기 시작했다. 중요한 것은 실천을 통해 자신의 몸을
수양하는 것이다. 그러나 그리스 · 유태교 · 힌두교 · 기독교 · 유
교 전통들과는 다소 친숙치 않았기 때문에, 그는 몸 수양의 의미
를 충분히 파악할 수 없었다. 최근에 나는 상당한 시간을 할애하
여 유종주(劉宗周)를 연구하였는데, 내가 발견한 것은 그가 자
아 · 몸 · 영혼 · 정신에 대해 매우 깊은 이해를 갖고 있다는 사실
이다. 어떤 점들에서 이른바 포스트모더니스트들은 몸에 대해
모호한 이해만을 갖고 있기 때문에, 그들은 유종주와 같은 학자
들과 대화를 나눌 자격조차도 없을 것 같다.

인간을 공동 창조자라고 부를 때, 여기에 암시되는 것은 인간
이 창조와 존재에 일부 책임이 있다는 점이다. 만일 어떤 것에
대해 실수를 한다면, 우리는 그에 대해 책임을 져야 하며 그 책임
을 신이나 타인에게 돌릴 수는 없다. 이 과정에서 체지(체화된
지식)는 매우 중요하다. 다시 말해, 우리가 무엇에 대해 생각할

---

7) Pierre Hadot, *Philosophy as a Way of Life : Spiritual Exercises from Socrates
to Foucault*, Malden, MA : Blackwell, 1995.

때 그것을 이해하기 위해 오직 뇌에만 의존할 수는 없다. 우리의 몸·가슴·영혼·정신 모두가 관계되어야만 한다. 장자(莊子)는 우리가 단순히 귀를 통해 들을 수는 없으며, 기 또는 정신과 함께 우리의 마음을 통해 들어야 한다고 주장했다.[8] 경험론자들이 주장하는 것은 모든 것이 감각적 지각을 통해 우리에게 입력된다는 것이다. 그런데 우리는 여기에도 종합적 역량이 작용한다는 점을 이해하게 되었다. 감각적 지각만으로는 부족하다. 그렇다고 신비주의에 대해 말하려는 것은 아니다. 자기 수양이 된 사람은 그렇지 않은 사람과는 다른 이해에 도달할 수 있다. 이 논점을 수용하게 되면, 우리는 표면적인 단순한 과학주의를 초월하게 된다. 많은 위대한 과학자들의 주장을 종합하면 그들이 시인들과의 대화로부터 깊은 영감을 받았다는 것이다. 그러한 영감으로부터 그들은 자연의 정체에 대해 단순한 과학적 이해를 초월하는 매우 다른 이해를 가질 수 있었다.

2. 자유와 인권

개인의 자유와 인권은 자유주의가 표방하는 두 개의 중심적 이상이다. 최근의 사유에서 현대성은 개인의 자유와 분리될 수 없을 것처럼 보이는데, 개인의 자유는 다시 합리성·권리·법률 제도와 연결되며, 이 모든 것은 계몽주의가 창시한 것이다. 서세동점(西勢東漸)의 사상이 지배했던 1919년의 5·4운동 초기에

---

8) "無聽之以耳, 而聽之以心, 無聽之以心, 而聽之以氣, 聽止於耳, 心止於符. 氣也者, 虛而待物者也."「人間世」.

개인의 자유와 인권은 가장 영향력 있는 두 개의 사상이었다. 5·4 운동가들은 후기에 가서야 자연과학과 민주주의를 주창하였다. 민주주의는 제도의 개혁과 건립에 사용된 사상이었지만, 계몽주의가 그토록 총애한 합리적 도구성의 최고의 현시로서의 자연과학은 국가와 군대의 부강에 쓰일 예정이었다. 돌이켜보면, 초기에 주창된 개인의 자유와 인권이라는 이상이 사실상 더 중요한 것이라고 생각할 수 있을지 모르겠다. 이것들은 더욱 이상적인 가치들을 가지고 있었으며, 그리고 권력을 잡으려는 사람들이 기회주의적으로 조작할 가능성이 좀더 적었다.

자유는 인권과 뗄 수 없으며, 이 둘은 모두 민주주의 및 자연과학과 어울릴 수 있다. 그러나 자유는 중심적인 사상이다. 자유의 관념은 시장경제·민주 정치·시민 사회를 뒷받침한다. 이것은 당대 서구 사회의 기초로 봉사해온 개인의 자율·선택·존엄성·권리와 같은 관념들을 강조한다. 가톨릭·이슬람교·유대교·유교·불교·도교를 포함하는 모든 세계의 위대한 종교적 전통들은 이 문제를 다루어야 하고, 또 이 관념에 비추어 자신들을 적응시켜야 한다고 나는 생각한다. 이러한 적응은 이러한 전통들이 좀더 민주적이고 개방적이며 다원적으로 되도록 도와 일부 현대적 기제들, 특히 자연과학과 합리성의 가치들이 이들 안에서 작용할 수 있도록 만들어줄 것이다.

이러한 맥락에서 보았을 때 유교에는 자신을 현대화시키는 것외에 다른 선택이 없다. 사실상 유교는 주로 계몽주의가 대변하는 휴머니즘의 이상에 함축된 비판으로 인해 일부분에서 이미 적응을 하였다. 이러한 현대 관념들과 친구가 되고 또 이것들을 수용할 수 있는 한, 유교는 계속 번영할 수 있고 현대 사회와 관련성을 가질 수 있다. 그러나 만일 이러한 관념들에 장애물에 불과한 것이 된다면 유교는 잊혀질 것이다. 그러나 동시에, 만일 정의·공감·책임·공동체와 같이 똑같이 보편적인 다른 관념들이 자유 및 이와 연계된 현대의 관념들에 보충되지 않는다면, 우리는 현대의 곤경에서 벗어날 수 없다.

유교는 자유주의와 조화할 수 있을 뿐만 아니라 긴 전통과 실천에 근거한 자체의 역량을 갖고 있다. 내가 보기에 유교가 제시한 이상적 인격은 전통적인 봉건 사회나 현대 전제적 사회에서보다는 민주주의와 시장경제라는 사회 환경 속에서 시민 사회가 더욱 발전한 당대의 민주 사회에서 그 전도가 더욱 유망한 것 같다. 더구나 현대적 변화, 즉 계몽주의의 가치들을 다소 수용하고 일부 내부적 조정을 거친 후에 유교는 계몽주의 정신을 비판하고, 현대적 문제들을 다루는 독특한 정신적 자원들을 제공하는 데에 사용될 수 있다. 한편에서는 유교가 현대 사회의 일원이 되기 위해 자기 변화를 겪어야 하지만, 다른 한편에서는 자기 변화된 유교에서 우리는 자유주의에 원인이 있는 현대적 곤경으로부터 우리를 구해줄 자원들을 발견해야만 하다. 이것이 현대 유교를 둘러싼 역설이다.

선진 유학(BC 221년 이전)이 현대 세계에서 인권이라는 세계적 문제에 언급하기 위해 우리에게 무엇을 제공할 수 있는지를 검토하는 것은 매우 중요하다. 싱가포르 정부는 기업의 지도자·노동자·지식인·다양한 사회 조직의 대표자들과의 오랜 상의 끝에 사회의 원활한 운영을 위해 필수적인 것으로서 다음과 같은 다섯 가지 원리를 제시했다. ① 공동체와 국가는 개인보다 상위다. ② 가족은 가장 근본적이고 중요한 사회의 단위다. ③ 공동체와 국가는 개인들을 존중해야 한다. ④ 협의는 갈등과 분쟁을 해결하는 기초 수단이다. ⑤ 화합은 모든 다양한 종교들과 문화들 속에서 마땅히 유지되어야 한다. 싱가포르 당국의 주장에도 불구하고 사실상 첫 번째 원리는 유교 정신에 위배된다. 권력의 총애에서 밀려나자 실망감에 빠져 자살한 3세기의 관리 굴원(屈原)의 예에서 보듯이, 비록 한 개인이 전 세계에 이익을 줄 수 없게 되더라도 그는 여전히 자신 속에 선(善)을 유지해야만 한다. 다시 말해, 그는 자신에게 진실해야 한다는 것이다. 도덕적으로 자율적이며 사회적 네트워크의 중심이 되는 개인은 그 자신의 행위들에 대해 책임이 면제받을 수 없다. 만일 우리가 개인적 행위에 대한 자유와 책임감의 이러한 측면을 무시하고 개인의 사회적 역할과 책임만을 지나치게 강조한다면, 가장 초기 형태의 유학적 사유인 선진 유학에서 개인의 자율 및 비판적 정신을 지지하는 다수의 중요한 자원들이 상실될 것이다.

선진 유학에서 개인의 권리 행사를 지배하는 근본적 원리는, 자신이 서고자 하는 것처럼 남이 서는 것을 돕고, 자기가 자신을 완성하고자 하는 것처럼 남이 그 자신을 완성하는 것을 돕는 것이다.[9] 이것이 의미하는 것은 권력과 영향력이 있으며 상이한 자원들을 통제하고 사용할 수 있는 지위에 있는 사람은 전 세계를 위해 더욱 큰 책임을 져야 한다는 것이다. 통치자들은 백성들에게 자신이 원하는 것을 강요할 권리가 없다. 백성들은 통치자들에게 자신들의 근본적 안전, 생활의 기본적 수요, 자기 발전을 위한 조건들을 요구할 권리가 있다. 유교적 전통에서 주변인·약자들은 자신들의 기본적 욕구를 충족시켜달라고 요구할 더 큰 권리가 있다. 통치자들은 백성들의 권리를 보호하고 그들의 욕구를 만족시켜야 한다. 이것이 바로 인정(仁政)과 패도(霸道) 사

---

9) "己欲立而立人, 己欲達而達人."「雍也」,『論語』.

이의 중요한 차이다. 사회적 행위, 정의 원리의 실천, 사회적 규범의 준수, 인간 관계 중 어떤 것을 하는 경우든 유교는 통치자들에게 더욱 엄격한 것을 요구한다. 많은 권력과 높은 지위가 있기 때문에 자신에게는 더욱 엄격할 것과 남들에게는 좀더 관대할 것이 그들에게 요구된다.

이런 관점에서 나는 유교 전통에서 민(民)은 수동적 관념을 상징한다는 드 베리와 벤자민 슈워츠의 생각에 동의한다. 그들은 유태교 전통과의 비교를 시도하는데, 거기에서는 백성들이 신과 계약을 체결했기 때문에, 그들은 더욱 능동적이었고 비록 신으로부터라고 해도 자신들이 원하는 것을 요구할 수 있는 더 좋은 입장에 있었다. 그들이 보기에, 중국의 전통에서는 백성들을 아무것도 모르는, 따라서 단지 보호되어야만 하는 갓 태어난 어린이(赤子)로 기술하는 경향이 있다. 그러나 그들이 보지 못한 것은 백성들의 보호가 유교 정치 철학의 일부며, 유교 정치 철학은 통치자의 경외감과 천명에 대한 두려움을 전제로 하기 때문에, 천명은 백성들이 통치자를 취급하는 방식에 불과하다는 점이다. 물은 배를 뜨게 할 수 있지만 뒤집을 수도 있는 것처럼, 백성은 정부를 유지시킬 수도 있고 전복시킬 수도 있다. 바로 이런 의미에서 천명은 정부가 어떻게 될 것인지를 결정한다. 맹자의 전통에서, 민(民)은 통치자에 의해 조정되는 피동적 요소가 결단코 아니다.

어떤 왕이 맹자에게 다음과 같이 말했다. 자신은 백성들을 잘 대해주었으나 백성들은 그를 존경도 하지 않고 인간적으로 대해주지도 않는다. 전쟁에서 그의 모든 병사들이 죽었으나 백성들은 그를 위해 싸우지도 않았고 대신에 모두 도망갔다. 이에 대한 맹자의 대답을 이랬다. 왕의 불만은 전혀 이치에 닿지 않는다.

그의 백성들이 전쟁에서 도망친 이유는 그가 백성들에게 너무 잔인했기 때문이다. 만일 그가 그들에게 친절했고 인정(仁政)을 베풀었다면 그들은 도망치지 않았을 것이다.[10]

헤겔 또한 중국의 역사에 대해 매우 일방적인 견해를 가졌다. 그가 생각하기에, 중국에서는 오직 황제만이 진정한 의미의 자유인 자기 의식적인 자유를 가졌다 모종삼(牟宗三)은 이에 기본적으로 동의했다. 내가 보기에, 중국 황제들은 최소한의 자유를 가지고 있었다. 그 이유는 의례(禮) 때문이었다. 의례는 고위자들을 통제하기 위해 사용된 것들이다. 의례는 서민들에게까지 미치지 않는다.[11] 다시 말해, 우리는 이른바 프랑스 사회학자 보르뒤(P. Bourdieu)가 말하는 "통제의 상징적 체계"를 일반 백성들에게 적용할 수 없다. 이들에게는 평화와 번영이 가장 중요한 일들이다. 어떤 사람들은 "마음으로 노동하는 사람들은 남을 다스리고, 몸으로 노동하는 사람들은 남의 다스림을 받는다"는 맹자의 말에 의문을 제기한다.[12] 그들은 이 주장이 맹자가 일반 백성을 무시했다는 것을 시사한다고 생각한다. 그러나 맹자의 이 주장을 좀더 자세히 검토하면, 우리는 맹자가 한 말이 마음으로 노동하는 사람이 몸으로 노동하는 사람을 다스려야 한다는 뜻이 아니라는 점을 깨닫게 된다. 현대적 용어를 사용하자면, 이것은 서비스 분야와 생산 분야 사이의 분업을 의미한다. 서비스 분야에 있는 사람들(지식인 및 관리들)은 생산에 직접적으로 참여하지 않지만, 그들이 없으면 사회 질서가 유지될 수 없기 때문에 그들은 필요하다. 더구나 우리가 깨달아야 할 점은 여기에서 맹

---

10) 「梁惠王上」, 『孟子』.
11) "禮不下庶民." 「曲禮上」, 『禮記』.
12) "勞心者治人, 勞力者治于人." 「滕文公上」, 『孟子』.

자는 생산에 참여하지 않는 지성인들을 위한 공간을 마련하기에 힘쓰고 있다는 사실이다. 그들의 일은 의미의 세계를 창조하는 것이다. 그들은 단지 정부를 위한 싱크탱크가 아니다. 왜냐하면, 이들은 독립적인 개성과 정신을 가지고 있기 때문이다. 이와 비슷한 상황으로서, 번지(樊遲)는 한때 공자에게 식물을 기르는 법에 대해 물었다. 번지가 떠난 후에, 공자는 번지가 소인이라고 말했다. 따라서 공자는 농부를 소인으로 무시했다는 결론을 간혹 내리기도 했다. 그러나 만일 지성인의 직업을 잘 이해한다면, 공자가 의도했던 것은 그런 것이 아니라는 점을 쉽게 알 수 있다. 번지가 물은 것은 식물의 재배법인데 이것은 공자의 직업이 아니다. 번지는 그것을 식물 경작하는 사람에게 가서 물었어야 했다. 따라서 공자는 여기에서 농부가 아니라 번지만을 소인으로 간주했다. 왜냐하면, 공자와 함께 공부한 것이 그토록 오래 되었건만 번지는 아직 공자의 직업이 무엇인지조차 몰랐기 때문이다.[13]

3. 도덕과 제도

도덕적 가치들과 정치적 제도 사이에는 매우 복잡한 반사적 평형성이 존재한다. 만일 유교가 많은 사람들이 주장하는 것처럼 단순한 자기 수양을 위한 도덕적 체계일 뿐 제도적 조치, 변화, 창조의 문제와 아무 관련이 없다면, 유교가 자체로서 발전할 여지는 진실로 매우 제한적일 것이다. 그러나 내가 아는 유교는

---

13) "樊遲請學稼. 子曰, 吾不如老農 … 樊遲出. 子曰, 小人哉, 樊遲也." 「子路」, 『論語』.

중국 사회의 다양한 제도적 틀 속에 퍼져 있다. 따라서 만일 중국 사회, 중국의 시민 사회, 중국에서의 정치적 민주주의의 작용, 중국의 독특한 시장경제 등에 대해 알고자 한다면, 먼저 유교의 가치들과 이러한 가치들로부터 발전된 다양한 제도적 조치들을 이해할 필요가 있다. 물론 이들 중 일부는 건강한 반면 부패한 것들도 존재한다.

예를 들어, 오늘날 많은 사람들은 유교에 의해 창조된 자본주의의 형태에 대해 말한다. 어떤 사람들은 이 자본주의를 관계적 자본주의라고 부르는 반면에, 다른 사람들은 여성적 자본주의라고 부른다. 다 적절한 것은 못 되지만, 둘 다 이 형태의 자본주의가 서구 자본주의와는 완전히 다른 인간 관계에 기초한 매우 상이한 제도적 조치를 대변한다는 점을 나타낸다. 서구 자본주의는 자기 중심적 인간 관계에 기초한 반면 이 새로운 자본주의는 동일한 가족, 동일한 부족, 동일한 종족 집단, 동창, 동일한 사회 집단의 구성원들 사이의 인간 관계 위에서 만들어졌다. 이러한 유교적 형태의 자본주의가 갖는 장점들 중의 하나는 거래 비용이 낮다는 것과 효율성이 높다는 점이다. 왜냐하면, 모든 것이 신용에 기초하기 때문이다. 단점들 중의 하나는 투명성과 공정한 경쟁의 결핍이다. 여기에서 장점과 단점은 서로 얽혀 있으며, 이것들은 역사적으로 동아시아 문명에 의해 일반적으로 그리고 유교에 의해 특수하게 대변되던 도덕 및 사회적 가치들과 연결되어 있다. 이런 이유로 인해 이 형태의 자본주의에 대한 선택의 시기가 매우 중요하다.

우리가 바라는 것은 신뢰에 기초한 이러한 관계적 자본주의가 또한 설명 가능성·투명성·법치 등 서구 자본주의에서 요구되는 기본적 요구 조건을 만족시키는 것이다. 그렇지 않으면, 유교 자본주의가 아무리 효율적이더라도 그 결과는 심각할 것이다. 동시에, 만일 이 요구 조건들을 만족시킬 수 있다면 전혀 새로운 제도적 조치들이 등장할 수 있을 것이다. 만일 서구의 헌법이 정부의 권력 및 물질적 인적 자원들을 사용하는 데 정부 지도자들의 권력을 제한하는 조정의 기제를 상징한다면, 의례에 관한 유교의 관념이 이론적으로 동일한 역할을 수행할 수 있다. 유교의 의례가 수행하는 심오한 역할에 관해서는 아직 정확한 이해에 도달하지 못했으며, 대신 그 역할에 대해 자주 적극적으로보다는 부정적으로 생각하는 경향이 있다. 우리는 의례가 사회 질서의 유지, 관료 제도의 통제, 권력자의 절대적 권력의 제한에서 중요한 역할을 수행한다는 점을 자주 망각한다. 중요한 것은 의식주의(ritualism)가 아니라 의례들의 가치 및 이 가치들을 인간 관계에 구체화시키고 또 인간 관계 위에 정초시키는 방법이다.

그렇다면 유교의 건전한 측면들을 부패한 측면들로부터 분리시킬 수 있는가? 조셉 레븐슨은 중국의 정치 제도와 유교의 인문적 가치들은 분리될 수 없다고 믿는다. 지난 백 년 동안 중국에서 전반적 서구화를 주창한 사람들도 다음과 같은 견해를 견지했다. 중국에서 제도들의 운영과 인문주의적 가치들은 분리될 수 없기 때문에, 서구에 대한 학습의 시기는 찍어서 선택할 수 없다. 호적(胡適)은 그러한 완전 서구화의 형태를 "완전 현대화"로 간주했다. 중국의 마르크스주의자들과 자유주의자들도 부패한 가치들이 유교 전통들로부터 분리될 수 없는 까닭에 제도를 개혁하기 위해서는 이 전통을 포기해야 한다는 것에 찬동했다. 이것과 극단을 이루는 다른 편에는 서구 최고의 도구적 합리성과 유교 합리주의적 가치를 쉽게 제휴시킬 수 있다는 생각이 포진하고 있다. 이 두 접근 방법은 모두 단순하고 실천이 불가능하다.

만일 중국사에서 유교 전통의 복잡한 역사를 진정으로 이해하려 한다면, 우리는 정치 문화의 모든 영역들에서 그 부정적 측면들을 먼저 이해해야만 한다. 선진 시대에 이미 영광스런 시기를 경험했던 유구한 유교 전통이 어떻게 해서 결국에는 문제투성이로 끝을 맺게 되었는가? 이러한 명백한 문제점들 중의 하나는 삼강(三綱)인데, 이에 따르면 신하는 군주를 따라야 하고, 아들은 아버지를 따라야 하며, 부인은 남편을 따라야만 한다.[14] 현대적 관점에서 볼 때 이러한 삼강은 절대 받아들일 수 없다. 이것들은 포기되어야 한다. 그러나 인·의·예·지·신이라는 다섯 가지 항상적 가치인 오상(五常)의 경우는 다르다. 이것들은 유학자들이 사람들에게 사람이 되기 위해서 신분을 막론하고 따를 것을 요구하는 것들이다. 당대의 사회에서 이러한 다섯 가지 가치들은 아직도 타당한 도덕 원리들일 뿐만 아니라 극도로 요구되는 것들이다. 마찬가지로 다섯 가지 기본적인 상호 관계인 오륜(五倫)[15] 또한 아직도 타당성을 갖는다.

따라서 나는 유교에는 정도(政道)만 있지 치도(治道)는 없다는 모종삼의 견해에 동의하지 않는다. 유교에는 법치의 관념은 없지만 헌법적 기능을 갖는 의례의 전통은 존재한다. 다시 말해, 의례는 인간의 행위를 조직하고 지시하며 판결한다. 사회의 도덕성, 정부의 합법성 및 정부 관원들의 공정성, 해명 가능성, 공공 사업에 대한 관심성 등의 여부를 판단하는 것은 그들의 행위가 의례에 부합하는지의 여부를 주목하는 것이다. 나는 동중서(董仲舒)의 "천인감응"도 사실상 권력의 질 및 적법성과 연결된

---

14) "君爲臣綱 父爲子綱 夫爲婦綱."

15) "君臣有義 父子有親 夫婦有別 長幼有序 朋友有信."

다고 생각한다. 조정과 통제의 기제로서의 의례는 사실상 공적인 것이고 객관적인 것이다. 『상서(尚書)』에는 "천명"이라는 관념이 보인다. 이것은 고대 중국에서 주(周) 왕조의 권력을 강화하는 데 쓰였던 관념이라는 것이 우리의 일반적인 생각이다. 그러나 자세히 살펴보면, 천명의 증거는 사실상 백성들이 정부를 받아들임으로써 표현되었다. 다시 말해, 백성들은 정부에 충성을 바쳤던 것이다. 정부의 합법성은 정부의 시정(施政) 및 성취와 전적으로 연결된다. 만일 일반 백성들이 정부를 받아들일 수 없으면 전복시키는 것이 "천명"이다.

기축 시대 문명의 위대한 전통들과 그들의 정치적 현실 사이에는 항상 긴장이 존재한다. 이러한 전통들 중 다수는 우리의 세속적 세계를 초월하는 이상 세계를 궁극적 관심으로서 창조했다. 그런 뒤에 이 이상 세계는 현실 세계의 사회 제도들을 변혁시키는 데에 가장 중요한 자원들이 되었다. 그러한 것이 초월이 하는 기능이다. 유교는 이러한 모든 전통들 중에서 독특한데, 그 이유는 유교의 중심은 이 세상에 있고 그 목적이 세상을 바꾸는 것[轉世]이지 세상이 개인을 바꾸도록[世轉] 만드는 것이 아니기 때문이다.16) 유교는 이 세상에 속하면서도 세속 세계의 초월을 목적으로 한다.

여기에서 많은 학자들은 유교에 대해 오해를 한다. 예를 들어, 막스 베버가 오해한 것은 세속 세계의 권력 구조, 유교가 이상으로 하는 대동 세계를 위해 이 세계에서 운용되는 게임의 법칙 및 유교의 이상이 발전시키기를 원하는 제도적 질서였다. 또한 베버는 유교가 이 세상에 속하기 때문에 정치적 현실을 통해 표

---

16) 이 표현은 명대 철학자 안원(顔元)의 것이다.

현된 게임의 법칙들만을 수용할 수 있으며, 이 세상을 변화시키려는 이상을 발전시킬 수 없다고 믿었다. 그는 유교가 이러한 게임의 법칙을 인정하기 때문에, 유교는 이 세계에 존재하는 세속적 정치 현실 속에서만 작용할 수 있다고 느꼈다. 왜냐하면, 유교에는 현실 세계를 초월하도록 인도하는 초월적 지시점이 없기 때문이다. 다시 말해, 그는 유교에는 초월이 결여되었기 때문에 유교는 일상의 현실 세계와 타협해야만 한다고 느꼈다.

유교의 도덕적 방향 설정이 이 세계를 향하는 것은 분명한 사실이지만, 그 목적은 이 세계를 변화시키는 데에 있다. 유교의 초월적 역량의 원천은 다양한 자원을 갖고 있는 인문주의적 이상이다. 세계의 변화라는 유교의 이상을 많은 학자들이 보지 못한 관계로 공자는 역사상 계속적으로 불공정한 비판의 대상이 되어 왔다. 예를 들어, 비판자들은 이 세계를 변화시키는 유교의 전제 조건은 사회의 권력 구조 속에서 높은 지위를 차지하는 것이라고 주장했다. 공자의 역할은 관심이 없는 왕들에게 충고를 하는 것이었기 때문에, 그는 실질적으로 지성적 작업에만 몰두했다. 이것은 공자가 한 일과 가르친 것을 근본적으로 오해하는 것이다. 상이한 게임의 법칙을 가지고 있었던 관계로 그는 완전히 다른 세계를 탐구할 수 있었다. 예를 들어, 군주의 조건에서 자하(子夏)는 나이(齒)·지위(位)·덕(德)을 꼽았지만, 군주들은 덕으로부터 다스려야 한다는 것이 공자의 견해였다. 마찬가지로, 유교가 양성한 지성계는 지위[사회적 요인]나 나이[자연적 요인]가 아니라 덕[도덕적 요인]에 근거한 집단이었다.

최근에 곽점(郭店)에서 발굴된 자료들 중 "자사가 노목공(魯穆公)을 만나다"라는 제목의 부분에는 충성스런 재상이란 군주를 비판할 수 있는 사람이라는 언급이 보인다. 그 이유는 진정한 이상을 가진 사람은 군주를 비판할 수 있기 때문이다. 이것은 유교의 확신이다. 현재 시행되는 게임의 법칙에 맞추고 그것을 수용하는 것은 유교의 도덕 및 정치적 이상에 위배되는 것이다. 기축 시대의 다른 모든 문명들과 마찬가지로, 유교는 이 세상을 변화시키는 이상을 가지고 있다. 다른 전통들보다 독특한 점은 피안에 또 하나의 세계를 건설하지 않는다는 점이다. 유교의 궁극적 관심은 우리가 사는 이 세계를 변화시키는 것이다. 공자, 맹자를 거쳐 한대의 동중서에 이르는 발전을 통해, 유교는 상당한 영향을 행사했고, 따라서 당시의 정치적 현실과 매우 복잡한 관계를 발전시켰다. 유교는 수많은 정치적 체제들을 위한 중요한 지성적 자원의 역할을 담당했다. 유교는 중국 문화의 소산이며, 유교 없는 중국 문화는 상상도 할 수 없다. 오직 이러한 관점에서만 우리는 흔히 보이는 정치화된 유교 및 정치적 현실의 세계를 변화시키는 유교의 이상에 대해 논할 수 있다.

이런 관점에서 동중서가 대표하는 유교의 정신과 공손홍(公孫弘)과 숙손동(叔孫同)에 의해 대변되는 정치화된 유교의 차이를 강조하는 것이 중요하다고 생각된다. 공손홍과 숙손동은 높은 지위를 차지하거나 정치적 영향력을 행사하기 위하여 자신들의 이상을 기존의 게임 법칙에 따라 기꺼이 왜곡시키려는 정치가들이었다. 이와는 대조적으로, 동중서는 한대의 정치 체제를 위한 본질적 정신을 발전시키기 위해 유교의 경전들과 우주론을 사용하는 것을 목적으로 삼았다. 그는 군주를 알현하기 위해 자신의 원리를 희생시키는 일은 하지 않았다. 여기에서 우리는 정치적 현상(現狀)을 바꾸기 위해 유교의 가치를 사용하는 것과 정치적 지위와 경제적 혜택을 얻기 위해 유교의 관념을 사용하는 것 사이에는, 비록 양자가 모두 복잡한 유교적 문

화 체제 및 그 이상들과 관련되어 있지만 분명한 차이가 있음을
알 수 있다.

따라서 복잡한 정치적 유교의 역사를 검토하는 것은 매우 중
요한 일이다. 만일 이것을 이해하지 못한다면, 만일 유교 문화와
아무런 관련이 없는 일단의 이상들을 사용하려 한다면, 만일 우
리의 전통 문화와의 관계를 단절시키려 한다면, 우리의 미래는
암울할 것이다. 만일 우리가 민주주의를 단순한 제도적 구조가
아닌 삶의 방식 또는 정신 상태로 이해한다면, 민주주의는 중국
에서 적절하게 기능하기 위해 유교와의 내성적 평등 속에서 유
지되어야만 한다. MIT대의 루시안 파이(Lucian Pye) 교수는 유
교 민주주의는 자기 모순이라고 주장했다. 그러나 타이완과 한
국의 경우에서 분명한 사실은 유교 민주주의가 가능할 뿐만 아
니라 유교의 깊은 영향을 받은 사회들은 자신만의 독특한 민주
주의의 모델을 개발할 수 있으며 보편적 가치에 대한 지역적 경
험들을 제공해줄 수 있다는 점이다.

4. 합리성과 감정

자유의 전통에서 도구적 합리성은 이제 의사 소통적 합리성에
의해 보완되었으나 아직도 충분하지는 않다. 아직 개발되지 않
은 합리성의 권역들이 많이 남아 있다. 예를 들어, 공감도 일종의
합리성이다. 그러나 이것은 매우 복잡한 과정이다. 어떻게 공감
에 대한 이해의 폭을 넓힐 수 있을까? 왜 우리는 이것을 넓히려
고 하는가? 왜 우리는 부모를 사랑하는 것에서 출발해서 남을

인도적으로 대하는 것으로, 그리고 만물을 사랑하는 것으로 나아가야 하는가? 왜 우리는 묵자(墨子)의 겸애를 채택하지 못하는가? 묵자의 겸애 사상은 현실의 실천에서는 매우 문제가 많은 것으로 드러났다. 이 원리에 따르기 위해서는, 이방인을 가족의 일원으로 간주하는 게 아니라 가족의 일원들을 이방인으로 취급해야만 했다.

우리는 또한 자연과 가치에 대한 흄의 견해를 언급할 수 있는데, 이것은 나중에 무어(G. E. Moore)에 의하여 "자연주의적 오류"라고 이름 붙여졌다. 자연이 가치를 생산할 수 있는가? 유교도 사실과 가치를 분명하게 구분하지 못한다고 자주 비난을 당한다. 그러나 이제는 사실과 가치의 이분법 자체에 문제가 있는 것 같이 보인다. 엄정한 의미의 순수 현대 자연과학에서 대상의 관찰은 이론이나 가치 중 어떤 하나로부터 독립적일 수 없다. 이론의 한계에 대해 깨달으면 깨달을수록 우리는 자신의 시야를 그만큼 확장시킬 수 있다. 이와는 반대로, 가치에 대해 중립적이라고 생각하면 생각할수록 과학적 발견을 할 가능성은 그만큼 줄어든다. 만일 자신의 연구에는 어떠한 이론이나 가치도 전제되지 않는다고 믿는 사람이 있다면, 그는 자신의 연구가 이론에 의존한다고 인정하는 사람보다 분명히 오만한 사람이다. 이러한 사람은 대진(戴震)에 의해 언급된 사람들과 유사한데, 그는 모든 다른 사람들은 의견을 진술하고 있는 반면에, 자기들만이 진리를 말하고 있다고 생각하는 사람들을 비판했다. 다시 말해 그러한 사람은, 다른 사람들은 역사의 일부 파편들만을 과장할 수 있는 데 반해, 자신들만이 역사적 사실들을 발견할 수 있다고 주장하는 사람들과 비슷한 경우다.

중요한 문제는 다음과 같은 것이다. 우리가 우리의 본원(本源)

에 대해서 질문할 때 우리는 조심스런 추론의 과정을 통하여 일부 가치들을 발견하려는 것인가? 아니면 바로 이 과정은 단지 특정한 일단의 가치들에 의해 이미 결정된 문제의 표현일 뿐인가? 나는 우리가 제기하는 바로 그 질문을 유도하고 영향을 미치는 가치들이 항상 존재한다고 믿는다. 어떤 종류의 가치들인가? 이것들은 생명, 끈임 없는 생명 창조 활동, 우주의 조화로운 변화, 평화에 관한 가치들이다. 이러한 가치들은 자유·평등·정의와 같은 계몽주의 가치들과 어울릴 수 있는 가치들이지만, 계몽주의가 탐구하지 않은 것들이다.

이러한 가치들 중 아마도 가장 중요한 것은 공감, 즉 감정 이입 또는 자비다. 이러한 가치들이 칸트의 철학에서 논의된다는 것은 상상도 할 수 없는 일이다. 왜냐하면, 칸트가 흥미를 가지고 있던 것은 모든 감정의 요소들 속에 분명하게 포함되어 있는 정언 명령이기 때문이다. 칸트는 자신이 흄의 문제를 해결했다고 믿었으나 오늘날 많은 사람들은 흄으로 복귀했으며, 그들 중 일부, 예를 들어 하버드대의 심리학자인 제롬 케이건(Jerome Kagan) 같은 사람은 유교에 흥미를 갖게 되었다. 왜냐하면, 진정한 윤리적 추론은 도구적 합리성이 아닌 공감에 근거한다고 믿는 것이 유교이기 때문이다.

칸트의 철학이 매우 강력해졌고 또 주도적인 일단의 이론이 되었기 때문에, 자유 전통 속에 사는 사람들은 원하든 원하지 않든 간에 칸트에 의한 흄의 해체와 대면해야만 한다. 이와는 대조적으로, 송명 신유학에서 맹자의 성선설은 언제나 철학적 사유의 주류였으며, 그 중요성을 의심한 사람은 아무도 없었다. 아무도 맹자가 든, 우물에 빠지려는 아이의 예나 그 가치를 단지 이 예가 특정한 상황 속에서의 개인의 감정에 기초하고 있고 따라서 칸트에 의해 제기된 보편성이 결여되었다는 점을 이유로 들어 불신하려 하지 않았다. 미국의 일부 중국학 학자들을 포함하는 다수의 사람들은 이 경우가 독특한 유교 자산들 중의 하나인 것을 알지 못했다. 예를 들어, 도날드 먼로(Donald Munro)는 비록 지금은 아니지만 한때 송명 신유학과 현대성의 정신 사이에는 어떤 차이가 있다고 믿었다. 심지어 채드 한센(Chad Hansen)은 한자 정(情)이 선진 시기에는 감정이 아니라 정형(情形)이나 정황(情況)에서처럼 사태(affairs)를 의미했다고 주장하기까지 했다. 그러나 최근 곽점(郭店)에서 발굴된 죽간(竹簡)은 이것이 명백한 오류라는 점을 보여주었다. 한센에게 이러한 견해를 전해준 그레이엄(A. C. Graham)도 이정(二程)에 관한 자신의 책에서 이정이 "사실(what is)"과 "당위(what ought to be)"를 구분하지 못했다고 비난했다.17) 그러나 뒤에 와서 그는 중국 철학이 기여한 독특한 공헌들 중의 하나가 바로 이러한 구분을 거부한 점이라는 사실을 깨달았다.

유교 전통은 금욕주의를 반대하지만, 동시에 쾌락주의는 아니다. 유교의 근본적 전제는 모든 사람이 동일한 심성(heart)을 가지고 있고, 모든 심성은 동일한 원리에 따른다는 것이다. 따라서 모든 사람은 일상적 삶의 과정에서 이성과 감정에 따라 진정한 자아를 드러낼 수 있다. 유교가 원하는 중심적인 것들 중의 하나는 일상 생활의 과정에서 바로 이러한 최고의 가치들을 드러내는 것이다. 『중용』에서 공자는 다음과 같이 말했다. "아들이 나에게 해주기를 바라는 효도로써 아버지를 섬기는 것을 나는 하지 못했고, 신하가 나에게 해주기를 바라는 충성으로써 군주를

---

17) *Two Chinese Philosophers*, La Salle : Open Court, 1992.

섬기는 것을 나는 하지 못했으며, 동생이 나에게 해주기를 바라는 사랑으로써 형을 섬기는 것을 나는 하지 못했으며, 친구가 나에게 해주기를 바라는 신뢰로써 그에게 먼저 베푸는 것을 나는 하지 못했다."[18] 벤자민 슈워츠를 포함하는 많은 사람들은 일상생활에서 그러한 가치들을 실천하는 것이 공자에게 그리 힘든 일은 아니기 때문에 공자는 여기에서 겸손하고 온건하다고 믿었다. 나는 여기에 동의하지 않는다. 공자는 이 진술에서 실존적 상황들, 특히 중요한 윤리적 의미를 가진 상황들의 현실을 매우 진지하게 인정하고 있다. 일상의 삶에서 완벽한 인간 관계에 도달하는 것은 매우 힘든 일이다. 매 순간 극도로 조심을 하는 경우에만 최고의 도덕적 가치들은 일상의 인간 관계 속에서 현시될 수 있다. 그리스 문화나 기독교와는 달리 유교는 정신적 세계, 신성, 초월적 세계에서의 영웅적 가치 등을 추구하지 않는다. 막스 베버는 이 점을 이해하지 못했으며 따라서 유교가 단순히 세계에 적응한다고 이해했다.

유교가 기여한 위대한 공헌은 우리의 가장 친근한 감정에서 끌어낸 것으로서 공적 가치의 의식을 개발한 것이다. 이런 의미에서 가족은 국가 및 정부와 전혀 관련이 없는 사적 권역의 일부로서 간주되어서는 안 된다. 이러한 관계가 정치화된 유교에 의해 소외되어버려서 효자는 가족 안에서 마치 정부의 충신이 되는 것과 같은 훈련을 받았던 것이 사실이다. 바로 이것이 소외의 형태인데, 왜냐하면 이것은 가족 윤리를 바로 국가에 적용시키며, 비판적 사유의 능력이 결여된 인간을 창조하기 때문이다. 가족은 사람을 훈련하고 인간화를 학습하는 곳으로 간주되어야 한

---

18) "所求乎子, 以事父, 未能也 ; 所求乎臣, 以事君, 未能也 ; 所求乎弟, 以事兄, 未能也 ; 所求乎朋友, 先施之, 未能也."「第13章」.

다. 이러한 관점에서, 유교는 노예가 되는 자유와 같은 다양한 자유들을 존중해야 한다는 노직(Nozick)의 자유주의적 입장을 수용할 수 없다. 우리는 우리가 사랑하는 사람들이 노예가 되려는 선택을 허용할 수 없다. 우리가 그것을 허용하지 않는 까닭은 그 선택이 그들에게 해를 끼치지 않게 하기 위해서다. 오히려 우리는 그들이 진정한 인격을 발전시킬 수 있도록 필요한 조건들을 만들어주어야만 한다.

5. 현대성과 다원주의

종교 및 문화적 다원주의도 중요한 문제다. 서구가 과거의 유물인 배타적 유럽중심주의를 포기해야 한다는 것은 이제 일반적인 생각이다. 이 문제에 관한 자유주의적 입장을 표명한 이는 하버마스다. 나는 그에게 문화에 대한 비교 연구를 하지 않고도 보편적으로 타당한 담론을 개발할 수 있다고 생각하느냐고 물은 적이 있다. 하버마스는 내가 말하는 이른바 계몽주의의 자만심 또는 이성의 자만심을 가지고 있다. 그가 생각하기에, 힌두 문화와 중국 문화는 개발을 위한 기초적 단계나 그들의 문화적 추론의 측면에서 철학적으로 정교한 문화에 아직 못 미쳤기 때문에 관심을 기울일 필요가 없다는 것이다. 그러나 힌두와 중국 전통들에도 계몽주의가 있다는 사실을 우리는 잊어서는 안 된다. 이것은 현대성에 대한 막스 베버의 견해와 기축 시대 문명들에 대한 칼 야스퍼스의 개념을 화해시키는 것과 연결되어 있다.

현대성의 관념은 서구화 · 현대화 · 세계화와 같이 상호 연결되어 있으면서도 강력한 일부 다른 관념들과 결부되어 있다. 여기에서 현대화는 단순한 서구화보다 광범위한 의미를 가지며, 세계화는 단순한 현대화보다 더 광범위한 의미를 가진다. 다른 문명들에게는 서구 문화와 제휴하는 것 외에 달리 자신들을 현대화시킬 방법이 없다고 생각한다면, 다른 문화들의 자원들에 의존하여 현대성과 자유주의의 문제들을 다루는 것은 불가능해진다. 하물며 이러한 문화들이 아직 전 현대적 단계에 처해 있다고 결론을 내린다면, 이 기획은 더더욱 불가능해진다. 우리가 타파해야 될 그러한 배타적이고 제한적인 이분법의 형태에는 다음의 세 가지가 있다. 첫 번째는 전통과 현대성 사이의 이분법이다. 나는 「동아시아 현대성 속의 유교 전통」이라는 논문 속에서 전통에서 현대성으로 이전하는 것이 아니라 전통은 사실상 현대성의 일부라는 주장을 폈다.19) 현대성이 전통의 소멸을 의미한다는 생각은 잘못이다. 전통은 현대화에서 지극히 중요한 역할을 수행하며, 이 사실은 현대성이 영국 · 프랑스 · 독일 · 미국에서 상이하게 표현되는 이유를 설명해준다. 두 번째는 세계화와 지역화 사이의 이분법이다. 여기에서 우리에게 주어진 것은 양자택일(either-or)이 아니라 겸전(both-and)의 문제다. 세계화와 지역화는 비모순적일 뿐만 아니라 또한 상호 보완적인 것이다. 세 번째는 서구와 비서구 사이의 이분법이다. 사무엘 헌팅턴은 서구 문화와 비서구 문화 사이에는 피할 수 없는 갈등이 있으며, 서구의 자유민주주의만이 진정한 현대성을 대변한다고 믿는다.

---

19) "Confucian Traditions in East Asian Modernity", *Moral Education and Economic Culture in Japan and the Four Mini-Dragons.* Cambridge : Harvard University Press, 1966.

그러나 유교 문화나 이슬람 문화 같은 기타 문화들이 존재하는데, 이것들은 자유민주주의의 수많은 주민들과 모순되지 않을 뿐만 아니라 그들로 하여금 현대성이 가져온 문제들을 다룰 수 있게 만드는 풍부한 자원들을 갖고 있다.

자유·법·인권·합리성과 같은 계몽주의 가치들을 중심으로 하는 서구식의 현대성은 보편적 가치를 갖고 있는가? 그리고 모든 기타 문명들은 자신들을 현대성의 위력에 적응시켜야만 하는가? 서구화뿐만 아니라 현대화와 세계화도 현대 서구 문명들을 압도하는 외견상의 능력을 수반했다. 현대성이 의존했던 서구 문명의 자원들은 기독교와 초기 그리스 문화를 막론하고 현대성과 본질적인 유사성이 있는 반면에, 비서구적 전통들은 유교·도교·힌두교·이슬람을 막론하고 그러한 유사성이 없다고 간혹 얘기된다. 따라서 현대화는 서구 가치들의 대규모적인 점증적 수용을 암시하는 동질화의 형태라고 생각되어 왔다.

그러나 현대화가 사람들과 문화들에 대한 이런 종류의 단순한 보편적 동질화가 아니라는 사실은 점점 더 분명해졌다. 물론 일정 정도의 동질화는 우리의 세계에서 발생했으나 동시에 상당한 양의 다기화(多岐化)도 존재했다. 따라서 나는 여기에서 "다원적 현대성"이라는 관념을 제기하고 싶다. 지역적 지식에는 모든 종류가 다 존재하며, 지역적 지식의 이러한 일부 양식들은 자체의 보편적 가치들을 갖고 있다. 현재 보편화된 다수의 가치들이 원래 서구, 특히 서구 유럽과 미국에서 유래했다는 것은 사실이다. 그러나 이 일이 있기 전에는 그것들도 원래 지역적 지식이었다. 전(前) 근대적 문명이 하나만 있었던 것이 아니라 다수의 두드러진 문명들이 있었다는 점을 인정한다면, 우리가 현대성의 시대에 진입하고 있을 때 이런 모든 상이한 전 근대적 문명들은 새로운 활력을 보여주고 있었다는 점을 우리는 이해할 수 있다. 이러한 관점을 가지고 우리는 어쩌면 전적으로 잊혀졌을 수도 있는 현대성을 위한 다양한 지성적 자원들을 발굴할 수 있다.

따라서 내가 보기에 모든 기축 시대 문명들의 위대한 전통들은 그 기초에 보편화될 수 있는 지역적 전통들을 갖고 있는 것 같다. 유교가 제3기의 발전을 할 수 있을지의 여부를 질문할 때, 사실상 우리는 유교가 중국과 동아시아 문명을 넘어서 세계 문명의 일원이 될 수 있을지의 여부를 묻고 있는 것이다. 유학자들의 대를 잇는 작업 끝에 유교의 보편화는 좋은 출발을 이루었고, 현재 유교는 밝은 미래를 맞고 있다. 고전적인 기축 시대 문명들 외에도, 계몽주의 이래 발전된 사회주의·자유주의·무정부주의와 같은 다수의 이념들은 모두 이른바 보편화된 지역 문화들로 변해버렸다. 따라서 이들 모두는 이들이 속한 문화에 관계없이 동일한 현대적 곤경에 처해 있으며, 이들 모두는 이 곤경에 상응하는 적응을 강요받고 있다. 일부는 잘 해나가겠지만, 일부는 심각한 어려움에 봉착할 수도 있다. 다시 말해, 일부는 재빠르게 적응하는 반면에 일부는 느릴 수 있다. 서구 문화 및 당대 중국의 지식인들 중 가장 명민한 사람들의 양쪽 진영 모두에서 공격을 받은 유교는 아마도 단 하나의 결점까지 확대경으로 검토된 가장 철저하게 파헤쳐진 기축 문명의 철학 체계일지 모른다. 만일 유교가 극심한 비판을 겪은 뒤에도 그 생명력을 되찾을 수만 있다면, 유교를 전통적인 유교 사회 속에서 노정했던 문제점들과 분리시켜야 된다는 점은 명백해진다. 내가 걱정하는 것은 사람들이 과열된 유교 비판을 통해 유교의 통찰력을 보지 못하고 그 풍부한 자원들을 간과하는 것이다. 모든 기축 문명들 중에서 유교를 독특하게 만드는 것은 그것의 내재적 초월이다. 초월적 세계를 이 세계 너머에 만드는 다른 전통들과는 대조적으로, 유교는 현세적이며 동시에 세계 변화적이다. 세계와 갖는 밀접한 관계는 자주 결점으로 간주되었다. 그러나 바로 이 특징이 유교가 현대적 도전에 적절하게 대응하도록 만드는 중요한 자원으로 바뀔 가능성은 매우 높다고 생각된다.

모든 기축 문화들이 현대 사회의 시기에 진입할 때 대면하게 되는 또 다른 도전은 페미니즘의 문제들이다. 만일 이러한 도전에 적절하게 대응하지 못한다면 기축 문화의 사회들 중 어떤 것도 번성할 수 없다. 가톨릭은 세계에서 가장 큰 종교이지만, 성별·인구·가족·재생산과 같은 문제들에 의해 제기된 검증을 통과하지 못한다면 그 영향력은 줄어들 수 있고 줄어들어야만 한다. 이런 점에서 페미니즘의 도전에 대처하기 위해 오래된 문제점들을 던져버리는 데에서 유교로서는 문제될 것이 거의 없다. 내가 보기에 페미니즘이 포기하라고 도전하는 데도 유교가 포기할 수 없는 문제는 단 하나도 없다. 여성은 성인과 현자가 될 수 있는가? 여성은 유교의 이상들을 현시하고 개발하는 것을 돕는 스승이 될 수 있는가? 여성은 가정과 직장에서 평등해야 하는가? 우리는 공감·관계·정의·예의와 같은 여성에 의해 더 잘 대변되는 가치들에 관심을 가져야 하는가? 전통적으로, 유대교·가톨릭·이슬람교 심지어 불교까지도 모두 이러한 질문들이 제기하는 문제를 겪었다. 그러나 유교로서는 이러한 모든 질문들에 대해 긍정적 대답을 하는 데에 아무런 문제가 없다.

다원주의는 현대성의 또 다른 특징이다. 이와 관련해서, "자신이 서기를 원하는 것처럼 남이 서는 것을 도와주고, 자신이 성공하기를 원하는 것처럼 남이 성공하도록 도와주라", "자신에게 원하지 않는 것으로 남에게 하지 말라" 같은 근본적인 유교의 원리들은 우리의 보편 윤리의 일부가 되었다.[20] 다원주의가 강조하는 것은 다른 문화에 대한 인정·수용·존중이다. 이것이 함축하는 것은 나에게 최선인 것이 반드시 남에게도 최선은 아니기 때문에, 우리는 자신의 의지를 남에게 강요하지 말아야 한다는 것이다.

이런 의미에서 유교에는 문화와 종교의 다원성이 조성한 도전들에 대응하기 위해 우리가 의존할 수 있는 자원들이 풍부하다. 지금까지 다루었던 것들로부터 우리는 유교가 자유주의와 다음과 같은 매우 중요한 것을 공유한다는 점을 볼 수 있다. 즉, 철저한 토의와 의문으로부터 면제된 전제·믿음·교리란 아무것도 없다. 유교는 가장 엄밀한 의미의 종교적 교리를 갖고 있지 않다. 부자 관계·성선설·성악설·자기 수양을 포함하는 모든 문제들에 대한 토의는 유교에서 열려 있다. 이런 의미에서 유교는 이슬람교나 기독교와는 진정으로 전혀 다르다. 왜냐하면, 이들은 모두 일단의 특정한 교리를 갖고 있기 때문이다.

따라서 유교는 다원주의를 포용할 수 있다는 것이 나의 결론이다. 천릿길도 첫 걸음부터라는 속담이 있다. 우리의 첫 걸음은 현재 우리가 처한 곳에서 시작해야 한다. 그러나 여정을 끝내고 뒤돌아볼 때, 여정의 시발점은 단지 현재의 위치로 올 수 있었던 많은 장소들 중의 하나에 불과하다는 것을 깨닫게 될 것이다. 더구나 이전 여정의 종착점인 현재의 위치를 또 다른 여정의 출발점으로 삼는다면, 초기 시발점이 될 수 있는 곳은 더욱 많아질 것이다. 이것이 내가 말하는 유교의 폭이다. 공자는 유교 사상의

---

20) "己欲立而立人, 己欲達而達人." 「雍也」, "己所不欲, 勿施於人." 「顔淵」, 『論語』.

대표자였다. 그가 유교의 최고 전형은 결코 아니었다. 이런 종류의 사유는 다른 종교 전통들에서는 상상할 수도 없는 일이다. 더구나 그는 유교 사상의 창시자가 아니다. 예수보다 더 기독교적이고, 부처보다 더 불교적이며, 모하메드보다 더 이슬람적인 인물을 우리는 상상할 수 없다. 그러나 유교 전통에서는 초기 황제들인 요(堯)·순(舜)·우(禹)·문(文)·무(武)와 심지어 주공(周公)까지도 공자보다 위대한 인물들로 간주된다. 게다가 공자는 "전하는 일은 하지만 새로 짓지는 않는다"고 말했다.[21] 그는 위대한 전통의 종합자일지언정 창시자는 아니다.

따라서 유교가 관용의 관념이 포함되는 다른 사상가들과 전통들의 자연스런 기여를 수용하는 것은 가능하기도 하고 심지어 필수적이기까지 하다. 그렇다면 양주(楊朱)학파와 묵가에 대한 맹자의 비판을 어떻게 이해해야 할까? 문화적으로 종교적으로 다원화된 사회에서 유교는 길은 달라도 목적지는 하나며, 다른 길들은 서로 공존할 수 있다고 믿는다. 동시에 이것은 결코 선과 악의 구분을 모호하게 하지 않는다. 관용은 결코 침묵하는 것이 아니다. 이것은 논쟁과 비판을 피할 수 없다는 점을 인정한다. 맹자가 보기에, 남을 자신의 부모로 간주하라는 묵가의 가르침에 따르게 되면, 그 결과는 실제로 자신의 부모를 남과 같이 취급하게 된다는 것이다. 양주학파는 극단적인 개인주의를 주장하는데 이것은 공동체에 방해가 된다. 이러한 맥락에서 맹자에게 중요한 것은 일부 다른 사상의 학파에 대해 반대 논리를 펴는 것이었다. 마찬가지로 기독교적 가치에 따르면, 선을 선으로 갚는 것은 순리이지만 악도 선으로 갚아야만 한다. 공자가 보기에 이것

---

21) "述而不作." 「述而」, 『論語』.

은 선인과 악인을 구별하는 것과 같다. 이와는 반대로, 공자는
선한 것에는 덕으로 보답하고 악에 대해서는 정의로 반응할 것
을 제안했다. 그의 대응은 선과 악 모두를 인정하며 양자 사이를
구분했다.

Confucianism and Liberalism

Confucianism and liberalism cannot automatically be linked together. We must examine the modern transformation of Confucianism by liberal ideas, and we need to be aware of the problems of liberalism that ought to be avoided by Confucianism. Our goal is to examine liberalism and Confucianism, together with other schools of thought, from the point of view of a critical reflective equilibrium. We are all familiar with the criticisms that Confucianism has suffered in modern and contemporary society. Some of the shortcomings of Confucianism have been only to amply demonstrated. Yet, we need to be aware that the Western philosophy of liberalism also has problematic points, and no one should see liberalism as *ipso facto* a panacea for the problems that confront contemporary Chinese society.

Ecology

Wittgenstein once said that you cannot know the value of human life if you have never died, and you cannot know the value of the earth if you have never left the earth. It is, of course, impossible for us to say we will know the value of human life after we die, but it has become possible for us to understand the value of the earth by leaving the earth because sine 1969 humans have been able to do so. This, in turn, made it possible for us to have a filler picture of our living environ- ment and the quantity of the resources available to humankind. For example, the atmosphere is only about 300 miles thick and it has ozone layer. This has been a topic of awareness only since the 1960s. We have since realized that it is wrong to believe that there are infinite natural resources for us to exploit. This is an important issue that no one today can avoid. Unfortunately, the tradition of liberalism lacks the necessary intellectual focus to deal with this issue. Liberalism's central concern since the time of the philosopher Locke has been human rights. Therefore, while liberalism has developed rich resources to deal with the human right issue, it is essentially an anthropocentric position with a starting point of the conquering of nature. In this respect, even such influential contemporary liberal thinkers as Habermas, Rawls, and Nozick are not exceptions to this strong orientation. Such an anthropocentrism is closely related to the Enlightenment mentality of which liberalism is an off-shoot. These contemporary liberal thinkers have been particularly interested in the issue of justice and have developed important theories of justice. However, they have failed to realize that there is no more important issue of justice that that of ecology, since ecology and the environment truly affect all living things.

For the Confucian understanding of ecological issues, we might want to go back to a 17th century Confucian, Wang Gen 王艮, who said that if we think that humans are born through a process of transformation (*huasheng* 化生), then heaven and earth are our parents; is we think that humans are born in physical form (*xingsheng* 形生), then our parents are heaven and earth, What he said is still very valuable today when we are facing two contradictory theories : that humans are a result of evolution and that humans are a result of creation. The reason that the two theories can co-exist is that they both imply the purposiveness of human life. They reinforce the idea that human emergence cannot be understood as merely accidental. According to Xun Zi 荀子, everything has energy (*qi* 氣), but only plants have life, only animals have awareness, and only humans have righteousness (Xun Zi : ch.9). Such an evolutionary view is quite persuasive even by contemporary biological reasoning.

Does human life have a purpose? This is a question that Confucians have been long concerned with. There is a chain of existence from plants to animals to humans that stretches over a long period of time About the final emergence of humans that stretches over a long period of time. About the final emergence of humans as a part of this chain, there is a Confucian saying : "heavenly born and humanely made" (*tiansheng rencheng* 天生人成). While it is heaven that gives birth to us, it is we human beings who recreate ourselves. In this sense, we are co-creators with heaven and so are responsible for what we are doing ; we cannot automatically attribute everything to God. The neo-Confucian Zhang Zai 張載 said at the very beginning of his famous *Western Inscriptions* that "Heaven is my father and Earth is my mother, and even a small creature such as I finds an intimate place in their midst. Therefore that which fills the universe I regard as my body and that which directs the universe I consider as my nature. All people are my brothers and sisters, and all things are my companions" (Zhang : 497). What he was trying to say is that we as human beings have a constant intimate relationship with our environment. This is consistent with the thought of another neo-Confucian, Cheng Hao. Cheng Hao's 程顥 deifned *ren* 仁 as to be one body with Heaven and Earth and the ten thousand things (see Cheng : 523). These are the reasons why I argues in my article on Confucianism and Ecology that we have to go beyond the Enlightenment mentality (see Tu 1998).

In the 1980s I wrote an article on the body in which I tried to argue that contemporary philosophy has to go beyond the Cartesian rationalism of "I think and therefore I exist." Such rationalism is no longer what Max Weber called the great dynamic of modern society. In contrast, it has led us to a predicament. Why do we have to make such a sharp distinction between the body and the mind, between humans and nature and between subject and object? Is the body merely a pile of matter without spirit? Is the mind entirely without any materiality? There is currently a research project on energy (*qi* 氣) at Harvard. It focuses on both the body and the mind. This is a synthetic idea characteristic of the Chinese holistic conception of human beings. Fortunately, such an idea is increasingly gaining in popularity. Sine humans have feelings, instead of "I think and therefore I exist", we perhaps should say "I feel and therefore I exist." I have always been concerned with the idea of embodied knowledge (*tizhi* 體知) (Tu 1985), and now the feminists, postmodernists, and even medical scientists are all interested in the issue of "body."

What is the self? This is sometimes considered an outdated question, since postmodernists are more interested in the deconstruction rather than the construction of self. However, I would like to bring up the name of the French philosopher P. Hadot. His *Philosophy as a Way of Life* (Hadot 1995) sincerely criticized and deeply influenced Foucualt. Foucualt's later emphasis on the care of the self is evidence of Foucualt's reaction to this criticism. In his later years, Foucault started to believe that thinking alone does not help. What is important is to cultivate one's body through practice. Yet having been somewhat unfamiliar with the Greek, Judaic, Hindu, Christian, and Confucian traditions, he could not fully grasp what cultivation of the body means. In recent years, I have spent quite some time in studying Liu Zong-zhou 瀏宗周, and I found that he has a very profound understanding of the self, the body, mind, soul, and spirit. In some ways, the so-called postmodernists are rally unqualified to have even a dialogue with a scholar such as Liu because they are so vague about truly understanding the body.

When we say that humans are co-creators, we are also implying that we humans bear some responsibility for creation and existence. If we fail at something, we have to be responsible for that and cannot blame it on God or on others. In this process, embodied knowledge is extremely important. In other words, when we are thinking about something, we cannot simply rely upon our brain to understand it. The body, heart, soul, and spirit all have to be involved. Zhuang Zi 庄子 once said that we cannot listen merely with our ears; we have to use our heart / mind to listen, along with our energy (*qi* 氣)or spirit (*Zhuang* Zi : 4.2). Empiricists believed that everything comes into us through sense perception. Now, we realize that there is a synthetic power working here, too. Sense perception alone is not enough, I am not speaking about mysticism here. A self-cultivated person can reach a different understanding from someone who has not practiced self-cultivation. In accepting this point, we move beyond superficial mere scientism. Many great scientists have claimed that they have been profoundly inspired by their dialogues with poets. From such inspiration, they have been able to have a very different understanding of what nature is beyond a purely scientific understanding.

Freedom and Human Rights

Individual freedom and human rights are the two central ideals of liberalism. In current thinking, Modernity seems to be inseparable from individual freedom, which in turn is linked to rationality, rights, and a legal system, all of the initiated by the Enlightenment. Un the early May Fourth movement in China in 1919, when the idea was of "Western learning coming East" (*xixue dongjian* 西學東漸), individual freedom and human rights were also the two most influential ideas. Only later were science and democracy taken up and advocated by the May Fourth activists. Democracy was the idea use for the reform and building of institutions, while the idea of science, as the best incarnation of the instrumental rationality so favored by the Enlightenment, was to be used to enrich the country and empower the military. In freedom and human rights, were in fact the more important one. They were the more idealistic values and were, perhaps, somewhat less open to opportunistic manipulation by those who sought power.

Freedom is inseparable from human rights, and both are consistent with democracy and science. However, the idea of freedom is central. Behind a market economy, democratic politics, and civil society is the idea of freedom. It underlines such ideas as individual autonomy, choice, dignity, and rights that have served as the foundation of contemporary Western societies. I believe that all of the great religious traditions of the world, including Catholicism, Islam, Judaism, Confucianism, Buddhism, and Daosim, have to deal with this issue and adjust themselves in light of this idea. Such an adjustment would serve to make these traditions more democratic, more open, and more pluralistic, so that some modern mechanisms, particularly the values and implications of science and rationality, can be operative within them.

When seen in this context, Confucianism has no choice but to modernize itself. In fact, Confucianism has already made some adjustments, largely because of the criticisms implied by the humanistic ideals represented by the Enlightenment. I believe that as long as it can make friends with and accommodate these modern ideas, Confucianism can continue to prosper and be relevant to modern societies. However, it will be abandoned if it becomes nothing more than an implacable obstacle to these ideas. At the same time, however, freedom and its associated modern ideas, without the addition of some other equally universal ideas, such as justice, sympathy, responsibility, and community, are unable by themselves to bring us out of the modern predicament.

Confucianism is not only compatible with liberalism, but also has its own strengths based on long tradition and practice. In my view, the ideal personhood represented by Confucianism is more promising in a contemporary democratic society (where civil society is more fully developed in a social environment of political democracy and a market economy) than in a traditional feudal society or in a modern authoritarian society. Moreover, only after a modern transformation, after being baptized in the values brought out by the Enlightenment and after some internal adjustments, can Confucianism be used to criticize the Enlightenment mentality and provide its unique spiritual resources to deal with our modern problems. It is a paradox : on the one hand, Confucianism has to go through a self-transformation in order to have a seat in modern society, while on the other hand , a self-transformed Confucianism can find within itself the resources to lead us out of the modern predicament that liberalism has led us into.

It is important to examine what resources historical pre-Qin Confucianism (before 221 BCE) can provide us with to address the global issue of human rights in our contemporary world. After a long consultation with business leaders, workers, intellectuals, and representative of various social organizations, the Singapore government proposed five principles as being necessary for the smooth running of a society : the community and the state are higher than the individual ; the family is the most fundamental and important unit of society ; the community and the state should respect individuals ; consultation is the basic means to resolve conflicts and disputes ; and harmony must be maintained among all of the various religions and cultures. Despite the claim of the Singapore authorities, the first principle is actually against the spirit of Confucianism. In the example of Qu Yuan 屈原 (an official of the third century who fell out of royal favor and drowned himself in despair) we can see that even if an individual is unable to benefit the whole world, he or she should still maintain goodness in him or herself. That is to say, they must be true to themselves. The individual, as a morally autonomous person and as the center of a social network, cannot be dissolved of responsibility for his of her own actions. If we ignore this aspect of the freedom and responsibility for personal action and over-emphasize and individual's social role and responsibility, then many important resources in support of individual autonomy as well as the critical spirit in pre-Qin Confucianism, the very earliest forms of Confucian thinking, will be lost.

In pre-Qin Confucianism, the fundamental principle to govern the exercise of one's rights is to help others to establish themselves as you would wish to establish yourself and to help others to establish themselves as you would wish to establish yourself and to help others to complete themselves as you would wish to complete yourself. This means that those who are powerful, influential, and in a position to control and use different resources, should take greater responsibility for the whole world. Rulers don't have the right to force people to do what they want them to do. People have the right to demand from rulers their fundamental security, basic needs for living and conditions for self-development. In the Confucian tradition, the powerless, the marginal, and the weak have a greater right to ask that their basic needs be met. Rulers should protect people's rights and satisfy their needs. This is a significant difference between a humane government (*renzheng* 仁政) and government by force (*badao* 覇道). Whether in social behavior or in exercising the principle of justice or in following ethical norms or conducting interpersonal relationships, Confucianism always set more strict demands on the rulers. Because they have greater power and higher position, they are enjoined to be strict with themselves and more generous with others.

In this respect, I disagree with Theodore de Bary and Benjamin Schwartz, who believe that the "common people (*min* 民)" in the Confucian tradition represent a passive idea. They make contrast with the Jewish tradition in which, since the people have signed a convenant with God, they are more active and in a better position to demand what they need, even from God. In their view, Chinese tradition tends to describe the common people as newborn babies (*chizi* 赤子) who know nothing and therefore should only be protected. However, they have failed to see that protecting the people is part of the Confucian political philosophy, which assumes the ruler's profound awe and fear of the "heavenly command", and the "heavenly command" is nothing more than the way the common people treat the ruler. Just as water can hold up a boat but can also overturn the boat, so also people can maintain a government but can also overthrow it. It is in this sense that the "heavenly command" determines how the government will fare. In the MencIan tradition, *min* 民 (the common people) is absolutely not a passive element to be manipulated by rulers. A king once told Mencius that he treated his people well, but he felt the people neither respected him nor were humane to him. In war all his soldiers were killed and his people didn't fight for him; instead they all ran away. Mencius replied that the king's complaint was not reasonable at all. His people ran away form him in war because he had been cruel to the. If he was kind to them and practiced a humane government, they would not run away.

Hegel also has a very one-sided view of Chinese history. For him in China only the emperor had self-conscious freedom, which was freedom in its true sense. Mou Zongsan basically agreed on that. In my view, the Chinese emperors have the least freedom. This is so because of the rituals (*li* 禮). Rituals are used to control those in higher position. They don't always extend down to common people (*li buxia shumin* 禮不下庶民).

In other words, we cannot apply what the French sociologist P. Bourdieu calls the "symbolic system of control" to the common people. Peace and prosperity are the most important things for the common. Some people have the conditions for the people, while "those who labor with their body are the ones who receive these conditions" (*laoxin zhe zhiren, laoli zhe zhiyu ren* 勞心者治人 勞力者治于人) (*Mencius* 3A5). For them, this statement indicates that Mencius looked down upon the common people. However, if we examine that those who labor with their minds should control those who labor with service sector and the production sector. While those in the service sector (including intellectuals and officials) don't directly participate in production, they are necessary because without them the social order cannot be maintained. Moreover, we have to realize that Mencius here is trying to create a space for intellectuals who don't participate in production. Their job is to create a world of meaning. They are not merely a think tank of the government, since they have their independent personalities and spirit. Similarly, Fan Chi 樊遲 once asked Confucius about how to grow vegetables. After Fan left, Confucius said that Fan is an inferior person (*xiaoren* 小人). It was thus sometime concluded that Confucius was looking down on the farmers as inferior people. However, if we know the vocation of an intellectual, we can easily see that what Confucius meant is that Fan asked him about how to grow vegetables but this is not his (Confucius') vocation ; Fan should instead go to ask those who grow vegetables. So Confucius here didn't consider farmers, but only Fan, as inferior, since Fan had studies with Confucius for so long but still didn't know what Confucius' vocation was (see *Analects*. 13.4).

The Moral and The Institutional

There is a very complicated reflective equilibrium between moral values and political institutions. If Confucianism is merely a moral system for self-cultivation and has nothing to do with issues of institutional arrangement, transformation, and creation, as many people have claimed, then Confucianism will indeed have very limited room to develop itself. However, the Confucianism that I know of is one that permeates various institutional frameworks in Chinese society. If you want to know about Chinese society, about civil society in China, about the operation of Chinese political democracy, and even about the unique Chinese market economy, you need to know about Confucian values and the various institutional arrangements developed from these values. Of course, while some are healthy, others have become corrupted.

For example, many people today talk about the type of capitalism created by Confucianism. Some call it relational capitalism, while others call it petticoat capitalism. Although neither is appropriate, they both indicate that this type of capitalism represents a very different institutional arrangement based on very different human relationships than that of Western capitalism. While the latter is based on self-centered human relationships, the former is founded upon the relationships between and among members of the same family, same clan, same ethnic group, same school they graduated from, and same social group. One of the advantages of such a Confucian style capitalism is its low transaction cost and its high efficiency, since everything is based on trust. One of its disadvantages is its lack of transparency and its lack of fair competition. Here the merits and demerits are intertwined, and they are related to the moral and social values historically represented by East Asian civilizations in general and by Confucianism in particular. For this reason it is important to pick and choose when we deal with that type of capitalism.

What we hope is that such a relational capitalism based on trust can also satisfy the basic requirements demanded by Western capitalism of accountability, transparency, and rule by law. Otherwise, there could be serious consequences, however efficient Confucianism capitalism might be. At the same time, if it can satisfy such requirements, then an entirely new set of institutional arrangements could be emerging. If Western constitutions represent a mechanism of adjustment for limiting the power of government and its leaders in making use of material and human resources, then the Confucian idea of ritual (*li* 禮) can theoretically play the same role. We have not yet reached a profound understanding of the exact role of Confucian ritual, and instead often tend to think of it more negatively than positively. We often forget that ritual plays an important role in maintaining the social order, in controlling the bureaucracy, and in constraining the absolute power of authority figures. What is important is not ritualism, but the value of rituals and how to embody them in and base them on human relationships.

Is it possible then to separate the healthy aspects of Confucianism from the corrupted aspects? Joseph Levenson believes that the Chinese political system and Confucian humanistic values are inseparable. During the past one hundred years, those in China who advocated the wholesale adoption of Western values also held this view : Since in China the operation of institutions are inseparable from humanistic values, we cannot pick and choose when we learn from the West. Hu Shi 胡適 saw such a form of complete Westernization as "full modernization." Chinese Marxists and liberals also agree that since the corrupted values cannot be separated from the Confucian tradition, we have to abandon this tradition in order to revolutionize the system. The other extreme is to think that we can easily put together the best instrumental rationality of the West and the value rationality of Confucianism. Both approaches are simplistic and impracticable.

If we want to truly understand the complicated development of the Confucian tradition in Chinese history, we have to first fully realize its negative aspects in all areas of the political culture. How is it that the long Confucian tradition that had already had a glorious period in pre-Qin 先秦 China (prior to 221 BCE) eventually wound up with so much problematic baggage? One of these obvious problems is the three bonds (*sanggang* 三綱), which states that the subject is to be guided by ruler, the son is to be guided by the father, and the wife is to be guided by the husband. From the modern point of view, these three bonds are absolutely unacceptable. We have to abandon them. However, the five constant virtues (*wuchang* 五常) of humanity (*ren* 仁), righteousness (*yi* 義), propriety (*li* 禮), wisdom (*zhi* 智), and fidelity (*xin* 信) are different. They are what Confucians ask people to follow, whether they are a king or a common person, in order to become human. In contemporary society, these five virtues are not only still valid moral principles but also are even more acutely needed. Similarly, I believe that the five basically reciprocal relationships (*wulun* 五倫), those between ruler and minister, father and son, husband and wife, older and young brothers, and friend and friend, are also still valid.

So I don't' agree with Mou Zongsan's 牟宗三 view that Confucianism has only political ideas (*zhengdao* 正道) but no governing principle (*zhidao* 治道). In Confucianism there is not the idea of rule by law, but there is a ritual tradition which has a constitutional function. That is to say, it organizes, orders, and adjudicates human behavior. To judge whether a society is good, whether a government is legitimate, whether members of the government are impartial, accountable, or concerned with public affairs, etc., is to see whether their behavior conforms to the rituals. I believe that Dong zhongshu's 董仲舒 "correspondence between heaven and humans" (*tianren ganying* 天人感應) actually is also related to the quality and legitimacy of power. Ritual as a mechanism of adjustment and control is indeed public and objective. All participants in the ritual can make judgments about the government. There is an idea of the "heavenly command" (*tianming* 天命) in the *Shangshu* 『尙書』 (the *Book of Documents*). We usually think that his was an idea used to consolidate the power of the Zhou 周 dynasty in ancient China. However, if we look at it carefully, we will see that the proof of a "heavenly command" was actually expressed by the acceptance of the government by the common people. In other words, the common people gave their loyalty to the government. The legitimacy of a government is entirely related to what it does and accomplishes. If it is not acceptable to the common people, then it is "the heavenly command" to overthrow it.

There are always tensions between the great traditions of the axial civilizations and their political realities. Many of these traditions created an ideal world as its ultimate concern, a world that was beyond this, our mundane world. This ideal world then became the most important resource for seeking change in the social systems of this world. Such is the role of transcendence. Confucianism is unique among all these traditions in that it is centered on this world and its goal is to transform this world (*zhuanshi* 轉世) and not to allow the world to transform the individual (*shizbuan* 世轉) (to use the Ming 明 Confucian Yan Yuan's 顔元 terms). It belongs to this world and yet aims to transcend the mundane world.

This is the place where many scholars have suffered from misconceptions. Max Weber, for example, mistook the power structure of this secular world and the rules of the game operative in this world for the great harmonious (*datong* 大同) world of the Confucian ideal and the institutional order it hoped to develop. Weber also believes that Confucianism, because it belongs to this world, can only accept the rules of the game as expressed through political reality and cannot develop ideals to transform the world. Because it accepts these rules of games, he felt, it can only be operative in the secular political culture that exists in this world, since there is no transcendental reference point to guide it to go beyond the actual world. Because there is a lack of transcendence, Weber felt, Confucianism has to make compromises with the everyday world of reality.

The Confucian moral orientation is toward this world, true enough, but it aims to transform this world. Its power of transcendence comes from its humanistic ideal, which has multiple sources. Due to the failure of many to see this Confucian ideal of transforming the world, there has been a long chain of unfair criticism of Confucius. For example, critics have asserted that in the Confucian precondition for transforming this world is to hold a position in the power structure of society. Since he was advising rulers who didn't want to listen to him, Confucius was only engaging in substantial intellectual work. I think this is a profound misunderstanding of what Confucius taught and did. Precisely because he had different rules of the game, Confucius could explore an entirely different world. For example, Zi Xia 子夏 cited the factors of age (*chi* 齒), position (*wei* 位), and virtue (*de* 德). In his view, rulers should rule from virtue. Equally, the intellectual circle that Confucianism cultivated was a group not based on position (a social factor) or age (a natural factor), but on virtue (a moral factor).

In the "Master Zisi 子思 Meets Duke Mu of Lu 魯穆公", a portion of a text recently unearthed in the Guodian 郭店 materials, it is mentioned that a loyal minister is only the one who can criticize the ruler. The reason is that only if one has genuine ideals can one criticize the ruler. This is a Confucian conviction. To make adjustments to and accept the currently practiced rules of the game is against Confucian moral and political ideals. Like all other traditions of the axial civilizations, Confucianism has an ideal of transforming this world. What makes it different from the other traditions is that it does not construct a world beyond this world. Its ultimate concern is precisely to transform the world in which it finds itself. Through the development from Confucius and Mencius to Dong Zhongshu 董仲舒 in the Han 漢 dynasty (206 BCE 220 CE), Confucianism exercised a greater degree of influence, and correspondingly it developed a more complicated relationship with the political realities of the time. It became an important intellectual resource of many important political systems. Confucianism is a product of Chinese culture, and yet we cannot imagine a Chinese culture without Confucianism. Only from this perspective can we talk about the politicized Confucianism we often find and the Confucian ideal of transforming the world of political reality.

In this respect, I think it is crucial to emphasize the distinction between the Confucian spirit represented by Dong Zhongshu and the politicized Confucianism represented by Gong Sunhong 公孫弘 and Shu Suntong 叔孫同. Gong and Shu were politicians who, in order to seek a position or exert some political influence, were willing to twist their ideals in accordance with the currently practiced rules of the game. In contrast, Dong Zhongshu aimed to use the Confucian classics and its cosmology to develop a constitutional spirit for the political system of the Han dynasty. He didn't sacrifice his principles in order to get a hearing form the rulers. Here we can see that there is a clear distinction between using Confucian values to change the political status quo and using

Confucian ideas to seek some political position and economic benefits, although both are admittedly related to the complicated Confucian cultural system and its ideals.

Thus, it is very important to examine the complicated history of political Confucianism. If we fail to understand it, if we want to use a set of ideals that have nothing to do with Chinese culture, if we want to cut off our relationship to our traditional culture, we will be doomed. If we understand democracy not merely as an institutional structure but as a way of life, as a mentality, then democracy has to be maintained in a reflective equilibrium with Confucianism in order to function properly in China. Lucian Pye of MIT argued that Confucian democracy is self-contradictory. However, the examples of Taiwan and South Korea have shown very clearly that not only is Confucian democracy possible, but also that societies deeply influenced by Confucianism can develop their own unique model of democracy and provide us with local experiences of universal value.

Rationality and Feeling

In the liberal tradition, instrumental rationality has now been supplemented by communicative rationality, but this is still not enough. There are still more spheres of rationality that have not been explored. For example, sympathy is also a kind of rationality. Starting from what we feel when we see an infant about to fall into a well, we gradually expand the circle of our sympathy. This is a very complicated process. How can we expand our awareness of sympathy? Why should we want to expand it? Why should we go from being affectionate to our parents, to being humane to other people, and then to loving all things? Why don't we adopt the Moist idea of indiscriminate universal love? The Moist idea of universal love proved to be very problematic in actual practice. To follow this principle, instead of seeing strangers as our family members, we would have to see our family members as strangers.

We can also touch on Hume's views about nature and value, which was later termed by G.E. Moore "the naturalistic fallacy." Can nature produce value? Confucianism is also often criticized for not having made a clear distinction between facts and values. However, the dichotomy between fact and value has now itself seemed to be problematic. In the purest modern science in its strict sense, the observation of objects cannot be independent of either theory or value. The more conscious one is about the limitation of one's theory, the more likely it is for one to expand his or her vision. In contrast, the more you think you are neutral to values, the less likely it is that you will be able to make scientific discoveries. If one believes that his or her research does not presuppose any theory or value, this person is absolutely more arrogant than those who acknowledge the theoryladenness of their research. Such people are like those mentioned by Dai Zhen 戴震, who commented about people who think they alone are talking about truths, while all others are talking about opinions ; about people who think they alone can find the historical facts, while others can only exaggerate some fragments of history.

An important question is : When we ask where we come from, are we trying to discover some values through a careful process of reasoning, or is this very process only the expression of a question that has already been determined by a particular set of values? I believe that there are always values guiding and influencing the very questions we ask. What kind of values? They are values of life, of unceasing life-giving activity, of the harmonious transformation of the universe, and of peace. Such values are compatible with the Enlightenment values such as freedom, equality, and justice, but are not explored by the Enlightenment.

Perhaps the most important of these values is sympathy, or empathy, or kindliness (*cibei* 慈悲). You can hardly imagine such values discussed in Kantian philosophy, since what Kant was interested in is the categorical imperative that has absolutely excluded in all elements of feeling. He thought that he had solved Hume's problem, but today many people have returned to Hume, and some of them, for example Jerome Kagan, a Harvard psychologist, became interested in Confucianism, because Confucianism believes that true moral reasoning is based on sympathy and not on instrumental rationality.

Because Kant's philosophy has become so powerful and has become a dominant set of theory, people in the liberal tradition must, willingly or unwillingly, face Kant's deconstruction of Hume. In contrast, in Song and Ming neo-Confucianism, the Mencian theory of the goodness of human nature was always the mainstream of philosophical thinking and no one had doubts about its importance. No one would discredit Mencius' example and its significance of a child about to fail into well, simply because it is based on one's feeling in the particular situation and lacks the type of universality proposed by Kant. Many people, including some Sinologists in the United States, have failed to see this as one of the unique Confucian resources. Donald Munro, for example, once believed that there is some discrepancy between Song-Ming neo-Confucianism and the spirit of modernity, although more recently he has changed his view. Chad Hanson even goes so far as to argue that the Chinese character *qing* 情, in the pre-Qin period, didn't mean feeling, but meant affairs, as in *qingxing* 情形 or *aingkuang* 情況. However, the newly unearthed Guodian 郭店 bamboo texts have shown that this is obviously wrong. A.C. Graham, from whom Hanson adopted the view mentioned above, also complained, in his book on Cheng Hao and Cheng Yi 程頤 that the two Cheng brothers failed to make a distinction between "what is" and "what ought to be", although later he realized that one of the unique contributions that

Chinese philosophy has made is precisely the rejection of such a distinction (see Graham).

The Confucian tradition is against asceticism, but at the same time it is not hedonistic. Its fundamental assumption is that everyone has the same heart and every heart follows the same principle. Thus, everyone can reveal his or her true self in the course of everyday life in accordance with reason and feeling. One of the central Confucian demands is exactly the revealing of these highest values in the course of everyday life. Confucius once said, "I hope that I am as loyal to my king as I would have my minister be loyal to me, which I have failed to be ; I hope I that love my elder brother as much as I would have my younger brother love me, which I have failed to do ; I hope that I am as trustworthy to my friends as I would want my friend to be trust worthy to me, which I failed to do ; I hope that I am as filial to my parents as I would have my children be filial to me, which I have failed to be" (*Zhongyong*. ch. 13). Many people, including Benjamin Schwartz, believe that Confucius here is being humble and modest, as such values exercised in everyday life were not that difficult for Confucius. I disagree. This statement by Confucius is indeed a very serious recognition of the reality of existential conditions, particularly those that have profound ethical significance. To reach a perfect human relationship in everyday life is an extremely difficult thing. Only if we are very cautious at every moment can our highest moral values be displayed in everyday human relationships. Unlike Greek culture and Christianity, Confucianism does not seek a spiritual world, a divinity, or a heroic value in a transcendent world. Max Weber failed to understand this and so he viewed Confucianism as merely accommodating to the world.

The great contribution that Confucianism has made is to develop a sense of public values as drawn from our most intimate feelings. In this sense, family should not be regarded as part of a private sphere that has nothing to do with the state and government. It is true that such a relationship was alienated by the politicized version of Confucianism so that a filial son was trained in the family with the same training as if he were to be a loyal minister in the government. I say this is a type of alienation because it directly applies family ethics to serve the state and creates a personality that lacks the ability for critical thinking. The family should be seen as the place to train people to learn to be human. From this standpoint, Confucianism cannot accept Nozick's libertarian position that we should respect people's various freedoms such as the freedom to become a slave. We don't allow them to have such freedom in order not to cause harm to come to them ; rather we ought to create the conditions necessary from them to be able to develop their true personality.

Modernity and Pluralism

Religious and cultural pluralism is also an important issue. It has now become the consensus that the West should abandon its former exclusive Euro-centrism. The liberal position on this issue is expressed by Habermas. I once asked him whether he felt he could develop a universally valid discourse without doing comparative studies of cultures. Habermas has what I call a conceit of the Enlightenment or a conceit of reason. In his view, such cultures as the Hindu and Chinese cultures have not yet reached the basic level of being developed or philosophically sophisticated cultures in terms of their logical reasoning, and so there is no need to pay attention to them. However, we should not forget that there is also an Enlightenment in the Hindu and Chinese traditions. This is related to the issue of how to reconcile Max Weber's view of modernity with Karl Jaspers' concept of the axial civilizations.

The idea of modernity is tied in with some other related and powerful ideas such as Westernization, modernization, and globalization. Here modernization has a broader meaning than simply Westernization, and globalization has an even broader meaning than simply modernization. If we think other civilizations cannot modernize themselves except by aligning themselves with Western culture, then it becomes impossible for us to deal with the problems of modernity and liberalism by drawing on the resources of other cultures, especially if one concludes that these cultures are still in their pre-modern stages. We have to break through three such exclusive and limiting dichotomies. The first is the dichotomy between tradition and modernity. In my *Confucian Traditions in East Asian Modernity* (Tu 1996), I argue that, instead of moving from tradition to modernity, traditions are actually a part of modernity. It is wrong to think that modernity means the disappearance of traditions. Tradition plays an extremely important role in modernization and this can explain why modernity is expressed very differently in England, France, Germany, and the United States. The second dichotomy is globalization and localization. Here what we have is not the case of an "either-or" but rather of a "both-and" situation. Globalization and localization are not only not contradictory but in fact are mutually supplemental. The third is the dichotomy between West and the non-West. Samuel Huntington believes that there is an unavoidable conflict between Western and non-Western cultures and that only Western liberal democracy can represent true modernity. However, there are other cultures such as the Confucian and Islamic cultures that are not only consistent with many tenants of liberal democracy, but also have rich resources that enable them to deal with the problems that come with modernity.

Does the Western version of modernity that is centered

around such Enlightenment values as freedom, law, human rights, and rationality have universal value and do all other civilizations have to adjust themselves to the forces of modernity? Not only Westernization but also modernization and globalization have carried with them the seeming ability to overpower the modern Western civilizations. It is sometimes believed that the resources of Western civilization that modernity drew on, whether Christianity or earlier Greek culture, have an inherent affinity to modernity, while all non-Western traditions, whether Confucianism, Daoism, Islam, or Hinduism, lack such an affinity. Thus, modernization has been thought of as a type of homogenization implying the gradual universal acceptance of Western values.

It is becoming ever more clear, however, that modernization is not merely this sort of universal homogenization of peoples and culture. Of course, there is a degree of homogenization that has taken place in our world, but there is also a lot of diversification that has existed at the same time. So here I would like to propose the idea of "pluralistic modernity." There are all sorts of unique local knowledge, and some of these versions of local knowledge have their own universal values. It is true that many how universalized values were originally from the West, particularly from Western Europe and the United States. Yet before that they were originally also local knowledge. If we can accept that there was not only *one* pre-modern civilization but there were many distinctive pre-modern civilizations, then we can also see that, when we were entering the period of modernity, all these different pre-modern traditions were exhibiting a new vitality. With such a perspective, we can uncover many and varied intellectual resources for modernity that would otherwise be entirely ignored.

Thus, in my view, the great traditions of all the axial civilizations have at their base local traditions that are capable of being universalized. When we ask whether Confucianism can have a third epoch of development, we are actually asking whether Confucianism can go beyond Chinese and East Asian civilizations and become part of world civilization. After the work of several generations of Confucians, this universalization of Confucianism has achieved a good beginning and Confucianism is now embracing a bright future. In addition to the classical axial civilizations, many ideologies that have developed since the Enlightenment, such as socialism, liberalism and anarchism, have all become what we can call universalized local cultures. Thus, they are all facing the same modern predicament regardless of the cultures in which they now reside and they are all being forced to make their corresponding adjustments. Some may fare well, while some may encounter significant difficulties ; some may be quick in adjusting themselves, while some may be slow. Under the attack both from Western culture and from the most brilliant of contemporary Chinese intellectuals, Confucianism is perhaps the philosophical system of an axial civilization that has been most thoroughly scrutinized, and so every single of deficiency has been examined through a magnifying glass. If it still is able to retain, as it seems to be doing, its vitality even after suffering severe criticisms, then it becomes clear that we ought to separate it from the problems exhibited in traditional Confucian societies. I am concerned that people may lose sight of tits insights and overlook its rich resources through their overheated criticism of Confucianism. What makes Confucianism unique among all of the axial civilizations is its immanent transcendence. In contrast to the other traditions that make up a transcendent world beyond this world, Confucianism is worldly but at the same time is also world-transforming. Its closer relationship to this world has often been considered a deficiency. However, I believe that it is highly possible that this very feature may be transformed into an important resource to allow Confucianism to more easily make appropriate responses to modern challenges.

Another challenge that all the axial cultures have to face when they enter the period of modern society is the one raised by feminists. None of those societies can flourish unless they can fashion an appropriate response to such a challenge. Catholicism is the biggest religion in the world, but its influence has and could continue to decrease unless it can pass the test raised by issues such as gender, population, family, and reproduction. In this respect, there are hardly any problems for Confucianism in throwing away all similar old baggage in order to face the feminist challenge. I cannot find any single point that the feminists challenge us to give up that Confucianism cannot fairly easily abandon. Can women become sages and worthies? Can women become teachers to help develop and exhibit Confucian ideals? Should women be equal both at home and at work? Should we pay attention to the values better represented by women such as sympathy, relationships, justice, and courtesy? Traditionally, Judaism, Catholicism, Islam, and even Buddhism all had problems with these issues. However, it is not difficult for Confucianism to give positive answers to all of these questions.

Pluralism is another feature of modernity. In this respect, the fundamental Confucian principles such as, "to help others to get established as you would like to get established and to help others to succeed as you would like to succeed", and "don't do unto others what you would not have them do unto you", have become part of our global ethic. The emphasis in pluralism is to recognize, accept, and respect other cultures. It implies that what is best for me is not necessarily best for others, and so we should not impose our will upon others.

In this sense, there are many rich resources in Confucianism that we can draw on to address the challenges posed by the plurality of cultures and religions. From what we have covered so far we can see that Confucianism shares something very important with liberalism : there are no presuppositions, no beliefs, and no dogmas that are exempt from being fully discussed and questioned. Confucianism does not have any religious dogma in the strictest sense. Any questions, including those about the father-son relationship, about the good or evil of human nature, about self-cultivation, are open to discussion. In this sense, Confucianism is indeed very different from Islam and Christianity, since they are all have their particular set of dogma.

Thus, I conclude that Confucianism can indeed embrace pluralism. A thousand mile journey starts with the first step. Your first step has to start from where you actually are, as you cannot be in a different place at the same time. However, when you look back after you finish this journey, you will see that the place you have started from is only one of many places that could have led to your current place. Moreover, if you see your current place, the end point of your previous journeys, as the starting point of yet another journey, there will be even more possible initial starting points. This is what I see as the breadth of the Confucian spirit. Confucius was a representative of Confucian thought. He was not the highest exemplar of Confucianism. This sort of thinking is something perhaps unimaginable in other religious traditions. Moreover, he was not the creator of Confucian thought. We certainly cannot imagine someone who is more Christian than Jesus Christ, or more Buddhist than Buddha, or more Islamic than Mohammad. However, in the Confucian tradition, the early emperors Yao 堯, Shun 舜, Yu 禹, Wen 文 Wu 武, and even Duke Zhou 周公

were all regarded as greater than Confucius. In addition, Confucius said that he recorded but did not compose (*shuer buzuo* 述而不作) (*Analects*. 7.1). He was a synthesizer and not the initiator of a great tradition.

A neo-Confucian once said that it is absurd to ask us to learn from Confucius since Confucius himself did not want us to learn from him. Rather, we should learn to become human by ourselves. Of course, we can use the ancient sages and worthies as examples, but we cannot follow them in every aspect. That is why Zhu Xi 朱熹 could replace the Four Books for the Five Classics as the basic texts of the Confucian teachings, something almost impossible to conceive of in other religions (for example, how can we dare to propose to alter or replace the Bible in the Christian tradition?). Later when Zhu Xi's philosophy became the official state ideology, Wang Yangming 王陽明 could still criticize him. Thus, the Confucian tradition is full of debates. Strictly speaking, in Confucianism, no single idea and no single person is immune to criticism. It is a very open-minded and not a closed-off system.

Therefore, it is possible and even necessary for Confucianism to accept the liberal contributions of other thinkers and traditions, including the idea of tolerance. So how should we look at Mencius' criticism of the Yang Zhu 楊朱 school and of the Moists? In a culturally and religiously plural society, Confucianism believes that different roads can lead to the same place and that different ways can co-exist with each other. At the same time, it does not in any way blur the distinction between the good and the bad. To be tolerant does not mean to be silent. Some debates and criticisms, it accepts, are unavoidable. In Mencius' view, if we follow the Moist teaching to treat strangers as our parents, the practical result will be to treat our parents as strangers. The Yang Zhu school advocates an extreme individualism, which is detrimental to the community. In such a context, it was important for Mencius to argue against some of the other schools of thought. Similarly, according to Christian values, one should repay good with good, and one should still repay evil with goodness. In Confucius' view, this amounts to not making a distinction between good people and bad people. He proposed instead that we should return virtue to the good and toward evil we should react with uprightness. His response recognized both good and evil and drew a distinction between them, even as he proposed actions that were positive is response to both.

■ ■ ■

References

Analects. 1971. In *Confucius : Confucian Analects, The Great Learning & The Doctrine of the Mean.* Trans. By James Legge. New York : Dover.
Cheng Hao 程顥 . 1963, *Surviving Works of Cheng Brothers* 『二程遺書』. Paritial English translation in *A source Book in Chinese Philosophy.* Trans. & ed. by Wing-Tsit Chan. Princeton : Princeton University

Press.

Graham, A.C. 1992. *Two Chinese Philosophers*. LaSalle : Open Court

Hadot, Pierre. 1995. *Philosophy as a Way of Life, Spiritual Exercises from Socrates to Foucault*. Malden, MA. : Blackwell.

Mencius. 1970. Trans. By D.C. Lau. London : Penguin Books.

Tu, Weiming 1986. "On the embodies Knowledge in Confucian Thought : The Implications of Moral Knowledge (論儒家的體知：德性之知的涵義)." In *Essays on Confucian Ethics*『儒家論理研討會論文集』. Ed. by Shuxian Liu 劉述先. Singapore : Institute of East Asian Philosophies.

_____, ed. 1996. *Confucian Traditions in East Asian Modernity : Moral Education and Economic Culture in Japan and the Four Mini-Dragons* Cambridge : Harvard University Press.

_____, 1998. "Beyond the Enlightenment Mentality." In *Confucianism and Ecology*. Ed. by Marh Evelyn tucker & John H. Berthrong. Cambridge : Harvard University Press.

Xun Zi 荀子. 1996. *Xunzi*『荀子』. Shanghai 上海 : Shanghai Guji Chubanshe 上海古籍出版社.

Zhang Zai 張載. 1963. *Western Inscription*. In *A Source book in Chinese Philosophy*. Trans. & ed. by Wing-tsit Chan. Princeton : Princeton University Press.

Zhongyong『中庸』. 1963. English translation, *The Doctrine of the Mean, In A Source book in Chinese Philosophy*. Trans. & ed. by Wing-Tsit Chan. Princeton : Princeton University Press.

Zhuang Zi『庄子』. 1962. English translation in *The Texts of Taosim : The Tao Te Ching of Lao Tzu and the Writings of Chuang Tzu*. Trans. by James Legge. New York : Dover.

제5장
■ ■ ■
페미니즘의 비평에 대한 유학의 반응

페미니즘의 비평에 대해 유학이 할 수 있는 답변을 그려보는 데에서 나는 먼저 페미니스트들의 비평이 매우 다양하고 복잡했다는 사실을 지적하고 싶다. 페미니즘은 최근 수십 년간 가장 매력적이고 영향력 있는 지적 조류 중의 하나였다. 페미니스트들의 담론은 몇 가지 중요한 국면을 거쳐왔으며, 그에 따라 미세하게 다른 의미를 가져왔다. 북미권에서는 페미니즘으로 인해 기본적 사유 범주에 중요한 변화가 생겼으며, 가정·직장·학교·교회·클럽 같은 인간 존재의 근본 단위가 재구성되었다. 좀더 깊이 있는 측면에서 보자면, 페미니즘은 또한 사회적 역할, 인간 관계, 권위, 권력 등에 대한 우리의 이해 방식에 엄청난 영향을 끼쳐왔다. 물론 페미니즘 운동이 지속적으로 존재하고 있다는 사실을 가장 분명하게 보여주는 것은 언어 사용법, 에티켓, 이성 간의 상호 관계, 성행위 등을 포함하는 사회적 관습의 영역이다. 하지만 결국 이 운동의 가장 의미 있는 유산은 태도와 신념의 측면에서도 유례없는 변화를 가져왔다는 사실이 될 것이다. 이 답변에서는 페미니즘의 최근 발전 양상을 주요 전거로 삼고 있지만, 역사적으로 볼 때 유학 전통에 대한 페미니즘의 비판은 19세기 말에 시작되었으며, 지금까지도 그 기세가 전혀 누그러지지 않고 있다는 사실을 나는 충분히 의식하고 있다.

　여성이 주로 아버지와 남편의 역할로 규정된 가부장적 권위에 대항해서 투쟁하고 그로부터 해방된 이야기는 잘 알려져 있다. 군주·아버지·남편의 독재적 권력을 강조하는 유학의 "삼강(三綱)" 이념은 1919년 5·4 운동 이래로 호된 공격을 받아왔다. 자유와 권리로 대표되는 현대 서구의 계몽주의적 가치가 전해지면서, 충효(忠孝)와 같이 "삼강"과 연관된 사회 규범들은 억압적이고 시대에 뒤떨어진 봉건적 관습이라고 비난받았다. 유학에 대해 이와 같은 우상 타파적인 공격을 하게 된 이면에는 "가족·사회·정치에서 실행되던 유교 윤리는 독립·자율·인간의 존엄이라고 하는 계몽된 현대적 가치와 정반대되는 것"이라는 신념이 깔려 있었다.

　제국적 정치 체제, 계층적 사회 질서, 가부장적 가족의 해체는 봉건 윤리로서의 유학이 더 이상 제 기능을 발휘하지 못하게 되었음을 분명히 보여준다. 실제로 현대의 동아시아 지성인들 가운데 "삼강"이라고 하는 미사여구적인 표현을 옹호하고자 했던 사람은 거의 없다. 유학적 가르침을 지지했던 대표적인 인물들 중에서 군주·아버지·남편의 독재적 권력을 지지하고자 했던 사람은 거의 없다. 예를 들어, 강유위(康有爲 : 1858~1927)는 불평등을 유교적 입장에서 정당화시킬 수 있다고는 결코 생각하지 않았다. 그는, 맹자의 정신에 입각한 입헌군주제를 충심으로 지지하기는 했지만, 군주는 공개적으로 설명할 수 있어야 하고, 법치는 투명하게 시행되어야 하며, 성적인 평등을 유지해야 한다고 주장했다. 고홍명(辜鴻銘:1857~1928)은 심지어 일부다처제를 옹호하는 주장을 하는 가운데에서도 남성의 지배를 사회적 관습으로 받아들일 만하다는 언급은 전혀 하지 않고 있다. 많은 경우, 사람들이 전통적인 제도와 관습을 뒷받침해주는 것으로 마음속에 떠올리게 되는 유학적 가치는 인의예지신(仁義禮智信)이라고 하는 오상(五常)이다.

서구의 자유민주주의에서 유학을 비판한 데 대해 대응하기 시작한 초기 단계에서는, 여성 해방을 주창했던 사람들과 유학 전통의 인문주의적 가치를 부활시키고자 했던 사람들 사이에 합일점이 있었다. 그리고 그것은 참으로 서로가 공감하는 상태에서 나온 공통적인 반응이었다. 이들 공동의 적은 국가 및 지역의 권력자들이었다. 그 권력자들은 유학적 가치를 정치적이고 사회적인 통제 장치로 이용함으로써 현상을 유지하고자 했기 때문이다. 하지만 자유주의적 태도를 가진 서구화론자들과 급진적 혁명론자들이 보기에, 유교 부활론자들은 기껏해야 문화 보수주의자들로, 자기도 모르게 정치·사회적 기풍 속에 존재하는 봉건주의적 요소를 지지함으로써 중국 사회가 야만적인 과거와 분명하게 절연하는 것을 방해하고 있는 사람들일 뿐이었다.

중국 페미니스트들의 관심이 서구화론자들이나 혁명론자들과 모순되었던 것은 아니지만, 페미니스트들의 관심사는 사회 정의에 더 깊이 뿌리를 두고 있었다. 그들의 마음과 영혼은 오직 생존을 위해 도움이 필요했던 압박받는 사람들, 그 가운데에서도 특히 여성과 어린이들 편에 서 있었다. 페미니즘의 두드러진 특징은 자신을 소외된 사람들과 동일시하면서, 만민 평등의 원리에 대한 강한 신념을 가지고 있다는 점이다. 결과적으로 페미니스트들이 일종의 문화 비판으로 제기한 전통에 대한 비판은, 서구화론자들이나 혁명론자들이 마음속에 그리고 있던 정치적 의제보다 더 포괄적이고 철저한 것이었으며 지금도 또한 그러하다. 많은 경우, 서구화론자들이나 혁명론자들이 목표로 한 것은 '현대화'라고 하는 측면에서 정의할 수 있다. 하지만 페미니스트들의 투쟁은 현대화를 추구하는 것에 그치는 것이 아니다. 그럼에도 불구하고 유학적 전통에 대한 페미니스트들의 비판은 현대화에 대한 담론과 서로 맞물려 왔다. 최근에, 그 중에서도 특히 문학에서는 페미니스트들의 현대적 담론은 대개 서구적인 것과 결탁하고 있다. 대중들의 마음속에는 기독교를 믿는 서구 사회가 선교 사업을 통해 동아시아의 여성들이 전족(纏足), 축첩 제도, 가정 폭력, 아버지와 남편의 학대, 성적 노예화 등의 유교적 "굴레"로부터 해방되는 것을 도왔다는 인상이 100년 이상이 지난 지금도 확고하게 새겨져 있다. 중국이나 일본, 한국 혹은 월남 여성은 오직 '신세계(New World)'로의 이민을 통해서만 독립적이고 자율적이며 존엄성을 가진 개인으로서 자신의 참된 정체성을 찾을 수 있다는 생각은 지금도 미국의 아시아계 문학에서 반복되고 있는 주제다.

유학 전통이 농업에 기반한 경제, 가부장적 정치 체제, 가족 중심적 사회와 불가분의 관계를 맺고 있다면, 산업화 · 민주주의 · 시민 사회가 도래할 경우 유학이 역동적으로 변화하는 세력으로 살아남을 수 있는 가능성은 저절로 사라지게 될 것이다. 근대 서구의 의식을 반영하는 페미니스트들의 비판은 오직 근대 서구의 계몽주의적 가치들에 대해서만 호소력을 가질 수 있을 뿐이다. 하지만 제2차 세계대전 이래 동아시아에서 유학 인문주의가 부활했다는 사실은 싱가포르나 홍콩과 같이 고도로 산업화된 사회도 그 유교적 뿌리를 포기할 필요가 없으며, 일본이나 대만 같은 유교 사회도 완전한 민주화가 가능하고, 한국의 경우에서처럼 — 이는 중국의 경우에도 어느 정도는 해당한다 — 역동적인 시민 사회를 발전시키는 데 유학적 자원이 동원될 수 있다는 사실들을 강력하게 시사한다.

망상(網狀) 자본주의(network capitalism)나 유교 민주주의(Confucian democracy)와 같은 신조어들이 논란의 대상이 되고 있는 정확한 이유는 유교 윤리가 자본주의와 민주주의의 정신에 장애가 된다는 뿌리깊은 인상 때문이다. 1980년대의 행복이 그리 오래가지 못하기는 했지만, 일본과 네 마리의 작은 용의 경제적 "기적"은 분명 "개신교 윤리와 달리 유교 윤리는 산업적 자본주의와 양립할 수 없다"는 베버의 주장을 반박하는 것이었다. 1997년의 금융 위기는 현대 경제에서 유교 윤리가 완전히 실패적임을 입증하는 것이라는 주장 또한 무분별의 소치였다. 유학에서 교육과 실력 사회를 강조한다는 점은 훈련된 노동력을 양성하고 사회를 안정시키는 데 도움이 된다는 이유로 찬양된 반면, 일치된 의견을 형성해내기를 선호하고 집단 정신을 강조하는 측면은 부패와 연고주의를 조장하며, 투명성과 공개적 설명 능력을 결여하게 된 원인으로 비난받았다. 이 모든 경우들에서 유학이 관련되어 있다고 가정되고 있다. 긍정적이든 부정적이든 동아시아의 경제·정치·사회를 해석하는 데 유학의 중요성을 무시할 수는 없다.

하지만 현대화론자들의 담론을 넘어서는 페미니스트들의 비판은 더욱 강력한 도전이다. 분명 몇몇 동아시아 사회들은 완전히 현대화되었다. 현대성의 중요한 특징이 역동적 시장경제, 지속 가능한 민주 정치, 생동감 있는 시민 사회 등이라면, 동아시아 산업 국가들과 일부 사회주의 국가는 현대적이라고 할 수 있다. 동아시아가 현대화에서 서구로부터 깊은 영향을 받아오기는 했지만, 동아시아적인 삶의 형태는 서유럽이나 북미와는 크게 다르다. 나는 동아시아의 현대적인 모습이 가지는 뚜렷한 특징을 유학적인 측면에서 다음과 같이 설명한 바 있다 :

1. 시장 경제에서 정부의 지도력은 필요할 뿐 아니라 바람직하다.
2. 사회 결속을 위한 최소한의 요건으로 법이 없어서는 안 되지만, 법이 상호 관계에 관한 '인도적인 의례(humane rites)'에 의해 보완되지 않는다면 "유기적 결속"은 불가능하다.
3. 사회의 기본 단위인 가족은 기본적인 가치가 전파되기 시작하는 출발점이다.
4. 시민 사회가 번성하는 이유는 그것이 가족보다는 상위에 있고 국가보다는 하위에 있는 자율적인 영역이기 때문이 아니다 ; 그 내적인 힘은 가족과 국가 사이에서 역동적으로 상호 작용을 한다는 사실에 의거한다.
5. 교육은 사회의 시민 종교가 되어야 한다.
6. 수신(修身)은 제가(齊家), 치국(治國), 평천하(平天下)의 뿌리다.

현대 동아시아의 유교적 요소들은 아직도 기본적인 남성 지배적 방향에서 스스로 해방되지 못한 성 차별적인 것인가? 그렇다는 대답이 나온다면, 페미니스트들의 비판은 전통 유학뿐 아니라 현대적으로 변화된 유학에까지 적용되어야만 한다.

마저리 울프(Margery Wolf)와 같은 일부 페미니스트들이 주장하는 바에 따르면, 유학에서 말하는 "자기 수양[修身]을 통해 인간답게 되는 것을 배운다"고 하는 이상은 남성 지향적인 것이다. 이들에 따르면, 군자 · 선비 · 현인 · 성인(聖人)이 본보기를 보여준 '인간의 번영'[1]이라고 하는 이상은 너무나도 "남성적인" 성질들과 관련된 것이어서, 이렇게 분명하게 성적으로 구별되어 있는 행위 과정을 여성이 본받을 수 있으리라고는 상상조차 하기 힘들다. 이 문제는 공직을 수행하는 역할과 밀접하게 연관되어 있다. 주지하다시피, 탕일개(湯一介)(현 북경대 철학과 교수)와 같이 자유주의적이고 민주주의적인 일부 학자들도, "전체 인구의 극소수만이 그렇게 반드시 필요하지도 않은 사치스러운 행위에 종사할 만한 여력을 가지고 있기 때문에, 유학의 자기 수양은 엘리트주의적인 것이다"라고 주장한다. 하지만 유학적 견지에서 본다면, 자기 수양은 인간답게 되는 법을 배우는 필수불가결한 방법이다 ; 자기 수양은 학자뿐 아니라 농부나 기술자, 상인에게도 적용 가능한 것이다 ; 진실로 남녀노소를 불문하고 모든 사람들은 그들이 처한 독특한 환경에 적합한 삶을 살기 위해서는 인격적인 체험을 통해 배워야만 한다. 자기 수양은 성적인 구별이 있는 것도 아니고 엘리트주의적인 것도 아니다. 『대학』에서 말하고 있는 것처럼, 우리 모두는 "천자(天子)에서부터 서민에 이르기까지 모두 수신(修身)을 근본으로 삼아야 한다."

의식적이든 무의식적이든 간에 특별 대우가 행해진다면, 시민 종교로서의 교육은 성 차별적인 것일 수도 있다. 하지만 현재 동아시아에서는 남녀 모두가 손쉽게 보편적인 교육을 받을 수 있다. 여성들은 대학 입시에서 남성만큼 혹은 그 이상으로 잘해왔다. 대학을 나온 여성들이 계속 증가하고 있기 때문에 실질적으로 사회에 진출하는 여성의 숫자도 증가할 것이다. 여성들도 군

---

1) 이 말은 인류의 번영을 의미하는 것이 아니라, 아리스토텔레스적인 의미에서 한 개인이 자신의 인간성을 완전히 실현하는 것을 의미하는 듯하다. 뒷부분에서 페미니스트들이 말하는 동일한 어구도 같은 의미다(역자).

자·선비·현인·성인이라고 하는 이상을 아주 훌륭하게 실현해낼 수 있다. 마찬가지로, 시민 지배 사회도 반드시 성 차별적인 것은 아니다 ; 공적인 분야에서 일하고자 하는 여성들에게는 일할 수 있는 기회가 잘 제공될 수 있는 것이다.

가족 문제는 좀더 복잡하다. 현대적인 맥락 속에서 자기 수양과 교육이라고 하는 유학의 이상이, 그 역사적인 배경을 넘어서서 평등에 대한 자유민주주의적 요구뿐 아니라 페미니스트들의 생각과도 전혀 상충되지 않을 수 있게 된다면, 유학적 가족 관념도 내적 정체성을 잃지 않으면서 유사한 변화를 겪게 될 수 있을까?

「유교와 생태여성주의에 대한 단상」에서, 이혜려(李惠麗)는 다음과 같이 주장한다 :

   … 유교는 응집력 있는 정치 체제를 수립하는 데 기여했다. 많은 부분 이러한 응집력 있는 정치 체제의 초석이 되는 것은 가부장적인 가족 체계이며, 성적인 역할을 정교하게 구분하는 체계는 그러한 가부장적인 구조를 유지하는 데 있어서 필수불가결한 것이다. 『예기』에 나오는 유명한 구절은 중국 여성의 종속적인 지위를 분명히 보여준다 : "여자는 남자를 따르고 그에게 순종한다. 어려서는 아버지와 오빠를 따르고, 결혼하고 나면 남편을 따르며, 남편이 죽고 나면 자식을 따른다."

제국적 체제로 대표되는 응집력 있는 정치 체제가 해체됨에 따라 이러한 가부장적 가족의 정치적 유용성도 아울러 사라졌다. 이는 유교적 가족 관념도 구닥다리가 되어버렸음을 의미하는가? 여성들이 더 이상 아버지, 오빠, 남편 그리고 아들을 따르지 않는다고 하더라도 "유교적" 가족은 여전히 존재하는가? 유교적 가족 관념은 가부장적 가족이 초석으로 여겨지는 옛날의 정치 체제와 불가분의 관계에 있는 것이 아니다.

"삼강"이 없더라도 유교적 가족에서는 여전히 부모와 자식 간의 애정, 형제 간의 순서 의식, 부부 간의 진정한 협력을 강조할 수 있다. 실재로 삼강에 군주와 신하 사이의 의로움[義]과 친구들 사이의 신뢰[信]가 포함되는 오륜(五倫)은 모두 상호성에 근거하고 있다. 핵가족으로부터 국제 조직에 이르기까지 모든 단계에서 사회 해체가 생겨남에 따라 유학적인 가족 관념의 중요성이 광범위하게 인정받고 있다:

연령, 성별, 권위, 신분, 위계 질서에 의해 구분되는 가족 내의 상호 관계는 인간답게 되는 적절한 방법을 배울 수 있는 풍부한 구조의 환경을 제공한다. 상호 관계에 있어서 일방적이 아니라 쌍방간에 소통하는 호혜성의 원리[恕]는 모든 형태의 가족 내적인 인간 관계를 규정한다. 인간들이 거주하는 원초적 환경에 있어서, 가장 심각한 간극을 낳을 수 있는 잠재성을 지닌 연령과 성별이라고 하는 두 가지 요소도 '인간적 배려'라고 하는 친밀한 감정의 부단한 흐름 속으로 포섭되게 된다.

냉철한 페미니스트들에게 가족에 대한 이러한 서술은 너무나도 낭만적이고 감상적인 것으로 보일 것이다. 어쨌든 가족에 대한 생각 자체가 너무나도 근본적으로 변해왔기 때문에 가족에 대한 추상적 논의는 의미가 없다. 1995년의 유엔 사회 문제 정상 회의에서는 '가정을 꾸리는 자'를 이성애자·독신자·게이·레즈비언·양성애자라고 하는 다섯 가지로 규정할 수 있도록 허용했다. 하지만 그럼에도 불구하고 가정은 사회의 기본 단위며 세대 간에 가치가 전승되는 곳이라는 점에 대해서는 사실상 의견의 일치를 보였다.

유학에서의 시민 사회는 가족보다는 상위에 그리고 국가보다는 하위에 있는 영역이 아니라, 가족과 국가가 끊임없이 상호 작용하는 확장 가능한 공간이다. 현대 자유주의적 사고의 특징은 사적인 영역과 공적인 영역을 첨예하게 구분한다는 점인데, 위에서 말한 유학적 시민 사회의 관념을 통해 이러한 문제점을 교정하는 데 도움이 될 수 있을 것이다. 페미니스트들의 입장에서 보더라도 유학적인 접근법이 "집안에서 사생활을 하는 가운데 발생하는 일이라고 해서 단지 개인적인 의미만 가지고 있는 것이 아니라 사회적이고 정치적인 의미도 가지고 있다"고 하는 그들의 신념과 더 잘 들어맞는다고 생각할 수도 있을 것이다. 이와 유비해서 말하자면, 유학에서 '예의[禮]'와 '시장경제에서 정부의 책임'을 강조하는 측면도 좀더 인도적이고 정당한 사회를 만들고자 하는 페미니스트들의 문제 의식과 양립 가능한 것이다.

유교와 페미니즘 양자 모두는 근대 서구의 계몽주의적인 태도를 그 내용으로 하는 현대화 담론을 반영하는 것이자 동시에 그에 대한 비판이라고 생각할 수 있다. 새로운 비판 정신이 유학의 남성 지배에 대한 '현대주의적 입장을 가진 페미니스트들'의 비판을 대체해왔다고 말해도 큰 잘못은 아닐 것이다. 전면적인 서구화를 주장하는 사람들이나 급진적인 혁명론자들의 철저한 우상 타파적인 태도에서처럼, 유학을 여성 혐오의 전통으로 여겨 전면적으로 거부하는 태도는 서유럽과 북미의 계몽주의적 가치들을 보편화시키는 것으로서의 현대화가 반드시 필요할 뿐만 아니라 바람직한 것이기도 하다는 가정에 기반하고 있다. 페미니스트들은 더 이상 현대화론자가 아니다. 현대화에 관한 담론의 내적인 논리를 자세히 살펴보기 시작함에 따라, 페미니스트들은 인간의 번영[2]에 대한 그들의 희망이 많은 경우 계몽주의적 태도와는 잘 들어맞지 않는다는 사실을 발견하게 되었다. 유교 전통에 내재하는 인문주의적 통찰력은 페미니스트들이 계몽주의적 유산의 장점뿐 아니라 약점을 이해하는 데에서도 도움이 될 수 있다. 유학적 인문주의는 또한 페미니스트들의 세계관을 풍요롭게 해줄 수 있다. 하지만 유학의 우주론과 윤리는 많은 경우에 페미니즘의 사유 방식과 상반된다. 페미니즘의 이러한 새로운 비판을 더욱 충분하게 이해하고자 한다면, 잠시 논의의 방향을 다른 곳으로 돌려보는 것이 좋겠다.

유교적인 전통에 뿌리를 두고 있는 '동아시아적 현대성'의 특징을 살펴보면, '직선적 발전과 획일화 과정으로서의 현대화'라고 하는 생각에 대해 진지하게 문제가 제기되고 있음을 알 수 있다. 또한 "현대화가 문화적으로 다양한 형태를 띨 수 있다면, 현대성이 다수 존재할 가능성이 있다고 생각하지 못할 이유가 무엇인가?"라고 하는 결정적인 문제도 제기된다. 동아시아적 현대화는 현대화가 반드시 서구화를 의미하는 것은 아니며, 비서구적인 모든 사회가 결국 서구적인 모델로 수렴되지는 않을 것이라는 사실을 보여준다. '서구화로서의 현대화'를 거부한다고 해서 일종의 역방향 수렴이 일어나고 있다는 말은 아니다. '미국의 시대'와 마찬가지로, '태평양의 시대'라고 하는 생각은 희망 사항일 뿐이다. 오히려 동아시아적 현대성은 동남 아시아적 현대성, 남아시아적 현대성, 라틴 아메리카적 현대성, 동유럽적 현대성, 이슬람적 현대성, 아프리카적 현대성 등도 진정으로 가능하다는 사실을 암시해주는 것이다. 전통과 현대의 이분법을 넘

---

2) 위의 역자 주 1)을 참고할 것.

어선다면, 현대성 속에도 전통이 계속 존재하고 있다는 사실을 당연한 것으로 여기게 될 것이다. 나아가 현대화 과정을 형성하는 데에서 전통이 적극적인 역할을 담당할 수도 있다. 이러한 사실에 비추어보면, 유학적 전통이 동아시아의 현대화 과정에 지대한 영향을 미쳤다는 사실에 대해서는 의문의 여지가 없다. 한 걸음 더 나아가 현대성에 대한 유학의 비판을 살펴보기로 하자.

서구적 현대화론에 대한 비판이자 대안으로서 유학적 인문주의가 등장하게 되자, 철학적인 정신을 가진 일단의 학자들이 유학과 페미니즘 사이의 연계 가능성을 흥미진진하게 연구할 수 있게 되었다. 유가 윤리가 실질적으로 프로테스탄트 윤리와 동일한 기능으로 1970~1980년대 동아시아 산업 국가들의 자본주의 정신에 기여했든 그렇지 않든 간에, 동아시아 사업가들의 심리적 기질 속에는 분명 유가 윤리적인 요소가 존재하고 있었다. 그물망과 같은 유교적 인간 관계가 1990년대 말에 아시아의 경제 위기를 불러온 부패와 연고주의의 원인이었든 그렇지 않든 간에, 촘촘하게 짜여진 인간 상호간의 관계는 동아시아 사회만이 가지고 있는 중요한 특징이다. 유학이 현대적으로 어떤 의미가 있는가 하는 문제는 외부로부터 부과된 이질적 요소인 유학이 현대화 과정과 어떤 인과적인 관계를 가지고 있다고 생각되는가 하는 데 달린 문제가 아니다. 가장 중요한 문제는 오히려 그 결과가 좋든 나쁘든 간에, 유학적인 심리적 기질을 통해 어떻게 하면 동아시아적인 형태의 현대성을 형성해갈 수 있는가 하는 것이다. 페미니즘이 그 초기 단계에서 가지고 있던 현대주의적 국면을 넘어서고 있기 때문에, 유학적 전통에 대한 페미니즘의 비판도 근본적으로 달라져버린 상황을 다루는 것이어야만 하는데, 지난 40여 년간 현대 서구의 지적(知的) 지평에 중요한 변화가 생겨났기 때문에 이러한 작업이 가능하게 되었다.

1965년에 미국의 인문과학원(American Academy of Arts and Science)의 2000년 위원회가 당시 진행중이던 연구를 출판했는데, 이 책은 환경에 대한 인식, 페미니즘적인 감수성, 종교다원주의, 보편 윤리라고 하는 중요한 네 가지 사유의 흐름에 거의 주목하지 않았다. 그러나 내가 생각하기에 이 네 가지야말로 이후 35년간의 지적인 경향을 대략적으로 보여주는 것이었다. 2000년 위원회가 이렇게 중요한 표적을 놓쳐버린 주된 이유는 그에 참여한 학자들이 너무나도 현대화에 관한 담론에 물들어 있어서, 다른 방식으로는 생각할 수가 없었기 때문이다.

뒤돌아보면, 근대 서구의 계몽주의적 태도에 기반한 현대화 담론이 심각한 문제점을 가지게 된 중요한 원인들을 밝혀내는 것은 그리 어렵지 않다. 탁월한 통찰력과 지적인 역동성이 있기는 했지만, 정신적 영역과 자연의 지배를 거부하는 생각이 계몽주의 운동의 가치 지향에서 핵심에 자리잡고 있었다. 생명과 마음에 대해 이런 식으로 정신 및 자연과 동떨어진 접근법을 선택하게 되자, 인간 번영의 범위가 엄청나게 좁아져버렸다. 계몽주의적인 유산이 다양하고 풍부하기는 하지만(일부 학자들은 계몽주의적인 과업이 아직 완수된 것이 아니라는 믿음을 강하게 가지고 있다), 그 공격적인 과학만능주의, 인간중심주의, 유럽중심주의, 도구적 합리주의, 고립된 개인주의는 1990년대에 등장하기 시작한 '지구촌'이라고 하는 주된 조류와 양립할 수 없는 것이다.

시대 정신을 반영해서, 통합적이고 포괄적이면서도 '다양성'과 '서로 다른 정체성'에 대해 우호적인 새로운 인문주의적 전망을 가져야만 한다. 분명 자유와 인권 같은 계몽주의적 가치들은 보편적 가치로 주창되어온 것들이다. 유학자들과 페미니스트들이 사회 정의의 중요성도 강조하는 접근법을 더 선호하기는 하지만, 그들도 사회가 문명화되기 위해서는 반드시 그러한 가치들이 증진되어야 한다는 점에서는 자유주의적 민주주의자들과 의견을 같이 한다. 하지만 빈곤·폭력·마약·환경 파괴·사회 해체·인류 안전 같은 문제가 포함되지 않는다면, 사회주의적인 것이든 자본주의적인 것이든 현대론자들의 이념은 그 설득력을 잃게 될 것이다.

공격적인 과학만능주의를 약화시키고 인간중심주의를 넘어설 수 있는 인문주의적인 전망이 있다면, 이는 생태여성주의자들(ecofeminists)에게 호소력을 가질 수 있을 것이다. 유럽중심주의, 도구적 합리주의, 고립된 개인주의를 넘어설 수 있는 인문주의적 시각이 있다면, 이는 모든 페미니스트들에게 호소력을 지닐 것이다. 유학은 그러한 인문주의적 전망을 제공할 수 있을까? 일부 학자들, 그 가운데에서도 특히 헨리 로즈몬 주니어(Henry Rosemont, Jr.)는 고전 유학의 자아관과 현대 페미니즘의 자아관 사이에서 철학적으로 의미 있는 유사한 요소들을 발견할 수 있으며, 이는 서로에게 준거가 될 만한 공통적 기반의 역할을 해줄 수 있다고 믿는다 : 인간을 역할과 가치를 담지한 사람으로 보고, 윤리적이든 인식론적이든 간에 언제나 인간이 가치를 가지고 있다고 간주하는 것이 바로 그것이다 ; 이것이 바로 초기 유학의 '인간 상호간의 개별주의(interpersonal particularism)'와 대부분의 현대 페미니즘에서 표방하고 있는 것이다.

그러나 테리 우(Terry Woo)는 「유교와 페미니즘」이라는 논문에서, 유교는 그 핵심적 가치들에서 페미니즘과 상충된다는 결론을 내린다 :

유교의 지배적 원리는 의무이지 선택이 아니다 : 따라서 개인이 가족을 가질 것인지 여부를 선택하는 것은 아니다 : 가족을 가지는 것은 의무이다. 게다가, 유학자들은 여성과 남성을 개인이 아닌 타고난 상호 보완적 존재로 생각하며, 이들의 관계는 다른 모든 관계의 근원으로 간주된다 ; 가족이 거기에서 시작되며, 가족은 사회의 기초이기 때문이다. 나아가, 권리와 정의를 위한 투쟁보다 수신을 강조한다는 점에서도 유학은 페미니즘과는 다르다.

테리 우는 페미니즘이 자유주의적인 의제라고 가정하고 있는 반면, 로즈몬은 '권리를 담지하고 자율적인 선택을 하는 개인'이라고 하는 자아에 대한 자유주의적 입장을 비판하고 있기 때문에 문제는 복잡해진다.

표면적으로 보면, 테리 우의 주장은 현대주의적인 반면, 로즈몬의 해석은 현대성에 대한 자유주적이고 민주주의적인 견해를 비판하고 있는 듯하다. 페미니즘은 이미 현대주의적인 국면을 넘어서서 현대 서구의 계몽주적 태도에 대해 비판적인 입장을 취해왔다는 나의 가정이 옳다면, "우리의 역할, 공동체적 의례, 관습, 전통을 모두 포기"해서도 안 되며, "점차 원자화되어가는 인간의 삶, 공동체와 공통 목적의 상실, 사회 조직의 분열" — 이것들은 전체주의적 정부보다 인간의 복지에 더 큰 위협이 된다 — 이 지속되도록 해서도 안 된다는 로즈몬의 주장은 페미니스트들 사이에서 공감을 불러일으킬 수도 있을 것이다. 사실, 테리 우도 유학과 페미니즘 간에 유사한 합일점이 존재한다는 점에 대해 언급하고 있다.

사람들이 점점 더 자신의 책임보다는 권리를 주장하고, 다양한 의

견이 존재하는 세계에 있어, 유학은 인(仁)[인간다움]이라고 하는 가장 소박한 격언을 통해 현명한 출발점을 제공하고 있는 듯하다. 유학에서는 자신을 이해하고, 자신의 잘못을 바로잡고, 그 다음으로 개인적인 책임 가질 것을 강조하고 나서야 비로소 다른 사람들을 훈계하고 비난하는 외적인 과정을 강조한다. 결국, 외관상 엄격한 위계 질서가 있기는 하지만, 유학에서는 내심 교육에 있어서의 평등과 변화의 원리를 소중히 여긴다. 학습에 대한 평등한 기회와 개방적이고 유연한 태도라고 하는 이 두 가지 원리는 페미니즘과 상충하는 것이 아니다. 오히려 이것이야말로 두 철학적 입장이 함께 만나서 서로를 강화시킬 수 있는 장소인 것이다.

로즈몬이 직접적으로 그리고 테리 우가 은연중에 말하고 있는 것처럼, 외관상 유학과 페미니즘 사이에 분명히 존재하는 모순은 그들이 인간의 상황에 대해 관심을 공유하고 있다는 사실에 의해 완화될 수 있다. 사실, 이 두 전통은 모두 우리의 생존과 번영에 필수적인 위대한 관계, 다시 말해서 자아와 자아, 자아와 공동체, 인류와 자연, 인심(人心)과 천도(天道)(혹은 인간과 초월자) 사이의 관계를 다시 확립하고자 하는 인문주의적 욕구에 대해 민감하게 반응한다.

자유주의적 페미니스트는 인권, 선택의 자유, 자율, 인간의 존엄을 지지하고, 급진적 페미니스트는 계속해서 재생산되는 차별을 완전히 근절해야 한다고 주장하며, 마르크스적 페미니스트는 현존하는 정치·경제·사회·문화적 구조를 철저히 개혁할 것을 주장하지만, 이들 모두는 책임과 분배적 정의라고 하는 가치를 크게 증진시키고자 하는 공통점을 가지고 있다. 몇몇 페미니스트들에게는 예의(禮義)와 공동체라고 하는 관념이 지나치게 보수적인 것으로 보일 수도 있지만, 자아를 고립된 개인으로서가 아니라 관계의 중심으로 파악하는 유학적 입장은 다양한 분파의 페미니스트들에 의해 광범위하게 받아들여지고 있다.

좀더 깊이 있는 측면에서 보면, "평범한 인간적인 존재로서, 어떻게 하면 더 의미 있는 삶을 살 수 있을 것인가?"라는 실존적인 문제는 페미니즘과 유학 사이의 의사 소통을 위한 진정한 기반을 제공해줄 것이다. 계몽주의적 패러다임에 대해 페미니즘이 제기한 문제를 '배타적인 이분법적 사고 방식으로부터 포괄적인 상호 보완적 행동 양식으로의 변화'라고 설명한다면 일견 지나치게 단순한 것처럼 보일지도 모른다. 분명, 남성적 / 여성적, 배타적 / 포괄적, 이분법적 / 상호 보완적, 사유 / 행동 등의 과도한 이분법적 비교를 통해서는, 남성 / 여성, 합리적 / 직관적, 개인주의적 / 공동체적, 인지적 / 감정적, 강한 / 약한, 단단한 / 부드러운, 독립적 / 의존적, 보편적 / 특수적, 추상적 / 구체적, 관념적 / 실제적 등과 같은 관습적 견해의 경우에서와 마찬가지로, 인식론적인 측면과 윤리학적인 측면에서 페미니즘적 전환의 심오한 의미를 거의 포착할 수 없을 것이다. 그러나 계몽주의 정신의 특징인 마음 / 육체, 정신 / 물질, 주체 / 객체, 선천성 / 후천성, 신성 / 범속, 창조자 / 피조물의 배타적 이분법이 페미니즘의 관점에서 볼 때 더 이상 타당하지 않다는 점은 부인할 수 없다. 결과적으로 "구체적 상황에서의 자아"를 특별히 강조하는 "체화된 사유(embodied thinking)"가 바로 철학을 하는 새로운 방법이 된다.

현재의 시공 속에 살아 있는 인간을 사유와 행동의 출발점으로 삼아야 한다는 유학의 주장은 페미니즘과 유교 사이의 유익한 대화를 위한 가교 역할을 할 수 있을 것 같다. 현재의 시공 속에 존재하는 구체적 인간에게 초점을 맞춘다면, 객관성과 이성 그리고 정신에 특권을 부여하는 추상적 보편주의는 구체적 특수주의(concrete particularism)에 의해 대체되어야만 할 것이다. 구체적 상황 속의 자아는 특정한 맥락과 역사성을 가지고 있다. 자기만의 독특함이 있는 것이다. 구체적인 특수성을 가지는 개인의 독특함이란 필연적으로 특정한 성별·인종·연령·언어·계층·믿음 등과 관련된 것임에 틀림없다. 아울러 그 자신만의 신체적·생화학적·신경심리적·정신적 특수성을 가진 현재의 몸은 결코 어떤 다른 상황에서도 반복되거나 재생될 수 없다. 어떻게 하면 60억이 넘는 이 지구상의 독특한 자아들이 평화롭게 함께 살아갈 수 있을까?

우리는 먼저 우리 자신으로부터 시작해야 한다. 추상적인 측면에서 보면, 우리 자신을 고립된 개인으로 생각할 수 있지만, 현실적으로 우리의 정체성을 규정하는 것은 아버지·어머니·딸·아들·선생·학생·동료·후원자·고객·고용주·고용인 등과 같은 인간 상호간의 관계다. 유학에서는 부자·형제·부부와 같은 가족 관계를 일차적인 것으로 간주한다. 마르크스주의적·사회주의적·자유주의적·여성 동성애적 입장의 페미니즘 및 여타 형태의 페미니즘에서는 이와 달리 생각할 수도 있을 것이다. 그러나 자신의 실존적 상황이 인간 관계라고 하는 측면에서 규정된다는 점을 인식한다면, 곧바로 주관성·감정·신체의 중요성을 인정하게 될 것이다.

"자신을 위한 공부[爲己之學]"인 유학의 학문은 지식을 습득하거나 기술을 내면화시키는 것에 불과한 것이 아니다 ; 유학에서의 학문이란 일차적으로 인격을 형성하는 것이다. 예악사어서수(禮樂射御書數)라고 하는 육예(六藝) 속에 무인적인 기상도 포함되어 있기는 하지만, 유가적인 교육에서 초점을 두고 있는 것은 인간다움[仁]을 수양하는 것이다. 인간다움이란 배려하고 배양하는 것을 의미한다. 여기에는 자신에 대해 정직하고 남에 대해서는 사려 깊게 대해줄 것이 요구된다. 가장 중요한 덕목인 인간다움은 다른 모든 덕목을 관통하고 있으며, 그 모든 덕목이 하나의 통합된 인생 철학이 될 수 있도록 해준다. 인간다움이라고 하는 배려와 배양의 덕에 의해 지식은 지혜[智], 강직함은 의로움[義], 용감함은 용기[勇], 상황에 대한 적절한 태도는 예의[禮], 약속을 이행하는 것은 신뢰[信]라고 하는 덕목으로 바뀌게된다.

이상적으로 말해서 이러한 포괄적인 인문주의적 견지에서는 어떤 인간도 대상으로 취급되지 않는다 : 실로 인간적인 관심이라고 하는 궤도 밖에 있는 것은 아무것도 없다. 저 멀리 떨어져 있는 별이나 한 장의 풀잎도 "주체들 간의 교감(the communion of the subjects)"을 구성하는 극도로 중요한 한 부분이다. 자연은 단순히 "대상들의 집합"으로 여겨지지 않는다. 이렇게 모든 것을 포괄하는 인문주의적 세계관은 "주체적"일 뿐만 아니라 "정서적(emotional)"인 것이기도 하다. 이는 자아가 관계의 중심이라고 하는 의식에 기반하고 있다. 타자의 존재 가치를 올바로 평가하기 시작할 때, 우리의 자의식은 다른 사람들의 다양한 자아를 포괄하여 더욱 확장된 자아라고 하는 관념을 형성하게 된다. 결과적으로, 끊임없이 확장되는 관계의 그물망이 우리를 구성하는 일부분이 되는 것이다.

이러한 상호 연관성이 그 초기 단계에서 부모나 자신의 보호자와 같이 가까운 사람에 대한 정서적 애착의 형태를 띠는 것은 당연한 일이다. 보편적 사유의 주요한 맹점은 인간의 존재에서 이렇게 환원할 수 없는 애정적인 차원이 있다고 하는 점을 이해하지 못한다는 것이다. 자신에게 가까운 사람에 대한 정서적 애착은 내적 성장의 원천으로, 우리는 이를 인격적 성장의 근원으로 삼아야만 한다. 자식·부모·배우자·친구와 같이 자신이 사랑하는 사람들의 고통을 눈뜨고 보지 못하는 마음은 동정심의 근원이다. 이것을 적절히 배양하여 외부로 확장할 수 있다면, 우리의 인간다움이 확장될 뿐만 아니라 전 세계적으로도 인간다움을 풍요롭게 할 수 있을 것이다.

인간다운 사람[仁者]은 "천지만물과 일체가 된다"고 하는 신유학자들의 주장은 유기적인 사회에 대한 낭만주의적인 생각이 아니다. 그것은 바로 "관심과 배양을 통해 한 개인이라고 하는 보잘것없는 존재도 모든 인간을 형제자매로, 그리고 만물을 동료로 간주할 수 있다"고 하는 신념이다. 특정한 맥락과 역사성을 가지고 있기는 하지만, 구체적인 삶을 살고 있는 사람도 자신이 처한 상황을 넘어서서 모든 우주를 자신의 인(仁) 속에 포용할 수 있는 것이다.

엄밀히 말해서 이러한 "체화된" 사유가 객관성·이성·정신과 정반대되는 것은 아니며, 추상적 보편주의에서 제시하고자 하는 통찰력을 수용할 수 있다. 주체성은 일반화가 가능하고, 정서는 합리적인 것일 수 있으며, 신체는 정신을 진실하게 표현해야 하기 때문이다. 구체적 상황 속의 자아가 반드시 개인의 독립·자율·존엄과 양립 불가능한 것도 아니다. 권리를 주장하고, 자유로운 선택을 하는 합리적인 사람이 사회적 역할과 인간 상호간의 관계를 거부하지는 않을 것이기 때문이다. 포괄적 인문주의가 가지고 있는 진정한 힘은 추상적 보편주의와 구체적 개별주의와 같이 외관상 모순되어 보이는 두 가지 지평을 융합할 수 있다는 데 있다. "유학적 페미니즘"이 가능하다면 이도 그러할 것이다.

우리는 아직 이러한 가상의 대화에 함축된 의미를 통해 생각해보는 초기 단계에 있다. 현 단계에서 "유학적 페미니즘"이라고 하는 과업이 가능한 것인가를 논한다는 것은 아마도 시기상조일 것이다. 이러한 시점에서 유학자들에게 시급한 과제는 널리 배우고[博學], 부지런히 탐구하며[審問], 신중하게 생각하고[愼思], 분명하게 구분하며[明辨], 성실하게 실천해서[篤行], 다음과 같은 문제들을 이해하고 처리할 수 있도록 하는 것이다:

1) 음양 모델에 기반한 유학적 우주론을 통해 성적(性的) 본질주의 (gender essentialism)를 넘어설 수 있을까? 그렇지 못하다면, 유학적 우주론은 음양 모델이라고 하는 성적 한계로부터 해방되어야만 하는 것인가?

2) 유학적인 역할 체계는 반드시 성적 구별에 근거해야만 하는가? 아니면, 유학자들이 인간 상호 관계가 가지는 중심적인 위상과 '성적인 구별을 하지 않음'이라고 하는 이상을 결합시킨 윤리를 발전시키는 것이 좋을 것인가?

3) 이상적인 유교적 가족에서, 남성적인 계보를 통해 인정되고 있는 '연속성'이라고 하는 의미를 잃지 않고도 가부장적인 관습을 거부할 수 있을 것인가? 여성적인 계보가 족보 속에 완전히 통합되도록 하기 위해서 어떤 장치가 마련될 수 있을까?

4) 자아 수양, 가정이라고 하는 영역, 직장, 교육, 지도층, 정치, 권위, 권력에 대한 유가적 관념과 그러한 영역에서의 실천 행위 모두가 성차별을 넘어설 수 있기는 하지만, 동아시아적 유교 사회의 심리적 기질 속에는 남성 지향적인 태도가 뿌리 깊다. 일본, 한국, 대만, 홍콩, 싱가포르, 중국, 월남, 북한 그리고 전 세계에 퍼져 있는 동아시아인들에게 페미니즘에 관한 담론이 좀더 광범위하게 확산될 수

있도록 힘을 실어주기 위해서 이론적이고 실천적인 측면에서 어떠한 노력이 필요할 것인가?

결론적으로, 여전히 지속적으로 존재하는 역사적 유산에도 불구하고, 전략적인 측면에서 유학은 21세기의 진정한 의미의 보편적 인문주의가 될 수 있는 좋은 위치에 서 있다는 사실을 언급해야만 한다. 비교 문명적인 견지에서 볼 때, 유학에는 '페미니즘과의 유익한 대화를 통한 창조적 자기 변화'에 배치되는 어떠한 이념적·지적·이론적·실천적·제도적 제약도 없다는 장점이 있다. 유학 전통이 묵가·도가·법가·불교·회교·기독교·서양 과학·자유민주주의·사회주의·자본주의와의 상호 작용을 통해 엄청난 혜택을 입은 것처럼, 페미니즘으로부터 배우는 과정을 통해서도 스스로에 대한 이해를 크게 향상시킬 수 있을 것이다. 하지만 유학적 인문주의가 모든 종류의 윤리-종교적 도전들에 개방적인 태도를 가진 통시적이고, 문화 교차적이며 여러 학문 분야와 관련된 현상이라는 점에 대해서는 거의 의심의 여지가 없지만, 유학이 페미니즘의 비판에 대해서는 애당초 적극적으로 대응할 수 없는 것은 아닌가 하는 강한 의심은 여전히 남는다. 증자(曾子)가 말했듯이, 인(仁)을 실현하는 것이 유자(儒者)의 진정한 과제라고 한다면, "그 임무는 무겁고 갈 길은 멀다."3) 해야 할 일은 아직도 산적해 있다!

---

3) "任重而道遠", 「泰伯」, 『論語』.

A Confucian Response to the Feminist Critique

In conceptualizing a possible Confucian response to the feminist critique, I would like to note, from the outset, how varied and complex the critique has been. As one of the most fascinating and influential intellectual trends in recent decades, the feminist discourse has gone through several important phases and assumed different shades of meaning. In North America, it has significantly altered basic categories of thinking and substantially restructured fundamental spheres of human existence such as household, workplace, school, church, and club. In a deeper sense, it has also profoundly affected our understanding of social roles, human-relations, authority, and power. Of course, the most obvious manifestation of the feminist movement's enduring presence of is in social praxis, including linguistic usage, etiquette, interaction between sexes, and sexual behavior. Yet, in the long run, the movement's most meaningful legacy will be the unprecedented transformation of attitudes and beliefs as well. While my response takes the most recent developments in feminism as the main reference, I am acutely aware that, historically, the feminist critique of the Confucian tradition began in the late nineteenth century and that its momentum has never lessened.

The story of woman's fight against and liberation from patriarchal authority, notably the prescribed roles of the father and husband, is well known. The Confucian idea of the three bonds, underscoring the dictatorial power of the ruler, father, and husband, has been roundly attacked since the 1919 May Fourth cultural movement. Informed by the Enlightenment values of the modern West, specifically liberty and rights, the social norms associated with the "three bonds", such as filial piety and loyalty, were condemned as oppressive and outdated feudal mores. The iconoclastic rejection of Confucianism was predicated on the belief that the Confucian ethic as practiced in family, society and politics was diametrically opposed to the enlightened modern values of the independence, autonomy and dignity of the individual.

The disintegration of the imperial political system, the hierarchical social order and the patriarchal family clearly indicates that Confucianism practiced as feudal ethics has become dysfunctional. Actually, few modern East Asian intellectuals have ever defended the rhetoric of the "three bonds." Prominent proponents of Confucian teachings have rarely tried to rally support for the dictatorial power of the ruler, father and husband. Kang Youwei, for example, never considered inequality justifiable in Confucian terms. While he wholeheartedly advocated constitutional monarchy, true to the Mencian spirit, he insisted that the ruler should be publicly accountable, that the rule of law be transparent and that equlity between sexes be maintained. Even Go Hongming's defense of polygamy avoided any reference to male dominance as an acceptable social practice. The Confucian values that were often evoked to support traditional institutions and conventional practices are the five virtues : humanity, rightness, civility, wisdom, and trust.

In the initial stage of the Confucian response to the Western liberal democratic critique, there was a confluence, indeed a sympathetic resonance, between those who promulgated woman's liberation and those who attempted to revive the humanist spirit of the Confucian tradition. Their common enemy was the national and regional power holders, who attempted to maintain the status quo by using Confucian values as mechanisms of political and social control. However, in the eyes of the liberal-minded westernizers and the radical revolutionaries, the Confucian revivalists were at best seen as cultural conservatives who inadvertently supported the feudal elements in the political ethos, inhibiting Chinese society from definitively breaking with its brutish past.

Chinese feminists' concerns, while compatible with the westernizers and the revolutionaries, have been more deeply rooted in social justice. Their hearts and souls have been with the oppressed, especially women and children, who desperately need help just to survive. A distinctive feature of feminism is its identification with the marginalized and its commitment to the principle of equality for all. As a result, the feminist critique of tradition as a form of cultural criticism has been and is more comprehensive and thorough than the political agenda envisioned by the westernizers and the revolutionaries. Often, the goals of westernizers and revolutionaries are defined in terms of modernization. The feminist struggle, however, goes beyond the quest for modernity.

Nevertheless, the feminist modern discourse frequently allies itself with the West. The century-old impression that the Christian West, through missionary work, has helped East Asian women to free themselves from the "Confucian" bondage of foot-binding, concubinage, domestic violence, abusive fathers and husbands, and sexual enslavement is firmly inscribed in the public mind. The idea that a Chinese, Japanese, Korean, or Vietnamese woman can only find her true identity as an independent, autonomous and dignified individual through emigration to the New World is a recurring theme in Asian American literature.

If the Confucian tradition were inescapably entangled in an

agriculture-based economy, paternalistic polity and family-centered society, the advent of industrialization, democracy and civil society would automatically undermine its viability as a dynamic transformative force. The feminist critique, as a reflection of modern Western consciousness, can simply appeal to the Enlightenment values of the modern West. Yet, the revival of Confucian humanism in East Asia since the end of World War II, strongly suggests that a highly industrialized society, such as Singapore and Hong Kong, does not have to abandon its Confucian roots, that Confucian societies, such as Japan and Taiwan, can become fully democratized, and that Confucian resources can be mobilized to develop vibrant civil societies as in the cases of South Korea and, to certain extent, the People's Republic of China.

Newly coined terms, such as network capitalism and Confucian democracy are controversial precisely because of the deeply entrenched impression that Confucian ethics is detrimental to the spirit of capitalism and of democracy. The economic "miracles" of Japan and the Four Mini-Dragons definitively refuted the Weberian thesis that the Confucian ethic, unlike Protestant ethic, is incompatible with industrial capitalism, although the euphoria of the 1980s was short-lived. The assertion that the financial crisis of 1997 proved the bankruptcy of the Confucian ethic in a modern economy was also ill advised. While the Confucian emphasis on education and meritocracy was praised for its contribution to a disciplined workforce and social stability, the Confucian preference for consensus formation and emphasis on the group spirit was condemned as the source of corruption, cronyism and the lack of transparency and public accountability. In all of these cases, Confucianism's relevance is assumed. Whether positive or negative, we cannot ignore the importance of Confucian culture in our interpretation of East Asian economy, polity and society.

However, the feminist critique, by rising above the modernist discourse, offers a more formidable challenge. Surely, several East Asian societies have become thoroughly modernized. If a dynamic market economy, a sustainable democratic polity and a vibrant civil society are salient features of modernity, industrial East Asia and portions of socialist East Asia are modern. While East Asian modernity has been deeply influenced by the West, East Asian forms of life are significantly different from those in Western Europe and North America. I have specified the distinctiveness of East Asia modernity in Confucian terms :

1. Government leadership in a market economy is not only necessary but also desirable.

2. Although law is essential as a minimum requirement for social solidarity, "organic solidarity" can only result from the implementation of humane rites of interaction.

3. Family, as the basic unit of society, is the locus form

which basic values of transmitted.

4. Civil society does not flourish because it is an autonomous arena above the family and below the state ; its inner strength lies in its dynamic interplay between family and state.

5. Education ought to the civil religion of society.

6. Self-cultivation is the root for the regulation of family, governance of state and universal peace.

Are the Confucian elements in East Asian modernity still gendered in such a way that they have not yet freed them-selves from a basic male-dominated orientation? If the answer is in the positive, the feminist critique must b extended form the traditional Confucianism to its modern transformation.

Some feminists, Margery Wolf for example, insist that Confucian self-cultivation is a male-oriented ideal of learning to be human. They believe that the idea of human flourishing as exemplified by the noble person, scholar-official, worthy, or sage is so involved with "male" qualities that it is difficult to image how a girl or woman could ever emulate this specifically gendered course of action. The issue is closely linked to the role of public service. Understandably, some liberal-democratic scholars, such as Tang Yijie, also maintain that Confucian self-cultivation is elitist because only a small segment of the population has the resources to engage itself in such a dispensable luxury. However, from the Confucian perspective, self-cultivation is an indispensable way of learning to be human ; it is applicable to a farmer, an artisan or a merchant as well as to a scholar ; indeed both young and old and women and men must learn through personal experience, to live a life appropriate to their unique circumstances. Self-cultivation is neither gendered nor elitist. As the *Great Learning* notes, each of us, "from the Emperor to the commoner, all without exception, — must regard self-cultivation as the root."

Education as civil religion could be gendered, if preferential treatment is consciously or unconsciously implemented. As the matter now stands, universal education is readily available in East Asia for both sexes. Women have done as well as or better than men on standard college entrance examinations. As the percentage of college women continues to rise, the number of women entering public life will also substantially increase. Women can very well realize the ideals of the noble person, scholar-official, worthy, and sage. Similarly, civil society and governance are not necessarily gendered ; they can well provide opportunities for women who choose to work in the public sector.

The issue of the family is more complex. If the Confucian ideas of self-cultivation and education, in the contemporary context, can transcend their historical circumstances and become fully compatible with feminist thought as well as liberal democratic demands for equality, can the Confucian idea of the family undergo similar transformation without losing its inner identity?

Huey-li Li in "Some Thoughts on Confucianism and Ecofeminism" assets :

··· Confucianism contributed to the establishment of a cohesive polity. The patriarchal family is, to a large extent, the cornerstone of this cohesive polity, and an elaborate sex / gender-role system is indispensable for sustaining such a patriarchal structure. A celebrated statement in the *Book of Rites* clearly indicated Chinese women's subordinate status : "the woman follows and obeys the man : in her youth, she follows her father and elder brother ; when married she follows her husband ; when her husband is dead, she follows her son."

Obviously, as this cohesive polity, presumably the imperial system, disintegrates, the political utility of this patriarchal family is also lost. Does this mean that the Confucian idea of the family is also outmoded? If women no longer follow their fathers, elder brothers, husbands, and sons, is there still a "Confucian" family? The Confucian idea of the family is not inextricably intertwined with an outmoded polity in which the patriarchal family is perceived to be the cornerstone.

The Confucian family without the "three bonds" can still underscore affection between parent and child, a sense of sequence among siblings and genuine cooperation between husband and wife. Indeed, the five relationships, including rightness between ruler and minister and trust among friends, are all based on mutuality. The importance of the Confucian idea of the family is widely recognized as social disintegration occurs at all levels from the nuclear family to international organizations :

The dyadic relationships within the family, differentiated by age, gender, authority, status, and hierarchy, provide a richly textured environment for learning the proper way of being human. The principle of reciprocity as a two-way traffic of human interaction defines all forms of human-relatedness within the family. Age and gender, potentially two of the most serious gaps in the primordial environment of the human habitat, are brought into a continuous flow of intimate sentiments of human care.

This description of the family may seem too romantic and sentimental to tough-minded feminists. After all, the conception of the family itself has been so fundamentally changed that discussing the family in the abstract makes little sense. The United Nations' 1995 Social Summit allowed the primary caretaker(s) of the family to be defined in five ways : eterosexual, single, gay, lesbian, and bisexual. Nevertheless, there is virtual consensus that the family is the basic unit and the locus where values are transmitted between generations.

Similarly, the Confucian idea of the civil society, not as an arena above the family and below the state, but as an expansive space wherein the family and state continuously interact may serve as a corrective to the sharp distinction made between the private and the public realm which is characteristic of modern liberal thinking. Feminists may find the Confucian approach more congenial to their conviction that what happens in the privacy of one's home is not just personally important but also socially and politically significant. By analogy, the Confucian emphasis on civility and on the responsibility of the government in the market economy is also compatible with the feminist agenda that aims to bring about a more humane and just society.

Confucianism and feminism can both be conceived as reflections on and critiques of the modernist discourse informed by the Enlightenment mentality of the modern West. It may not be far-fetched to suggest that a new critical spirit has replaced the feminist modernist denunciation of Confucian male-domination. The total rejection of Confucianism as a misogynist tradition, like the thorough iconoclasm of the whole-sale westernizers and radical revolutionaries, is based on the assumption that modernization as the universalization of the Enlightenment values of Western Europe and North America is necessary and desirable. Feminists are no longer modernists. As they begin to probe the inner logic of the modernist discourse, they discover that their hope for human flourishing is often at odds with the Enlightenment mentality. Humanist insights in the Confucian tradition can be relevant to their understanding of the weaknesses as well as strengths of the Enlightenment legacy. Confucian humanism can also enrich the feminist worldview. However, Confucian cosmology and ethics is often alien to feminist thinking. A digression is in order, if we want to appreciate more fully this new feminist critique.

The distinctiveness of East Asian modernity rooted in Confucian traditions seriously challenges the idea of modernization as linear development and a process of homongenization. It also raises a critical issue : If modernization can assume different cultural forms, why can't we imagine the possibility of multiple modernities? East Asian modernity illustrates that modernization does not necessarily mean Westernization and that not all non-Western societies will eventually converge on the Western model. This rejection of modernization as Westernization does not mean that a sort of reverse convergence is occurring. The idea of the Pacific century, like the American century, is wishful thinking. Rather, East Asian modernity implies the authentic possibility of Southeast Asian, South Asian, Latin American, Eastern European, Islamic, and African modernities. As we move beyond the dichotomy of tradition and modernity, the continuous presence of traditions in modernity is taken for granted. Furthermore, traditions may take an active role in shaping the modernizing process. In light of this, there is no reason to doubt that the Confucian traditions have significantly affected the trajectory of East Asian modernization. We may even take a further step to entertain a Confucian critique of modernity.

The emergence of Confucian humanism as a critique of and an alternative to Western modernism enabled a coterie of philosophically minded scholars to explore possible linkages between Confucianism and feminism in thought-provoking ways. Whether or not the Confucian ethic, as a functional equivalent of the Protestant ethic, actually contributed to the spirit of capitalism in industrial East Asia in the 1970s and 80s, it was obviously present in the habits of the heart of East Asian entrepreneurs. Whether or not Confucian network relationships (*quanxi*) were responsible for corruption and cronyism, which led to the Asian financial crisis in the late 1990s, thickly textured human interactions are defining characteristics of East Asian societies. The contemporary relevance of Confucian humanism does not depend on its perceived causal relationship to modernization as an alien concept imposed from the outside. Rather, the critical issue is how the Confucian habits of the heart, for better or worse, will shape the East Asian forms of modernity. The feminist critique of the Confucian tradition, moving beyond its modernistic early phase, must deal with this fundamentally different situation. The major changes in the intellectual horizon of the modern West in the last four decades have enabled it to do so.

When the American Academy of Arts and Sciences' Commission of 2000, published its work in progress in 1965, it paid scant attention to four major currents of thought that, in my opinion, defined the contours of the intellectual landscape of the next thirty-five years : environmental consciousness, feminist sensitivity, religious pluralism, and global ethics. The main reason for the trajectory of the Commission's idea to miss the major targets is that the scholars involved were so much seasoned in the modernization discourse that they could not have imagined otherwise.

With hindsight, it is not difficult to identify the main reasons that the modernist discourse based on the Enlightenment mentality of the modern West is seriously flawed. With all its brilliant insights and intellectual dynamism, at the core of the enlightenment movement's value-orientation was a rejection of the spiritual realm and a domination of nature. This dispirited and denatured approach to life and mind greatly limited the scope of human flourishing. Despite the rich variety of the Enlightenment legacy (some scholars strongly believe that the Enlightenment Project is yet to be completed.), its aggressive scientism, anthropocentrism, Eurocentrism, instrumental rationalism, and isolated individualism are incompatible with the emerging ethos of the global community in the last decades of the twentieth century.

A new humanist vision-integrated, inclusive and comprehensive, yet congenial to diversity and distinctive identities — is called for, reflecting the spirit of the time. Surely, Enlightenment values, such as liberty and human rights, have been proposed as universal values. Confucians and feminists agree with liberal democrats that for any society to be civilized, these values ought to be promoted, even though they may recommend approached that underscore the importance of social justice as well. However, the modernist ideology, whether socialist or capitalist, will lose its persuasive power if issues of poverty, violence, drugs, environmental degradation, social disintegration, and human security are not addressed.

A humanist vision that undermines aggressive scientism and transcends anthropocentrism may appeal to ecofeminists. A humanist vision that goes beyond Eurocentrism, instrumental rationalism and isolated individualism may appeal to all feminists. Can Confucianism provide such a humanist vision? Some scholars, notably Henry Rosemont, Jr., believe that philosophically significant parallels can be found between classical Confucian and contemporary feminist perspectives on the self that can serve as a common ground for mutual reference : "seeing human beings as role and value-carrying persons, and seeing them as value carriers all the time, both ethically and epistemologically, which is the thrust of early Confucian interpersonal particularism, and much contemporary feminism."

However, Terry Woo in her essay on "Confucianism and Feminism" concludes that Confucianism is, in its core values, against feminism :

The ruling Confucian principle is duty not choice ; so that one does not choose to have a family or not : one is obligated to have a family. Moreover, Confucians conceive of woman and man not as individuals but as natural complements, and their relationship is regarded as the root of all others, since family begins there and family is the foundation of society. Furthermore, Confucianism differs from feminism in its emphasis on self-cultivation over the fights for rights and justice.

The matter is complicated by Woo's assumptive reason that feminism is a liberal agenda and Rosemont's critique of the liberal conception of the self as a rights-bearing autonomous choosing individual.

It seems, on the surface, that Woo's argument is modernistic, whereas Rosemont's interpretation is a critique of the liberal democratic vision of modernity. If I am right in assuming that feminism has gone beyond its modernist phase and taken on a critical posture toward the Enlightenment mentality of the modern West, Rosement's plea that we not "abandon our roles, communal rituals, customs, and traditions all together" nor allow "the increasing atomization of human life, the loss of community, of common purpose, and the increasing rending of the social fabric" — greater threats than totalitarian government to human well-being — to persist may strike a sympathetic resonance among feminists. Actually, Woo also notes similar points of convergence between Confucianism and feminism :

In a world where people speak increasingly of their rights rather than their responsibilities, and where there is a spectrum of opinions, Confucianism, in its most simple adage of *jen* [*ren*, humanity], seems to offer a sensible start. It stresses self-understanding and correction, then personal responsibility before the external process of admonishing and changing others. Finally, despite an apparently rigid hierarchy, Confucianism cherishes as its heart, equality in education and the *li* [pattern, principle] of change. These two principles, an equal opportunity to learning and an attitude of openness and flexibility, do not contract feminism. Rather, this is where the two philosophies meet and where they are most able to reinforce each other.

As Rosemont straightforwardly states and Woo implicitly notes, the apparent incompatibility between Confucianism and feminism can be mitigated by their shared concerns for the human condition. Indeed, both traditions are responsive to humanist impulse to re-establish the great relationships essential for our survival and flourishing : within the self, between self and community, between human species and nature, and between the human heart-and-mind and the Way of Heaven (or between humanity and the transcendent).

Liberal feminists who subscribe to human rights, freedom of choice, autonomy, and the dignity of the person, radical feminists who advocate the complete eradication of reproductive difference and Marxist feminists who advocate overhauling the existing economic, political, social, and cultural structures, all strongly promote the values of responsibility and distributive justice. While the ideas of civility and community may appear to be too conservative to some feminists, the Confucian conception of the self as a center of relationships rather than an isolated individual is widely accepted by feminists of different persuasions.

In a deeper sense, the existential question of how we can live a meaningful life in our ordinary human existence may provide a real basis for communication between feminism and Confucianism. The move from an exclusive dichotomous mode of thinking to an inclusive complementarian style of acting may appear, at first blush, a rather simplistic way of describing the feminist challenge to the Enlightenment paradigm. Surely, the overworked dualistic comparisons of masculine / feminine, exclusive / inclusive, dichotomous / complementarian, thinking / acting, like the conventional views of male / female, rational / intuitive, individualist / communal, cognitive / affective, strong / weak, hard / soft, independent / dependent, universal / particular, abstract / concrete, and idealist / practical, can hardly capture the profound significance of the feminist turn in epistemology and ethics. However, it is undeniable that the exclusive dichotomies, characteristic of the Enlightenment mentalitymind / body, spirit / matter, subject / object, nature / nurture, sacred / profane, and creator / creature, are no longer tenable from a feminist perspective. As a result, "embodied thinking" with particular emphasis on the "situated self" becomes a new way of doing philosophy.

The Confucian insistence that we take the concrete living person here and now as the point of departure for our thoughts and actions may well serve as a bridge for a fruitful feminist-Confucian dialogue. If we focus our attention on the concrete living person here and now, abstract universalism privileging objectivity, reason and mind, must be replaced by concrete particularism. The situated self is contextualized and historicized. It is unique. The uniqueness of a person with his or her concrete particularities must necessarily be of a specific sex, race, age, language, class, and faith. In addition, the given body endowed with its own physical, biochemical, neuropsychological, mental, and spiritual particularity is absolutely unrepeatable and irreproducible under any other circumstances. How can the more than six billion unique selves live on this planet together peacefully?

We must first begin with ourselves. We may think abstractly that we are isolated individuals, but the interpersonal relationships that define who we are — father, mother, daughter, son, teacher, student, colleague, patron, client, employer, employee, and so forth — are real. The Confucians take the familial relationships (parent-child, siblings and husband-wife) as primary. Marxist, socialist, liberal, lesbian, and other patterns of feminist thought may suggest otherwise. Yet, when we are aware of our own existential situation defined in interpersonal terms, we immediately recognize the importance of subjectivity, emotion, and body.

Confucian learning, as "learning for the sake of the self", is more than the acquisition of knowledge or the internalization of skills ; it is primarily character building. Although the martial spirit is incorporated in the mastery of the six arts (ritual, music, archery, charioteering, calligraphy, and arithmetic), the focus of Confucian education is the cultivation of humanity (*ren*). Humanity implies care and nurturance. It entails being honest with oneself and considerate toward others. As a cardinal virtue, humanity permeates all other virtues and enables them to cohere into an integrated philosophy of life. Under the caring and nurturing of humanity, knowledge is transformed into wisdom, uprightness into justice, bravery into courage, propriety into civility, and promise keeping into trust.

Ideally, in the inclusive humanistic perspective, no human being is treated as an object ; indeed nothing is outside the orbit of human concern. A distant star or a blade of grass is an integral part of "the communion of subject." Nature is never perceived merely as "a collection of objects." This all-embracing humanist worldview is not only "subjective" but also "emotional." It is predicated on our awareness that the self is a center of relationships. As we begin to appreciate the existence of the other, our self-consciousness incorporates a variety of other selves to form and expanded notion of the self. As a result, an ever-expanding network of relationships becomes a constitutive part of us.

The initial stage of this interconnectedness may well take the form of an emotional attachment to those who are close to us (parents or the primary caretakers). Failure to understand and appreciate this irreducible affective dimension of human existence is a major blind spot in abstract universalistic thinking. Our emotional attachment to those close to us is a source of inner strength that ought to be tapped for personal growth. The inability to bear the suffering of those we love (children, parents, spouses, and friends) is the root of sympathy. If it can be properly nurtured to extend outward, it can broaden our humanity and enrich humanity throughout the world.

The Neo-Confucian assertion that a person of humanity "forms one body with Heaven, Earth and myriad things" is not a romantic vision of organic unity. It is a conviction that, through care and nurturance, even such a small creature as a single person can regard all human beings as brothers and sisters and all thins as companions. A concrete living person, though contextualized and historicized, can rise above situatedness and embrace the whole cosmos in his or her humanity.

Strictly speaking, this "embodied" thinking is not diametrically opposed to objectivity, reason and mind. It can accommodate the insights abstract universalism presumably tries to offer, for subjectivity is generalizable, emotion can be reasonable, and the body should be an authentic articulation of the mind. However, the situated self is not necessarily incompatible with the independence, autonomy and dignity of the individual. Rights-holding, rational persons making free choice may not reject the importance of social roles and interpersonal relationships. The real strength of inclusive humanism, as the "Confucian feminist" would have it, lies in its ability to fuse two seemingly contradictory horizons : abstract universalism and concrete particularism.

We are still in the initial stage of thinking through the implications of this imagined dialogue. It is perhaps premature to entertain the possibility of a "Confucian feminist" project. At this juncture, the urgent task for Confucians is to learn extensively, inquire diligently, think carefully, discriminate clearly, and practice earnestly so that the following questions can be thoroughly addressed :

(1) Can Confucian cosmology, based on the yin-yang model, transcend gender essentialism? If not, should Confucian consmology free itself from the fender constraints of the yin-yang model?

(2) Is it necessary for the Confucian role-system to be rooted in gender differentiation? Or, is it more beneficial for the Confucians to develop an ethic combining the centrality of interpersonal relationships with the ideal of androgyny?

(3) Can the ideal Confucian family reject patriarchal practices without losing sight of its sense of continuity as acknowledged through the male line? What mechanism can be devised so that the female lines can be fully incorporated into the family trees as well?

(4) Although Confucian ideas of and praxis in self-cultivation, the domestic sphere, the workplace, education, leadership, politics, authority, and power can all rise above gender discrimination, the habits of the heart in East Asian(Confucian) societies are deeply male-oriented. What theoretical and practical efforts will empower the feminist discourse to become more pervasive in Japan, South Korea, Taiwan, Hong Kong, Singapore, Mainland China, Vietnam, North Korea, and the East Asian Diaspora throughout the world?

It should be mentioned, in conclusion, that Confucianism, despite its enduring historical legacy, is strategically well positioned to become a truly ecumenical humanism in the 21st century. From a comparative civilizational perspective, the Confucian tradition is blessed with no ideological, intellectual, theoretical, practical, and institutional constraints against its creative self-transformation through fruitful dialogue with feminism. As the Confucian tradition has benefited immensely from interactions with Moism, Daoism, Legalism, Buddhism, Islam, Christianity, Western science, liberal democracy, socialism, and capitalism, its self-understanding can be enhanced by learning from feminism as well. Yet, while there is little doubt that Confucian humanism is a trans-temporal, cross-cultural and interdisciplinary phenomenon, open to all sorts of ethico-religious challenges, the strong suspicion that the Confucian tradition is inherently incapable of responding positively to the feminist critique persists. As Master Zengzi notes, if the realization of humanity is the authentic Confucian task, the burden is heavy and the road is long Much still lies ahead!

제6장
■ ■ ■
현대 유교 인문주의의 생태주의적 전환

지난 25년 동안 문화적 중국에서는 하나의 흥미로운 현상이 발생했다. 대만 · 중국 본토 · 홍콩에 거주하는 세 명의 주도적 유교 사상가들은 진정으로 보편적 중국 문화인 유교 전통이 지구 공동체에 제공할 수 있는 가장 의미 있는 공헌은 "천인합일(天人合一)" 사상이라는 결론을 각각 내렸다. 대만의 전목(錢穆: 1895~1990)은 자신이 이해한 이러한 교훈의 특징을 인심(人心)과 천도(天道)의 상호성이라고 부른다.[1] 홍콩의 당군의(唐君毅: 1909~1978)는 "내재적 초월"을 강조하는데, 그는 이로써 우리의 본성은 하늘이 부여한 것이기 때문에 마음에 대한 이해를 통해 우리는 천명(天命)을 파악할 수 있다는 것을 의미한다. 따라서 하늘의 초월성은 인간 전체의 공동체적 자각 및 비판적 자각

---

1) 錢穆의 최후의 논문 「中國文化對人類未來可有的貢獻」을 참조. 처음에는 『聯合報』(1990년 9월 26일자)에 투고 기사로 실렸으나 나중에는 그의 부인 胡美琪의 장문의 주석과 함께 『中國文化』 v.4(1991 / 8), 93-96에 게재됨.

속에 내재한다.[2] 같은 방식으로, 북경의 풍우란(馮友蘭 : 1895~
1990)은 자신이 이전에 가졌던 마르크스주의적 투쟁 개념이라고
하는 입장을 거부하고, 인간 세계 안에서 뿐만 아니라 인간과 자
연의 관계 속에서 조화의 가치를 강조했다.[3] 이들 세 사람이 자
신들의 최종적 입장을 천명한 것은 인생 말년의 일이기 때문에,
천지의 합일은 중국에서 원로들의 지혜를 상징한다. 나는 이러
한 당대 신유교의 생태주의적 전환이 중국과 세계에 대해 심오
한 의미를 지닌다고 주장하고 싶다.

1. 생태주의적 전환

전목은 이 새로운 자각이 자신의 사유에서 주요한 돌파구의
성격을 갖는다고 주장했다. 천인합일론은 이미 오래된 것이라는
이유를 들어 자신의 부인과 제자들이 이러한 통찰의 참신성에
대한 회의를 제기하자, 이미 아흔 줄에 들어선 전목은 자신의 이
해 방식이 관습적인 지혜를 되뇌는 것이 아니라 자신이 몸소 터
득한 철저히 독창적이고 완전히 새로운 깨달음이라고 힘주어 대
답했다.[4] 문화 역사가인 전목은 중국의 정치 사상과 제도들에
대해 합리적 인문주의적 시각을 개진한다는 동정적 평가로 유명
한 인물이다. 비록 자유주의 사상가들로부터 전통적 전제주의의
변호자라는 비판을 받았지만, 그는 고대 중국의 철학 연표, 중국

---

2) 이에 대한 더 자세한 논의를 위해서는 唐君毅의『生命存在與心靈境界』(臺北 : 學
生書局, 1977), pp.872-888 참조.
3) 馮友蘭,『中國現代哲學史』(廣州 : 廣東人民出版社, 1999), pp.251-254.
4) 胡美琪의 주석, 주 1)을 참조.

근 300년 지성사 및 주희(朱熹 : 1130~1200) 사상에 대한 학문적 공헌으로 많은 비판적 찬사를 받았다. 그러나 유교 형이상학에 대해 결코 강렬한 흥미를 보인 적이 없기 때문에, 그가 이렇게 인심과 천도의 상호성이라고 하는 생각에 매료되었다는 점과 중국만이 이러한 사상으로 세계에 기여할 수 있다고 주장했다는 사실은 중국 문화계에서 상당한 관심을 끌었다.[5]

한편, 당군의는 자신의 견해를 비교 문화의 관점에서 제시했다. 그는 유학의 자기 수양을 그리스·기독교·불교의 정신적 수련과 비교하여, "하늘에 대한 깊은 존경심과의 연결선상에서 세계에 대해 헌신함으로써 현대 세계에서 인류 번영에 대해 기여한 것은 유학 뿐"이라는 결론을 내렸다. 대지·몸·가족·공동체에 뿌리를 둔 유교의 세계관은 결코 단순히 "세계에 적응" 하거나,[6] 현상(現狀)에 굴복하거나, 인간이 가지고 있는 물리적·생물학적·사회적·정치적 제약이라는 조건을 수동적으로 받아들이는 것에 불과한 것이 아니다. 오히려 이것은 초월적 시각에 의해 드러나는 책임의 윤리에 의해 명령받은 것이다. 우리는 대지·몸·가족·공동체를 떠나거나 초월함으로써가 아니라 그 속에서 활동함으로써 "신령스런(spiritual)" 존재가 될 수 있다. 사실상 우리의 일상 생활은 단지 세속적인 것에 불과한 것이 아니라 우주적 명령에 대한 반응이다. 우리에게 우주적 변화라고 하는 위대한 사업에 동참하도록 명령하는 천명이 우리의 본

---

5) 예를 들어, 北京大의 季羨林, 中國社會科學院의 李愼之, 復旦大의 蔡尙思를 위시해 다른 중진 학자들이 錢穆의 논문에 열정적인 반응을 보였다. 이에 대한 나 자신의 단문은 『中國文化』 v.10(1994/8), 218-219에 나옴.

6) Max Weber, *The Religion of China : Confucianism and Taoism*, trans. Hans H. Gerth (Glencoe III : Free Press, 1951), p.235.

성 속에 내재하기 때문에, 우리는 하늘의 동반자인 것이다. 당군의의 생생한 묘사에 따르면, 인간의 궁극적 의미는 천덕(天德)이 우리를 통해 흐르도록 하는 데 달려 있는 것이다. 따라서 세속적 인본주의의 정신을 재구성하고자 하는 그의 기획은 인간·우주 동형 동성적 관점에 기반하고 있다.[7]

풍우란이 자신의 초기 입장에서 근본적인 전환을 했다는 사실은 '투쟁 및 인간의 자연 정복 능력'에 대한 모택동(毛澤東)의 사상을 은연중에 비판하고 있는 것이다. 그가 장재(張載 : 1020~1077)의 '조화의 철학'으로의 복귀했다는 사실은 그가 마르크스주의적인 단계에서 벗어나 1949년 중공 건립 이전에 그가 가지고 있던 유교 사상을 다시 제시했다는 점을 의미한다. 장재는 「서명(西銘)」의 서두에서 다음과 같이 말한다 :

하늘은 나의 아버지요 대지는 나의 어머니며, 나와 같은 미물도 그 가운데 적절한 자리를 가지고 있다. 따라서 나는 우주를 가득 채운 것을 내 몸으로 여기고 우주를 다스리는 것을 본성이라고 생각한다. 모든 사람들은 나의 형제자매요 모든 사물들은 나의 동료다.[8]

"천지만물과 한 몸을 이룬다"는 사상은 천인합일의 주제에 근거한 변주곡이다. 따라서 풍우란은 인간 자아 실현의 최고 단계를 "천지정신"의 구현이라고 규정한다.[9]

표면상으로 볼 때 전목, 당군의, 풍우란의 생태주의적 전환은 중국 고전과 신유학의 유산이 가지고 있는 정신적 자산을 회복

---

7) 唐君毅, 『生命存在與心靈境界』, pp.833-930.
8) 張載, 「西銘」.
9) 馮友蘭, 『新原人』, 『貞元六書』, v.2, pp.626-649.

함으로써 현대 유교 인문주의가 가지고 있는 "지역적인 지식 (local knowledge)"에 보편적 의미를 부여하고자 하는 시도였다. 자신들의 최종적 입장을 공표하기 위해 유학 사상을 채택하는 이들의 노력은 개성 있는 스타일의 철학을 하기 위한 개인적인 선택에 불과해보인다. 하지만 그들은 자신들의 소중한 전통에 '떠오르는 지구촌'을 위한 메시지가 있음을 확신했음이 분명하다. 그들은 이 메시지를 자신들이 알고 있는 가장 적절한 방식으로 전달한 것이다. 그들이 예언자적 음성을 사용했다는 사실은 그들의 유학적 메시지가 중국인들뿐 아니라 인류 공동체 전체를 대상으로 삼는다는 것을 시사한다. 그들의 바람이 단지 자신들의 선조를 찬양하는 데 그치는 것이 아니라, 미래 세대들의 행복에도 관심이 있다는 사실을 보여주는 것이었다.

그들이 생태주의적 문제에 봉착했을 당시의 문화적 중국의 사회적 기풍은 무엇인가? 그들은 자신들의 궁극적 입장에 생태주의적 의미가 함축되어 있다는 사실을 의식조차 하지 못하고 있었던 것은 아닌가?

분명 대만과 홍콩 그리고 후에는 중국 본토까지도 모두 정신없는 서구식 현대화의 행진에 휩싸였다. 중국 문화에서 가장 강력한 이념은 현대화였다. 산업화라고 하는 멋진 신세계는 농업에 기반한 중국의 전통 경제, 가족 중심의 사회 구조 그리고 가부장적 정부에 대해 매우 심각한 도전을 가해서, 그것이 우세를 점함에 따라 유학은 더 이상 현대 세계의 중요한 관심사와는 아무 관련이 없다는 사실이 확증될 운명에 처하게 되었다.[10] 아마도 전목, 당군의, 풍우란은 막스 베버(Max Weber)를 비롯한 사람

---

10) Joseph Levenson, *Confucian China and Its Modern Fate : A Trilogy* (Berkeley : University of California Press, 1968).

들이 계몽된 근대 사회에서 낙후된 것으로 오랫동안 비판해왔던 일종의 "보편적 형제 관계" 또는 "만물 합일"에 대해 향수를 느꼈을 것이다. 낭만적 감정의 흔적들이 이들의 글에서 발견된다. 그러나 비록 잃어버린 세상을 동경은 했지만, 이들은 전통 속에서 새로운 생명력과 설득력을 발견했다. 우리는 전목이 왜 외견상 구닥다리에 불과한 사상에 매료되었는가를 이해할 수 있다. 이러한 지적 창조성의 새로운 의미를 제대로 평가하기 위해서는 이들의 사상을 형성했던 광범위한 역사적 맥락의 성격을 상기해 볼 필요가 있다.

2. 전체론적인 유학적 인문주의

근대 서구의 영향이 미치기 전 유교 인문주의는 동아시아의 정치 이념·사회 윤리·가족 가치를 규정짓는 특징이었다. 동아시아의 교육된 엘리트들은 모두 유교 경전으로 훈련되었기 때문에, 세 사람의 당대 사상가들이 '유학만이 인류 공동체에 할 수 있는 공헌'이라고 주장한 것은 사실상 전근대적인 시기에 중국·월남·한국·일본의 대중들뿐 아니라 학자와 관료들도 공유하고 있던 정신적 방향이었다. 물론 이들이 공유하고 있던 정신적 지향성이 가지고 있는 두드러진 특징들이 무엇이었는가에 대해 자세히 설명하는 것은 간단한 일이 아니다. 지역적·계층적·성별적·인종적 차이로 인해 그 해석에 대한 갈등이 생겨났으며, 이는 세계의 주요 종교들(힌두교·불교·유대교·기독교·이슬람)에서 발견되는 모습과 다르지 않다. 『대학』의 첫 장에 나

오는 '8조목'에서 유교 인문주의의 목적을 어렴풋이 들여다볼 수 있다:

　옛날에 명덕을 천하에 밝히고자 하는 사람은 먼저 자신의 나라를 다스렸고, 나라를 다스리고자 하는 사람은 먼저 자신의 집안을 다스렸고, 집안을 다스리고자 하는 사람은 먼저 자신의 몸을 닦았고, 몸을 닦고자 하는 사람은 먼저 자신의 마음을 바로잡았고, 마음을 바로잡고자 하는 사람은 먼저 자신의 의지를 성실하게 했고, 의지를 성실하게 하고자 하는 사람은 먼저 자신의 지식을 정밀하게 했는데, 지식의 정밀화는 사물의 연구에 달려 있다. 사물을 연구한 후에야 지식이 정밀해지고, 지식이 정밀해진 후에야 의지가 성실해지며, 의지가 성실해진 후에야 마음이 바로잡히고, 마음이 바로잡힌 후에야 몸이 닦이며, 몸이 닦인 후에야 집안이 다스려지며, 집안이 다스려진 후에야 나라가 다스려지며, 나라가 다스려진 후에야 천하가 평화롭게 된다. 따라서 천자로부터 서민에 이르기까지 모두 예외 없이 수신을 근본으로 삼아야만 한다.[11]

　이 구절을 직접적으로 언급하면서, 드 베리(de Bary)는 다음과 같이 말했다: "전통적으로 중국 및 유교 문화는 땅에 살면서 땅과 자신들을 보양하는 정착 공동체를 대상으로 한다. 이러한 자연적이고 유기적인 과정이야말로 유교의 자기 수양에 대한 모든 유비와 은유의 원천이다."[12] 그는 미국의 유교 / 기독교적 농부시인 웬들 베리(Wendell Berry)가 『흔들리는 미국(*Unsettling*

---

11) 『大學』.

12) Wm. Theodore de Bary, "Think Globally, Act Locally, and the Contested Ground Between", in *Confucianism and Ecology*, edited by Mary Evelyn Tucker and John Berthlong (Cambridge, MA : Harvard Center for the Study of World Religions, 1998), p.32.

America)』에서 유교적 견해를 피력했다고 주장한다 :

　　중심이 되는 것은 가정과 가족이며, 먼저 우리 노력의 본거지 (home base)로서 가정 — 단순히 자아나 가족이 아닌 — 을 확립해주지 않는 환경에 대해서는 어떠한 행위를 하고자 하는 희망도 가질 수 없다.
　　만일 우리가 더 커다란 세계에 살아야만 하는 이유가 생태학적 문제들을 전 세계적 차원에서만 다룰 수 있다는 것 때문이라 하더라도, 지역적으로 작은 영역의 가정과 국가(국내적이건 혹은 국제적이건 간에) 사이의 하부 구조도 또한 매우 중요하다. 그러나 가정이 없다면 상부 구조는 말할 것도 없고 이 하부 구조조차도 의지할 곳이 없다. 이것이 웬들 베리의 메시지며 또한 유교 및 중국 역사의 교훈이기도 하다.13)

　수신에서 세계 평화까지를 포괄하는 인류 번영에 관한 이러한 과제의 기저에는 우주에서 인간의 적절한 위치가 어디인가에 대한 전반적 시각을 필요로 하는 세계관이 놓여 있다. 이런 의미에서 가정의 관념은 지역적 공동체 너머로 확대된다. 이렇게 생각할 때, 인간은 환경 보호의 책임을 가지고 우주적 과정에 능동적으로 참여하는 존재다. 『중용(中庸)』의 주장은 이러한 우주론적 사유의 핵심을 간명하게 포착하고 있다.

　　오직 지극히 성실한 사람만이 자신의 본성을 실현할 수 있다. 만일 자신의 본성을 실현할 수 있다면, 그는 인간의 본성을 실현할 수 있다. 만일 인간의 본성을 실현할 수 있다면, 그는 사물의 본성을 실현할 수 있다. 만일 사물의 본성을 실현할 수 있다면, 그는 천지의 변화

---

13) 같은 책, pp.32-33.

와 양육의 과정에 참여할 수 있다. 만일 천지의 변화와 양육의 과정에 참여할 수 있다면, 그는 천지와 함께 삼재(三才)를 이룰 수 있다.[14]

천·지·인이 이렇게 상호 관련되어 있다는 생각은 중국 문화에서 한 세기 이상의 기간 동안 시대착오적이고 부적절한 것으로 여겨져 뒷전으로 밀려났었지만, 세 명의 당대 사상가들이 "천인합일"이라는 교훈이 갖는 핵심성을 강조하는 데에서 염두에 두고 있었던 것은 바로 이 생각이었음이 분명하다. 이러한 유교의 핵심적 교훈을 다시 발견했다는 사실에 흥분한다는 사실에서 우리는 이미 얼마나 많은 것을 잃었고 또 여전히 의미 있는 요소들을 되살리는 것이 얼마나 어려운 일인가를 새삼 깨닫게 된다. 그렇다면 그간 실제로 무슨 일들이 발생했던가?

3. 유학적 인문주의의 세속화

1839년 아편전쟁 이후의 유교 중국의 운명에 관한 자료들은 잘 정리되어 있지만, 유교 인문주의가 겪은 현대적 전환에 대해서는 아직도 논의될 것들이 많이 남아 있다. 아편전쟁과 1949년의 중공 건국 사이에, 중국 사회는 매 10년마다 적어도 한 차례의 다음과 같은 파괴적 사건들을 겪었다 : 태평천국의 난, 불평등 조약, 서구의 침략, 1895년의 중일전쟁, 의화단 사건, 1911년의 신해혁명, 군벌들 간의 상잔(相殘), 일본의 침략, 국공상쟁(國共相爭). 1949년부터 1979년 "개혁·개방 정책"이 실시될 때까지, 중

---

14) 『中庸』, 제22장. Tu Wei-ming, *Centrality and Commonality : An Essay on Confucian Religiousness* (Albany : SUNY Press, 1989), p.77 참조.

국 사회는 중요한 것만 열거하더라도 대략 5년마다 한국전쟁, 대약진 운동, 집산화 운동, 문화혁명 등 심각하게 혼란스런 정치운동을 경험해야만 했다.

현대 중국의 불안한 모습에 대한 가장 정치적이고 이념화된 형태의 설명은 주로 서구 제국주의로 인한 중국의 쇠망과, 엄청난 역경에 대항하여 독립을 쟁취하기 위해 투쟁한 중국 인민들의 이야기로 구성된다. 이것은 현대화를 향한 중국의 순탄치 못한 여정에 관한 이야기다. 마르크스-레닌주의의 도입, 중국 공산당의 등장, 혁명 지도자로서 모택동의 부상 등은 이러한 설명에서 빠뜨려서는 안 될 부분들이다. 유교 인문주의에서 가장 중요한 사건을 한 가지만 꼽는다면 1919년에 발생한 5·4운동이라고 하는 지적 소요다. 5·4운동의 한 측면인 유교에 대한 우상 타파적 공격은 다음과 같은 단순한 공리주의적 용어로 설명되었다 : 민족을 구하기 위해 "봉건적 과거"를 초월하여 현대의 서양으로부터 배우지 않으면 안 된다. 유교의 가치를 판단하는 유일한 기준은 서구적 가치들로 규정된 현대화와 양립할 수 있느냐는 것이었다. 유교 인문주의를 세속적 인본주의로 재구성한 것이 바로 현대주의적 전환이었다. 분명 생태주의적 관심은 이러한 논의 사항에 포함되지 않았다.

일부 학자들은 민족적 위기에 대한 5·4운동의 접근 방식에 역설이 내재함을 인식했다. 지식인들이 유교 전통을 전면적으로 거부하고 오직 문명 국가로서 중국의 복지에만 철저한 관심을 가지게 되자, 그들은 새로운 문화적 정체성을 발견하고 수세기 동안 중국의 정치와 사회를 규정했던 사상의 흐름을 거부하지 않을 수 없었다.[15] 일단의 교양 있는 지식인들이 중국인의 정체성에 대한 새로운 시각의 형성을 위해 묵가·법가·도가 및 민간 종교 등과 같은 비유교적 전통의 풍부한 자원을 이용하고자 노력하기도 했지만, 학자 공동체에서는 현대화와 서구화를 동일시하는 경향을 가지고 있었다. 결과적으로 유교 인문주의는 그 설득력의 상당 부분을 상실했다. 중국이 독립 국가로 떠오르기 위해서는 "봉건적 과거"를 탈피하려는 용기가 필수적이라고 생각되었다. 아이러니컬하게도 중국의 지적 엘리트들이 유교 인문주의를 거부하고 근대 서구의 계몽주의적 가치를 채택하는 데 동기를 부여해주는 원동력이 된 것은 민족주의였다. 전면적인 서구화는 극단적 표어에 불과했지만, 중국인들이 인식한 서구 부강의 원천은 그들에게 행동 지침이 되었다.

자연과학과 민주주의는 중국을 현대 국가로 변화시키는 데 가장 유효한 서구적 처방이라고 광범위하게 인식되었다. 중국의 지식인들이 이러한 생각을 받아들이게 된 것은 진리나 개인의 존엄성을 추구하기 위한 것이 아니었다. 오히려 중국을 부강하게 만들고자 하는 목적과 열정으로 인해, 과학주의와 대중주의(populism)가 국가 건설의 수단으로 승격된 것이었다. 이는 물적·인적 자원을 대량으로 이용하기 위한 기술이었으며, 많은 사람들은 중국이 통일 국가로 다시 한번 비상하기 위해서는 이러한 기술이 필요하다고 생각했던 것이다. 전반적인 정신적 기풍을 형성한 것은 유물론·진보주의·공리주의·도구주의였다. 일차적으로 생존을 위한 이념으로서 계몽주의적 정신이 채택되었는데, 이는 세속적 인본주의의 형태를 띠고 있었다.

---

15) 林毓生, *The Crisis of Chinese Consciousness : Radical Antitraditionalism in the May Fourth Era* (Madison : University of Wisconsin Press, 1979) 및 Vera Schwarcz, *The Chinese Enlightenment : Intellectuals and the Legacy of the May Fourth Movement of 1919* 참조.

"봉건적 과거"의 그늘 아래에서 5·4운동 세대의 현대 유학자(New Confucian)들은 현대 정신에 모순된다고 생각되는 유교의 관습들을 엄격하게 비판하였다. 이른바 삼강의 권위를 주장하던 유교 이념은 폐기되었다. 대신, 상호간의 권유에 기반한 오륜이 새로운 맥락 속에서 비판적으로 분석되었다. 서로를 구분해야 할 필요는 명백했지만, 계급 질서·신분·성별·연령에 기초한 사회 윤리는 그 정당성이 면밀하게 검토되었다. 심지어 가족의 가치들도 철저하게 재검토되었다. "가족은 항상 전반적인 자아 발전에 적합하다"는 순박한 신념에 대해 심각한 의문이 제기되었다. 연령·성별·신분에 기초한 자의적 권위는 거부되었다. 심지어 경전 속의 것이라 할지라도 전제주의·남성우월주의·계급 구조적 통제 장치를 상기시키는 모든 주장은 비난되었다. 현대 유학자들을 포함한 중국의 지성인들이 유교 유산을 해체시키는 데 동원된 가혹함은 중국 지성사에서 전례가 없는 것이었다.

그러나 '현대화로서의 서구화'에 사로잡혀 있던 5·4운동 세대의 정점에서조차 가장 독창적인 정신을 가진 일부 현대 유학자들은 이미 계몽주의적 과업에 내재하는 세계관과 윤리에 대해 회의를 제기하기 시작했다. 이들의 견해는 유교의 생태주의적 전환에 심오한 의미를 지닌다. 웅십력(熊十力 : 1883~1968)은 불교 유식(唯識) 철학의 기본적 사유를 비판적으로 분석함으로써 유교 형이상학을 재구성했다. 그는 "대화(大化)"라는 유교적 관념은 인간의 의지를 자연에 강요하는 것이 아니라 우주적 과정에 인간이 참여한다는 생각에 기반한 것이라고 주장한다. 나아가 그는 부단히 진화하는 종(種)으로서의 인류는 자연과 별개로 창조된 것이 아니라 생생(生生)이라는 근원적 힘에서 필수불가결한 일부분으로서 등장한다고 말한다. 인간에게 창조성을 부여해준 생명력은 산·바다·대지를 존재하게 해준 것과 동일한 에너지다. 우리 인간과 하늘·대지·만물은 친족 관계에 있다. 그의 철학은『역경』에 기초하고 있기 때문에, 자연과의 합일의 윤리는 그의 도덕적 관념론에서 큰 비중을 차지한다.16)

양수명(梁漱溟 : 1893~1988)은 유교의 생명 지향성을 자연에 대한 공격과 자연으로부터의 분리 사이의 균형이라고 특징짓는다. 민족의 생존을 위한 경쟁력을 높이기 위해 중국이 서구로부터 배워야 한다는 점은 인정하지만, 결국에는 '인도적 부정의 정신(Indian spirit of renunciation)'이 득세할 것이라고 그는 예언했다.17) 그는 아마도 생애 말년 토인비가 윤리적으로 권고한 사항을 예견한 것인지도 모른다.

토인비에 의하면, 20세기에 인간이 과학 기술에 도취됨으로써 환경에 대한 해독을 가져왔으며, 인간이 스스로를 파멸할 가능성을 초래했다. 그는 현재의 위기에 대한 어떤 해결책도 자기 통제가 없이는 소용없다고 믿는다. 그러나 자기 스스로를 극복하는 일이 극단적인 자기 탐닉이나 극단적인 금욕주의에 의해서 성취될 수는 없다. 21세기의 사람들은 중도, 즉 절제의 길을 걷는 법을 배워야만 한다.18)

양수명은 자기 자신의 철학을 발전시키지는 않았지만, 그의 비교 문명적 탐구로 인해 서구화가 중국 지성의 무대를 지배하고 있던 상황에서 유교를 재평가하고 재소생시키려는 강력한 조류가 생겨나게 되었다. 그러나 현대화의 궤적은 너무나 강렬했

---

16) 熊十力, 『新唯識論』(臺北 : 廣文書局, 1962), v.1, 제4장, pp.49-92.

17) 梁漱溟, 『東西文化及其哲學』(臺北 : 文學出版社, 1979), pp.200-201.

18) Daisaku Ikeda, *A New Humanism* (New York : Weatherhill, 1996), p.120.

기 때문에 유교 인문주의도 완전히 재구성되었다.

비인간 중심적 윤리를 지지하는 것조차 웅십력과 양수명 모두에게 불가능했을 지경이니 친환경적 윤리는 말할 필요도 없었다. 유교가 중국의 현대적 전환에 적절한가를 결정하는 게임의 법칙은 너무나 현저하게 변해버렸기 때문에, 유교적 사유를 그 자체로 제시하려는 시도는 상아탑의 소수 학자 집단을 제외하고는 대체로 무시되었다. 구국 정신이라는 제한 때문에 동원될 수 있는 현대 서구 사상은 매우 적었다. 심지어 자유와 인권이라는 가치조차도 합리적 계산이 제한된 관계로 건국이라는 목표에 직접적이거나 긴박한 것이 아니라고 간주되었기 때문에 그 위상이 유동적이었다. 자연과학과 민주주의가 승리하게 된 것도 서구적 가치를 진정으로 좋아해서라기보다는 공리주의적 고려의 결과였다.

좀더 심층적으로 볼 때 만일 중국의 현대화 과업이 "공정(公正)·참여(參與)·항상(恒常)·평화(平和)"[19]라는 민주 사회의 건설 이념을 따랐다면, 중국인들이 발전에 대한 전반적인 입장을 정립하는 데 유익한 영향을 미쳤을 것이다. 다시 말해, "윤리적·사회적·환경적 당위로서의 빈곤의 근절",[20] 인간의 번영 및 물질적 발전의 향상, "모두의 권리를 차별 없이 보호하여, 이를 자연적이고 사회적인 환경에까지 확장시킴으로써 인간의 존엄, 신체적 건강, 정신적 복지에 도움이 되도록 하는 것",[21] "지속 가능한 발전의 전제 조건으로써 성적 평등과 형평을 인정하는 것", 마지막으로 "누구나 교육·의료·경제적 기회의 혜택을

---

19) 같은 곳.
20) 같은 곳.
21) 같은 곳.

받을 수 있도록 보장하는 것"[22] 등이 국민적 토론의 의제로 상정되었을 것이다. 경제적 평등, 사회적 양심 및 정치적 책임에 대한 유교의 의미는 이러한 중차대한 문제들에 대한 논쟁과 대화에 적합하며 또 의미 있는 것일 수 있었다. 우리가 유학적 인문주의의 세속화에 지불한 대가는 매우 커다란 것이었다. 자아 실현을 향한 자신의 고유한 자원에 완전히 등을 돌리게 됨에 따라, 중국은 자신의 영혼과 장기적인 자기 이익에 방해가 되는 행동의 역정을 선택했다.

4. 현대화 이념으로서의 유교의 부활

제2차 세계대전 이후 일차적으로 동아시아의 산업 국가에서 그리고 좀더 최근에는 동아시아의 사회주의 국가에서 유교가 부활했다는 사실은 표면적으로 볼 때 전통이 성공적으로 현대화되었음을 암시하는 것 같다. 실제로 일부 가장 뛰어난 유교 사상가들은 유교 전통을 농업적 사유 양식으로부터 산업 사회와 세계 사회에 적합한 양식으로 변화시키는 데에 기여했다. 지난 50여 년간 중국이 중요한 격동을 치르는 동안, 인접 국가들은 불리한 영향을 받지 않았다. 더구나 동아시아의 산업 국가(일본과 네 마리의 용)들은 혁혁한 경제 성장을 성취했다.[23] 오랫동안 유교는 세 마리의 용, 즉 대만·한국·싱가포르에서 국가적 지원을 받았다. 네 번째 용 홍콩은 영국의 통치 아래 대체적으로 서구 자본

22) 같은 곳.
23) Ezra Vogel, *The Four Mini-Dragons : The Spread of Industrialization in East Asia* (Cambridge, MA : Harvard Univ. Press, 1991), pp.83-112 ; 128-132.

주의 발전 양식을 따랐다. 동아시아의 산업 국가에서 정치 이념으로서 살아남은 유교는 자신의 "봉건적 과거"를 초월해서 동아시아적 현대성을 형성하는 생명력 있는 전통이 된 듯하다.[24]

모택동 사상의 영향 아래에 있던 중국은 유교 이론과 관습에 대해 공공연하게 적대적인 태도를 보였다. 그러나 성향의 관성(habits of the heart)으로서 드러나는 유교적 이상은 삶의 모든 부분에 퍼져 있었으며, 이러한 현상은 특히 인민공화국의 노동자 · 농민 · 군인들에게서 두드러졌다. 최근 동아시아의 산업 국가에 자극을 받은 동아시아의 사회주의 국가들(중국 · 월남 · 북한)은 자신들의 유교적 뿌리에 대해 더욱 적극적인 태도를 취했다. 북한은 "위대한 지도자"의 인격과 가족적 가치의 숭배를 위해 유교 이념을 철저히 정치화시켰다. 월남은 자신의 유교 문화 자산을 회복하기 시작했다. 현재 중국 정부는 적극적으로 유교 윤리를 드높이고 있다. 하지만 이렇게 부활한 유교의 도(道)는 불행하게도 고작해야 지리멸렬한 은총이었다.

동아시아 사회주의 국가에서 출현한 유교 윤리는 현대화 기풍의 영향으로 인해 많은 경우 계몽주의 정신을 비판하기보다는 그 정당성을 인정하는 것이었다. 도구적 합리성을 행동 방식으로 여기는 계몽주의의 지침들은 사회 공학에 의해 손쉽게 통제 장치로써 흡수될 수 있다. 과학주의는 삶의 기본적 방향이며, 종교는 낙후성과 동일시된다. 이러한 합리주의적, 과학주의적 기풍은 철저하게 인간 중심적이다. 성공적 국가 건설을 위해서는 경제 자본을 축적하고, 기술적 역량을 향상시키며, 인지적 지성

---

24) Tu Wei-ming ed., *Confucian Traditions in East Asian Modernity : Moral Education and Economic Culture in Japan and the Four Mini-Dragons* (Cambridge, MA : Harvard Univ. Press, 1996) 참조.

의 수준을 높이고, 물질적 조건을 개선해야만 한다. 반면에, 사회적 자본·문화적 역량·윤리적 지성·정신적 가치·생태 윤리 등이 장기적인 중요성을 가지고 있다는 사실에 대해서는 거의 주목하지 않는다. 문제 자체를 잘 규정하기보다는 기술적인 해결을 훨씬 선호하며, 모든 분야에서 기술 관료적인 정신 자세가 영향력을 행사하고 있다는 사실은 많은 경우 수량화될 수 없는 문제들이 전적으로 무시되거나 적절하게 이해되지 못하고 있음을 의미한다. 결과적으로, 생태와 종교에 대한 심각한 오해가 생겨나게 되었다. 양자강의 삼협(三峽)에 있는 거대한 수력 발전 계획이 그 명백한 예다. 유교를 단순한 세속적 인본주의로 장려한다면 불행한 일이다. 왜냐하면 유교가 갖고 있는 진정한 통합적 세계관과 보편 윤리의 발전을 위한 풍부한 자산을 이용하지 못하고, 대신에 인류 발전을 위한 광범위한 논의보다는 편협한 의미의 발전 개념만이 강조될 것이기 때문이다.

유교 인문주의는 세속적 인본주의가 아니다. 인간·우주 동형 동성적 관점을 갖는 유교는 인간중심주의를 인류의 빈약한 사상으로 간주하고 단호히 거부한다. 유교는 자아 실현의 여정을 우리가 현재 이 세계에 존재하는 구체적 인간이라는 사실을 인정하는 데에서 출발해야 한다고 주장한다. 세계에 대한 이와 같은 적극적인 태도를 통해 자연과 사회 환경이 인간과 불가분의 차원에 있다는 올바른 평가를 내릴 수 있는 측면도 있지만, 반면에 본질적으로 현상을 합리적인 것으로 받아들이게 만들 수 있는 소지 또한 있다. 재구성된 유교의 가치들이 지배를 새롭게 권위주의적으로 정당화하는 데 남용될 위험성이 바로 그 경우다.

아시아(유교)적 가치는 경제적 성장, 정치적 안정, 사회적 결속에서 긍정적인 요인으로 적극 장려되어 왔다. 자기 수양·의무 의식·근면·검소·조직화·협력·합의 조성·조화 등이 유교의 경제 및 정치 문화가 가지고 있는 가장 현저한 특징이다. 중국 역사상 이와 같이 중요한 시점에서 오직 자유나 권리 및 개인적 자율보다는 이러한 가치들이 국가 건설에 더욱 절실할 수도 있을 것이다. 미사여구적인 한 인권 옹호에 대한 비판으로서 아시아적 가치를 논의하는 것 자체가 인간중심주의·사회 공학·진보주의·과학주의·도구적 합리주의를 장려했던 계몽주의 정신을 반영한다. 재건된 유교 인문주의가 현대화에 관한 담론 속으로 통합되는 한, 그 속에 담긴 인간·우주 동형 동성적 통찰력은 상실되고, 이를 통해 "자연을 존중하고 모든 생명체에 대해서도 동정적인 전체론적·비인간 중심적·평등주의적·생태 친화적 세계관"25)을 진작시킬 수 있는 가능성 또한 줄어들게 된다.

5. 포괄적 감수성·공감·교감으로서의 인간성

전목, 당군의, 풍우란이 제안한 것은 새로운 지평, 즉 유교 인문주의를 새롭게 제시하는 것이다. 이들의 사상이 계몽주의 정신을 진지하게 비판하며 은연중에 현대성의 담론까지도 비판하고 있는지 여부와 관계없이, 이들이 제시한 새로운 지평은 공격적 인간중심주의와 도구적 합리성을 초월하는 것이었다. 나아가 이들은 "이것이냐 저것이냐"의 사유 방식을 초월함으로써 포괄

---

25) Donald K. Swearer, "Principles and Poetry, Places and Stories : The Resources of Buddhist Ecology"(*Daedalus*), p.2.

적 인문주의의 관점을 제시하였다.

계몽주의의 직접적 소산인 현대적 의식은 배타적 이원론 — 정신 / 물질 · 심(心) / 신(身) · 성(聖) / 속(俗) · 주 / 객체 — 을 특징으로 하는데, 이는 유교가 선호하는 상호 연관된 대대(待對)적[26] 구조 속에서의 '미묘한 중도(中道)(nuanced between)[27]'와는 완전히 대비된다. 유교적 전통에서 뿌리 / 가지 · 표면 / 이면 · 전 / 후 · 상 / 하 · 시작 / 끝 · 부분 / 전체 · 내 / 외와 같은 범주들은 상호 작용 · 상호 변화 · 상호 의존 · 상호성을 보여주기 위해 사용된다. 이러한 관점에서 보면, 대지와 인간의 관계는 유기적으로 얽혀 있다. 대지는 "외재"하는 물질적 대상이 아니라 우리의 진정한 가정(home)이다. 정신적인 자아 실현을 성취하기 위해서 인간은 미학적 · 윤리적 · 종교적인 의미에서 자연의 관리자 · 보호자가 되어야만 한다.

우리는 어떻게 "대지와 그곳에서 살고 있는 온갖 형태의 생명체를 존중하고", "이해와 연민, 애정을 가지고 생명 공동체를 돌볼 수 있으며", "현재와 미래의 세대를 위해 대지의 풍요로움과 아름다움을 잘 보존할 수 있는가?"[28] 먼저 우리는 대지가 비속한 물질, 비영혼적 대상, 비정신적 물체에 불과하다는 견해를 초월해야만 한다. 오히려 대지와 우리들은 친족 관계에 있다. 왜냐

---

26) 이는 서로 대립적인 관계에 있으면서 동시에 상호 의존적인 관계에 있는 것을 가리키는 말이다. 좀더 적절한 번역어가 없어서 일단 통용되고 있는 용어를 사용한다(역자).

27) 나는 이 생각을 벤자민 슈워츠로부터 얻었다. 그의 논문, "The Limits of Tradition versus Modernity : The Case of the Chinese Intellectuals"는 특히 관련성이 높다. Benjamin Schwartz, *China and Other Matters* (Cambridge, MA : Harvard Univ. Press, 1996), pp.45-64 참조.

28) The Earth Charter.

하면 우리는 우주적 변화에서 필수불가결한 부분들인 돌·식물·동물 등을 구성하고 있는 것과 동일한 기(氣)(vital energy)에서 진화한 것이기 때문이다. 주위의 것들에 눈을 뜰 때, 우리는 자연의 풍요로움과 창조성에 대해 존경과 경외감을 가지고 살게 된다.

지금 우리 앞에 있는 저 하늘은 단지 밝게 빛나는 덩어리일 뿐이지만, 그것이 끝없이 확장되면 해·달·별이 모두 거기에 매달려 있고 만물이 그에 덮여 있다. 우리 앞에 있는 대지는 한 줌 흙에 불과하지만, 그 광대함과 깊이에 있어서는 화악(華嶽)[29]을 싣고도 무겁다고 여기지 않고, 강과 바닷물을 거두어들이면서도 새는 일이 없고, 또 만물을 싣고 있다. 이제 우리 앞에 있는 저 산은 주먹 만한 돌에 불과하지만, 그 크기가 광대함에 이르게 되면 초목이 그 안에서 자라고 새와 동물들이 그 안에서 살며 숨겨진 보물들(광물들)이 그 안에서 발견된다. 우리 앞에 있는 저 물은 한 숟가락의 액체일 뿐이지만, 측량할 수 없을 정도로 깊어짐에 이르게 되면 큰 자라와 악어, 이무기와 용, 물고기와 자라가 그 안에서 생겨나고 재화가 그 안에서 증식된다.[30]

자연이 보여주는 이러한 웅장한 풍요로움과 창조성은 쉽게 찾아볼 수 있다. 그러나 자신에 대한 심층적 통찰이 있어야만 우리는 자연 속에서 우리의 위치와 자연과 교감할 수 있는 능력을 획득할 수 있다.

"우리의 가정인 지구는 살아 있으며" 역동적으로 진화하고 있다는 사실을 인정할 때, 우리는 "지구의 생명력·다양성·아름

---

29) 중국 섬서성에 있는 華山을 가리킨다(역자).
30) 『中庸』, 제26장.

다움"을 "우리에게 맡겨진 신성한 것"으로서 보호하려는 마음이 들게 된다.[31] 그러나 건전한 인간과 지구의 관계를 확립하기 위한 기반으로서 보편적인 안전 장치를 확립할 수 있는 우리의 능력은 오늘날 세계에서 지배적인 발전 양상으로 인해 심각한 손상을 입어왔다. 경제적으로 계량적인 발전이 있었지만, 부정·불평등·빈곤·폭력은 여전히 세계에 만연해 있다. 거대한 인구의 부담을 안고 있는 중국은 자국의 소비재 자원이 감소하고 있다는 점에 대해 특히 우려하고 있다. 중국은 어떻게 해야만 지역 공동체에서 기본적으로 필요로 하는 것을 무시하지 않은 채 세계 공동체의 책임 있는 구성원이 될 수 있을까?

중국은 현대화를 추구하면서 자유·합리성·법치·인권·개인의 존엄성 등과 같은 계몽주의적 가치를 포용해야 할 필요를 느끼고 있다. 그러나 중국은 분배적 정의·공감·예의바름·책임감·인간 관계 등과 같은 유교 윤리의 가장 중요한 특징들을 강화시키기 위해 자신의 고유한 자원들을 발굴해야만 한다. 그렇지 않으면, 중국이 문명 간의 대화에 참여하여 "세계적 시민 사회"[32]의 가능성을 탐구하는 데 적극적으로 동참하기는 힘들게 될 것이다. 도구적 합리성과 인간중심주의에 의해 좌우되는 행위와 태도 및 신념에 대해 근본적인 변화를 보여야만, 비로소 중국은 "떠오르는 세계 공동체에 윤리적 기초를 제공하기 위해 기본적 가치에 대한 공유된 관점을"[33] 마련하는 데 긍정적인 공헌을 할 수 있을 것이다. 중국이 건전한 환경 윤리를 발전시키기 위해서는 평화의 문화를 양성하고 사회 경제적 정의를 증진시키

---

31) The Earth Charter.
32) 같은 곳.
33) 같은 곳.

는 일이 매우 중요하다.

　엄격히 말해 전목, 당군의, 풍우란은 생태주의 사상가가 아니다. 그러나 인간과 지구의 관계에 커다란 의미가 있는 윤리적/종교적인 함의를 가진 문화적 메시지가 유교 인문주의 전통의 정신에 뿌리를 둔 중국 문명에 대한 그들의 관심 속에 은연중에 드러나고 있다. 구체적으로 말해서, 그들에 따르면 인간만이 가지고 있는 특징은 감수성·공감·교감이다. 애정과 관심을 가지고 우주에 있는 모든 존재들에 대해 연민을 가질 수 있는 능력이야말로 인간만의 독특한 특징인 것이다. 전목은 중국이 하나의 문명으로 장기간 존속하기 위해서는 정체(政體)와 사회 사이에서 섬세한 균형과 평형을 유지하는 온건한 힘의 일종인 이러한 온화한 태도의 접근법이 반드시 필요하다고 믿었다.[34] 당군의는 중국 철학의 핵심적 가치들에 대해 탐구하면서, 오로지 합리성에만 관심을 갖지 말고 유교에서처럼 따뜻한 마음과 명철한 지성을 수반하는 인간성에 초점을 맞추었더라면 포괄적인 인문주의적 시각을 발전시키는 데 좀더 도움이 되었을 것이라고 주장했다.[35] 풍우란은 인간의 책임이라고 하는 유교적 이상을 장재(張載)가 네 구절로 명쾌하게 표현한 것에 특히 매료되었다.

　　천지를 위해 마음을 세우고
　　모든 백성들을 위해 명(命)을 세우며
　　옛 성인들의 단절된 학문을 전승하고
　　만세를 위해 태평을 연다.[36]

---

34) 錢穆, 『從中國歷史來看中國民族性及中國文化』(香港 : 中文大學, 1979).
35) 唐君毅, 『中華文化與當今世界』(臺北 : 學生書局, 1975), pp.865-929.
36) 馮友蘭, 『中國現代哲學史』, pp.245-249.

인간이 시공 속에서 다른 존재와 구분되는 특징은 천지의 마음, 모든 백성들의 명(命), 성인의 학문, 영원한 보편적 평화다. 풍우란의 설명에 의하면 "천지의 마음"은 인간이 가진 최고의 열망을 상징한다.[37]

분명 중국을 평화의 문화라고 간주하는 신화는 철저히 해체되었으며, 중국화가 곧 문화 변용과 도덕화를 시사한다는 생각도 학계에서 열띤 반론의 대상이 되었다. 지속적으로 이어져온 가장 오래된 문명의 하나인 중국은 최근세사에서 사상과 제도의 측면에서 대부분의 다른 문명들보다 더욱 극적인 단절을 경험해 왔다. 그러나 현대 중국 지식인들의 담론에서 지배적인 것은 역사 의식이 아니라 집단적 건망증이다. '중국' 하면 장수·안정·인내, 심지어는 변함없는 영속성의 이미지를 떠올리게 될지도 모른다. 그러나 실제로 중국은 끊임없이 변화하고 재형성되고 재조정되는 불안한 모습을 보인다. 하지만 그럼에도 불구하고 당군의가 주목했듯이, 현대 유교가 당대의 문제들에 대한 대응책으로 인문주의 정신을 재건한 것은 중국의 과거를 신화화하려는 것이 아니라 미래 중국의 가능성을 그려보기 위한 노력이다.[38] 인간에게 포괄적 감수성·동정심·교감의 능력이 있다는 이들의 믿음은 단순히 유학만의 이상이 아니라 지구 공동체를 위한 도덕적 명령이기도 한 것이다.

왕양명(王陽明 : 1472~1529)은 「대학문(大學問)」에서 이러한 생각에 대한 명쾌하고 간결한 해석을 신유학적 사유 전통 안에서 제시한다.

---

37) 같은 곳.
38) 唐君毅, 『人文精神之重建』.

대인(大人)은 천지만물을 일체로 여긴다. 그는 천하를 한 집안으로 여기고, 국가를 한 사람으로 여긴다. 대상들 사이에 간극이 있는 것으로 여기고, 자신과 남을 구분하는 사람들은 소인(小人)인 것이다. 대인이 천지만물을 일체로 여길 수 있는 것은 그가 일부러 그렇게 하고자 했기 때문이 아니라, 그렇게 하는 것이 그 마음속의 인(仁)한 본성과 자연스럽게 합치하기 때문이다.39)

대인이 민감하게 우주와 일체감을 느낄 수 이유가 "마음의 인(仁)한 본성"때문이라고 강조함으로써, 왕양명은 천지만물과 공감할 수 있는 능력이 인간만의 특징이라는 존재론적 주장을 한 것이다. 심지어 보통 사람들조차도 외견상 고원해보이는 이러한 이상을 달성할 수 있다. 인간의 마음40)속에는 이러한 무한한 감수성이 내재하기 때문에 우리는 풀잎 한 장에서부터 무수히 멀리 떨어진 별에 이르기까지 우주 속의 모든 존재에 대해 감응할 수 있다. 대인은 이러한 상호 연관성에 대해 지극히 포괄적인 감각을 가지고 있기 때문에, 그에게 만물과의 감응은 의도적으로 행위를 통해서 이루어지는 것이 아니다. 나아가 우리가 이러한 것을 이루지 못하는 이유는 우리에게 부여된 본성을 소홀히 했기 때문이다. 이것이 사실임을 입증하기 위해 왕양명은 일련의 구체적 실례를 제공한다.

어린아이가 우물에 빠지려는 것을 보면 누구나 깜짝 놀라 측은히 여기는 마음이 생기지 않을 수 없다. 이를 통해 우리가 가지고 있는 인(仁)이 그 아이와 일체가 되었음을 알 수 있다. 아이는 자기와 동류

---

39) 王陽明,「大學問」.
40) 중국어의 '心'이라는 말은 인지적인 측면과 정서적인 측면 모두를 포괄하기 때문에 많은 경우에 "heart" 또는 "heart-and-mind"라고 번역한다.

이기 때문이라고 말할 수도 있다. 그렇다면 새와 짐승이 도살되려고 할 때 가엾게 울거나 공포에 질린 표정을 짓는 것을 보면 그들의 고통은 "차마 눈뜨고 보지 못하는" 마음이 생기지 않을 수 없다. 이를 통해 우리의 인이 조수와 일체가 되었음을 알 수 있다. 조수도 우리처럼 지각이 있는 존재이기 때문이라고 말할 수도 있다. 그러나 식물이 꺾여 있는 것을 보더라도 연민의 감정이 생기지 않을 수 없다. 이를 통해 우리의 인이 식물과 일체가 되었음을 알 수 있다. 식물도 우리처럼 생명이 있는 존재이기 때문이라고 말할 수도 있다. 하지만 우리는 심지어 벽돌이 깨진 것을 보더라도 유감스러운 마음을 느끼지 않을 수 없다. 이를 통해 우리의 인이 벽돌과 일체가 되었음을 알 수 있는 것이다.[41]

이러한 예들을 보면 "일체를 이루는 것"이 분명 합일에 관한 낭만적인 생각이 아니라 내적인 상호 연관성에 대한 고도로 차별화된 감각임을 알 수 있다. 그러나 마음이 가진 무한한 감수성으로서 "일체를 이루는 것"은 하늘이 부여한 우리의 본성 안에 그 뿌리가 있다.

나아가 왕양명은 인간의 조건을 현실적으로 이해하기 위해서는 우리가 다른 사람이나 사물들과 의미 있는 관계를 맺지 못하는 까닭에 대해서도 설명해야 한다고 말한다.

(우리의 마음이) 욕망에 의해 자극되고 이기심에 의해 가려지며, 이익에 대한 탐욕과 해를 입을 것에 대한 두려움에 압도되고, 분노에 의해 안정을 잃게 되면, 우리는 사물을 파괴하고 우리와 같은 사람을 죽일 것이며, 못하는 일이 없게 될 것이다. 극단적인 경우 우리 자신의 형제를 죽이는 지경에 이를 것이며, 일체를 형성하는 인(仁)이 완

---

41) 같은 곳. 王陽明은 小人의 마음도 만물과 一體를 이룰 수 있다는 것을 보여주려 했기 때문에, 그는 본문에서 "우리"보다는 "그"라는 단어를 사용한다.

전히 사라지게 될 것이다.[42]

여기에 나타난 생태주의적 함의는 명백하다. 우리는 다른 사람들 및 우주와 의미 있는 관계를 맺음으로써 우주 속에서 위대한 조화를 창조해내거나 욕망·이기심·탐욕·두려움·분노로 인해 우리의 가정에서 가장 친밀한 관계를 파괴하거나 둘 중의 한 가지를 할 수 있을 뿐이다.

우주적 질서의 공동 창조자인 인간이 자기 자신뿐만 아니라 천지와 만물에 대해서도 책임이 있다는 굳은 믿음 때문에 위에서 말하는 도덕적 선택에 관한 생각은 오해의 소지가 있을 정도로 단순하게 보인다. 우리가 자아 중심적인 사고를 초월하면 할수록 자아를 실현할 수 있는 능력이 그만큼 커지게 된다. 우리는 우리의 고유한 가정인 세계에 근거하고 있다. 대지·신체·가족·공동체를 벗어나서 정신적 안식처를 만들 수는 없다. 우리는 이와 같은 것들 속에 뿌리를 두고 있다. 그 속에 뿌리를 두고 있기 때문에 우리는 어린아이·금수·초목·벽돌 등과 일체를 이룰 수 있다. 그 속에 뿌리를 두고 있다는 사실이야말로 우리가 다른 존재들과 민감하게 일체감을 느낄 수 있는 이유인 것이다. 사욕을 넘어 끊임없이 확장되는 관계망 속으로 나아갈 때, 우리는 인(仁)이라고 하는 잠재력을 완전히 실현할 수 있다. 우리의 자아 실현이란 이기적인 사사로운 것이 아니라 인격적이며 공동체적인 것이기 때문이다.

하늘의 동반자인 우리에게는 개인적으로 뿐만 아니라 다른 사람들과 공동으로 신성한 사명이 맡겨져 있다. 허버트 핑가렛이

---

42) 같은 곳.

적절하게 표현했듯이, 우리의 사명은 "신성으로서의 범속(the secular as sacred)"을 실현하는 것이다.[43] 진실로 이것은 "우리의 대지와 신체, 가족 그리고 공동체를 변화시켜서 창조적 생명력 혹은 더 간단히 말해서 창조성 그 자체인 천덕(天德)의 발현과 일치하도록 만드는 것이다."[44] 외부 세계를 단순히 "대상들이 모여 있는 곳"에서 "주체들이 교섭하는 장소"로 바라보는 관점의 변화는 대지의 고귀함, 몸의 신성함, 가족의 거룩함 그리고 공동체의 성스러움을 인정하는 일에서 시작된다.[45] 인간에 대한 이러한 통전적 시각은 하늘과 인간의 본성이 상호 감응할 수 있다는 생각에서 출발해야 한다. "합일"이라는 생각은 결코 정적(靜的)인 관계가 아니라 항상 새로워지는 역동적인 관계를 성취하는 것을 의미한다.

현대에 살고 있는 우리는 우리의 가정을 심각하게 오염시켜왔고, 재생 불가능한 가용 자원을 실질적으로 고갈시켜 왔으며, 수많은 종류의 생명체들을 위험에 빠뜨리고 멸종시켜 왔고, 우리 자신의 존재조차도 심각하게 위협하고 있다는 사실을 뼈저리게 깨닫고 있다. 분명 우리는 인간과 지구의 관계를 다시 생각할 필요가 있다. 실제로 경제 성장과 빈곤의 근절을 가장 우선적인 것으로 생각하는 모든 개발도상국들은 현대화 이념에 의해 지배되는 개발 전략으로 인해 환경에 대한 관심을 도외시해왔다. 발

---

43) Herbert Fingarette, *Confucius : the Secular as Sacred* (New York : Harper & Row, 1972).

44) Tu Weiming, "Crisis and Creativity : A Confucian Response to the Second Axial Age", in Steven L. Chase, ed., *Doors of Understanding : Conversations on Global Spirituality in Honor of Ewert Cousins* (Quincy, Ill : Franciscan Press, 1977), p.414.

45) Thomas Berry, 주 32)를 참조.

전만을 긍정적 선으로 간주하는 생각과 태도는 생태계가 점점 파괴되는 것에 대한 두려움을 압도해버린다. 환경 위기의 긴박함은 많은 경우에 뒷전으로 밀려나버리고 만다.

인간이 처한 조건에 대한 가장 우울한 줄거리 대본 중의 하나는 "계속 악화되어만 가는 환경 오염으로 인해 인류의 자생력이 심각하게 위협받는 상황을 막기 위해 무엇을 해야 할지 점점 더 분명히 알면서도, 구조적·정신적·개념적 이유와 그 외의 다른 이유들로 인해 우리는 점점 돌아올 수 없는 다리 저편을 향해 나아가고 있다"는 것이다. 발전이 자기 파괴적인 궤도를 따르고 있음을 알게 하기 위해 과학·경제·정치·문화·종교적 측면에서 도움을 준 사람들의 입장에서 본다면, 그 모든 노력과 열정에도 불구하고 여전히 그들의 경고가 시류를 뒤집을 만한 충분한 영향력을 발휘하지 못하고 있다는 사실을 깨닫는 것은 고통스러운 일임에 틀림없다. 다 알다시피 유교 인문주의가 부활하게 된 원인은 그것이 표방하는 근로 윤리 때문인 바, 이러한 윤리는 발전의 필수불가결의 조건이다. 이러한 점에 비추어볼 때, 천인합일의 교훈을 주창하는 것은 시류를 거스르는 철학적 입장이다. 이는 진정 과거에 대한 향수를 느끼면서 그에 집착하는 것이라기보다는 미래에 대한 새로운 전망으로서 제기된 문화 비판인 것이다.

6. 인간·우주동형동성론을 이상으로 하는 유교 인문주의

전목, 당군의, 풍우란은 유교 인문주의가 비교문화학에서 자리매김할 수 있는 잠재력을 간파했다. 문명 간 대화의 상대자로서 유학은 다른 종교 공동체들에게, 그리고 지구촌 전체에게 어떤 메시지를 줄 수 있을까? 간단히 말해서, 인간·우주 동형 동성적 시각을 가진 유교가 종교와 생태에 관한 대화를 심화시킬 수 있을까? 더 자세히 말해서, 유교에서 말하는 자기 수양의 철학이 새로운 가족 가치·사회 윤리·정치 원리·생태 의식을 고무시켜 중국 문화가 지구 공동체에 대한 책임감을 가지도록 하는 데 도움을 줌으로써 중국 자신의 이익뿐 아니라 세계 국가의 발전에도 기여할 수 있을까? 유교 사상가들은 정신적 자원을 더욱 풍요롭게 하고 계몽주의적 기획의 범위를 더욱 확장시킴으로써 종교와 생태까지도 포괄시킬 수 있을까?

천인합일의 이상에는 자아·공동체·자연·하늘이라는 인간의 조건에 관한 네 가지 불가분의 차원이 함축되어 있다. 각각의 요소가 갖는 완전한 독자성은 다른 요소들의 완전한 통합에 방해가 되는 것이 아니라 오히려 그것을 증진시키게 된다. 자아는 이 관계들의 중심으로서 가족에서부터 지구촌 그리고 그 너머에 이르기까지 다양하게 이해될 수 있는 공동체와의 상호 작용을 통해 자신의 정체성을 확립한다. 인류와 자연 간의 지속적이고 조화로운 관계는 단순히 추상적 이상에 불과한 것이 아니라 실제적 삶을 위한 구체적 지침이다. 인심과 천도 사이의 상응은 인류의 번영을 위해 나아가야 할 궁극적인 길이다. 현대 유교에서 제시하는 생태학적 전망의 핵심은 다음의 네 가지 중요한 특징을 갖는다.

1) 자아와 공동체 간의 유익한 상호 작용

드베리가 말했듯이, "단순히 자아와 가족이 아니라 우선적으로 가정을 우리 노력의 모기지로서 확립하지 않는 환경에 대해서 우리들은 어떠한 것도 희망할 수 없다."[46] 가정 공동체는 "지구촌"과 그 너머로 확장되어야만 하기 때문에, 공동체와 유익한 상호 작용을 하는 자아는 자기중심주의와 애향심은 물론 민족주의와 인간중심주의마저도 초월해야 한다.

실천적인 윤리적 용어로 표현하자면, 토인비의 '자기 정복(self-mastery)'을 연상케 하는 유교의 수신(修身)이 이러한 통전적인 인문주의적 시각이 성립하는 데 절대적으로 필요하다. 좀더 구체적으로 말하면 이 시각은 대지·신체·가족·공동체에 근거하고 있음을 언제나 주목하면서 끊임없이 자기를 초월해가는 과정을 의미한다. 수신을 통해 인간의 마음은 "자기 자신에서 시작해서 가족·면식 공동체·국가 그리고 궁극적으로는 모든 인류에까지 계속적으로 퍼져나가는 동심원 속에서 점점 확장된다."[47]

자신이 교감하는 중심 축을 자신에서 가족으로 전환함으로써 이기심을 극복하게 된다. 그 축이 가족에서 공동체로 옮겨가게 되면 혈연중심주의를 넘어설 수 있게 된다. 그 축이 공동체에서 국가로 옮겨가게 되면 편협한 지역주의를 넘어서게 되고, 다시 모든 인류에게 확장되면 맹목적인 자국우선주의에 제동을 걸 수 있게 된다.[48]

"완성된 인간이 되려는 노력은 이기주의·혈연중심주의·편

---

46) "'Think Globally and Act Locally'."

47) Huston Smith, *The World's Religions* (San Francisco : Harper San Francisco, 1999), p.182.

48) 같은 곳.

협한 지역주의·자민족 우월주의·맹목적 자국우선주의를 순차적으로 넘어서야 하지만", 이것이 "고립된 자족적 인본주의"에 그쳐서는 안 된다.[49]

2) 인류와 자연 간의 지속적이고 조화로운 관계

세속적 인본주의는 스스로에게 부과한 한계를 문제점으로 갖고 있다. 이러한 영향 아래에서, 우리는 환경을 지배하고 정복하려는 집착에 사로잡혀 중요한 생태적인 문제들에 대해 전혀 자폐아가 되어버렸다.[50] 이렇게 인간을 바라보는 관점에서 정신적이고 본성적인 부분을 제외시켜버림으로써 인간의 본성에 내재하는 미적·윤리적·종교적 의미가 심각하게 손상되어버렸다.[51] 결과적으로 종교나 생태에 대해서는 전혀 관심이 없는 오만하고 공격적인 인간중심주의가 명시적으로 표현되지는 않고 있지만, 과학주의·물질주의의 세계관을 지배하게 되었다. 현대 담론의 영향을 받은 현대 유학자들은 자연과학과 과학 기술 및 평등 사회 구현의 가장 확실한 방법인 민주주의의 장려를 통해 물질적 조건들을 개선하는 데에 깊은 관심을 가지고 있다. 그러나 그들은 경세술(經世術)을 통한 건국에만 사로잡혀 있기 때문에 그들이 표방하는 포괄적 인문주의의 정신적·자연주의적 차원들은 도

---

49) 같은 곳., pp.186-187.

50) Thomas Berry, *The Dream of the Earth* (Sierra Club Books, 1990) and *The Universe Story : From the Primordial Flaring Forth to the Ecozoic Era- A Celebration of the Unfolding of the Cosmos* (Harper San Francisco, 1994) 참조.

51) Anthony Giddens, *Modernity and Self-Identity : Self and Society in the Late Modern Age* (Stanford, CA : Stanford Univ. Press, 1991), pp.144-180.

외시되었다. 따라서 유교의 세계관을 편협하고 또 편협하게 만드는 세속적 인본주의로 축소시킨 현대화 담론을 교정하기 위해서는 생태주의적 관점이 우리에게 절실하다. 현대화주의자들은 유교를 원용하여 독재적 정치 체제를 합리화시키는 데에 남용해왔다. 유교적 세계관이 통전적인 인간·우주 동형성적 시각을 말살시키는 사회 공학·도구적 합리성·직선적 발전·경제 발전·기술 관료적 경영을 강조하는 위험을 회피하는 길은 오직 종교적이고 자연주의적 차원을 현대 유교 속으로 통합하는 것이다.

인류가 지속적으로 존속하기 위해서는 원리와 실천 모든 면에서 자연과의 관계를 재구성하는 것이 중요하다. 유교가 창조적으로 거듭나기 위해서는 모든 것을 희생하고 경제적 발전만을 추구하려는 현대화 지상주의적 태도로부터 스스로 벗어나고, 권위주의적 정치와의 관계를 재검토해야만 한다. 인간과 지구 사이에 지속적이고 조화로운 의사 소통을 촉진하는 것이야말로 유교가 자신의 근원지에서 일탈하는 것이 아니라 자신의 본거지로 되돌아가는 것이다. 실로 유학자들이 혁신을 성취하는 최선의 방법은 옛 것에 다시 생명력을 불어넣어 현대적 서구 세계의 영향 아래에서 세속적 인본주의로 일탈한 것이 영원한 탈선이 안되도록 하는 것이다.

3) 인심(人心)과 천도(天道) 사이의 감응

1990년 모스크바에서 열린 지구 포럼에서 과학자들은 인간과 지구의 관계를 새로운 관점에서 그려보도록 종교적·정신적 지도자들에게 호소했다.

과학자로서 우리들 중 다수는 우주 앞에서 심오한 경외감과 존경심을 체험한 적이 있습니다. 우리가 생각하기로, 무언가를 신성하게 여긴다면 그것을 대할 때 배려와 존중의 태도를 가질 가능성이 높을 것입니다. 우리는 우리의 가정인 지구도 또한 신성하다고 생각해야만 합니다. 환경을 보호하고 소중히 가꾸려는 노력은 환경을 신성하게 바라보는 견해와 결합될 필요가 있는 것입니다.52)

생태학적인 문제로 인해 모든 종교적 전통이 지구에 관한 자신들의 전제를 재검토하지 않을 수 없게 된 점은 분명하다. 제한적인 조정만으로 각각의 전통이 생태학적 차원을 수용하려는 것은 충분치 않다. 진정으로 필요한 것은 다름이 아니라 자연을 신성하게 바라보는 것이다. 그러기 위해서는 우리에게 주어진 지구가 소중하다는 사실을 요건으로 삼아 우리가 기본적으로 가지고 있는 종교적인 믿음을 재구성할 필요가 있을 것이다. 과학자들이 호소한 내용 속에 은연중 드러난 사실은 신과 인간 사이의 전반적인 관계 설정에서 자연을 한 가지 새로운 요소로 추가하는 새로운 종교적 신념이 반드시 필요하다는 점이다.

현대 유학자들에게 가장 중요한 문제는 자연과의 조화에서 정신적 차원을 강조하는 것이다. 진영첩(陳榮捷)은 그 유명한『중국철학자료집(*Source Book in Chinese Philosophy*)』에서 다음과 같이 주장한다 :

"만일 한마디로 전체 중국 철학사의 특징을 설명할 수 있다면, 그것은 '인문주의'일 것이다. 하지만 이는 절대자(Supreme Power)를 부

52) Mary Evelyn Tucker, "The Emerging Alliance of Religion and Ecology", in Steven L. Chase, *Doors of Understanding*, p.111에서 인용.

인하거나 무시하는 것이 아니라, 천인(天人)의 합일을 주장하는 인문주의이다. 이런 의미에서 볼 때, 인문주의는 여명기로부터 중국 사상사를 지배해왔다."[53]

"천인합일을 주장하는 인문주의"는 세속적이거나 인간 중심적인 것이 아니다. 이것은 우리가 대지·신체·가족·공동체에 뿌리를 두고 있다는 점을 충분히 인정하는 반면에, 우리가 우주적 질서와 조화를 이루고 있다는 사실은 결코 부정하지 않는다. 대지·신체·지구·공동체와 관계를 맺고 있는 우리의 존재에 초월적 의미를 부여하는 것은 단순히 유교의 고원한 이상만이 아니라 유교의 기본적 관행이다. 유교 사상·도가적 의례·민간 신앙의 영향 아래에 있던 전통 시대의 중국에서, 왕궁·수도·문묘·조실·관사·학교·사저 등은 풍수의 원리에 따라 설계되었다. 풍수 지리 사상에 근거한 이러한 원리들은 인간의 행복 증진을 위해 조작될 수도 있지만, 자연과의 친화력을 증진시킴으로써 인간의 설계를 환경과 조화시키기도 한다.

유학자들은 하늘이 우리 인간에게 본성을 부여해주었으며, 자기 자신에 대한 앎을 통해 천도에 접근할 수 있다고 믿는다. 또한 그들은 천명을 이해하기 위해서는 끊임없는 수신을 해야 한다고 믿는다. 정적(靜的)인 존재가 아니라 끊임없는 변화의 과정인 자연은 우리가 하늘의 역동성을 이해하기 위한 영감을 얻을 수 있는 원천이다. 『주역』의 건괘(乾卦)가 상징하는 것처럼, 하늘의 생명력과 창조성은 끊임이 없고, 하늘은 항상 원기 왕성한 진행의 과정에 있다. 인간이 여기에서 얻을 수 있는 교훈은 명백하다. 우리는 "스스로를 강화시키는 끊임없는 노력[自强不息]"[54]을 통

---

53) Wing-tsit Chan, *A Source Book of Chinese Philosophy*, p.3.

해 끊임없이 지속되는 하늘의 생명력과 창조성을 본받는다. 우리의 삶에 목적과 의미를 주는 궁극적인 존재에게 화답하고자 하는 열망을 가질 때, "우주 앞에서의 경외감과 존경심"이 고취된다. 창조론자의 관점에서 보든 진화론자의 관점에서 보든 간에 우리가 존재하기 위해서는 천지만물의 도움을 받지 않을 수 없다.

맹자는 하늘에 대한 인간의 이러한 태도를 "스스로를 알고 하늘을 섬기며, 확고한 신념으로 목적을 추구하는 것"이라는, 말로 간략하고도 분명하게 표현했다 :

자신의 마음을 완전하게 실현한다면 자신의 본성을 이해하게 될 것이다. 자신의 본성을 안다면 하늘을 알게 될 것이다. 마음을 보존하고 본성을 함양함으로써 하늘을 섬기는 것이다. 요절을 하든 천수를 다하든 간에, 그가 확고한 신념을 가지고 목적을 추구하는 데에는 변함이 없다. 그가 자신의 올바른 운명에 굳건히 설 수 있는 것은 바로 완성된 인격을 가지고 자신에게 닥치는 일을 기다림으로써 가능한 것이다.[55]

자아 실현은 궁극적으로 하늘을 알고 섬기는 데 달려 있다. 인심과 천도의 상호성은 자연과의 조화로운 관계를 통해 이루어진다. 이러한 상호성은 인간의 의지를 하늘에 강요하고, 자연에 대한 정의 욕망을 갖는 것과는 전혀 다른 것이다.

---

54) 『周易』, 「乾卦」.
55) 『孟子』, 「盡心章句上」.

7. 지구적 시각에서 본 유교의 생태주의적 전환

공교롭게도 진영첩이 전목, 당군의, 풍우란의 생태주의적 전환과 매우 유사한 정신으로 인문주의에 대한 비상한 주장을 제기했을 당시, 중국 특히 본토의 문화적 기풍은 세속적 인본주의가 압도하고 있었다. 1972년 열린 스톡홀름 환경 회의에서 중국 대표단은 조약의 전문(前文)에 서명하기를 거부하면서, 경제 성장에 제한을 두고 과학 기술의 진보를 한정하는 매개 변수를 조절하자는 제안을 승인하지 않았다. 발전에 대한과 인간의 기술에 대해 확고한 믿음은 그들로 하여금 환경 문제를 망각하게 만들었다.[56]

상황은 상당히 호전되어 왔으나 과학만능주의와 물질만능주의 기풍은 지속되었다. 1979년의 "개혁 개방" 정책 이래 중국 정부는 세계화 전략의 일환으로 시장 구조를 철저하게 포용하면서 개발 국가로의 변신을 시도해왔다. 언뜻 보기에 현재 중국인들의 사고 방식을 특징짓는 것은 상업주의 · 중상주의 · 국제적 경쟁력인 듯하다. 떠오르는 경제 · 정치 · 군사 대국으로서 중국은 새로운 세계 질서를 창조하는 데 가장 중요한 구성원 가운데 하나다. 개혁 개방이 있기 전에 중국은 현대화를 향한 기나긴 여정에서 많은 고난을 견뎌내야 했다. 그러나 수십 년간 자의반 타의반의 고립 상태가 유지되었기 때문에 중국이 내적으로 겪어온 참상들은 인접국 혹은 아태 지역 전반의 안보와 안정에 커다란 영향을 줄 수 없었다. 하지만 이제는 상황이 전혀 다르다. 중국의

---

56) 1973년의 스톡홀름 회의 직후, 周恩來의 직접적인 격려 아래 중국 환경 보호 운동이 사실상 시작되었다.

경제와 정치는 세계에서 매우 중요한 부분이기 때문에, "중국은 어디로?"라고 하는 지역적이고 국가적인 문제는 인접 지역과 세계 전체에 심오한 의미를 가지게 되었다. 사회주의든 유교든 간에 세속적 인본주의가 계속해서 중국의 지배 이념이 된다면, 환경은 말할 것도 없고 중국 문화와 세계 전체에 엄청난 악영향을 끼치게 될 것이다.

이런 점에서 대안적 전망으로서의 생태주의적 전환은 특별한 의미를 갖는다. 이를 지속시키고 또 결국 정책 형성에 반영시키기 위해서 무엇보다 필요한 것은 지식인들이 대중적 정신을 갖는 것이다. 중국 문화에서 대중적 공간이 등장하게 되었다는 사실은 어렴풋하나마 희망의 징조를 보여준다. 중국 문화권 전반에서 완전히 성숙한 시민 사회는 오직 대만과 홍콩에서만 찾아볼 수 있지만, 인민공화국에서는 몇몇 사회 분야의 대중적 지식인들 사이에 수평적인 의사 소통이 이루어짐으로써 중국 현대사에서 전례 없는 새로운 역동성이 생겨나게 되었다. '대중적 지식인'에 대해 "정치적 관심·사회적 참여 의식·문화적인 감수성·종교적 조화성·생태적인 양심 등을 갖춘 사람들"이라고 정의한다면, 이런 사람들의 모습과 목소리는 이미 정치 현장에서 쉽게 보고들 수 있다. 사실, 강단·정부·대중 매체·사업·사회 활동 등의 분야에서 활동하는 대중적 지식인들은 문명 국가로서 중국의 부상과 관련한 중대한 문화적인 메시지를 전달할 수 있는 힘을 갖고 있다.

중국은 150년이 넘는 세월 동안 피해를 당했다. 피해자이기에 중국의 최고 관심사는 생존이었다. 하지만 이제 중국은 더 이상 피해자가 아니라 떠오르는 세력이다. 중국이 세계 공동체에 참여할 때 중국의 지도자들에게 지침이 될 것은 어떤 종류의 철학

일까? 보복을 선택하는 것은 불가능하고, 세력을 공유하는 것으로는 책임 있는 성원이 되도록 중국을 장려하기에 충분한 호소력을 발휘할 수 없다면, 중국이 새로운 정체성을 확립하도록 자극을 줄 수 있는 것은 무엇일까? 중국의 열망이 실현되기 위해서는 주로 중국보다 불행한 나라들의 비참한 상황이 지속되어야만 한다는 조건이 달려 있다면 중국은 이를 마음 편히 받아들일 수 있을까? 중국은 세계를 좀더 공정하고 인도적으로 만들려는 국제적인 노력에 동참할 수 있을까? 이론과 실천적인 두 가지 측면 모두에서 패권주의적이지 않은 새로운 세계 질서를 촉진시키는 데 중국이 적극적인 역할을 담당하게 될 것인가? 오직 부강에 의해서만 발전을 규정하는 태도를 중국은 어떻게 넘어설 수 있을까?

어려운 첫 걸음은 바로 중국이 현대화를 추구하는 데 참고해야 할 준거 틀을 넓히는 것이다. 지금까지 중국은 (북미와 서유럽 같은) 현대 서구 사회에 사로잡혀 있었기 때문에, 자신이 본래부터 가지고 있던 많은 자원에 눈을 뜨지 못했었다. 비록 커다란 성공을 거두지는 못했지만, 나는 중국 지식인들이 미래의 발전에서 사회적이고 문화적인 측면에서의 인도를 준거로 삼아야 한다고 주장해왔다. 분명 중국은 인도가 경제 정책·정치 현안·사회 관습 등에서 보여준 부정적인 사례들—호전적인 힌두교 민족주의의 등장과 공동체 사이의 갈등이 그 명백한 실례다—을 답습하지 않고 잘해나갈 수 있을 것이다. 하지만 수백만의 영어 구사의 지식인·관료·사업가·사회 활동가를 포함하는 가장 많은 인구를 가진 민주주의 국가 인도는 중국의 자기 반성에 매우 많은 점을 시사해준다. 현재 상황에서 볼 때 인도의 가장 소중한 자산은 풍요롭게 잘 짜여진 정신적 자산을 가지고 있다는 점이다. 정신적인 측면에서 인도는 문명 수출국이다. 비록 중국이 서양을 배워야 한다고 강력하게 주장했지만, 1923년 양수명은 결국 인도적인 삶의 방식이 지배하게 될 것이라고 예언했다.[57] 전통에 대한 중국의 우상 파괴적인 공격은 인도가 자신의 정신적 뿌리를 끊임없이 재확인하고 있다는 사실과 선명하게 대조된다. 중국의 지식인들은 인도의 경험에서 어떠한 교훈을 얻을 수 있을까?

중국이 인도의 사회와 문화를 자신의 준거로 진지하게 받아들인다면, 고유의 대승불교적 유산의 가치를 제대로 평가하기 시작하게 될 것이다. 중국 문명의 인도화에 대한 호적(胡適)의 반성에서 생생하게 표현되어 있듯이, 반종교적인 인본주의는 많은 부분 변화를 겪을 수 있다.[58] 이미 대만과 홍콩 그리고 세계 각지의 화교 문화권에서는 인문주의적 불교가 가장 강력한 종교 운동이 되었다.[59] 경제 문화·사회 윤리·정치 행태 그리고 무엇보다도 환경 윤리에 대해 이 운동은 상당한 영향을 미쳐 왔다. 대승불교가 중국에서 중요한 정신적 세력을 가진 존재로 다시

---

57) 梁漱溟,『東西文化及其哲學』, pp.199-201.

58) 중국 문화의 인도화에 대한 胡適의 태도는 다음의 진술 속에 분명하게 보인다. "현대 자연과학과 과학 기술 및 새로운 사회과학과 역사과학이라는 새로운 도움을 통해, 우리는 2000년에 걸친 인도의 문화적 지배로부터의 신속한 해방을 성취할 수 있다는 것을 확신한다." 胡適, "The Indianization of China" in *Independence, Convergence, and Borrowing in Institutions, Thought and Art ; Harvard Tercentenary Publications* (Cambridge, MA : Harvard Univ. Press, 1937), pp.247.

59) 대만에서 인문주의 불교 운동의 실례를 위해서는 Stuart Chandler, *Creating a Pureland on Earth : the Fo-kuang Buddhist Perspective on Modernization and Globalization* (Ph.D. dissertation, Committee on the Study of Religion, Harvard Univ., 2000).

부상한다면, 도교는 다시 번성할 기회를 가지게 될 것이고, 세속적 인본주의가 아닌 천인합일을 주장하는 유교 인문주의도 번영하게 될 것이다.

티베트는 그 정신적 근원을 인도에 두고 있기 때문에, 중국인들이 자신의 준거로 인도를 받아들이게 된다면 중국 정권과 지식인 엘리트들은 티베트를 하나의 문화로서 더 정당하게 평가할 수 있을 것이다. 힌두교·자이나교·시크교·대승불교가 인간의 정신을 현대적으로 표현한 것임을 중국 정부가 인정한다면, 종교적 자원으로서 티베트가 갖는 의미를 좀더 깊게 이해할 수 있게 될 것이다. 또한 이른바 티베트 문제를 단순히 국가적 통일을 위협하는 정치적인 문제로만 취급하지 않는 바람직한 결과를 낳게 될 것이다. 결과적으로 중국의 한족과 (티베트뿐 아니라 위구르, 몽골 등과 같은) 다른 소수민족들 사이에 존재하는 종교적 의미가 담긴 민족 갈등도 문화적으로 더 세심하고 윤리적인 지성을 잃지 않는 방식으로 다루어질 수 있을 것이다. 이런 식의 가치 지향을 가질 때 얻을 수 있는 부수적인 이익으로는 새로운 종교에 대한 더 나은 평가가 이루어질 것이며, 그 종교들이 사회적 결속에 기여할 수 있는 가능성에 대해 더 나은 인식을 가지게 될 것이라는 점을 들 수 있다. 새로운 중국의 문화적 정체성을 형성하는 데 종교가 강력한 영향력을 미칠 것이라는 점을 생각한다면, 국가 건설에 대한 사회 구성주의적(social constructivist) 접근 방식에서 근본적인 변화는 불가피한 것이다. 중국 당국과 지식인 엘리트들이 정신적인 문제를 더 잘 수용하게 된다면, 자신들의 고유한 전통에 대해 좀더 감사하는 태도를 가지게 될 것이다. 결과적으로 그들은 생태학적인 관심사에 대해 더욱 민감해질 것이다.

하지만 중국이 현대화 정책에서 그 준거의 틀을 확대시켜 인도에서 실험했던 비서구적인 경험들을 포괄할 수 있다 하더라도, 중국이 국제 사회에 더욱 적극적으로 기여하고 책임 있는 구성원으로서 참여하는 문제는 일차적으로 서구, 그 가운데에서도 특히 미국과의 상호 작용에 달려 있다. 코피 아난(Kofi Annan) 유엔사무총장이 주창해온 '평화의 문화'를 배양한다는 견지에서 본다면, 아마도 중미 관계는 오늘날 세계에서 유일하고도 가장 중요한 쌍무 관계라고 할 수 있을 것이다. 불행히도 중국은 미국에 집착하고, 미국은 중국을 무시하는 불균형으로 인해 그러한 관계는 극도로 복잡하고 어려운 것이 되어버렸다. 1989년의 천안문 사태 이래, 미국의 대중 매체들은 많은 경우 중국을 깡패 국가로 묘사해왔다. 인권·종교적 자유·티베트·대만·무역 등의 문제로 인해 극좌파로부터 우파 기독교인들에 이르기까지 중국을 비난의 표적으로 삼아왔다. 미국 정치에서 이런 식의 연대가 이루어지는 일은 흔치 않기 때문에, 일반 대중의 시각에서 볼 때 국제 사회의 책임 있는 구성원으로서 중국의 이미지는 심각한 손상을 입게 되었다. 그러나 미국은 중국의 현대화에 대해 대안적 모델을 제시할 수 있는 특별한 입장에 서 있다.

환경을 다루는 미·중 과학자들 사이의 협력은 우호적이고 생산적이었다는 사실을 밝혀둘 필요가 있다. 그러나 현실적으로 볼 때 과학적 교류라고 하는 이런 식의 의례적이고 엄격하게 제한된 협력이 중차대한 이념적 문제들까지도 논의에 포함시키는 방향으로 쉽사리 확대될 수는 없다. 하지만 장기적인 견지에서 볼 때 지구 온난화와 같은 환경 파괴의 문제를 다루는 국제적 과업에 중국의 적극적 참가를 유도하는 것이 극도로 중요하다는 점은 명백해보인다.60)

좀더 광범위한 시각에서 볼 때, 인권에 관심을 가진 국제 사회에서는 중국의 지도자들이 정치적 이견·종교 숭배·언론 자유·소수의 문화적 의견 등과 같은 국내 문제들을 다루는 방식을 심각하게 받아들일 것이며, 이는 다시 미국의 대중이 중국을 받아들일 수 있는가 하는 문제에 커다란 영향을 미칠 것이다. 반면에 중국인의 견지에서 본다면, 미국은 유일한 초강대국으로서 세계의 상황을 개선하는 데 적극적이고 건설적인 역할을 할 의무를 겨야만 한다. 세계 인구의 5%에 불과한 미국이 전 세계 온실 가스의 22%를 배출[61]한다는 점과, 미국인들의 평균 생활 수준이 대다수 중국인들의 상상을 초월하는 것이라는 사실을 감안할 때, 공정성과 분배 정의의 문제가 반드시 제기되어야 한다. 미국이 자국의 이익을 외교 정책의 지도 원리이자 국제적 공동체의 복지에 역행하는 행동 구실로 삼고 있는 것에 대해 중국이 비판하는 것이 놀랄 일은 아니다. 이러한 행동은 미국이 국제 사회에서 도덕적 지도력을 행사할 의도가 없음을 보여주는 명백한 징조다.

비록 그렇다 하더라도, 인권·무역·교육·과학 기술뿐 아니라 종교와 생태에 관한 생산적인 대화에 기반한 중미 관계는 가능하고 바람직할 뿐 아니라 반드시 필요한 것이기도 하다. 중국의 경우, 사회 진화론적 경쟁성은 인류의 번영이라고 하는 한층 더 광범위한 이상에 의해 대체되어야 할 것이다. 중국이 자신의 준거 틀을 넓히는 것은 불가피해보이며, 만약 그렇게 된다면 중

---

60) Michael B. McElroy는 미래에 지구상의 이산화탄소 배출의 통제는 "대부분 중국, 인도, 인도네시아 같은 대규모 개발 도상 국가들에서 발생하는 것에 달려 있다"고 주장한다. "Perspectives on Environmental Change : Basis for Action", *Daedalus*, p.16.

61) 같은 곳.

국은 직선적 발전이라는 협소한 궤적 속에서가 아니라 점점 더 상호 의존적이 되어 가는 다원주의적 세계 속에서 자신의 올바른 자리를 찾게 될 것이다. 인도뿐 아니라 동남아·중남미·중동·아프리카 등과 같은 다른 비서구적 사회들도 중국이 지적이고 정신적인 측면에서 자기 스스로를 규정해나가는 과정과 무관하지 않게 될 것이다. 미국도 분명 가르침을 주는 문명에서 배움을 받는 문화로 변화할 필요가 있다. 거대한 이민 사회로서 미국 문화는 수세기 동안 유럽에 대해 활발한 배움의 태도를 견지해왔다. 제2차 세계대전이 끝난 이래로, 동아시아의 유교 국가들에 대한 스승으로서 미국의 자화상은 대중들의 의식 속에 너무나 깊이 각인되었기 때문에, 듀이(Dewey)와 그의 제자인 호적 및 풍우란의 관계에서와 같은 사제 관계가 당연한 것으로 승인되어 왔다. 이제 서로를 배우고 정당하게 평가하는 새로운 균형 관계에서 함께 일해나갈 때가 왔다.

1995년에 코펜하겐에서 열린 사회 문제 정상 회의에서는 인류 공동체의 결속을 심각하게 위협하는 세 가지 요소로 빈곤·실업·사회의 해체를 들었다. 세계화로 인해 지역화의 필요성이 더욱 높아졌다. 우리의 공동체가 하나의 '촌락'으로 압축되어 가고 있음에도 불구하고 통합은커녕 차이·구분·공공연한 차별이 노골적으로 드러나고 있다.62) 남반구가 북반구의 환경 운동을 올바르게 이해하기 위해서는 생태주의적 당위성과 발전의 당위성 사이의 모순이 해결되어야만 한다. 남반구가 기본적으로

---

62) Tu Weiming, "Global Community as Lived Reality : Exploring Social Resources for Development", in *Social Polity & Social Progress*, Special Issue on the Social Summit, Copenhagen, 6-12, March 1995 (New York, United Nations, 1996), 47-48.

물질적인 의미에서의 발전만을 생존의 필수 조건으로 간주한다면, 북반구에서 대안적 생활 양식으로 주창하는 '격조 높은 소박함(elegant simplicity)'은 설득력을 가질 수 없다. 개발도상국으로서 중국은 남반구적 사고 방식에 철저히 익숙해져 왔다. 중국이 자신의 책임감을 국가 건설에만 한정시키지 않을 때, 중국은 전 세계적 환경 문제에서 건설적인 동반자가 될 수 있다. 북반구, 그 가운데에서도 특히 미국이 도덕적인 지도력을 보여준다면, 중국이 이것을 따르는 데 고무적인 영향을 줄 수 있을 것이다. 선진국들의 격려와 호혜적인 존중 없이 중국이 독자적으로 그러한 노선을 택할 가능성은 없는 듯하다. 사실 제한된 범위이기는 하지만, 중국과 미국뿐 아니라 다른 한편으로는 중국과 유럽연합 사이에서 인권·무역·과학 기술뿐 아니라 종교·생태 등에 관한 호혜적인 대화가 이미 시작되었다.

현재 중국의 정치적 기풍을 고려할 때 종교는 특히 민감한 문제다. 그러나 정부·강단·사업·대중 매체 등에서 활동하고 있는 대중적 지식인들은 종교가 생기 넘치는 사회적 추진력이라는 사실을 광범위하게 인정하고 있다. 중국의 개발 정책을 결정하는 데 종교가 적극적인 역할을 수행할 것인가 여부는 중국의 새로운 문화적 정체성을 평가하는 데 가장 중요한 지표 가운데 하나다. 건전한 환경 윤리가 가능하려면, 중국 지식인들이 세속적 인본주의에 기반한 민족주의를 넘어서야만 한다. 더 넓은 맥락에서 볼 때 환경 오염에 대한 공동의 보조를 표명함에 종교적·정신적 지도자들이 전 세계적으로 의미 있는 역할을 하기 위해서는 그들 스스로가 반드시 대중적 지식인의 역할을 담당해야만 한다. 2000년 9월에 유엔에서 열린 밀레니엄 회의에서 분명히 볼 수 있듯이, 종교적·정신적 지도자들이 자신들의 믿음을 공유하는 공동체를 넘어서서 대중적 지식인으로서 세계적인 문제에 이해와 관심을 보이지 못한다면, 그들이 던진 메시지는 오해되거나 왜곡되거나 무시될 것이다. 서로를 인정하고 자신들의 주장을 개진해야 할 필요가 있음에도 불구하고, 자신의 정체성만을 확립하고자 하는 정책은 인간의 생존과 번영을 위한 보편 윤리를 신장시키는 데 장애가 될 것이다.

윌리암 벤들리(William Vendley)가 주장하듯이, 종교적 · 정신적 지도자들은 자신들의 일차적인 신념의 목소리 외에도 갈등으로 점철된 우리들의 다원주의적 사회 속에서 평화 문화를 양성하는 의무를 촉진하는 부차적 목소리(내가 보기에 이것은 전 세계의 보편적 목소리로 부상할 수 있다)를 발전시켜야만 한다.[63] 현대 유학자들은 책임 있는 학자가 갖추어야 할 기본적인 문화 역량으로서 자신들의 부차적 목소리를 발전시켜 왔다. 사실상 이들에게 일차적 목소리는 이차적 목소리와 하나로 통합되었기 때문에 양자는 구별이 어렵게 되었다. 대중적 지식인의 역할을 떠맡는 것이 유학자의 결정적 특징이라는 사실에서 우리는 "유학적"이라는 용어가 왜 종교 간의 대화에서 기독교도 · 불교도 · 회교도들의 정치적 관심 · 사회적 책임 · 문화적 감수성을 설명하는 형용사가 되었는지를 이해할 수 있다. 따라서 유학적이라는 수식어가 붙는 기독교도 · 불교도 · 회교도들은 대중적 지식인의 역할을 담당하는 것을 열망해야만 한다. 성직자로서 아직 실현되지 않은 천국만을 목표로 한다면 그는 유학자가 되기를 포기하는 것이며, 이것은 피안에만 전적으로 매달리는 승려나 영혼의 정화에만 몰두하는 수피도 마찬가지다. 하지만 인

---

63) William Vendley.

문주의적 불교도는 말할 것도 없이, 사회적인 헌신에 매진하는 기독교도나 회교도는 유학자라고 불릴 수 있다.

8. 새로운 세계관과 보편 윤리를 향하여

현대 유교의 생태주의적 전환은 지속적인 인간과 지구의 관계라고 하는 불가분의 측면이 인간 공동체의 모든 구성원들이 수신을 통해 조화로운 사회와 관대한 정부를 만드는 것임을 분명히 보여준다. 동시에 유학자들의 주장에 따르면, 조화로운 인간 관계를 확립하고 가족 윤리를 형성하며 대중의 요구에 부응하는 책임 있는 정부를 수립하는 데 가장 본질적인 것은 변화하는 자연의 패턴과 조화를 이루는 것이다. 메리 에블린 터커(Mary Evelyn Tucker)는 다음과 같이 주장한다.

> 유학의 천지인 삼재가 완전히 성취되기 위해서는 그 각각의 영역들 사이에 간극이 없으면서도 역동적인 상호 교차가 있어야만 한다. 자연의 무수한 변화와 조화를 이루지 못한다면, 인간의 사회와 정부는 그 존립을 위협받게 될 것이다.[64]

사회·정치적 질서에는 각 개인의 수신이 필수적이기 때문에, 대중적 지식인은 엘리트주의자가 아니라 생활 세계의 일상적인 일에 적극적으로 참여하는 사람이다. 철학자·예언자·성직자·승려·구루(guru)[65]보다도 관심을 가진 학자를 지향하는 유교의

---

64) "The Emerging Alliance of Religion and Ecology", in Steven L. Chase, *Doors of Understanding*, p.120.

이상이 이런 대중적 지식인을 위한 가장 적절한 모델이 될 것 같다. 유학자들이 건전한 세계관과 건강한 생태 윤리를 육성하기 위해서는 자연과의 조화로운 관계에 대한 열망과 정의로운 사회의 건설을 위한 집중적인 노력이 결합될 필요가 있다는 사실을 우리에게 일깨워준다.

중국의 정치 지도자들은 "관용·비폭력·평화를 증진시킬" 수 있는 유리한 위치를 점유하고 있다.66) 중국의 인민들은 대승 불교와 도교 및 포괄적인 유교 인문주의의 영향으로 인해 "모든 생명체를 존중과 배려의 마음으로 다룰" 마음의 자세를 갖고 있다.67) 강단 공동체에서 일하는 대중적 지식인들 중 "지속적인 생활 방식에 필요한 지식·가치·기술을 공교육과 평생 교육에 통합시켜야 한다는" 바람을 강력하게 표현한 숫자는 점점 더 증가하고 있다.68) 중요한 과제는 모든 차원에서 민주화를 이루는 것이며, 이는 최고위층에서 더욱 투명하고 설명 가능한 통치를 하는 것으로부터 시작해야 한다. 모든 사람이 정의의 혜택을 받을 수 있도록 하는 가장 정당한 방법은 법에 의한 통치(rule by law)가 아니라 법의 통치(rule of law)라는 사실이 광범위하게 인정되고 있기 때문에, "의사 결정에의 포괄적인 참여"69)라는 이상이 이제 불가능한 것만은 아니다.

---

65) 힌두교의 교사(역자).

66) The Earth Charter.

67) 같은 곳.

68) 같은 곳. 현재 중국의 대학연구소에서는 환경에 초점을 맞춘 100개 이상의 프로그램들이 개발되었다. 이 프로그램의 대다수는 주로 기술공학의 문제들에 관심을 가지고 있으나, 그 중 극소수는 환경 보호에 대한 다중 학제간 접근 방식 속에 사회과학과 인문학의 방법론을 통합시켰다.

69) 같은 곳.

현대 유학자들은 국가 건설이라는 대의명분에 따라 현대화를 향해 나아가는 과정 속에서 그들이 사용하는 일차적인 언어가 근본적으로 재구성되었기 때문에, 그것이 더 이상 신념을 표현하는 언어가 아닌 도구적 합리성·경제적 효율·정치적 편의·사회 공학의 언어라는 사실을 충분히 인정했다. 그들은 현재 현대화의 불쾌함으로부터 벗어나고 있다. 그들이 새롭게 제시하는 유교의 인간·우주 동형 동성적인 관점은 그들 자신의 창조적 변환을 거쳐 새로운 세계관과 새로운 윤리의 탄생을 위한 영감을 제공하는 원천이 될 것이다. 현대 유교의 생태주의적 전환은 중국의 정신적 자기 규정을 위해 매우 중요한 의미를 가진다. 왜냐하면 이러한 전환은 중국이 자신의 본거지로 돌아가서 자신의 영혼을 재발견하도록 자극할 것이며, 이러한 자극은 나아가 지구 공동체의 지속 가능한 미래를 위해서도 유익할 것이기 때문이다.

The Ecological Turn in New Confucian Humanism:
Implications for China and the World

An intriguing phenomenon has occurred in Cultural China in the last twenty-five years. Three leading Confucian thinkers in Taiwan, mainland China, and Hong Kong independently concluded that the most significant contribution that the Confucian tradition, indeed Chinese culture in general, can offer to the global community is the idea of the "unity of Heaven and Humanity" (*tianrenheyi*). Qian Mu in Taiwan characterized his understanding of this precept as the mutuality between the human heart-and-mind and the Way of Heaven.[1] Tang Junyi of Hong Kong emphasized "immanent transcendence", meaning that since Heaven confers our nature, we can apprehend the Mandate of Heaven by understanding our hert-and-mind. Thus, the transcendence of Heaven is immanently present in the communal and critical self-consciousness of human beings as a whole.[2] Similarly, Feng Youlan of Beijing rejected his previous commitment to the Marxist notion of struggle and underscored the value of harmony not only in the human world but also in the human-nature relationship.[3] Since all three of them articulated these positions toward the end of their lives, the unity of Heaven and Earth symbolizes the wisdom of the elders in the Sinic world. I would like to suggest that this ecological turn in contemporary New Confucianism is profoundly meaningful for China and the world.

An Ecological Turn

Quan Mu characterized this view realization as a major breakthrough in his thinking. When his wife and student raised doubts about the originality of this insight because the idea of the unity between Heaven and Humanity is centuries old, Qian, already in his nineties, emphatically noted that his understanding was not a reiteration of conventional wisdom but a personal enlightenment, thoroughly original and totally novel.[4] Qian, as a cultural historian, is noted for his sympathetic appraisal of Chinese political thought and institutions as the unfolding of a rational humanist vision. Although liberal thinkers have criticized him as an apologist for traditional authoritarianism, he received much critical acclaim for his scholarly contribution to the chronology of classical Chinese philosophy, Chinese intellectual history of the last three centuries, and Zhu Xi's (1130-1200) thought. However, since he never showed any strong interest in Confucian metaphysics, his fascination with the idea of mutuality between the human heart-and-mind and the Way of Heaven, and his assertion that this idea is a unique Chinese contribution to the world, attracted a great deal of attention in Cultural China.[5]

Tang Junyi, on the other hand, presented his view from a comparative civilizational perspective. He contrasted Confucian self-cultivation with Greek, Christian, and Buddhist spiritual exercises, concluding that Confucianism's commitment to the world, combined with its profound reverence for Heaven, offered a unique contribution to human flourishing in the modern world. The Confucian worldview, rooted in earth, body, family, and community, is not "adjustment to the world",[6] submission to the status quo, or passive acceptance of the physical, biological, social, and political constraints of the human condition. Rather, it is dictated by an ethic of responsibility informed by a transcendent vision. We do not become "spiritual" by departing from or transcending above our earth, body, family, and community but by working through them. Indeed, our daily life is not merely secular but a response to a cosmological decree. Since the Mandate of Heaven that enjoins us to take part in the great enterprise of cosmic transformation is immanent in our nature, we are Heaven's partners. Life has purpose. In Tang's graphic description, the ultimate meaning of being human is to enable the "Heavenly virtue" (*tiande*) to flow through us. Therefore, Tang's project of reconstructing the humanist spirit is predicated on an anthropocosmic vision.[7]

Feng's radical reversal of his earlier position was an implicit critique of Mao Zedong's thought on struggle and the human capacity to conquer nature. His return to Zhang Zai's (1020-1077) philosophy of harmony signaled a departure from his Marxist phase and a re-presentation of his Confucian ideas prior to the founding of the People's Republic of China in 1949. The opening lines in Zhang Zai's *The Western Inscription* state:

> Heaven is my father and Earth is my mother, and even such a small creature as I finds an intimate place in their midst. Therefore that which fills the universe I regard as my body and that which directs the universe I consider as my nature. All people are my brothers and sisters, and all things are my companions.[8]

The idea of "forming one body with Heaven, Earth, and myriad things" is a variation on the theme of the unity of Heaven and Humanity. Accordingly, Feng characterizes the highest stage of human self-realization as the embodiment of the "spirit of Heaven and Earth."[9]

On the surface, the ecological turns of Qian, Tang and Feng were attempts to make the "local knowledge" of New Confucian humanism universally significant by retrieving the spiritual resources of the classical and New-Confucian heritage. Their efforts to employ Confucian ideas to enunciate their final positions seem no more than personal choices for their own distinctive styles of philosophizing. Yet, they were obviously convinced that their cherished tradition had a message for the emerging global village, and they delivered it in the most appropriate way they knew. Their use of a prophetic voice suggests that their Confucian message was addressed not only to a Chinese audience but also to the human community as a whole. They did not wish merely to honor their ancestors but also to show that they cared for the well-being of future generations.

What was the ethos of Cultural China when they encountered the ecological issue? Were they even conscious of the ecological implications of their final positions?

Surely, Taiwan, Hong Kong, and, later, mainland China were all involved in the restless march toward a Western-style modernity. Modernization was the most powerful ideology in Cultural China. The brave new world of industrialization so seriously challenged China's traditional agriculture-based economy, family-centered social structure, and paternalist government that the fate of the Confucian world was thought to have been sealed in the early twentieth century.[10] Perhaps

Qian, Tang, and Feng were nostalgic for the kind of "universal brotherhood" or "unity of all things" that Max Weber and others have long critiqued as being outmoded in our disenchanted modern world. Traces of romantic sentiment can be seen in their writings. However, although longing for a lost world, they discovered a new vitality and a new persuasive power in the tradition. Qian's fascination with a seemingly age-long is understandable. An appreciation of this renewed sense of intellectual creativity merits a historical reminder.

Holistic Humanism

Prior to the impact of the modern West, Confucian humanism was the defining characteristic of the political ideology, social ethics, and family values in East Asia. Since the East Asian educated elite were all seasoned in Confucian classics, what the three contemporary thinkers advocated as a unique Confucian contribution to the human community was, in fact, the shared spiritual orientation of scholars and officials as well as the populace of China, Vietnam, Korea, and Japan. Of course, specifying the salient features of this shared spiritual orientation is not a simple matter. Region, class, gender, and ethnic differences have led to conflicts of interpretation not unlike those of the world's major religions (Hinduism,

Buddhism, Judaism, Christianity, and Islam). Suffice it to present the famous "eight steps" in the first chapter of *The Great Learning* as a glimpse of what Confucian humanism purported to be :

The ancients who wished to illuminate "illuminating virtue" all under Heaven first governed their states. Wishing to govern their states, they first regulated their families. Wishing to regulate their families, they first cultivated their personal lives. Wishing to cultivate their personal lives, they first rectified their hearts and minds. Wishing to rectify their hearts and minds, they first authenticated their intentions. Wishing to authenticate their intentions, they first refined their knowledge. The refinement of knowledge lay in the study of things. For only when things are studied is knowledge refined ; only when knowledge is refined are intentions authentic ; only when intentions are authentic are hearts and minds rectified ; only when personal lives are cultivated are families regulated ; only when personal lives are cultivated are families regulated ; only when families are regulated are states governed ; only when states are governed is there peace all under Heaven. Therefore, from the Son of Heaven to the common people, all, without exception, must take self-cultivation as the root.[11]

Speaking directly to this passage, Wm. Theodore de Bary observed, "Chinese and Confucian culture, traditionally, was about settled communities living on the land, nourishing themselves and the land. It is this natural, organic process that

Confucian self-cultivation draws upon for all its analogies and metaphors."[12] He further observed that the American Confucian/Christian farmer poet Wendell Berry's *Unsettling America* "makes the Confucian point":

> [H]ome and family are central, and we cannot hope to do anything about the environment that does not first establish the home — not just the self and family — as the home base for our efforts.
>
> If we have to live in a much larger world, because ecological problems can only be managed on a global scale, the infrastructure between home locality and state (national or international) is also vital. But without home, we have nothing for the infrastructure, much less the superstructure, to rest on. This is the message of Wendell Berry; and also the lesson of Confucian and Chinese history.[13]

Underlying this project of human flourishing, from self-cultivation to universal peace, is a worldview that entails an overall vision of the proper niche of the human in the cosmos. The idea of home, in this sense, is expanded beyond the world. The human, so conceived, is an active participants in the cosmic process with responsibility of stewardship for the environment. A statement in the *Doctrine of the Mean* succinctly captures the essence of this line of thinking:

> Only those who are the most sincere (authentic, true, and real)

can fully realize their own nature. If they can fully realize their own nature, they can fully realize human nature. If they can fully realize human nature, they can fully realize the nature of the things. If they can fully realize the nature of things, they can take part in the transforming and nourishing process of Heaven and Earth. If they can take part in the transforming and nourishing process of Heaven and Earth, they can form a trinity with Heaven and Earth.[14]

Obviously, this idea of the interrelation of Heaven, Earth, and Humans was precisely what the three thinkers had in mind when they stressed the centrality of the precept of "the unity of Heaven and Humanity", after it had been totally relegated to the background as a sort of archaic irrelevance for more than a century in Cultural China. The excitement of rediscovery this central Confucian precept was a poignant reminder of how much had already been lost and how difficult it was to retrieve the elements that remained significant. What actually happened?

Secularization of Confucian Humanism

Although the fate of Confucian China since the Opium War of 1839 has been well documented, the story of the modern transformation of Confucian humanism has yet to be told. In the period between the Opium War and the founding of the

People's Republic of China in 1949, Chinese society was inflicted with a major destructive event at least every decade : the Taiping Rebillion, the unequal treaties, the Western encro- achment, the Sino-Japanese War of 1895, the Boxer Uprising, the 1911 Revolution, the internecine conflicts among the warlords, Japanese aggression, and the struggle between the Communists and the Nationalists. From 1949 until the "reform and opening" policy was put into practice in 1979, Chinese society was subjected to profoundly disruptive campaigns every five years of so : the Korean War, the Great Leap Forward, collectivization, and the Cultural Revolution, just to mention a few.

The highly politicized and ideologized master narrative about modern China's restless landscape is the story of the decline of the Middle Kingdom, principally due to Western imperialism, and of the Chinese people's struggle, against overwhelming odds, to regain their independence. It is the story of China's tortuous road toward modernization. The introduction of Marxism-Leninism, the emergence of the Chinese Communist Party, and the rise of Mao Zedong as the revolutionary leader are integral parts of the narrative. For Confucian humanism, the single most critical event was the intellectual effervescence of the 1919 May Fourth Movement. The iconoclastic attack on Confucianism, an aspect of the May Fourth ethos, was explained in simplistic utilitarian terms : to save the nation, it is imperative that we transcend our "feudal past" to learn from the modern West. The sole criterion for judging the value of Confucianism was its compatibility with modernization as defined in Western values. It was the modernist turn that definitively restructured Confucian humanism. Certainly ecological concerns were not on the agenda.

Some scholars have noticed the paradox in the May Fourth approach to national crisis. The intellectuals' totalistic rejection of the Confucian tradition and the thorough commitment to the well-being of China as a civilization-state compelled them to find a new cultural identity and to reject the mainstream thought that, for centuries, had defined Chinese polity and society.[15] Although a group of sophisticated intellectuals tried to tap the rich resources of non-Confucian traditions, such as Moism, Legalism, Daoism, and folk religions, to formulate new visions of being Chinese, the scholarly community's general tendency was to equate modernization with Westernization. As a result, Confucian humanism lost much of its persuasive power. The courage to transcend the "feudal past" was considered imperative for China to emerge as an independent nation. Ironically, nationalism was the motivating force for China's intellectual elite to replace Confucian humanism and adopt the Enlightenment values of the modern West. Although wholesale Westernization was no more than a radical slogan, the Chinese perception of the Western source of wealth and power became the guiding principle for action.

Science and democracy were widely accepted as the most effective Western formulas for transforming China into a modern nation. It was not the search for truth or the dignity of the individual that prompted Chinese intellectuals to embrace them. Intent on making China wealthy and strong, scientism and populism were promoted as instruments of nation-building. They were techniques for the mass mobilization of material and human resources for China to rise again as a unified nation. The overall ethos was shaped by materialism, progressivism, utilitarianism, and instrumentalism. The Enlightenment mentality, as a form of secular humanism, was primarily an ideology for survival.

Under the shadow of the "feudal past", the New Confucians of the May Fourth generation stringently criticized Confucian practices deemed contradictory to the modern spirit. The Confucian ideology that asserted the authority of ruler over minister, father over son, and husband over wife(the so-called "three bonds") was demolished. Instead, the five-relationships based on mutual exhortation — affection between parent and child, rightness between ruler and minister, orderliness between older and younger siblings, division of labor between husband and wife, and trust among friends — were critically analyzed in a new context. Although the need for differentiation was obvious, social ethics predicated on hierarchy, status, gender, and age were severely scrutinized. Even family values were thoroughly reexamined. The naive belief that family is always congenial to wholesome self-development was seriously questioned. Arbitrary authority based on age, gender, and status was rejected. Any assertion, including statements in the classics, that evoked sentiments of authoritarianism, male chauvinism, or hierarchical mechanisms of control, was denounced. The viciousness with which Chinese intellectuals, including the New Confucians, deconstructed the Confucian heritage was unprecedented in Chinese history.

However, even at the height of the May Fourth generation's obsession with modernization as Westernization, some of the most original-minded New Confucians had already begun to question the worldview and ethics implicit in the Enlightenment project. Their views were profoundly meaningful for the Confucian ecological turn. Xiong Shili(1885-1968) reconfigured Confucian metaphysics through a critical analysis of the basic motifs of the Consciousness-Only School in Buddhism. Xiong insisted that the Confucian idea of the "great transformation" is predicated on the participation of the human in the cosmic process, rather than the imposition of human will on nature. He further observed that as a continuously evolving species, human beings are not created apart from nature but they emerge as an integral part of the primordial forces of production and reproduction. The vitality that engenders human creativity is the same energy that gives rise to mountains, rivers, and the great earth. Consanguinity exists between us and Heaven, Earth, and the myriad things. Since his philosophy is based on the *Book of Change*, the ethics of forming one body with nature looms large in his moral idealism.[16]

Liang Shuming(1893-1988) characterized the Confucian life-orientation as a balance between detachment from and aggression toward nature. Although he conceded China had to learn from the West to enhance its fitness for competition for the sake of national survival, he prophesized that, in the long run, the Indian spirit of renunciation would prevail.[17] Liang may have anticipated Toynbee's ethical recommendation toward the end of his life:

> According to Toynbee, the twentieth century' intoxication with technology has led to the poisoning of our environment and has created the possibility that humanity may destroy itself. He believes that any solution to the current crisis depends on self-control. Mastery of the self, however, cannot be achieved through either extreme self-indulgence or extreme asceticism. The people of the twentieth-first century must learn to walk the middle path, the way of moderation.[18]

Although Liang did not develop a philosophy of his own, his comparative civilization inquiry generated a strong current in reevaluating and revitalizing Confucianism at the time when Westernization dominated the intellectual scene.

Nevertheless, the modernist trajectory was so powerful that Confucian humanism was profoundly reconfigured. Neither

Xiong nor Liang was able to sustain an argument in favor of a non-anthropocentric, not to mention eco-friendly, ethic. The rules of the game determining the relevance of Confucianism to China's modern transformation were changed so remarkably that attempts to present a Confucian idea for its own sake were largely ignored except for a small coterie of ivory tower academicians. Under the ethos of saving the nation, the repertoire of modern Western ideas was relatively narrow. Even values of liberty and human rights became problematical because their contribution to nation-building, according to a restricted rational calculation, was considered neither direct nor urgent. The triumph of science and democracy was the result of a utilitarian consideration rather than a true commitment to Western values.

In a deeper sense, had China's modernist project followed the ideal of building democratic societies that are "just, participatory, sustainable, and peaceful",[19] it could have had a salutary effect on China's overall conception of development. Issues of "eradicat[ing] poverty as an ethical, social, and environmental imperative",[20] promoting human flourishing as well as material progress, "uphold[ing] the right of all, without discrimination, to a natural and social environment supportive of human dignity, bodily health, and spiritual well-being",[21] "affirm[ing] gender equality as prerequisites to sustainable development",[22] and "ensur[ing] universal access to education, health care, and economic opportunity"[23] would have been put on the national agenda for discussion. A Confucian sense of economic equality, social conscience, and political responsibility could have been relevant to and significant for debate and conversation on these vitally important matters. The cost of the secularization of Confucian humanism was high. As China turned its back on her indigenous resources for self-realization, it embarked on a course of action detrimental to her soul and her long-term self-interest.

Confucian Revival as a Modernist Ideology

The revival of Confucianism since the end of the Second World War, first in industrial East Asia and, more recently, in socialist East Asia, seems to suggest, on the surface, that the tradition has been successfully modernized. Actually, some of the most brilliant Confucian thinkers were instrumental in transforming the tradition from an agrarian mode of thinking to an ethics congenial to an industrial, cosmopolitan society. When China was going through major turmoil during the last five decades, the neighboring countries were not adversely affected. Moreover, industrial East Asia (Japan and the Four Mini-Dragons) achieved spectacular economic growth. For years, Confucianism enjoyed state sponsorship in Taiwan, South Korea, and Singapore. If Confucianism has survived as a political ideology in industrial East Asia, it seems to have transcended its feudal past and become a viable tradition shaping East Asian modernity.[24]

Mainland China, under the influence of Maoism, was openly hostile to Confucian theory and practice. Yet, Confucian ideals manifested as habits of the heart have been pervasive in all walks of life, especially among the workers, farmers, and soldiers, in the People's Republic. Recently, socialist East Asia(China, Vietnam, and North Korea), challenged by industrial East Asia, has taken a more positive attitude toward its Confucian roots. North Korea has thoroughly politicized Confucian ideas for its cult of personality and family values. Vietnam has begun to retrieve its Confucian cultural resource. The Beijing government is now actively promoting Confucian ethics. Unfortunately, the Confucian way that has been revitalized is at best a mixed blessing.

The Confucian ethics that has emerged in socialist East Asia, under the influence of the modernist ethos, is often a confirmation, rather than a critique, of the Enlightenment mentality. Because it takes instrumental rationality as its modus operandi, its precepts can be easily co-opted by social engineering as a mechanism of control. Scientism is the basic life-orientation and religion is equated with backwardness. This rationalist and scientistic ethos is thoroughly anthropocentric. Successful nation-building requires the accumulation of economic capital, enhancement of technical competence, upgrading of cognitive intelligence, and improvement of material conditions. On the other hand, little attention is paid to the long-term significance of "social capital", cultural competence, ethical intelligence, and spiritual values. The strong preference for technological solutions to well-defined problems and the pervasive influence of the technocratic mindset mean that non-quantifiable issues are often totally ignored or inadequately managed. As a result, ecology and religion are seriously misunderstood. The gigantic hydraulic project of the Three Gorges Dam is an obvious example. The promotion of Confucianism as secular humanism is unfortunate because its rich resources for developing a truly ecumenical worldview and global ethics will not be tapped. Instead, a narrowly defined notion of progress, rather than a broad agenda for human flourishing, will be underscored.

Confucian humanism is not secular humanism; as an anthropocosmic vision, it emphatically rejects anthropocentrism as an impoverished idea of humanity. However, Confucians insist that we begin our journey of self-realization with the acknowledgement that we are concrete living human beings embedded in the world here and now. Although this positive attitude toward the world enables us to appreciate our natural and social environment as an inseparable dimension of our humanity, it also predisposes us to accept the status quo as intrinsically reasonable. The danger of abusing the reconstructed Confucian values as a neo-authoritarian justification for domination is a case in point.

Asian (Confucian) values have been enthusiastically promoted as positive factors in economic growth, political stability, and social cohesiveness. Self-discipline, duty-consciousness, diligence, frugality, networking, cooperation, consensus-formation, and harmony are identified as salient features of Confucian economic and political culture. At the critical juncture of Chinese history-these values might be considered more relevant for nation building than exclusive concerns for liberty, rights, and individual autonomy. The Asian values discussion, as a critique of the human rights rhetoric, is itself a reflection of the Enlightenment mentality : anthropocentrism, social engineering, progressivism, scientism, and instrumental rationality. As long as the reconstructed Confucian humanism is incorporated into the discourse on modernity, its anthropo-cosmic insight is lost and its possibility of promoting "a holistic, non-anthropocentric, egalitarian, eco-friendly world-view respectful of nature and compassionate to all forms of life"[25] is also diminished.

Humanity as Sensitivity, Sympathy and Empathy

What Qian Mu, Tang Junyi, and Feng Youlan offered is a new horizon, a re-presentation of Confucian humanism.

Whether or not they conscientiously propounded their thoughts as a critique of the Enlightenment mentality and, by implication, the discourse on modernity, their new horizon extended beyond aggressive anthropocentrism and instrumental rationality. Furthermore, they presented an inclusive humanist vision by transcending the "either-or" mode of thinking.

The exclusive dichotomies — spirit / matter, mind / body, sacred / profane, and subject / object — characteristic of modern consciousness working directly out of the Enlightenment are in sharp contrast to the Confucian preference for the "nuanced between"[26] in interconnected binary structures. In the Confucian tradition, such categories as root / branch, surface / depth, former / latter, above / below, beginning / end, part / whole, and inner / outer are employed to indicate interaction, interchange, interdependence, and mutuality. The earth-human relationship, viewed in this perspective, is organically intertwined. Earth is not a material object "out there" but rather it is our proper home. For spiritual self-realization, the human should become a steward, guardian, and protector of nature in an aesthetic, ethical, and religious sense.

How can we "respect Earth and life in all its diversity", "care for the community of life with understanding, compassion, and love", and "secure Earth's bounty and beauty for present and future generations?"[27] For one thing, we must transcend the view that earth is a profane matter, a soulless object, and a spiritless body. Rather, there is consanguinity between earth and us because we have evolved from the same vital energy that makes stones, plants, and animals integral parts of the comic transformation. We live with reverence and a sense of awe for the fecundity and creativity of nature as we open our eyes to what is near at hand :

> The heaven now before us is only this bright, shining mass ; but when viewed in it unlimited extent, the sun, moon, stars, and constellations are suspended in it and all things are covered by it. The earth before us is but a handful of soil ; but in its breath and depth, it sustains mountains like Hua and Yeh without feeling their weight, contains the rivers and seas without letting them leakaway, and sustains all things. The mountain before us is only a fistful of straw ; but in all the vastness of its size, grass and trees grow upon it, birds and beasts dwell on it, and stores of precious things(minerals) are discovered in it. The water before us is but a spoonful of liquid, but in all its unfathomable depth, the monsters, dragons, fishes, and turtles are produced in them, and wealth becomes abundant because of it.[28]

This magnificent display of fecundity and creativity in nature is readily visible, but only through depth of self-knowledge can we fully appreciate our place in it and our learned capacity to establish a "spiritual communion" with it.

The recognition that earth, our home, is alive and dynamically evolving encourages us to protect "Earth's vitality, diversity, and beauty" as "a sacred trust."[29] However, our ability to build global security as a basis for a wholesome human-earth relationship has been significantly undermined by the dominant patterns of development in the world today. Despite quantifiable economic progress, injustice, inequality, poverty, and violence remain widespread. China, burdened by its huge population, is particularly concerned about diminishing natural resources for future consumption. How can China become a responsible member of the Earth community without losing sight of the basic needs of her local communities' basic needs?

China, in her quest for modernity, is aware of the need to embrace Enlightenment values, such as liberty, rationality, rule of law, human rights, and dignity of the individual. However, it is imperative that she mine her indigenous resources to strengthen salient features of Confucian ethics : distributive justice, sympathy, civility, responsibility, and human-relatedness. Otherwise, it will be difficult for her to enter the dialogue among civilizations and actively participate in exploring the possibilities of "a global civil society."[30] Fundamental changes in her behavior, attitudes, and beliefs, conditioned by instrumental rationality and anthropocentrism, are required before she can make positive contribution to "a shared vision of basic values to provide an ethical foundation for emerging world community."[31] For China to develop a sound environmental ethic, the nurturing of a culture of peace and the promotion of social and economic justice are essential.

Strictly speaking, Qian, Tang, and Feng were not ecological thinkers. However, implicit in their concern for the future of China as a civilization rooted in the spirituality of the Confucian humanist tradition is a cultural message with ethical and religious implications profoundly meaningful for the human-earth relationship. Concretely, they advocated the idea of humanity primarily as sensitivity, sympathy, and empathy. A unique feature of being human is the ability to commiserate with all modalities of being in the universe through loving care. Qian believed that this tender-minded approach, a kind of soft power delicately maintaining balance and equilibrium in polity and society, was instrumental for China's longevity as a civilization.[32] Tang, in his exploration of the core values in Chinese philosophy, suggested that the Confucian focus on humanity which entails a warm heart and a brilliant mind rather than the exclusive concern for rationality, may have helped to develop an all-encompassing humanist vision.[33] Feng was particularly fascinated by Zhang Zai's four-sentence articulation of the Confucian ideal of human responsibility :

To establish the heart for Heaven and Earth
To establish the destiny for all people
To transmit the interrupted learning of the former sages
To bring about peace and harmony for ten-thousand generations.[34]

The heart of Heaven and Earth, the destiny of all people, sagely learning, and perpetual universal peace constitute, in time and space, the full distinctiveness of being human. In Feng's words, "the spirit of Heaven and Earth" symbolizes the highest human aspiration.[35]

Surely, the myth of China as a culture of peace has been thoroughly deconstructed and the story that Sinicization implies acculturation and moral persuasion is heatedly contested in the scholarly community. China as one of the longest continuous civilizations in recent history. Collective amnesia, rather than historical consciousness, is prevalent in modern Chinese intellectual discourse. China may evoke images of longevity, stability, enduring patterns, and even unchanging permanence, but in reality, it is a restless landscape, constantly changing, reconfiguring, and restructuring. Nevertheless, as Tang noted, the New Confucian reconstruction of the humanist spirit, as a response to the contemporary scene, is not an attempt to mythologize China's past but an effort to imagine what China can become in the future.[36] They believed that humanity as sensitivity, sympathy, and empathy is not merely a Confucian ideal but also a moral imperative for the global community.

Wang Yangming's (1472-1529) "Inquiry on the Great Learning" offers an elegantly simple interpretation of this idea in Neo-Confucian thought:

The great man regards Heaven and Earth and the myriad things as one body. He regards the world as one family and the country as one person. As to those who make a cleavage between objects and distinguish between self and others, they are small men. That the great man can regard Heaven, Earth, and the myriad things as one body is not because he deliberately wants to do so, but because it is natural to the humane nature of his mind that he do so.[37)]

By emphasizing the "humane nature of his mind" as the reason that the great person can embody the universe in his sensitivity, Wang made the ontological assertion that the ability to strike a sympathetic resonance with Heaven, Earth, and the myriad things is a defining characteristic of being human. Even ordinary people are capable of realizing such a seemingly lofty ideal. Inherent in the human mind(since the Chinese word xin entails both the cognitive and affective dimensions, it is often rendered as heart or, better, heart-and-mind) is this limitless sensitivity that enables us to be receptive and responsive to all modalities of being in the universe(i.e., a blade of grass or a distant star). The great person who possesses this magnificently expansive sense of inter-connectedness does not achieve it through deliberate action. Moreover, our limited capacity to achieve it is primarily the result of our negligence of our endowed nature.

To demonstrate that this is indeed the case, Wang offered a series of concrete examples :

··· when he see a child about to fall into a well, he cannot help a feeling of alarm and commiseration. This shows that our humanity (*ren*) forms one body with the child. It may be objected that the child belongs to the same species. Again, when he observes the pitiful cries and frightened appearances of birds and animals about to be slaughtered, he cannot help feeling an "inability to bear" their suffering. This shows that his humanity forms one body with birds and animals. It may be objected that birds and animals are sentient beings as he is. But when he sees plants broken and destroyed, he cannot help a feeling of pity. This shows that his humanity forms one body with plants. It may be said that plants are living things as he is. Yet even when we see tiles and stones shattered and crushed, he cannot help a feeling of regret. This shows that his humanity forms one body with tiles and stones.[38]

These examples clearly indicate that "forming one body" is not a romantic idea about unity, but a highly differentiated sense of inter-connectedness. However, "forming one body" as the unlimited sensitivity of our heart-and-mind is rooted in our Heavenly-endowed nature.

Wang further observed that a realistic understanding of the human condition must also account for our inability to make any meaningful connections with anyone or anything :

When it [our mind] is around by desires and obscured by selfishness, compelled by greed for gain and fear of harm, and stirred by anger, he will destroy things, kill members of his own species, and will do everything. In extreme cases, he will even slaughter his own brothers, and the humanity that forms one body will disappear completely.[39]

The ecological implications are obvious. We are capable of either creating a great harmony in the universe through building meaningful connections with humans and the cosmos or destroying the most intimate relationships at home because of desires, selfishness, greed, fear, and anger.

This deceptively simple notion of moral choice is predicated on a firm belief that human beings, as co-creators of the cosmic order, are responsible not only for themselves but also for Heaven, Earth, and the myriad things. The more we are able to move beyond our self-centeredness, the more we are empowered to realize ourselves. Yet, we are rooted in the world as our proper home. We do not create a spiritual sanctuary outside the earth, body, family, and community. Our embeddedness in them allows us to form one body with children, birds, animals, plants, tiles, and stones ; it is the reason that we embody others in our sensitivity. Moving beyond selfishness in an ever-expanding network of relationships enables us to realize the full potential of our humanity, for our self-realization is personal and communal rather than egoistically private.

As Heaven's partners, we are individually and communally

entrusted with a sacred mission. To borrow Herbert Fingarette's felicitous phrase, our mission is to recognize "the secular as sacred."[40] Indeed, it is "to transform our earth, body, family, and community into the emanations of Heaven's inner virtue (*de*) which is creative vitality or simply creativity in itself."[41] Our recognition of the sanctity of the earth, the divinity of the body, the holiness of the family, and the sacredness of the community is the first step in transforming our sense of the outside world as "a collection of objects" into a "communion of subjects."[42] This holistic vision of the human is predicated on the idea of mutual responsiveness between Heaven and Humanity; the idea of "unity", far from being a static relation-ship, is the attainment of an ever-renewing dynamic process.

We in the modern world are acutely aware that we have seriously polluted our home, substantially depleted the unre-newable energy available to us, endangered numerous species, and gravely threatened our own existence. Obviously, we need to rethink the human-earth relationship. Since virtually all developing nations consider economic growth and the eradica-tion of poverty the highest priorities, the development strategy directed by a modernist ideology has shoved environmental concerns to the side. The strong commitment to development as a positive good clearly outweighs the fear of ecological degradation. The urgency of the environmental crisis is often relegated to the background.

One of the most depressing scenarios of the human condition

is that with increasing clarity we know what we ought to do so that environmental degradation will not seriously threaten the viability of our species and yet, for structural, mental, conceptual, and other reasons we are moving ever closer to a point of no return. For those who have helped us scientifically, economically, politically, culturally, and religiously to see the self-destructive trajectory of development, it must be agonizing to realize that, despite all the effort and energy, the crying in the wilderness has not yet made a significant enough impact to turn the tide. Understandably, the revival of Confucian humanism is often attributed to its contribution to the work ethic, a necessary ingredient for development. Against this background, the advocacy of the precept of the unity between Humanity and Heaven is a counter-current philosophical position, a cultural criticism ; indeed, a vision of the future, rather than nostalgic attachment to the past.

Confucian Humanism as an Anthropocosmic Vision

Qian, Tang, and Feng saw the possibility for Confucian humanism to occupy a new niche in comparative civilizational studies. As a partner in dialogue among civilizations, what message can Confucians deliver to other faith communities and to the global village as a whole? To put it simply, can

Confucian humanism informed by an anthropocosmic vision deepen the conversation on religion and ecology? Specifically, can Confucian self-cultivation philosophy inspire a new constellation of family values, social ethics and political ideology that will help Cultural China develop a sense of responsibility for the global community, both for its own benefit and for the improvement of the state of the world? Indeed, can Confucian thinkers enrich the spiritual resources and broaden the Enlightenment project's scope so that it can embrace religion and ecology?

The idea of the unity of Heaven and Humanity implies for inseparable dimensions of the human condition : self, community, nature, and Heaven. The full disitinctiveness of each enhances, rather than impedes, a thorough integration of the four. Self as a center of relationships establishes its identity by interacting with community variously understood, from the family to the global village and beyond. A sustainable harmonious relationship between the human species and nature is not only an abstract ideal but also a concrete guide for practical living. Mutual responsiveness between the human heart-and-mind and the Way of Heaven is the ultimate path for human flourishing. The following three salient features constitute the substance of the New Confucian ecological turn.

(1) Fruitful interaction between self and community

As Theodore de Bary has noted, "we cannot hope to do

anything about the environment that does not first establish the home — not just the self and family — as the home base for our efforts."[43] Since the community as home must be extended to the "global village" and beyond, the self in fruitful interaction with community must transcend not only egoism and parochialism but also nationalism and anthropocentrism.

In practical ethical terms, self-cultivation, reminiscent of Toynbee's idea of self-mastery, is vital to the workability of this holistic humanist vision. Specifically, it involves a process of continuous self-transcendence, always keeping sight of one's solid ground on earth, body, family, and community. Through self-cultivation, the human heart-and-mind "expands in concentric circles that begin with oneself and spread from there to include successively one's family, one's face-to-face community, one's nation, and finally all humanity."[44]

> In shifting the center of one's empathic concern from oneself to one's family, one transcends selfishness. The move from family to community transcends nepotism. The move from community to nation overcomes parochialism, and the move to all humanity counters chauvinistic nationalism.[45]

While "[t]he project of becoming fully human involves transcending, sequentially, egoism, nepotism, parochialism, ethnocentrism, and chauvinist nationalism", it cannot stop at "isolating, self-sufficient humanism."[46]

(2) A sustainable harmonious relationship between the human species and nature

The problem with secular humanism is its self-imposed limitation. Under its influence, our obsession with power and mastery over the environment to the exclusion of the spiritual and the natural realms has made us autistic to ecological concerns.[47] This de-spirited and de-natured version of the human has seriously undermined humanity's aesthetic, ethical, and religious significance. As a result, arrogant and aggressive anthropocentrism with little concern for religion and ecology has become the unstated worldview of scientism and materialism.

Confucians, under the influence of the modern discourse, are deeply concerned about improving material conditions through science and technology and promoting democracy as the surest way to attain an egalitarian society. Yet, their preoccupation with nation-building, through the art of "managing the world" (jingshi), has overshadowed the spiritual and naturalist dimensions of their inclusive humanism.

Therefore, an ecological focus is a necessary corrective to the modernist discourse that has reduced the Confucian worldview to a limited and limiting secular humanism. Confucianism, appropriated by the modernist mind-set, has been misused as a justification for authoritarian polity. Only by fully incorporating the religious and naturalist dimensions into New Confucianism can the Confucian world avoid the danger of underscoring social engineering, instrumental rationality, linear progression, economic development, and technocratic management at the expense of a holistic anthropocosmic vision.

For the human species' continued existence, in principle and practice, a fundamental reformulation of our relationship to nature is critical. Confucianism must free itself from the modernist mind-set of economic development at all costs and reexamine its relationship to authoritarian polity as a precondition for its own creative transformation. The facilitation of sustainable and harmonious human-earth communication is a return to its own home base, rather than a departure from its source. Indeed, the best way for the Confucians to attain the new is to reanimate the old so that the digression to secular humanism, under the influence of the modern West, is not a permanent diversion.

(3) Mutual responsiveness between the human heart-and-mind and the Way of Heaven

In the appeal of scientists at the global Forum Conference in Moscow in 1990, religious and spiritual leaders were challenged to envision the human-earth relationship in a new light :

As scientists, many of us have had profound experiences of awe and reverence before the universe. We understand that what is regarded as sacred is more likely to be treated with care and respect. Our planetary home should be so regarded. Efforts to safeguard and cherish the environment need to be infused with a vision of the sacred.[48]

Obviously, the ecological question compels all religious traditions to reexamine their presuppositions with regard to the earth. It is not enough that one's spiritual tradition makes limited adjustments to accommodate the ecological dimension. The need is none other than the sacralization of nature. This may require a fundamental restructuring of the basic theology by taking the sanctity of the earth as a given. Implicit in the scientists' appeal is the necessity for a new theological thinking involving nature in the largely God-human relationship.

For the New Confucians, the critical issue is to underscore the spiritual dimension in the harmony with nature. Wing-tsit Chan notes in his celebrated A Source Book in Chinese Philosophy :

> If one word could characterize the entire history of Chinese philosophy, that word would be humanism — not the humanism that denies or slights a Supreme Power, but one that professes the unity of man and Heaven. In this sense, humanism has dominated Chinese thought from the dawn of its history.[49]

The "humanism that professes the unity of man and Heaven"

is neither secular nor anthropocentric. Although it fully acknowledges that we are embedded in earth, body, family, and community, it never denies that we are in tune with the cosmic order. To infuse our earthly, bodily, familial, and communal existence with a transcendent significance is not only a lofty Confucian ideal but also a basic Confucian practice. In traditional China, under the influence of Confucian ritual and folk belief, the imperial court, the capital city, the literary temple, ancestral halls, official residences, schools, and private houses were all designed according to the "wind and water" principles. Although these principles, based on geomancy, can be manipulated to enhance one's fortune, they align human designs with the environment by enhancing intimacy with nature.

Confucians believe that Heaven confers our human nature and the Way of Heaven is accessible to us through our self-knowledge. They also believe that to appreciate the Mandate of Heaven we must continuously cultivate ourselves. Nature, as an unending process of transformation rather than a static presence, is a source of inspiration for us to understand Heaven's dynamism. As the first hexagram in the *Book of Change* symbolizes, Heaven's vitality and creativity is incessant : Heaven always proceeds vigorously. The lesson for the human is obvious we emulate the constancy and sustainability of Heaven's vitality and creativity by participating in human flourishing through "ceaseless effort of self-strengthening."[50] The sense of awe and reverence before the universe is prompted by our aspiration to respond to the ultimate reality that makes our life purposeful and meaningful. From either a creationist or an evolutionist perspective, we are indebted to the Heaven, Earth, and the myriad things for our existence.

Mencius succinctly articulated this human attitude toward Heaven as self-knowledge, service, and steadfastness of purpose:

> When a man has given full realization to his heart, he will understand his own nature. A man who knows his own nature will know Heaven. By retaining his heart and nurturing his nature he is serving Heaven. Whether he is going to die young or to live to a ripe old age makes no difference to his steadfastness of purpose. It is through awaiting whatever is to befall him with a perfected character that he stand firm on his proper destiny.[51]

Self-realization, in an ultimate sense, depends on knowing and serving Heaven. The mutuality of the human heart-and-mind and the Way of Heaven is mediated through a harmonious relationship with nature. This sense of mutuality is a far cry from the imposition of the humane will on Heaven and the human desire to conquer nature.

The Ecological Turn from a Global Perspective

Ironically, at the time Professor Chan made his extraordinary assertion about humanism, very much in the spirit of the ecological turn characterized by Qian, Tang, and Feng, the ethos of Cultural China, especially the People's Republic, was overwhelmed by secular humanism. On the occasion of the Stockholm Conference on the Environment in 1972, the Chinese delegation refused to sign the preamble rejecting limitations on economic growth and parameters restricting advances in science and technology. The obsession with development and faith in human ingenuity made the Chinese oblivious to environmental concerns.

The situation has improved somewhat, but the ethos of scientism and materialism still persists. Since the "reform and opening" policy of 1979 Beijing has transformed itself into a developmental globalization. At first blush, commercialism, mercantilism, and international competitiveness are character-istic of the current Chinese mentality. China as a growing economic, political, and military power is one of the most important players in the construction of a new world order. Prior to the "reform and opening" policy, China endured many travails on its long march toward modernization. For decades, however, its externally inflicted and self-imposed isolation prevented the internal calamities from having a major impact on the security and stability of the neighboring countries or on the Asia-Pacific region in general. The current situation is totally different. The Chinese economy and polity are such an integral part of the larger world that whither China is a local

and national issue with profound regional and global implica-
tions. If secular humanism, whether socialist or Confucian,
remains the ruling ideology in China, its adverse influence on
the wholesome growth of Cultural China and the rest of the
world, let alone the environment, will be tremendous.

The ecological turn, as an alternative vision, is particularly
significant in this regard. To make it sustainable and,
eventually, consequential in formulating policies, the need for
public-spiritedness among intellectuals is urgent. The emer-
gence of a public space in Cultural China provides a glimpse
of hope. Although full-fledged civil societies in the Chinese
cultural universe are found only in Taiwan and Hong Kong,
the horizontal communication among public intellectuals in
several sectors of society in the People's Republic has
generated a new dynamism unprecedented in modern Chinese
history. If we define public intellectuals as those who are
politically concerned, socially engaged and culturally sensitive
(in the present context, we should add "religiously musical and
ecologically conscientious"), they are already readily visible
and audible on the political scene. Indeed, public intellectuals
in academia, government, mass media, business, and social
movements have the great potential of articulating a cultural
message inherent in the rise of China as a civilization-state.

China has been victimized for more than one hundred and
fifty years. As a victim, survivability has been its primary
concern. China is no longer a victim but a rising power. What

kind of psychology will guide the Chinese leadership as she enters the global community? If retaliation is not a viable option and sharing power has only a limited appeal for encouraging China to be a responsible player, what other motivations are relevant for China's new identity? Is China comfortable with the thought that her aspirations may depend on the persistent misery of the less fortunate areas of the world? Can China help to change the international rules of the game to make the world more equitable and humane? Will China decide to help facilitate a new world order that is, in theory and practice, non-hegemonic? How can China move beyond the mind-set of development defined exclusively in terms of wealth and power?

The first difficult step is to broaden the frame of reference for China's quest for modernization. So far, the obsession with the modern West (North America and Western Europe) has blinded China to many of her indigenous resources. I have been advocating, albeit with only limited success, that the Chinese intellectual community take India as a reference society and Indic civilization as a reference culture for her future development. Certainly, China would do well to avoid negative examples in India' economic strategies, political arrangements, and social practices ; the rise of militant Hindu nationalism and communal conflicts are obvious cases. Yet, India as the most populous democracy, with millions of English-speaking intellectuals, bureaucrats, entrepreneurs, and social activists, has a great deal to offer for China's self-reflexivity. In the present context, India's most valuable asset is its richly textured spiritual landscape. As spiritual matters go, India is a major exporting civilization. Liang Shuming predicted in 1923 that the Indian way of life would eventually prevail, even though he strongly urged China to learn from the West.[52] China's iconoclastic attack on tradition is in sharp contrast to India's continuous reaffirmation of her spiritual roots. What lessons can Chinese intellectuals learn from the Indian experience?

If China takes India seriously as a reference society and culture, she will begin to appreciate her indigenous Mahayana Buddhist heritage. Anti-religious humanism, vividly captured by Hu Shi's reflection on the Indianization of Sinic civilization, can be substantially transformed.[53] Already, in Taiwan, Hong King, and the Chinese Diaspora, Humanist Buddhism is the most powerful religious movement.[54] Its impact on economic culture, social ethics, political behavior, moral education, and, above all, environmental ethics has been considerable. If Mahayana Buddhism reemerges in China as a major spiritual force, religious Daoism may have a chance to flourish and Confucian humanism that professes the unity of Heaven and Humanity, rather than secular humanism, will prosper.

Since Tibet regards India as its spiritual source, the Chinese political authority and intellectual elite could better appreciate Tibet as a culture if India were to re-enters the Chinese mind as a reference. Beijing could deepen its understanding and not deal with the Tibet question simply as a political issue threatening national unity. As a result, the ethnic conflicts, laden with religious import, between Han Chinese and the nationalities (Uighurs and Mongols as well as Tibetans) could be handled with more cultural sophistication and ethical intelligence. An added benefit of this value-orientation is that new religions will be better assessed and their possible contribution to social solidarity better recognized. Assuming that religion will be a powerful force shaping the cultural landscape of the new China, a fundamental change in the social constructivist approach to nation-building will be unavoidable. If the Chinese political authority and intellectual elite become more musical to spiritual matters, they will develop a more reverential attitude toward their own indigenous traditions and consequently they will become more sensitive to ecological concerns.

Still, even if China is able to broaden her frame of reference to include non-Western experiences in her modernization strategy, notably the Indian experiment, her participation as an active contributor and a responsible member of the international community depends primarily on her interaction with the West, particularly the United States. With a view toward the cultivation of what UN Secretary-General Kofi Annan has advocated as a culture of peace, the Sino-American relationship is perhaps the single most important bilateral relationship in the world today. Unfortunately, the asymmetry between China's obsession with the Unite States and the American inattention to China has made the relationship extremely complex and difficult. Since the Tiananmen tragedy in 1989 China has often been portrayed in the American mass media as a pariah state. Issues of human rights, religious freedom, Tibet, Taiwan, and trade have made China the target of criticism from the radical left to the Christian right. This unusual alliance in American politics has significantly tarnished the image of China as a responsible member of the international community in the eyes of the general public. Yet, the United States is in a unique position to offer an alternative model for China's modernization.

It should be noted that cooperation between American and Chinese scientists in dealing with the environment has been cordial and productive. Realistically, however, this kind of collaboration, under the strict protocol of scientific exchanges, cannot be easily broadened to include critical ideological issues on the agenda. Yet, it seems obvious that involving China's active participation in international projects dealing with environmental degradation, such as global warming, is critical from a long-term perspective.[55]

In a broader picture, how the Chinese leadership deals with domestic affairs, such as political dissent, religious cults, freedom of speech, and the cultural expressions of its minorities, will be taken seriously by the international community concerned with human rights which, in turn, will have a major impact on China's acceptability by the American general public. On the other hand, from the Chinese perspective, the United States, as the only superpower, ought to be more obligated to play an active and constructive role in improving the state of the world. Given that only 5 percent of the world's population produces 22 percent of the globe's greenhouse gasses[56] and that the average American standard of living is beyond the widest imagination of the overwhelming majority of the Chinese people, questions of fairness and distributive justice must be raised. It is not surprising that China criticizes America's use of national interest as its guiding principle in foreign policy and as a pretext for acting contrary to the well-being of the international community ; it is a clear sign that the United States is not willing to assume global moral leadership.

Even so, a wholesome Sino-American relationship based on a series of fruitful dialogues on religion and ecology, as well as human rights, trade, education, science, and technology, is possible, desirable, and necessary. On the Chinese side, social Darwinian competitiveness will have to be replaced by a much broader vision of human flourishing. If China widens her frame of reference, which seems inevitable, she will find her niche in an increasingly interdependent pluralistic world, rather than in the narrow trajectory of linear progression. In addition to India, Southeast Asia, Latin America, the Islamic Middle East,

Africa, and many other non-Western societies will become relevant to her intellectual and spiritual self-definition. For the United States, the need to transform herself from a teaching civilization into a learning culture is obvious. As a great immigrant society, the Untied States has been a vibrant learning culture oriented toward Europe for centuries. Since the end of the Second World War, the American self-image as a tutor of Confucian East Asia has been so much ingrained in the public consciousness that the teach-disciple relationship, as in the case of Dewey and Hu Shi-Feng Youlan, has been accepted as the norm. It is now time to work at a new equilibrium of mutual learning and appreciation.

The Copenhagen Social Summit in 1995 identified poverty, unemployment, and social disintegration as three serious threats to the solidarity of the human community. Globalization enhances localization. Our community compressed into a "village", far from being integrated, blatantly exhibits difference, differentiation, and outright discrimination. For the south to appreciate the environmental movements of the North, the perceived contradiction between ecological and developmental imperatives will have to be resolved. The North's advocacy of elegant simplicity as an alternative lifestyle is not persuasive, if the South considers development, in the basic material sense, a necessary condition for survival. China as a developing society has been thoroughly seasoned in the Southern mentality. If her sense of responsibility is not simply confined to nation-building, China can become a constructive partner on global environmental issues. She can be encouraged to become so if the North, especially the United States, demonstrates moral leadership. But without encouragement and reciprocal respect from the developed countries, it is unlikely that she will independently embark on such a path. Actually, on a limited scale, mutually beneficial dialogues on religion and ecology, as well as human rights, trade, education, science, and technology, between China and the United States on the one hand and the European Union on the other have already begun.

Given the current political ethos in China, religion is a particularly delicate matter. However, religion as a vibrant social force is widely recognized by public intellectuals in government, the academy, business, and the mass media. Whether or not religion will play an active role in shaping China's development strategy is perhaps the single most important indicator for assessing China's new cultural identity. The possibility of a sound environmental ethic depends heavily on China's ability to transcend secular humanist nationalism. In a broader context, for religious and spiritual leaders to play a significant role on the global scene in articulating a shared approach to environmental degradation, they must assume the responsibility of public intellectuals. As the Millennium conference at the Untied Nations in September 2000 clearly showed, unless religious and spiritual leaders can rise above their faith communities to address global issues as public intellectuals, their messages will be misread, distorted, or ignored. Notwithstanding the demands for recognition and representation, identity politics is detrimental to fostering a global ethic for human survival and flourishing.

Religious and spiritual leaders should develop, as William Vendly suggest, in addition to their primary language on faith, a secondary language of faith, a secondary language (which, I think, may very well be an emerging universal language) to facilitate their engagement in nurturing a culture of peace in our conflict-ridden pluralistic societies.[57] The Confucians seem to have developed a secondary language as the basic cultural competence of an engaged scholar. In fact, their primary language has been so integrated in their secondary language that they have difficulty making the distinction between them. Assuming the role of the public intellectual has become a defining characteristic of being a Confucian may explain why the term "Confucian" has often been used in inter-religious dialogues as an adjective to describe the political concern, social engagement, and cultural sensitivity of Christian, Buddhists, and Muslims Thus a Confucian Christian, Buddhist, or Muslim must aspire to the role of the public intellectual. A priest whose ultimate concern is the Kingdom yet to come would not choose to be a Confucian ; nor would a monk who is totally devoted to the journey to the other shore or a Sufi who is primarily involved in the purification of the soul. However, socially committed Christians and Muslims, not to mention Humanist Buddhists, can identify themselves as Confucians also.

Toward a New Worldview and Global Ethic

The New Confucian ecological turn clearly shows that an inseparable aspect of a sustainable human-earth relationship is the creation of harmonious societies and benevolent governments through the self-cultivation of all members of the human community. At the same time, Confucians insist that being attuned to the changing patterns in nature is essential for harmonizing human relationships, formulating family ethics, and establishing a responsive and responsible government. As Mary Evelyn Tucker notes :

The whole Confucian triad of heaven, earth, and humans rests on a seamless yet dynamic intersection between each of these realms. Without harmony with nature and its myriad changes, human society and government is threatened.[58]

Since each person's self-cultivation is essential for social and political order, the public intellectual is not an elitist but an active participant in the daily affairs of the lifeworld. The Confucian idea of a concerned scholar, rather than the philosopher, prophet, priest, monk, or guru, seems the most appropriate model. The Confucians remind us that, in order to foster a wholesome worldview and a healthy ecological ethic, we need to combine our aspiration for a harmonious relationship with nature with a concerted effort to build a just society.

Political leadership in China is in an advantageous position to "promote a culture of tolerance, nonviolence, and peace."[59] Chinese people are well disposed by Mahayana Buddhism and religious Daoism as well as by inclusive Confucian humanism to "treat all living beings with respect and consideration."[60] An increasing number of public intellectuals in the academic community have already forcefully articulated the wish to "integrate into formal education and life-long learning the knowledge, values, and skills needed for a sustainable way of life."[61] The major challenge is democratization at all levels, which must begin with greater transparency and accountability in governance at the top. As rule of law rather than rule by law is widely accepted as the legitimate way to provide access to justice for all, the ideal of "inclusive participation in decision making"[62] will no longer be unimaginable.

New Confucians fully acknowledge that in their march toward modernization in the cause of nation-building, their primary language has been so fundamentally reconstructed that it is no longer a language of faith but a language of instrumental rationality, economic efficiency, political expediency, and social engineering. But they are now recovering from that modernist malaise. Through their own creative transformation, their re-presentation of the Confucian anthropocosmic vision will provide sources of inspiration for a new worldview and a new ethic. The New Confucian ecological turn has great siginificance for China's spiritual self-definition, for it urges China to return to its home base and rediscover its own soul and this in turn will be beneficial to the sustainable future of the global community.

■ ■ ■

1. Qian Mu's last essay, "Zhongguo wenhua dui renlei weilai keyou de gongxian" (The possible contribution of Chinese culture to the future of humankind), first appeared as a newspaper article in the *United News* in Taiwan (September 26,1990). It was reprinted, with a lengthy commentary form his widow, Hu Meiqi, in *Zhongguo wenhua* (Chinese Culture), no 4, August 1991, pp.93-96.

2. For an elaborate discussion on this, see Tang Junyi, *Shengming cunzai yu xinling jingjie* (Life existence and the spiritual realms ; Taipei : Xuesheng Book Co., 1977), pp. 872-888.

3. Feng Youlan, *Zhongguo xiandai zhexueshi* (History of modern Chinese philosophy ; Guangzhou : Guangdong People's Publishers, 1999), pp.251-254.

4. See Hu Meiqi's commentary, not 1.
5. For example, Ji Xianlin of Peking University, Li Shenzhi of the Chinese Academy of Social Sciences, Cai Shangsi of Fudan University, and a number of other senior scholars all enthusiastically responded to Qian's article. My short reflection appeared in *Zonghua wenhua* (Chinese Culture), no.10, August 1994, pp.218-219.

6. Max Weber, *The Religion of China : Confucianism and Taoism*, trans. Hans H. Gerth (Glencoe, Ⅲ. : Free Press, 1951), p.235.

7. Tang Junyi, *Shengming cunzai yu xinling jingjie*, pp.893-930.

8. Chang Tsai (Zhang Zai), "The Western Inscription", in wing-tsit Chan, trans., *A Source Book in Chinese Philosophy* (Princeton : Princetion University Press, 1963), p.497.

9. Feng Youlan, *Xin yuanren* (New origins of Humanity), in *Zhenyuan liushu* (Six book s of Feng Youlan in the 1930s and 1940s ; Shanghai : East China Normal University Press, 1996), vol. Ⅱ, pp.626-649.

10. Joseph Levenson, *Confucian China and its Modern Fate : A Trilogy* (Berkeley ; University of California Press, 1968).

11. "The Text" of *The Great Learning* ; see Chan, trans., *A Source Book in Chinese Philosophy.* p.86 My translation.

12. WM. Theodore de Bary, "'Think Globally, Act Locally', and the Contested Found Between", in *Confucianism and ecology*, edited by Mary Evelyn Tucker and John Berthrong (Cambridge, MA : Harvard University, Center for the Study of World Religion, 1998), p.32.

13. Ibid., pp.32-33.

14. *Zhongyong* (The Doctrine of the mean), X X I I. See Tu Wei-ming, *Centrality and Commonality : An Essay on Confucian Religiousness* (Albany, NY : State University of New York Press, 1989), p.77 This translation is slightly different.

15. See Lin Yu-sheng, *The Crisis of Chinese Consciousness : Radical Antitraditionalism in the May Fourth Era* (Madison : University of

Wisconsin Press, 1979)and Vera Schwarcz, *The Chinese Enlightenment : Intellectuals and the Legacy of the May fourth Movement of 1919* (Berkeley : University of California Press, 1986).

16. Xiong Shili, *Xin weishilun* (New theory on consciousness-only ; reprint, Taipei : Guangwen Publishers, 1962), vol. I chap.4 pp.49-92.

17. Liang Shuming, *Dongxi wenhua jiqi zhexue* (Eastern and western cultures and their philosophies ; reprint, Taipei : Wenxue Publishers, 1979), pp.200-201.

18. Daisaku Ikeda, *A New Humanism* (New York : Weatherhill, 1996), p.120.

19. The Earth Charter, at www.earthcharter.org.

20. Ibid.

21. Ibid.

22. Ibid.

23. Ibid.

24. See Tu Weiming, ed., *Confucian Traditions in East Asian Modernity : Moral Education and Economic Culture in Japan and the Four Mini-Dragons* (Cambridge, MA. : Harvard University Press, 1996).

25. Donald K.Swearer, "Principles and Poetry, Places and Stories : The Resources of Buddhist Ecology", *Daedalus*, 130, no 4 (Fall 2001), pp.225-241.

26. I am indebted to Benjamin Schwartz for this idea.

27. The Earth Charter.

28. *The Doctrine of the Mean*, XXVI : 9 in Wing-tsit Chan, trans., *A Source Book in Chinese Philosophy*, p.109.

29. The Earth Charter.

30. Ibid.

31. Ibid.

32. Qian Mu, *Cong Zhongguo lishi laikan Zhongguo minzuxing ji Zhongguo wenhua* (Chinese national character and Chinese culturel from the perspective of Chinese history ; Hong Kong : Chinese University Press, 1979).

33. Tang Junyi, "Chinese Culture and the World", in *Zhonghua wenhua yu dangjin shikie* (Chinese culture and the world today ; Taipei : Xuesheng Publishers, 1975), pp.865-929.

34. Feng youlan, *Zhongguo xiandai zhexueshi*, pp.245-249.

35. Ibid.

36. Tang Junyi, Renwen jingshen zhi chongjian (The reconstruction of the humanist spirit ; Taipei Xuesheng Book co., 1991).

37. Wang Yang-ming (Wang Yang-ming), "Inquiry on the Great Learning", Chan, trans., *A Source Book in Chinese Philosophy*, p.659.

38. Ibid., pp.659-660. Since Wang Yangming wishes to demonstrate that even the mind of the small man can form one body with all things, "he" uses he rather than "we" in the text.

39. Ibid., p.600.

40. Herbert Fingarette, *Confucius The Secular as Sacred* (New York: Harper&Row, 1972).

41. Tu Weiming, "Crisis and Creativity: A Confucian Response to the Second Axial Age", in Steven L. Chase, ed., *Doors of Understanding: Conversations in Global Spirituality in Honor of Ewert Cousins* (Quincy, Ill, : Franciscan Press, 1997), p.414.

42. Thomas Berry.

43. de Bary, "'Think Globally and Act Locally.'"

44. Huston Smith, *The World's Religions* (San Francisco: Harper San Francisco, 1991), p.182.

45. Ibid.

46. Ibid., pp.186–187.

47. Thomas Berry.

48. Quoted in Mary Evelyn Tucker, "The Emerging Allinace of Religion and Ecology", in Chase ed *Doors of Understanding*, p.111.

49. Chan, trans., *A Source Book in Chinese Philosophy*, p.3.

50. *Book of Change.*

51. *Mencius*, VIIA: 1. See D.C. Lau, trans., *Menicus* (Harmondsworth: Penguin, 1970), p.182 The first line is my translation.

52. Liang Shuming, *Dongxi wenhua jiqi zhexue*, pp.199-201.

53. Hu Shi, "The Indianization of China", in *Harvard Tercentenary Conference of Arts and Sciences, Independence, Covergence and Borrowing in Institutions, Thought and Art* (New York : Russel &Russell, 1964).

54. Stuart Chandler.

55. Michael B. McElroy notes that the future of controlling global emissions of carbon dioxide "will depend in large measure on what happens in large developing countries such as China, India and Indonesia." See "Perspectives on Environmental Change : A Basis for Action", Daedalus, 130,no.4 (Fall 2001), p.16.

56. Inid.

57. William Vendley.

58. Tucker, The Emerging Alliance of Religion and Ecology", p.120.

59. The Earth Charter.

60. Ibid.

61. Ibid.

62. Ibid.

제7장
■ ■ ■
위기와 창조성
— 제2의 기축 시대에 대한 유교의 반응

칼 야스퍼스의 원래 생각 속에 함축된 기축 시대의 주요 정신적 자원들이 21세기에서 인간 공동체를 위해 영감의 지속적 원천이 되는 것을 멈춘다는 것을 상상하는 일은 우리에게 불가능하다.[1] 세 가지의 아브라함의 종교(유태교·기독교·이슬람), 남아시아 전통들, 특히 힌두교·불교·자이나교 및 중국 전통들인 유교·도교는 인간 정신의 결정적 특징들로서 미래에도 계속 번성할 것으로 보인다. 그러나 "세계의 종교"[2] 또는 "우리의 종교들"[3]을 이런 친숙한 방식으로만 설명하게 되면, 현재의 인간 상황을 단지 부분적으로만 이해하게 된다. 현재 세계를 지배하는 이념은 종교가 아니라 계몽주의 정신으로 충만한 현대화다.

---

1) Karl Jaspers, "Die Achsenzeit", *Vom Ursprung und Ziel des Geschichte* (Zurich : Artenis Verlag, 1949), chapter 1.

2) Huston Smith, *The World's Religions* (San Francisco : Harper, 1991).

3) Alvind Sharma 편, *Our Religions* (San Francisco : Harper, 1993).

사회주의와 자본주의는 모두 현대화주의자의 발전 기풍에 찬동한다. 자연과학·과학 기술·시장경제·민주적 정체·개인주의의 측면에서 정의된 보편적 의식의 등장은 한 걸음 더 나아가 세계가 기축 시대 종교적 가르침과는 정반대되는 가치들에 의해 지배되고 있는 것 같은 인상을 준다.

제2의 기축 시대에서 중심적 문제들의 하나는 세속 세계를 참신하고 포괄적이며 보편적인 종교적 의식 속에 통합시키는 것이다. 이러한 새로운 통합이 발생하기 위한 필수적 조건은 신앙 공동체 사이, 교단과 외계 사이 그리고 모든 생각할 수 있는 문화적 경계들을 초월해서 의사 소통이 가능해지는 것이다. 호혜적인 대화와 교훈적인 담화가 종교 간의 교류에서의 적대적 대립을 대체하는 것은 피할 수 없는 일이다. 현대성의 윤리적, 종교적 차원들을 강조하며, 서구 현대주의를 대안적 모델과의 관계에서 인간 정신의 중심으로부터 재정의하는 것이야말로 우리에게 주어진 더욱 도전적인 과제다. 이 특정한 시점에서 비옥한 모호성으로 가득 찬 유교 동아시아의 경우는 특별한 주목을 받을 가치가 있다. 유교 동아시아는 제2기축 시대에서 종교적 상황의 복잡성을 설명해주는 좋은 본보기가 될 수 있을 것이다.

우리의 상상된 "지구촌"에서 의사 소통·시장·재정·무역에서의 통합을 향한 초대형화의 추세는 우리의 일상적 존재에서 통일보다는 첨예한 차이·차별화·차별을 생산한다. 강력한 세계화의 위력에도 불구하고 세계의 분화는 종족·언어·나이·성별·국토·계층·종교의 경계를 따라 강화되었다. 현대화는 동질화를 수반한다는 가설은 시대에 뒤떨어진 것이다. 인종적 긴장·언어적 대립·동일성의 정치·주권 투쟁·세대 차이·성별 문제·빈곤·실업·사회 분화·종교 내부의 갈등·종교 간

갈등 등은 단순한 개발도상국(제3세계)의 문제가 아니라 미국·
캐나다·벨기에·영국·프랑스와 같은 고도 산업 사회(제1세
계)의 두드러진 특징들이다.

그러나 비교 문명적 관점에서 기독교적·이슬람적·유교적·
불교적·힌두적이라는 말은 세계 지도의 패턴을 설명하는 데 아
직도 형용사로 사용되고 있다. 불행하게도 지구촌에서 현재의
사태를 해석하기 위해 정치학자들에 의해 채용될 때, 이것들은
"충돌"4)의 잠재적 및 실제적 윤곽을 지적하는 데에 사용된다.
결과적으로 문화적 다양성은 축하할 대상이 아니라 평화를 위협
하는 중대한 원인이다. 냉전의 종결은 미국의 방식이 끝내 승리
하리라고 강력하게 믿는 사람들에게 잠깐의 위안거리를 제공했
는지 몰라도, "미국 지배 아래의 평화"가 가져다준 행복감은 단
명했다. 심지어 아메리칸 드림은 국외에서는 아니더라도 적어도
국내에서만은 실현할 수 있다는 소중한 희망조차 회의에 빠졌
다. 이보다 더 큰 회의는 물론 제2차 세계대전 이래 미국의 지도
층에 구체화된 다음과 같은 이념이 한물 간 것이라는 점이다. 우
리의 국가적 자기 이익은 "자유 세계"에도 좋을 뿐만 아니라 전
체 인간에게도 유익하다. 미국의 성취는 나머지 마땅히 세계를
위한 열망이어야 하고, 미국의 현재는 인류의 미래라는 믿음은
더 이상 설득력이 없다. 심지어 싱가포르와 같은 도시국가조차
미국의 법률 제도·인종 관계·안보 의식·도시 문화에 대해 도
전적 질문들을 제시할 정도가 되었다. 싱가포르는 실제로 거듭
해서 미국의 언론은 터무니없게도 언론의 자유와 자율적인 통제
기제를 희생시켜 청렴과 안전을 얻었다고 비난하여 미국의 자유

---

4) Samuel P. Huntington, *The Clash of Civilizations and the Remaking of
World Order* (New York : Simon & Schuster, 1966), 207-245.

언론을 자극시켰다. 초강대국의 지성인들이 동남아시아의 가장 작은 국가들 중의 하나에 대응할 필요를 느꼈다는 사실은 의미심장하다.[5]

아메리칸 드림은 실현되지 않을 수도 있고, 미국의 이념도 유지되지 못할 수 있다. 이러한 걱정은 "인류가 생존할 수 있을까?"라는 인간의 상황에 대한 가장 심각한 위협의 중대성과 비교할 때 아무 문젯거리가 되지 않는다. 지난 세대에서 항공 우주와 관련된 자연과학 및 과학 기술의 놀라운 성취 덕분에 이러한 단순한 깨달음이 태어나게 되었고, 우주인의 일반적 응시에 의해 심각성을 자각하게 되었다. 인류 역사상 최초로 우리는 지구에 대한 초월적 시각을 획득하게 되었다. 생명의 의미는 생명의 바깥에 있는 사람들만이 이해할 수 있다는 비트겐슈타인의 격언은 아직 실현되지 않았지만, 인간에 대한 지구의 중요성을 지지하기 위하여 지구를 벗어나는 데 성공하였다. 우리에게 알려진 수백만의 은하계 중에서 우리의 집 지구만큼 좋은 곳은 없다. 전 세계에서 반성적 정신의 소유자들은 윤리-종교적 함의로 가득 찬 이 놀라운 자각을 통해 진정한 겸손을 경험하였다.

푸른 행성의 눈부신 아름다움으로 상징되는 생명선(生命船)의 이미지는 인간의 의식 속에 매우 깊게 각인되어서 무궁한 에너지 자원·정복을 위한 무한한 경계·물질적 발전의 무한한 능력이라는 이전의 수사(修辭)는 설득력을 잃고 말았다. 점차 정교해지는 측량 기술의 도움을 받아, 우리는 재생 불가능한 연료의 총량뿐만 아니라 지구를 둘러싼 대기의 두께와 취약성에 대해 생생한 정보를 획득하였다. 합리적인 상식에 근거하여 간단하게

5) 싱가포르의 관점을 보려면, Beng-Huat Chua, *Communitarian Ideology and Democrcy in Singapore* (London : Routledge, 1995)를 볼 것.

계산만 하더라도 미국의 꿈이 아니라 미국의 현실에 의해 예증된 삶의 형태는 지속될 수 없다는 점과 만일 이러한 형태의 삶이 나머지 세계로 수출된다면 생태 체계의 건강성은 크게 약화될 것이라는 점은 쉽게 알 수 있다.

끔찍한 이야기 중의 하나는 우리의 지식이 확대되면 우리는 인류가 생존하기 위하여 밟아야 되는 필수적인 단계를 정확하게 알게 되지만, 지구촌의 하부 구조는 현대주의적 기획의 무력감과 단견에 너무 확고하게 자리잡고 있기 때문에 우리는 자기 파멸을 향한 공동체적 행진을 멈출 능력이 없다는 것을 점점 더 분명하게 보게 된다는 것이다. 사정은 간단하지 않다. 과다한 소송·개인주의·불신·사리·권리 의식에 오염된 사회가 새로운 보편 윤리를 위한 도덕적 지도력을 제공할 수 없다는 것을 인식하는 데에 많은 자기 반성이 필요한 것은 아니다. 만일 이것이 단지 인간 상황에 대한 진단적 판단이라면, 제2기축 시대의 등장은 결코 신나는 일이 아니다.

문제의 심각성을 감안할 때 현대 유교는 어떻게 반응해야 할까? 우리는 응당 "현대 유교"를 출발점으로 지명하는 데에 함축된 비대칭성에 주목해야 한다. 위에서 언급된 기축 시대 문명들 중에서 현대 시기에서 유교만큼 심각하고 철저하게 고통을 당한 정신적 전통은 없다. 계몽주의 정신으로 충만한 현대 서구의 멈추지 않는 행진이 세계를 뒤덮었을 때, 모든 종교적 전통들에서 생존성의 문제가 제기되었는 데 반해, 1979년대에 압도적인 수의 동아시아와 북미의 지성사가들은 중국 유교의 운명이 정해졌다고 생각했다. 유교라는 말은 종종 "봉건적 과거"의 인상을 환기시키기 때문에, 유교에 "현대적"이라는 형용사를 붙이는 것은 어울리지 않는 것 같다. 더구나 매우 다양한 문화적 형태를 가졌기 때문에 어떤 특정한 지리적 위치로 그 성격을 규정하기가 곤란한 세계 3대 종교(기독교 · 이슬람교 · 불교)와는 달리, 유교 전통의 특징은 줄곧 동아시아, 특히 중국이었다. 유교가 도대체 현대 서구, 특히 미국과 관련성이 있을지는 두고보아야 한다.

따라서 "현대 유교적" 반응을 알아보기 위해서는 유추적으로 상상할 수밖에 없다. 시작부터 이것은 전통과 현대성이라는 외견상 어울리지 않는 두 사상적 조류의 가능한 합류에 근거하고 있다.[6] 우리가 가정하는 것은 다양한 유교 전통들이 현대 동아시아에 존재할 뿐만 아니라, 이것들은 동아시아의 현대성을 상이한 형태로 규정했다는 것이다. 동아시아 현대성은 그 생명 본위성에서 명백한 유교적 성격을 갖고 있는 관계로 서구의 현대주의와는 다르다. 만일 과정으로서의 현대화가 이미 동아시아의 문화적 형태를 띠었다면, 현대화가 일반화될 수 있는 가능성과 이것이 다원적인 문화 형태를 띨 수 있는 잠재력은 서로 조화할 수 있다. 따라서 현대화가 계속해서 놀랍도록 참신한 문화적 형태를 띨 수 있다는 것은 생각할 수 있는 일이다. 현대 유교가 한 반응의 두드러진 특징은 현재의 참담한 인간 상황에 대한 주된 책임이 있는 서구 현대주의의 실제적 대안을 개발할 수 있는지를 탐구한 것이다. 그러나 나의 접근 태도는 현대 서구에 대한 단순한 유교적 비판은 아니다. 반대로, 나의 논지는 유교 인문주의가 현대적으로 전환하기 위해서는 먼저 현대 유교가 인간의 위기에 대해 창조적으로 반응해야 한다는 것이다.

유교 전통은 19세기 중엽 현대 서구가 동아시아에 미친 영향

---

6) Tu Weiming 편, *Confucian Traditions in East Asian Modernity: Moral Authority and Economic Culture in Japan and the Four Mini-Dragons* (Cambridge: Harvard, 1995).

으로 인해 거의 사망했다고 생각되었기 때문에, 이것이 중국·한국·베트남·일본의 사회에 "심정의 관성"으로서 계속 존재한다는 사실은 인류학자·사회학자·정치학자·지성사가·동양철학자·비교종교가들에게는 흥미롭고 논란거리가 되는 연구주제가 되어왔다. 이 연구 주제는 간혹 적실성이 없는 것으로 무시되기도 했다. 통계에 의하면 세계에서 전형적 유교 사회의 특징을 갖고 있다고 거론되는 한국에서는 단지 78만 명만이 유교인인 것으로 알려졌다. 그러나 정부 차원에서 유교를 종교로 인정하지 않는 싱가포르에서는 100만이 넘는 화교들이 자신들을 유교인이라고 주장한다. 또 한 가지 주목할 만한 사실은 전체 인구의 30%를 차지하는 한국의 기독교인들은 조상 숭배와 같은 유교 의례를 여전히 실천하고 있다는 점이다. 더구나 라이샤워 교수가 적절하게 지적하고 있듯이, 대다수의 일본인들은 자신들이 불교와 신도를 모두 믿고 있다고 주장하지만, 이들 중 누구도 자신들이 유교 윤리를 실천하고 있다는 사실을 부인하지 않는다.[7] 중국 본토·홍콩·마카오·타이완·싱가포르 및 전 세계의 화교들을 포괄하는 중국 문화권의 경우는 매우 흥미롭다. 그러나 동아시아가 규범과 행위 모든 측면에서 공산주의자·자본주의자가 되거나 서구화되어 영어를 구사할지라도, 그들의 기본적인 사회 조직은 여전히 유교적 삶의 방식을 따르고 있다고 생각하는 것이 온당하다.

유교는 정치 이념·지성적 담론·상업 윤리·가족 가치 및 1960년대 이래 동아시아 자본주의와 사회주의 국가의 저항 논리 등 여러 가지 형태로 부활했는데, 이 부활에는 많은 요소들이 결

---

7) Edwin Reischauer, *The Japanese Today* (Cambridge : Harvard, 1995), 20-24.

합되어 있다. 민족성·언어·문화적 민족주의·생명 본위와 같은 원초적 유대들에 뿌리박은 긴장과 갈등에도 불구하고, 동아시아의 전반적인 패턴은 서구의 계몽주의 정신과는 완전히 다른 가치들에 기초한 통합이다. 동아시아의 지성들은 지난 1세기 이상 서구의 학습에 몰두했던 것이 사실이다. 일본의 경우 사무라이 지식 관료들은 자연과학·과학 기술·제조업·정치 제도 등 서구의 우수한 지식을 네덜란드·영국·프랑스·독일로부터 배웠으며, 최근에는 미국으로부터 수입했다. 중국의 학자 관료·한국의 양반·베트남의 지식인들도 비슷한 방식으로 자신들의 현대적 사회를 건설하기 위한 지식을 서구로부터 얻었다. 그들이 열정을 바쳤던 서구화는 근본적·포괄적이며 심지어 대량적이었기 때문에, 그들은 이러한 서구화를 통해 자신들의 경제·정체·사회를 직접적 경험을 통해 그들이 우월한 행위 양식이라고 지각했던 것에 따라 완전히 변환시킬 수 있었다. 이런 식의 적극성을 갖고 서구와 동일화하려는 것과 자신의 세계를 서구의 모델에 따라 근본적으로 개조하는 작업에 이렇게 능동적으로 참여하는 것은 인류 역사상 전례가 없는 것이다. 그러나 대량적인 문화적 흡수를 위하여 자신들의 풍부한 정신적 자산들을 뒷전으로 미루려는 동아시아의 의도적인 노력 때문에 서구로부터 배운 것을 다시 고치기 위해 오히려 타고난 패턴에 호소해야 될 필요성이 높아져버렸다. 제2차 세계대전이 끝난 후 이러한 창조적 적응의 모델은 새로운 종합을 만들어내는 데 정신적 자산들이 자리매김하는 것을 전략적으로 도왔다.

유교 전통은 봉건적 과거의 유산으로서 뒷전으로 밀려나 황제국으로서 중국의 제도와는 영원히 단절되어버렸지만, 유교 전통은 새로운 형태의 농업 기반적 경제·가족 중심적 사회 구조·

가부장적 정체에 그 토대를 유지해왔다. 유교의 정치 이념은 일본과 네 마리의 용 같은 개발 국가들에서 작용해왔다. 아울러 유교의 정치 이념은 중국·북한·베트남의 정치적 과정 속에서도 명백히 드러난다. 동아시아에서 자본주의와 사회주의 사이의 경계가 불확실해짐에 따라 이 양자 사이에 두드러진 문화적 공통분모는 명백한 유교적 특성을 갖고 있다. 동아시아와 중국 문화에서 경제 문화·가족 가치·상업 윤리는 또한 유교적 모습을 갖고 있다. 이러한 현상들을 사후약방문 식의 정당화라고 설명하는 것은 경박한 생각이다. 이러한 유교적 성격을 지적하는 것이 때늦은 뒷궁리에 불과하다는 점에 동의한다 하더라도, 동아시아 경제·정체·사회에서 등장하는 유교 자본주의(네트워크 자본주의)·유교적 민주주의(연성 권위주의)·유교적 집단 정신은 동아시아 현대성에서 유교 전통이 갖고 있는 변화적 잠재력을 시사한다.

유교 전통의 영향 아래에 있는 동아시아 현대성은 특별히 다음과 같은 6가지의 대안적 모델을 제시한다.

1) 시장경제에서 정부의 지도력은 필수적일 뿐만 아니라 바람직하다. 정부는 필요악이며 시장은 그 자체로 사회 질서의 "보이지 않는 손"을 제공할 수 있다는 교의는 동서양을 막론하고 현대적 경험과 배치된다. 사회적 수요에 반응하고, 백성의 복지를 책임지고, 사회 전체에 대해 책무를 다하는 정부는 질서의 창조와 유지를 위해 매우 중요하다.

2) 법률은 사회적 안정의 최소한의 요구 조건으로서 필수적이지만, "유기적 단결"은 인간적인 교류 의례를 보완할 때만 가능하다. 문명적인 행동 양식은 강요에 의해서는 결코 그 의미가 전

달되지 않는다. 영감의 표준으로서의 본보기의 가르침은 자발적 참여를 불러온다.

3) 사회의 기초 단위로서의 가족은 핵심 가치들을 전파하는 장소다. 나이·성별·권위·신분·계급 질서에 의해 구별된 가족 안에서의 관계는 인간화의 적절한 방법을 배울 수 있는 풍부한 자연 환경을 제공한다. 인간적 상호 작용의 2차선 도로로서의 상호성(恕)의 원리는 가족 안에서 모든 인간 관계의 형식을 규정한다. 인간 주거의 원초적인 환경에서 잠재성의 면에서 볼 때 가장 심각한 두 가지 형태의 간극인 나이와 성별은 인간적 보살핌이라는 친밀한 정서의 끊임없는 흐름 속에 놓인다.

4) 시민 사회가 번성하는 이유는 이것이 가족보다 상위에 있는, 그리고 국가를 넘어서는 자율 지역이기 때문은 아니다. 시민 사회의 내적 역량은 가족과 국가 간의 역동적인 상호 작용에서 나온다. 축소된 국가로서의 가족의 이미지와 확대된 가족으로서의 국가의 이상이 의미하는 것은 가족의 안정이 정치의 본체에 결정적으로 중요하고 국가가 수행하는 하나의 중요한 기능은 가족의 유기적 단결을 보장한다는 점이다. 시민 사회는 가족과 국가 사이의 풍성한 결합을 허용하는 다양한 형태의 중재적인 문화적 제도들을 제공한다. 사적인 것과 공적인 것 사이의 역동적인 상호 작용이 있게 되면 시민 사회는 인간 번영을 위한 다양하고 풍부한 자원들을 제공할 수 있다.

5) 교육이 응당 수행해야 되는 것은 사회에서 시민 종교의 역할이다. 교육의 주된 목적은 인격 형성이다. 전인의 양성을 의도하는 학교는 윤리적 및 인식적 지성을 강조해야만 한다. 학교가 마땅히 가르쳐야 하는 것은 의사 소통을 통한 "사회적 자본"을 축적하는 기술이다. 지식과 기술의 습득 외에도, 학교는 문화적

448 문명 간의 대화

능력의 개발과 정신적 가치의 인식에 적합해야만 한다.

6) 수신은 제가·치국·평천하의 뿌리이기 때문에, 특정한 사회에서 삶의 질은 그 구성원들의 수신의 수준에 의존한다. 수신을 인간 번영의 필수 조건으로서 장려하는 사회가 소중히 생각하는 것은 덕성 중심의 정치적 지도력·자아 실현의 공동체적 방식으로서의 상호 권면·인간화의 학습을 위한 적절한 기지로서의 가족의 가치·인간 상호 작용의 정상적 패턴으로서의 예의·인격 형성으로서의 교육이다.[8]

이와 같은 사회적 이상들이 동아시아에서 완전히 실현되었다고 주장하는 것은 얼토당토않은 말이다. 사실상 동아시아는 종종 유교적 현대성이 나타낸다고 가정하는 두드러진 특징들과는 정반대의 것을 보여준다. 수십 년 동안 제국주의와 식민주의에 의해 수모를 당했던 동아시아의 등장에서 우리는 적어도 그 표면에서 착취·중상주의·소비주의·물질주의·탐욕·이기주의·야수적 경쟁성 같은 서구 현대성의 가장 부정적 측면들을 발견한다. 그럼에도 불구하고 서구 아닌 곳에서 현대화된 첫 번째 지역인 "유교적" 동아시아의 등장은 광범위한 문화적 함의를 갖고 있다. 계몽주의 정신으로 충만한 현대 서구는 전 세계적 규모의 사회적 변화를 위한 원동력을 최초로 제공했다. 서부 유럽과 북아메리카에서 현대화 과정을 촉진했던 역사적 이유들이 반드시 현대성의 구조적 요소들은 아니다. 도구적 합리성·자유·권리 의식·법의 적절한 과정·사생활·개인주의와 같은 계몽주의 가치들은 모두 보편화될 수 있는 현대적 가치들임에 분명하다. 그

---

8) Tu Weiming, "A Confucian Perspective on the Rise of Industrial East Asia", 1687th Stated Meeting Report, *Bulletin of the American Academy of Arts and Sciences*, XCLII : 1(October 1988), 32-50.

러나 유교적 본보기에서 볼 수 있듯이, 공감·분배 정의·의무의식·의례·공공 정신·집단 본위와 같은 "아시아적 가치들"도 일반화될 수 있는 현대의 가치들이다. 계몽주의 가치들이 반드시 동아시아의 현대성 속으로 통합되어야 하는 것과 마찬가지로, 아시아적 가치들은 미국 식의 삶의 방식을 위한 비판적이고 시의적절한 참고 사항이 될 수 있을 것이다.

유교적 현대성이 현대화란 본질적으로 서구화나 미국화라는 주장을 강력하게 부정한다면, 이것은 태평양 시대의 등장이 예시하는 동아시아의 부상이 새로운 패러다임에 의한 옛 패러다임의 교체를 상징하는 것일까? 이에 대한 대답은 아마도 긍정일 것 같다. 그러나 서부 유럽과 북미가 아시아에서 새로운 지침을 구해야 할 시기가 무르익었다는 식의 일종의 관념은 현명치 못한 것 같다. 서구, 특히 미국에서 문명을 배울 뿐만 아니라 가르치는 입장으로 자신을 전환시켜야 할 필요는 명백하며, 동아시아의 현대성이 의미하는 것은 대안적 일원론이 아닌 다원론이다. 유교적 동아시아가 철저하게 서구화되지 않은 채 현대화에 성공했다는 사실은 현대화가 상이한 문화적 형태를 띨 수 있다는 점을 시사한다. 따라서 동남아시아가 서구화되거나 동아시아화되지 않고도 그 자체로 현대화될 수 있다는 생각은 충분히 가능하다. 유교적 동아시아가 태국·말레이시아·인도네시아에게 현대화의 영감을 제공했다는 바로 이 사실은 불교·이슬람교·힌두교의 형태를 갖는 현대성도 가능할 수 있다는 점을 의미한다. 라틴아메리카·중앙아시아·아프리카 및 전 세계의 토착적 전통들 모두 서구 현대주의에 대한 자체적 대안들을 개발한 잠재력이 있다는 점을 의심할 이유는 없다.

이 시점에서 잠시 멈춰 지금까지 이야기 된 것을 정리할 필요가 있다. 다원주의를 열렬히 지지한 결과 우리는 너무 일찍 깔끔한 결론에 도달했는지도 모른다. 이것은 일종의 역사적 필연성이기 때문에 발생할 확률이 높다고 말하는 것은 생각이 짧은 사람들의 희망적 관측일 것이다. 완강한 정신의 현실주의자만이 이러한 이야기가 발생할 가능성을 알 수 있는 것은 아니다. 만일 "제1세계"가 개발의 특권을 강조한다면, 만일 산업화된 동아시아가 가속화된 성장과 함께 앞서 나간다면, 만일 중국이 모든 수를 써서 "4대 현대화"에 매진한다면, 2050년경에 세계는 어떤 모습을 하고 있을까? 동아시아의 현대성이 하나의 약속일까 아니면 악몽일까? 우리는 이 점이 궁금하다.

지난 반세기 동안 세계 역사상 가장 활력적인 경제로 성장한 동아시아의 등장은 광범위한 지정학적 함의를 지닌다. 미국의 보호를 받던 충직한 학생의 신분에서 미국의 경제적 패권에 대한 가장 강력한 도전자로 성장한 일본의 변신으로 인해 우리는 진지하게 "태양을 우러러볼(looking at the sun)"[9]필요를 느낀다. 1979년 이래 실시된 "개혁 개방" 정책으로 인해 중국은 매우 빠른 속도로 거대한 발전 장치가 되었다. 1989년의 천안문 사태는 북경 당국의 야수적인 포악성을 전세계에 각인시켰다. 베를린 장벽의 붕괴와 구소련 연방 해체는 전제주의적 실험으로서의 국제 공산주의가 끝났다는 신호탄이 되었지만, 동아시아의 사회주의(중공·북한·베트남)는 명목상이 아닌 현실에서 자신들을 재창조하는 과정에 있는 것 같다. 서구 및 전 세계적 연결망 속에 있는 수천 명의 정치적 반대자들이 티베트의 독립을 지지하는 가운데 미국의 대중 매체는 중국의 극단적 타자성을 일종의 위

---

9) James Fallows, *Looking at the Sun : The Rise of the New East Asian Economic and Political System* (New York : Vantage, 1995).

협으로 부각시켰다. 중국이 한 세기가 넘는 세월 동안 서구의 제
국주의자들에게 수모를 당했기 때문에 세계 질서를 재조정하려
는 주된 동기는 복수심일지 모른다는 추측은 자명한 사실인 것 같
다. 베트남 전쟁은 말할 것도 없이, 제2차 세계대전과 한국전쟁의
무대였던 태평양에 관한 추억들은 황색 공포(Yellow Peril)10)의
신화가 재현될 수 있다는 신빙성을 더해준다. 부유한 중국인들이
동남아시아 · 타이완 · 홍콩 등지에서 북미 · 오스트레일리아 · 뉴
질랜드로 이민을 오게 됨에 따라 지구 공동체의 권력 관계를 재
조정하려는 중국인들의 음모가 있다는 위기 의식이 더욱 높아지
게 되었다.

민족적 자긍심 · 민족주의적 정서 · 외국인 혐오감은 중국어
출판물들에서 공공연하게 표현된다. 중국에서 지식인들과 정부
선전물에는 특히 미국 정부를 향한 결연한 저항의 소리가 있는
것도 사실이다. 2000년 올림픽을 주최하려는 중국의 노력에 대
한 미국의 방해 공작, 유엔의 인권 헌장을 사용한 미국의 중국에
대한 비판, WTO에 가입하려는 중국에 대한 미국의 추가 조건들
의 부과, 무역 불균형에 대한 논란 그리고 가장 심각한 것으로,
대만해협에서의 미국 개입은 모두 악화일로의 중미 관계에 심각
한 영향을 끼쳤다.

1939년 아편전쟁 이래 중국은 수많은 대학살을 겪었다. 1949
년 중공의 건국 이전에서 이 모든 것의 책임은 제국주의에 있었
다. 공교롭게도 무고한 중국인들에 가장 잔혹한 행위를 자행한
외국의 세력은 일본이었는데, 일본은 서구의 지배를 넘어서기

─────────────

10) 이 표현은 미국의 대륙 횡단 철도 공사 때 값싼 양질의 중국 노동자들이
유입됨으로 해서 백인들이 실직하게 된 사건에서 유래한 것으로서, 황색 인종에
대한 백인종의 두려움을 강조한 말(역자 주).

위한 수단으로서 고집스럽게 서구화를 시도한 결과 완전한 제국주의적 세력으로 자신을 변모시켰으며 자신과 이웃 국가들에게 참혹한 결과를 초래했다. 중국 공산당이 집권한 초기 30년 동안, 정치적 지도층 및 잘못된 정책들의 중대한 결함들로 인해 생명·자산·제도·가치의 파괴를 가져왔다. 수백만의 인민들이 사망했으나 이웃 국가들에는 전혀 영향을 미치지 않았다. 국제 공동체, 특히 서반구의 공동체들은 중국에서 발생했던 것을 완전히 망각했다. 외부적인 것이든 내부적인 것이든 간에, 중국의 고립과 이에 따른 국제 사태에의 불참은 당연시되었다. 30%의 중국 경제가 국제 무역과 연결되어 있고, 관광·유학·교환 학생·학술 교류가 빈번해지며, 거대한 외국 투자를 끌어들이는 특별 경제 지역이 지정되고, 광동에서 블라디보스토크에 이르는 자연 경제 지역이 출현함에 따라, 중국은 동아시아·아태 지역·지구 공동체의 일원이 되었다. "개혁 개방 정책"이 국내적으로 미친 영향은 막대하다. 그 중의 하나는 130만 명으로 추산되는 인민들의 국내 이주가 주로 서부 내륙에서 해안 지역으로 이미 발생했다는 사실이다.

지구 공동체 속으로 통합되려는 중국의 적극적인 행위는 어떠한 문화적 메시지를 담고 있는가? 명백한 사실은 현대 서구의 패권적 담론으로서 계몽주의 정신으로 가득 찬 국제적인 게임의 법칙은 설명적 모델이 되기에는 적절치 않다는 점이다. 만일 중국 또는 유교적 동아시아가 자신의 장기적 이익을 정당화시키는 데에 필요한 모든 모델은 도구적 및 합리적 계산에 근거하며 사회 진화론적 경쟁성에 동기가 있는 국가적 자기 이익이라는 점을 지지하게 된다면, 그 결과는 지구 공동체에 엄청난 영향을 미치게 된다. 대안의 모색은 가장 소중하게 생각된 일부 가치들에 대한 반성에서 시작해야만 할 것 같다. 인간 상황의 심각성을 감안할 때 인간은 법의 지배를 받는 시장에서의 이윤을 극대화시키기 위해 자기 이해에 따라 움직이는 기본적으로 합리적 동물이라는 주장을 우리는 어떻게 생각해야 할까? 도구적 합리성·자기 이해·이윤·시장·법은 서구 현대성과 뗄 수 없는 차원들이며, 나머지 세계에 의해 자신들의 현대화 노력의 기준으로서 광범위하게 인정되고 있다는 사실은 말할 필요도 없다. 사실상 서구에서 정부 관료·언론인·지식인·기업 대표·사회 사업가들은 이러한 것들이 개발도상국에서의 현대화 작업을 판단하는 가치적 척도라고 생각한다. 이러한 정신 자세의 부적절성은 통용성에만 있는 것이 아니다. 통용된다 하더라도 얼마나 지속될 것이고, 결국에는 인간의 번영을 위해 사실상 어떤 모델을 수반할 것인지에서 모두 부적절하다.

동아시아의 현대성은 다음과 같은 것들을 보여준다. 법률적 틀은 지속적인 사회적 질서를 위해 필요하며, 계획경제보다는 시장이 생산성을 높이는 더 좋은 방법이며, 이윤이 사람들의 근로 정신을 유발하며, 사리(私利)는 정치적 참여를 위한 중요한 자극제가 되며, 합리성은 문명 사회의 수립을 위해 필수적이다. 유교 인문주의의 영향을 받은 동아시아의 경험은 동아시아 현대성의 형태가 현재 미국에서 발견되는 것보다 적대성·개인주의·소송(訴訟)·자기 이해에서 정도가 덜한 더욱 현실적이고 바람직한 현대성의 형태라는 점을 보여준다. 물론 주의해야 할 점은 동아시아 사회가 권위주의·족벌주의·의례주의·남성 본위·계급 구조를 뛰어넘지 못하는 어려움 또한 그 원인이 유교적 유산에 있다는 사실이다. 분명한 점은 자기 실현이라는 유교 관념은 과거의 제국주의적 체제나 당대의 사회주의적 체제보다는 현대의 자유민주주의적 사회에서 실현될 가능성이 더 높을 것 같다는 사실이다.

미국은 자기 성찰을 위해 동아시아 현대성의 문화적 메시지에 주의를 기울이는 것이 좋다. 반(反)법률적 논쟁이 과대한 송사를 줄일 수 있는 것은 아니다. 입헌 제도에 기초한 법률적 틀은 미국 시민 종교의 고귀한 유산이다. 그러나 인간 관계의 생각할 수 있는 모든 영역까지 침투한 법률 절차는 기껏해야 절반의 축복이다. 사실상 법률 절차는 미국 사회에서 체면과 예의의 원천을 근본적으로 오염시켰기 때문에 미국 시민은 평균적으로 동아시아의 법률 전문가보다도 더 법률에 익숙한 것 같다. 법률 외적으로 의사 소통·타협·조정·총의 구성 등을 해야 될 필요성을 극복하는 길은 인간 상호 작용에서 우리가 선호하는 형식인 의례의 가치를 충분히 인식하는 법을 배우는 것이다. 예를 들어 미국 사회에는 학교와 가정에서의 매너를 가르치는 것과 같은 의례에 대한 요구가 사실상 과다할 정도로 많지만, 법률 절차에 실제 효과가 있는 교정 작용으로서 의례 실천의 정신을 양성하기 위해서는 가정에서 국가에 이르는 모든 공동체적 차원에서의 국가적 노력이 필요하다.

마찬가지로 시장이 갖고 있는 해방적 잠재력을 찬양하기 전에 우리는 분배적 정의의 원리를 담보하기 위해 정부가 그 책임을 다했는지를 먼저 따져야 한다. 동아시아에서는 정부의 역할과 관련해서 여당과 야당 사이에 보여주는 갈등으로 인해 사회의 도덕성을 조성하는 데 정치적 지도층이 갖는 능력이 인정되지 못한다. 동아시아에게서 성공의 비결은 가장 능력 있는 인재들을 공무원으로 뽑을 수 있는 정부의 능력이다. 다 알다시피 동아시아의 정부들은 교육에 깊게 관련되어 있다. 사실상 동아시아에서 가장 좋은 고등 교육 기관들은 모두 국립 대학이다. 영재 교육에 대한 이러한 열정이 관료주의적 능력 본위 제도의 근간을 이룬다. 동아시아에서 정치 경제에 안정성을 제공한 것은 학자 관료들의 명성일 것이다. 일본과 한국의 경우 선출된 고위 공직에 부패가 만연해 있음에도, 정치적 수사학을 구성하는 언어는 이(利)보다는 의(義), 사리(私利)보다는 공의(公義)다. 일부 경우들에서 위선이 보이기도 하지만, 언론·지식 공동체·전체적 공무원이 정치적 과정의 오류들을 시정하는 데 갖고 있는 상징적 힘은 거대하다. 심지어 정치 제도 자체가 고위 공직자의 자녀들과 같은 특권층에 의한 부패를 장려하는 중국에서조차도 이 문제를 다루는 실제적 메커니즘과 이념적 정당화 작업은 여전히 정부의 손에 달려 있다.

여기에서 우리가 배울 수 있는 것은 법률·시장·이윤·사리(私利)는 그 자체로 인간 번영의 기획을 구성할 수 없다는 것이다. 위대한 문명이 지속되기 위해서는 일상적 삶이라는 구체적 현실에 뿌리박은 좀더 의미 있는 사상과 실천들이 요구된다. 막스 베버가 서구 현대주의의 결정적 특징으로 이해한 도구적 합리성은 인간 상황의 문제성들을 다루기에는 적절치 않은 수단이다. "의사 소통적 합리성"을 도입하여 계몽주의 정신을 확장시키려는 하버마스의 거대한 구상은 의미가 있지만, 그는 마르크스·베버·파슨즈로 이어지는 지성적 계보에 의존함으로써 자신의 노력을 현대 서구의 세속적 휴머니즘에 가두어놓고 말았다.11) 하버마스가 포스트모더니스트들이 그를 비판하는 유럽중심주의는 말할 것도 없이 어떻게 인간중심주의를 추월할 수 있

---

11) Jurgen Habermans, *The Theory of Communicative Action*, Thomas McCarthy 역 (Boston : Beacon, 1984).

을지는 부분적으로 인간의 정신성을 다루는 그의 능력과 열의에 달려 있다.

유어트 커즌스가 말하는 제2기축 시대가 기초로 하는 것은 인류의 생존 가능성이라는 위기를 다루는 데 인간 공동체의 모든 정신적 자원들을 되찾는 방법으로서 문명들 간의 대화가 갖는 중요성이다.12) 철저하게 세간적인 유교는 생명이 인간 정신성의 원천이 되는 마지막 장소다. 사실상 볼테르와 같은 18세기 사상가들에게 유교의 생명 본위 사상이 매력을 끌었던 것은 바로 신적인 권위가 인정(仁政)에 개입하는 것을 거부하는 유교의 특성 때문이었다. 2000년이 넘는 세월 동안 유교 사상의 주류에서 신(神) 담론은 심지어 거부할 기회조차 주어지 않았기 때문에, 계몽주의 휴머니즘처럼 유교 인문주의는 인간중심주의를 면치 못할 것 같다.

나는 다른 곳에서 유교 인문주의는 인간론적이며 동시에 우주론적이기 때문에 유교의 생명 본위를 설명하는 적절한 표현은 인간·우주동형동성설이라고 주장했다.13) 구체적으로 생활하는 인간으로서 유교인은 우리가 지금 여기에 있는 세계에 뿌리를 내리고 있고, 이러한 삶의 사실은 본질적으로 위안적이라고 가정한다. 이 토착성으로 인해 우리는 우리의 조건적 존재성을 우리의 인간성과 뗄 수 없는 차원으로서 인정할 수 있다. 우리는 본성상 생물학적·생리적·육체적·공동체적 존재다. 우리가 지구·몸·가족·공동체를 떠나거나 초월하는 것이 "정신성"의 조건은 아니다. 우주적 과정의 공동 창조자라는 본성은 우리를

---

12) Ewert Cousins, *Christ of the 21st Century* (Rockport, MA : Element, 1992).
13) Tu Weiming, *Centrality and Commonality : An Essay on Confucian Religiousness* (Albany : New York State University Press, 1989), epilogue.

정신적 존재로 만든다. 우리는 하늘의 동료며, 개인 및 공동체의 차원에서 우리에게는 지구·몸·가족·공동체를 변화시켜 생명 자체인 하늘의 내면적인 덕을 발산하는 주체로 만드는 신성한 임무가 주어져 있다.

인간·우주 동형 동성적으로 정의된 인간의 본성에는 지구의 신성함·육체의 거룩함·가족의 지복(至福)·공동체의 신성성 이 암호로 기록되어 있다. 해·달·별·동물·나무·돌과 같은 모든 물질은 생명 에너지인 기(氣)의 특수 형태이기 때문에, 모든 물질에는 정신이 깃들어 있다. 따라서 인간과 모든 다른 형태의 존재 사이에는 동족 관계가 성립한다. 본성의 완전한 실현을 의도하는 수신은 다름아닌 우리의 지구·몸·가족·공동체라는 현실들을 우주 과정의 공동 창조자로서의 전 포괄적인 우리 자신으로 변화시키는 것이다. 그 방법은 민족성·성별·나이·국토·계급·신앙과 같은 우리의 명백한 제한성들을 자기 실현의 도구로 전환시키는 것이다. 이 임무는 매우 힘들다. 왜냐하면, 관성·제한·자기 기만이 이 임무를 방해할 수 있기 때문이다. 존재론적인 우리의 현실적 모습과 실존적인 우리의 당위적 존재 사이의 간극은 완전히 메워질 수 없다. 더욱이, 하늘은 무소부재 하고 전지할지는 몰라도 전능하지는 못하다. 과거에도 그랬듯이 인간 쪽의 계약은 오직 인간에 의해서 완수되어야 한다. 하늘의 내면적 진실은 더욱 심화되는 자기 지식을 통해서 발견될 수 있지만, 하늘의 신성한 개입은 기대할 수 없다. 우리는 우리 자신, 같은 인간들, 우리를 둘러싼 세계에 대해 우리가 저지른 행동에 모든 책임을 져야만 한다. 우주 과정의 공동 창조자로서의 우리의 본성의 결과는 우리의 파괴적 능력이다.

최근 10여 년 동안 우리는 경험을 통해 다음과 같은 사실에 대한 분명한 자각에 이르렀다. 우리는 우리의 집을 심각하게 오염시켰으며, 우리가 사용하는 갱신 불가능한 에너지를 고갈시켰으며, 우리가 합리적으로 생각한다면 얻고자 하게 될 인간의 창조적 이상에 훨씬 근접한 무수한 문명들을 파괴시켰으며, 마지막으로 수천에 달하는 인간 공동체들을 소홀히 하여 극도의 빈곤에 빠지도록 만들었다. 결론적으로 우리는 자신이 가지고 있는 파괴력을 충분히 행사했으며, 자기 파멸을 향한 불안한 행진을 시작했다. 우리에게 위안이 되는 것은 유교인들 자신이 지금까지 이러한 비인간화 과정의 희생물이었다는 것에 대한 깨달음이 아니라 하나의 상상 속 대안이 우리를 기다리고 있다는 사실이다.

유교인들에게 자기 운명의 주인이 되도록 만들어준 조류를 바꾸기 위한 최소한의 요구 조건은 동아시아의 등장이라는 문화적 메시지에 내재하는 책임의 윤리가 존재한다는 공동체적이며 비판적인 자기 의식의 등장이다. 국제적 영역에서 사리(私利)는 제아무리 광범위하게 정의된다 하더라도 다음과 같이 소극적으로 표현된 황금률의 제한을 받아야만 할 것이다. "자신에게 원치 않는 것을 남에게 하지 마라."[14] 『논어』에서 두드러진 이 원리는 서(恕)(상호성)의 덕에 의해 운용된다. 타자를 타자의 측면에서 이해하는 능력은 차이를 존중하는 것이다. 더구나 이 능력은 우리 자신의 인간성을 확대시키고 심화시켜 결국에는 창조적 포괄성으로 변한다. "서"는 단순히 수동적으로 자신의 한계를 인정하는 것이 아니라 어려움에 처한 사람들의 심정을 능동적으로 헤아리는 것이다. 따라서 이 황금률은 다음과 같이 적극적인 의미

---

14) "己所不欲, 勿施於人." 「顏淵」.

로 보완되어야 한다. "자신이 서기 위해서는 먼저 남들이 서도록 도와야 하며, 자신이 성공하기 위해서는 먼저 남들이 성공하도록 도와야 한다."15) 공동체적 참여가 갖는 포괄적인 의미의 기초는 대부분의 경우들에서 인간의 번영은 호혜적이며, 심지어 명백한 제로섬의 상황에서도 의사 소통·협상·총의 조성을 위한 공간은 여전히 존재한다는 주장이다.

유교의 공동체적이며 비판적인 자기 의식은 인도를 하나의 준거 사회로 받아들일 때 문화적 정교성의 새로운 차원에 도달할 수 있다. 중화 세계에 사는 유교인들이 인도의 지식인들을 자신들의 문화적 선택에 대한 정신적 도전으로 진지하게 인정한다면, 유교인들은 자신들의 토착적인 정신적 전통, 특히 대승불교와 도교를 되찾기에 좋은 입장에 놓일 것이다. 이 결과, 전적으로 부강에 의해 정의된 세계 질서를 바라보는 이들의 시각은 변하게 될 것이다. 중국인의 현대주의적 정신 자세에 대한 이러한 개혁이 가져올 수 있는 적극적인 결과는 티베트를 국가적 통합에 대한 정치적 위협이 아니라 정신적 자원으로 인정하는 것이다. 수적으로는 6000만 명을 넘고 영토적으로는 중국 대륙의 3분의 2를 차지하는 중국 소수 민족들에 대한 다문화적이고 다원 종교적 시각을 채택한다면, 중국의 자기 이해를 위한 개념적 장치들과 상징적 자원들은 매우 풍부해질 것이다.

1995년에 말레이시아에서 시작된 이슬람과 유교의 대화가 유교인들에게 제공해준 것은 기타 기축 시대 문명들과의 대면에서 유교적 보편성의 가능성을 탐구하는 귀한 기회였다.16) 인도네시

---

15) "己欲立而立人, 己欲達而達人."「雍也」.
16) 말라야대학이 주최한 국제 심포지엄이 3월 13~15일 간 콸라룸푸르에서 열렸다.

아의 경우 유교는 정당한 종교의 하나이고, 동아시아와 전 세계의 중국 공동체들에게 종교로서의 유교가 존재하는 것은 사실이다. 그러나 유교는 엄밀한 의미의 종교는 아니기 때문에, 우리는 종종 "유교적 기독교인", "유교적 불교인", "유교적 무슬림"과 같은 정신적인 자기 정의나 학문적 호칭과 마주치게 된다. 유교인은 문명들 간의 대화에서 어떠한 역할을 수행할 수 있는가? 유교인들은 동정적인 제3자로서 종교 간의 대화를 촉진할 수 있는가? 유교 사상가들이 이 세계에 뿌리가 있다는 사실과 현상의 변화에 대한 열정을 포기하지 않은 채 계몽주의 기획의 정신적 자원들을 풍부하게 할 가능성은 얼마나 되는가? 유교의 생활 본위적 입장은 "세계에 대한 적응"[17]으로 완전히 오인되어 왔다. 그러나 세계의 위기를 보면서 우리가 이로부터 도피할 수는 없다. 동아시아의 특별한 상황들에 토착적인 유교적 책임성의 윤리는 지구 공동체로 확장되어야 한다. 비록 작은 발걸음이라도 올바른 방향이라면 이것은 우리가 동원할 수 있는 모든 창조적 에너지를 기울일 만한 가치가 있다는 것을 깨닫는 데에는 위기의식과 겸손한 마음이 필요하다.

---

17) Max Weber, *The Religion of China : Confucianism and Taoism*, Hans H. Gerth 역(Glencoe, IL : Free Press, 1951), 235.

Crisis and Creativity :
A Confucian Response to the Second Axial Age

It is beyond imagination that the major spiritual traditions of the axial age as implied in Karl Jaspers's original conception will cease to provide a continuous source of inspiration for the human community in the twenty–first century.[1] Indeed, it seems that the three Abrahamic traditions (Judaism, Christianity, and Islam), the South Asian traditions, notably Hinduism, Buddhism and Jainism, and the Sinic traditions of Confucianism and Taoism (Daoism) will all flourish as defining characteristics of human spirituality for years to come. However, this familiar depiction of "the world's religions"[2] or "our religions"[3] gives only a partial view of the human condition. The dominant ideology of the world is not religion, but modernization informed by the Enlightenment mentality. Socialism and capitalism both subscribe to the modernist developmental ethos. The emergence of global consciousness defined in terms of science and technology, market economy, democratic polity, and individualism further gives the impression that the world is ruled by values antithetical to axial-age religious teachings.

One of the central problems in the second axial age is the full incorporation of the secular world in a renewed comprehensive ecumenical religious consciousness. Communication among faith communities, between religious orders and the outside world, and across all conceivable cultural boundaries is a necessary condition for such a new integration to occur. It is imperative that mutually beneficial dialogues and edifying conversations replace hostile confrontation in interreligious exchange. A much more challenging task is to underscore the ethical and religious dimensions of modernity and, from the core of human spirituality, redefine western modernism in terms of alternative models. The case of Confucian East Asia, laden with fruitful ambiguities, merits special attention at this particular moment. It may serve as an example of the complexity of the religious landscape in the second axial age.

In our imagined "global village", megatrends toward integration in communication, market, finance, and trade engender sharp difference, differentiation, and discrimination rather than a sense of togetherness in our ordinary daily existence. Despite powerful globalizing forces, the world's divisions have intensified along ethnic, gender, age, linguistic, territorial, class, and religious lines. The assumption that modernization entails homogenization is outmoded. Racial tension, linguistic confrontation, the politics of identity, the struggle for sovereignty, the generation gaps, the gender question, poverty, unemployment, social disintegration, and intra-as well as interreligious conflicts are salient features of the highly industrialized societies such as the United States, Canada, Belgium, England, and France (the first world) rather than merely problems of developing countries (the third world).

Yet, in a comparative civilizational perspective, Christian, Islamic, Confucian, Buddhist and Hindu are still being used as adjectives in describing patterns of the world map. Unfortunately, when they are employed by political scientists to interpret the current state of affairs in the global community, they are used to designate potential and real fault lines of "clash."[4] As a result, cultural diversity is not a cause for celebration but a grave threat to peace. While the end of the Cold War may have provided a brief solace to those who strongly believed that the American way would eventually prevail, the euphoria of a Pax Americana was short lived. Even the cherished hope that the American dream is at least realizable at home if not abroad is itself in doubt. The greater doubt is of course that the ideology embodied in the American leadership since the end of the Second World War is also passé : our national self-interest is not only good for the "free world" but beneficial to humanity as a whole. The belief that America's achievements ought to be the aspiration for the rest of the world and that the American present is the future of humankind is no longer persuasive. Even a city-state, like Singapore, can pose challenging questions to our legal system, our race relationships, our sense of security, and our urban culture. Indeed, Singapore has time and again provoked our liberal press to denounce its lack of freedom of speech and authoritarian mechanism of control as an unacceptable price to pay for cleanliness and safety. The very fact that the intelligentsia of the super power felt the need to respond to the provocation of one of the smallest countries in Southeast Asia is significant.[5]

The American dream may not be realizable. Nor is the American ideology sustainable. These concerns pale in comparison with the magnitude of the most serious threat to the human condition : Are we a viable species? Ironically, thanks to the spectacular achievements of science and technology in aerospace in the last generation, this simple realization came into being and was driven home by the generic gaze of the astronaut. For the first time in human history, we have acquired a truly transcending vision of our own habitat. While the Wittgensteinean dictum that the meaning of life can only be understood by those who manage to stand outside life is as yet unrealizable, we have succeeded in rising above the earth to countenance its significance for us. There is simply no place like home in all the millions of galaxies known to us. This incredible awareness, laden with profound ethico-religious implications, has been a truly humbling experience for reflective minds throughout the world.

The image of the lifeboat, symbolized by the stunning beauty of the blue planet, is now so deeply instilled in human consciousness that the strong modern faith in inexhaustible supplies of energy to tap, boundless frontiers to conquer, and an unlimited capacity for material progress has lost much of its persuasive power. With the help of increasingly refined measurements, we have already obtained a graphic sense of not only the amount of unrenewable fuels for consumption but also the thickness and vulnerability of the air surrounding the good earth. A simple calculation based on reasonable common sense is sufficient to determine that the form of life as exemplified by the American reality rather than the American dream is not sustainable and that if this form of life is exported to the rest of the world, the sustainability of the ecosystem will be greatly weakened.

One of the most horrifying scenarios is one in which the extension of our knowledge enables us to become acutely aware of the necessary steps we have to take to remain a truly viable species and, yet, the infrastructure of the global community is so entrenched in the inertia and short-sightedness of the modernist project that, with increasing clarity, we observe our inability to stop the communal march toward self-destruction. The things at hand are straightforward. Not much self-reflection is needed to note that a society plagued by excessive litigiousness, individualism, distrust, self-interest, and rights-consciousness is unlikely to provide the moral leadership for a new universal ethic. If this is the only diagnostic reading of the human condition, the advent of the "second" axial age is far from encouraging.

Given the gravity of the matter, what is a modern Confucian response? We must take the asymmetry implicit in the designation of "modern Confucian" as a point of departure. Among the axial-age civilizations mentioned above, no spiritual tradition suffered more profoundly and thoroughly in the modern age as Confucian humanism did. While the question of survivability was raised in all religious traditions as the restless march of the modern West, informed by the Enlightenment mentality, engulfed the world, the fate of Confucian China was thought to have been sealed by an overwhelming majority of intellectual historians in East Asia and North America as recently as the 1960s. Since he word Confucian often evokes the impression of the "feudal past", it seems incongruous to qualify Confucian by the adjective "modern." Furthermore, unlike the three world religions (Christianity, Islam and Buddhism) which have assumed such a variety of cultural forms that no specific geographic location is adequate to define them, the Confucian traditions has been East Asian and, indeed, Sinic in its characterization. It remains to be seen whether it is at all relevant to the modern West, especially the United States.

A "modern Confucian" response is, therefore, an exercise in analogical imagination. It is, from the outset, predicated on the possible confluence of two seemingly incommensurable currents of thought : tradition and modernity.[6] The assumption is that various Confucian traditions are not only present in modern East Asia ; they have defined East Asian modernity in a discernable shape. Since East Asian modernity is, in a significant way, distinctly Confucian in its life-orientation, it is different from western modernism. If modernization as a process has already assumed an East Asian cultural form, its universalizability is not incompatible with its potential to assume a plurality of cultural forms. It is, therefore, conceivable that modernization can continue to assume surprisingly new cultural forms. A salient feature of the modern Confucian response is to explore the real possibility of alternative to western modernism which is mainly responsible for the plight of the current human condition. However, my approach is not simply a Confucian critique of the modern West. On the contrary, I intend to argue that the modern transformation of Confucian humanism is a precondition for a creative Confucian reponse to the crisis of humanity.

Since the Confucian tradition is thought to have nearly died a premature death as a result of the impact of the modern West on East Asia in the mid-nineteenth century, its continuous presence in "the habits of the heart" of Chinese, Korean, Vietnamese, and Japanese societies has been a fascinating and controversial subject of inquiry by anthropologists, sociologists, political scientists, intellectual historians, Asian philosophers, and comparative religionists. At times, it is dismissed as irrelevant. One statistic shows that there are only 780,000 Confucians in South Korea, a nation often characterized as the paradigmatic Confucian society in the world. Yet, there are more than one million Chinese in Indonesia that claim to belong to the Confucian teaching (Rujiao), even though the government has not yet recognized it as a religion. It is also worth nothing that the majority of South Korean Christians, which now constitutes thirty percent of the population, continue to practice Confucian rituals, especially veneration of the ancestors. Furthermore, as Professor Reischauer aptly notes, while the overwhelming majority of Japanese identify themselves as both Buddhists and Shintoists, none of them deny that they are also followers of Confucian ethics.[7] The case of Cultural China, involving the mainland, Hong Kong, Macao, Taiwan, Singapore and overseas Chinese communities throughout the world, is intriguing. It is, however, reasonable to assume that, both in normative and behavioral terms though East Asia has become communist, capitalist, English-speaking, or westernized, the Confucian way of life still provides it with the basic social fabric.

The revival of Confucian teaching as political ideology, intellectual discourse, merchant ethics, family values, or rhetoric of protest in industrial East Asia since the 1960s and socialist East Asia more recently is the combination of many factors. Despite tension and conflict rooted in primordial ties (particularly ethnicity, language, cultural nationalism, and life-orientation), the overall pattern in East Asia is integration based on values significantly different from the Enlightenment mentality of the modern West. Evidently, East Asian intellectuals have been devoted students of western learning for more than a century. In the case of Japan, from Dutch, British, French, German and, in recent decades, American learning, the *samurai*-bureaucrats learned the superior knowledge of western science, technology, manufacturing industries and political institutions. The Chinese scholar-officials, the Korean *yangban*, and Vietnamese literati, in a similiar way, acquired knowledge from the West to build their modern societies. Their commitment to substantial, comprehensive, or even wholesale Westernization enabled them to thoroughly transform their economy, polity, and society according to what they perceived, through firsthand experience, as the superior modus operandi of the modern way. This positive identification with the West and active participation in a fundamental restructuring of one's own world according to the western model is unprecedented in human history. However, East Asia's deliberate effort to relegate their own rich spiritual resources to the background for the sake of massive cultural absorption enhanced the need to appeal to the native pattern to reshape what they had learned from the West. This model of creative adaptation following the end of the Second World War helped them to strategically position themselves in forging a new synthesis.

The Confucian tradition, having been marginalized as a distant echo of the feudal past, is forever severed from its imperial institutional base, but it has kept its groundings in an agriculture-based economy, family-centered social structure, and paternalistic polity which are reconfigured in a new constellation. Confucian political ideology has been operative in the development states of Japan and the four Mini-Dragons. It is evident in the political processes of the People's Republic of China, North Korea, and Vietnam. As the demarcation between capitalist and socialist East Asia begins to blur, the cultural form that cuts across the great divide becomes distinctively Confucian in character. Economic culture, family values, and merchant ethics in East Asia and in Cultural China have also expressed themselves in Confucian terms. It is too facile to explain these phenomena as a post-mortem justification. Even if we agree that the Confucian articulation is but an afterthought, the apparent fit of Confucian capitalism (network capitalism), Confucian democracy (soft authoritarianism), and Confucian group spirit to emerging East Asian economy, polity and society suggests, among other things, the transformative potential of Confucian traditions in East Asian modernity.

Specifically, East Asian modernity under the influence of Confucian traditions suggests an alternative model : (1)

Government leadership in market economy is not only necessary but is also desirable. The doctrine that government is a necessary evil and that the market in itself can provide an "invisible hand" for ordering society is antithetical to modern experience, West or East. A government that is responsive to public needs, responsible for the welfare of the people, and accountable to society at large is vitally important for the creation and maintenance of order. (2) Although law is essential as the minimum requirement for social stability, "organic solidarity" can only result from the implementation of humane rites of interaction. The civilized mode of conduct can never be communicated through coercion. Exemplary teaching as a standard of inspiration invites voluntary participation. Law alone cannot generate a sense of shame to guide civilized behavior. It is the ritual act that encourages people to live up to their own aspirations. (3) Family as the basic unit of society is the locus from which the core values are transmitted. The dyadic relationships within the family, differentiated by age, gender, authority, status, and hierarchy, provide a richly textured natural environment for learning the proper way of being human. The principle of reciprocity, as a two-way traffic of human interaction, defines all forms of human-relatedness in the family. Age and gender, potentially two of the most serious gaps in the primordial environment of the human habitat, are brought into a continuous flow of intimate sentiments of human care. (4) Civil society flourishes not because it is an autonomous arena above the family and beyond the state. The image of the family as a microcosm of the state and the ideal of the state as an enlargement of the family indicate that family stability is vitally important for the body politic and a vitally important function of the state is to ensure organic solidarity of the family. Civil society provides a variety of mediating cultural institutions that allow a fruitful articulation between family and state. The dynamic interplay between the private and public enables the civil society to offer diverse and enriching resources for human flourishing. (5) Education ought to be the civil religion of society. The primary purpose of education is character-building. Intent on the cultivation of the full person, school should emphasize ethical as well as cognitive intelligence. Schools should teach the art of cumulating "social capital" through communication In addition to the acquisition of knowledge and skill, schooling must be congenial to the development of cultural competence and appreciation of spiritual values. (6) Since self-cultivation is the root for the regulation of family, governance of state, and peace under Heaven, the quality of life of a particular society depends on the level of self-cultivation of its members. A society that encourages self-cultivation as a necessary condition for human flourishing is a society that cherishes virtue-centered political leadership, mutual exhortation as a communal way of self-realization, the value of the family as the proper home for learning to be human, civility as the normal pattern of human interaction and education as character-building.[8)]

It is far-fetched to suggest that these societal ideals are fully realized in East Asia. Actually, East Asia often exhibits just the apposite of the supposed salient features that Confucian modernity indicate. Indeed, having been humiliated by imperialism and colonialism for decades, the rise of East Asia, on the surface at least, blatantly displays some of the most negative aspects of western modernism with a vengeance : exploitation, mercantilism, consumerism, materialism, greed, egoism, and brutal competitiveness. Nevertheless, as the first non-western region to become modernized, the cultural implications of the rise of "Confucian" East Asia are far-reaching. The modern West as informed by the Enlightenment mentality provided the initial impetus for worldwide social transformation. The historical reasons that prompted the modernizing process in Western Europe and North America are not necessarily structural components of modernity. Surely, Enlightenment values such as instrumental rationality, liberty, rights-consciousness, due process of law, privacy, and individualism are all universalizable modern values, but, as the Confucian example suggests, "Asian values" such as sympathy, distributive justice, duty-consciousness, ritual, public-spiritedness, and group orientation are also universalizable modern values. Just as the former ought to be incorporated into East Asian modernity, the latter may turn out to be a critical and timely reference for the American way of life

If Confucian modernity definitively refutes the strong claim that modernization is, in essence, westernization or Americanization, does this mean that the rise of East Asia, which augurs the advent of a Pacific Century, symbolizes the replacement of an old by a new paradigm? The answer is likely yes. But the idea of a kind of reverse convergence, meaning that the time is ripe for Western Europe and North America to look toward East Asia for guidance, is ill-advised. While the need for the West, especially the United State, to transform itself to become a learning as well as a teaching civilization is obvious, what East Asian modernity signifies is pluralism rather than alternative monism. The success of Confucian East Asia in becoming fully modernized without being thoroughly westernized clearly indicates that modernization may assume different cultural forms. It is thus conceivable that Southeast Asia may become modernized in its own right without being either westernized or East Asianized. The very fact that Confucian East Asia has provided an inspiration for Thailand, Malaysia, and Indonesia to modernize signifies that Buddhist and Islamic and, by implication, Hindu forms of modernity are not only possible but highly probable. There is no reason to doubt that Latin America, Central Asia, Africa, and indigenous traditions throughout the world all have the potential to develop their own alternatives to western modernism.

We must take a pause at this juncture to reflect on what

has just been said. The neat conclusion, as the result of our commitment to pluralism, may have been reached prematurely. Any indication that this is likely to happen, a sort of historical inevitability, betrays simple-minded wishful thinking. We do not have to be tough-minded realists to know the likelihood of this scenario occurring. If the "first world" insists upon its privilege to overdevelop, if industrial East Asia forges ahead with its accelerated growth, if the People's Republic of China immerses itself in the "four modernizations" at all costs, what shape will the world be in toward 2050? Is East Asian modernity a promise or a nightmare? One wonders.

The rise of Confucian East Asia in the last four decades to become the most vibrant economy the world has ever witnessed has far-reaching geopolitical implications. Japan's transformation from an obedient student under American tutelage to the single most powerful challenger to American economic supremacy compels us to "look at the sun"[9] with utter seriousness. The "reform and open" policy of the People's Republic of China since 1979 has propelled her to become a gigantic development apparatus. The Tiananmen tragedy of 1989 gave the impression that Beijing is brutally oppressive. While the collapse of the Berlin wall and the disintegration of the former Soviet Union signaled the end of international communism as a totalitarian experiment, socialist East Asia (mainland China, North Korea and, for cultural reasons, Vietnam) seems to be in the process of reinventing itself in reality, if not in name. With thousands of political dissidents in the West and a worldwide network in support of Tibet's independence, China's radical otherness is widely perceived in the American mass media as a threat. The assumption that since China has been humiliated by the imperialist West for more than a century, revenge may have been her principal motive for restructuring world order seems self-evident. Memories of the Pacific theater of the Second World War and the Korean War, not to mention the Vietnam War give credence to the myth of the Yellow Peril. The emigration of wealthy Chinese from Southeast Asia, Taiwan, and Hong Kong to North America, Australia, and New Zealand further enhances the sense of crisis that there is a Chinese conspiracy to rearrange power relationships in the global community.

Surely, ethnic pride, nationalist sentiments and xenophobic feelings are openly expressed in Chinese-speaking publications. There is also a defiant tone, especially toward the American government, in the intellectual voice as well as official propaganda in mainland China. The American lobby against China's application to host the 2000 Olympics, the American use of United Nation' human rights instruments to criticize China, the American imposition of extra conditionalities in China's attempt to join the World Trade Organization, the disputes over trade imbalance (the American calculation shows that the overall deficit with China has already surpassed that with Japan) and, the most serious of all, the American involvement in the Taiwan Straits have all affected the dangerously deteriorating Sino-American relationship.

Since the Opium War in 1839, China has endured numerous holocausts. Prior to the founding of the People's Republic in 1949, imperialism was blamed for most of them. Ironically, the most devastating atrocity against innocent Chinese by the foreign powers came from Japan whose obsessive attempt to westernize as a means to rise above western domination turned her into a full-fledged imperialist power with disastrous consequences for herself and her neighbors. In the first thirty years of Chinese communist rule, major flaws in political leadership and ill-conceived policies were instrumental in the destruction of life, property, institutions, and values. Millions of people died, but the neighboring states were not affected. The international community, especially the western hemisphere, was totally oblivious to what happened in China. Whether it was externally imposed encirclement or internally designed self-isolation, China's non-participation in international affairs (for decades, at the United Nations, more than a billion Chinese were represented by the Nationalist government in Taipei) was taken for granted as the norm. With thirty percent of the Chinese economy tied to international trade, with tourism, study abroad, student exchange, scholarly communication, and business networking, with special economic territories appearing along the coast from Guangdong to Vladivastok, China is a part of East Asia, the Asia-Pacific region, and the global community. The impact of the "reform and open" policy on the domestic scene is tremendous. For on thing, an internal migration of an estimated 130 million, mainly from the interior to the coastal areas, has already occurred.

What is the cultural message of China's active integration into the global community? Obviously, the international ruled of the game informed by the Enlightenment mentality as the hegemonic discourse of the modern West are woefully inadequate to serve as an explanatory model. If China, indeed Confucian East Asia, buys into the model that national self-interest based on instrumental rational calculus and motivated by social Darwinian competitiveness is all that is needed for justifying its long-term planning, the consequences for the global community are ominous. An alternative may have to begin with a critical reflection on some of the most cherished modern values. Given the gravity of the human condition, what is the status of the claim that human beings are primarily rational animals motivated by self-interest to maximize their profits in the marketplace adjudicated by law? Needless to say, instrumental rationality, self-interest, profit, the market, and law are inseparable dimensions of western modernity and have also become widely accepted by the rest of the world as criteria for their modernizing efforts. Actually, government officials, journalists, intellectuals, business executives, and social workers in the West simply assume that these are value yardsticks for judging the performance of modernization in developing societies. The inadequacy of this mindset is not only its workability but, if it does work, how sustainable it can be and, in the long run, what model for human flourishing it actually entails.

East Asian modernity shows that the legal framework in necessary for an enduring social order, that market rather than planned economy is a better way to enhance productivity, that profit (by implication, private property) motivates people to work hard, that self-interest (by implication, rights-consciousness) is an important impetus for political participation and that rationality is essential for the establishment of a civilized community. The East Asian experience, under the influence of Confucian humanism, also shows that a less adversarial, less individualistic, less litigious, and self-interested form of modernity than currently exemplified in America is highly plausible and arguably more desirable. The caveat of course is that East Asian societies' difficulty transcending authoritarianism, nepotism, ritualism, male-orientation, and hierarchy is also attributable to the Confucian heritage. It seems obvious that the Confucian idea of self-realization can be better realized in a modern liberal democratic society than either a traditional imperial system or a contemporary socialist regime.

The American side could benefit by paying special attention to the cultural message of East Asian modernity for its own self-reflexivity. Excessive litigiousness cannot by curtailed by anti-legal arguments. The legal framework, based on constitutionalism, is a precious legacy of American civil religion. However, the intrusiveness of the legal procedure into every conceivable arena of human-relatedness is at best a mixed blessing. It has, in fact, so fundamentally poisoned the well of decency and civility in American society that an average American citizen seems more seasoned in legality than the legal experts in East Asia. The need for extra-legal communication, negotiation, arbitration, and consensus formation demands that we learn to appreciate ritual as a preferred form of human interaction. Surely, there is a plethora of ritual requirements in American society (for example, the teaching of manners at home and in school), but the cultivation of the ethos of ritual praxis, as a truly functioning corrective to the legal procedure, requires a national effort at all levels of the community from family to state.

Similarly, the glorification of the liberating potential of the market must be challenged by the responsibility of the government to ensure the principle of distributive justice. In the East Asian context, the perceived conflict between the Republicans and the Democrats in reference to the role of the government fails to recognize the power of political leadership in shaping the moral fabric of society. The ability of national governments to attract the best talents for public service is key to East Asian success. Understandably, East Asian governments are deeply involved in education. Virtually all first-rate institutes of higher learning in East Asia are national universities. This commitment to educational elitism is the basis for bureaucratic meritocracy. The prestige of scholar-officials in East Asian societies may have provided stability in the political economy. Despite widespread corruption of elected high officials in japan and South Korea, the language of "rightness" (*yi*) rather than "profit" (*li*) and of "public-spiritedness" (*gongyi*) rather than "self-interest" (*sili*) is pervasive in political rhetoric. Notwithstanding hypocrisy in some cases, the symbolic power of the press, the intellectual community, and the officialdom in general to right the wrongs of the political process is great. Even in mainland China, where the political system itself encourages rampant corruptions by the well-connected and privileged such as the children of the high-level cadre, the actual mechanism as well as the ideological justification for dealing with the issues is still firmly in the hands of the government.

The underlying lesson is that law, market, profit, and self-interest cannot in themselves constitute a project for human flourishing. Some more meaningful ideas and praxis, embedded in the concrete realities of ordinary daily living, are required for any great civilization to endure. Instrumental rationality, a defining characteristic of western modernism as Max Weber understood it, is an impoverished means to approach the problematic of the human condition. Habermas' grandiose vision of broadening the Enlightenment mentality by introducing "communicative rationality" is promising, but his appeal to the intellectual genealogy of Marx, Weber, and Parsons has encapsulated his endeavors in the secular humanism of the modern West.[10] How Habermas can transcend anthropocentrism (not to mention Eurocentrism as his postmodernist critics claim) depends partly on his ability and willingness to deal with human spirituality.

Ewert Cousins' idea of the Second Axial Age is predicated on the importance of a dialogue of civilizations as a way of retrieving all the spiritual resources of the human community in dealing with the crisis of our viability as a species.[11] Confucianism, secular to the core, seems to be the last place where the life source of human spirituality resides. Actually, the attractiveness of the Confucian life-orientation to the 18th century Enlightenment thinkers, such as Voltaire, was precisely due to its perceived rejection of any divine intervention in its benevolent rulership. Since God-talk was not even a rejected possibility in the main stream of Confucian Thinking for well over two millennia, Confucian humanism, like Enlightenment humanism, seems unavoidably anthropocentric.

I have argued elsewhere that Confucian humanism is both anthropological and cosmological and that an appropriate way of depicting the Confucian life-orientation is "anthropocosmic."[12] The Confucians assume that, as concrete living human beings, we are embedded in this world here and now and that this fact of life is intrinsically salvific. Our embeddedness enables us to accept our conditionalities as inseparable dimensions of our humanity. We are by nature earthly, biological, physiological, bodily, familial, and communal. We do not become "spiritual" by departing from or transcending above our earth, body, family, or community. We are spiritual by nature of our being co-creators of the cosmic process. We are Heaven's partners and we, individually and communally, are entrusted with a sacred mission to transform our earth, body, family, and community into the emanations of Heaven's inner virtue (*de*) which is creative vitality or simply creativity in itself (*sheng*).

The sanctity of the earth, the divinity of the body, the beatitude of the family, and the sacredness of the community are encoded in human nature anthropocosmically defined. There is spirituality in all matter because any matter (sun, moon, star, animal, tree, or rock) is a specific configuration of the vital energy. There is, therefore, consanguinity between us and all other modalities of being. Self-cultivation, intended for the full realization of our nature, is none other than the transformation of our earthly, bodily, familial, and communal realities into all embracing expressions of ourselves as the co-creators of the cosmic process. The art is to turn our apparent structural constraints (ethnicity, gender, age, land, class, and faith) into instruments of self-realization. The task is painfully difficult because inertia, limitation, and self-deception can deter us form our work. Indeed, the gap between what we onto logically are and what we existentially ought to be can never be completely bridge. Furthermore, Heaven is omnipresent and may be omniscient but not omnipotent. The human side of the covenant, as it were, must be fulfilled by us alone. Even though the inner truth of Heaven is discoverable through our ever-deepening self-knowledge, we cannot expect and divine intervention from Heaven. We must bear full responsibility for what we have done to ourselves, our fellow human beings, and the world around us. A corollary of our nature as the co-creator of the cosmic process is our power of destruction.

The acute awareness, which was empirically verified only in recent decades, is that we have seriously polluted our home, substantially depleted the unrenewable energy available to us, endangered numerous species, destroyed countless civilizations that more closely emulated the highest human ideals of creativity than what we could reasonably hope to attain, and marginalized thousands of human communities to utter destitution. In short, we have fully exercised our destructive power and embarked on a restless match toward self-destruction. One can hardly take any comfort in realizing that Confucians, thus far, have been themselves victims of this dehumanizing process except that there is an imagined alternative ahead.

For the Confucians to reverse the trend that seems to have empowered them to become the masters of their own fate, a minimum requirement is the emergence of a communal critical self-consciousness that there is an ethic of responsibility inherent in the cultural message of the rise of East Asia. In the international arena, self-interest no matter how broadly defined will have to be constrained by the golden rule stated in the negative: "Do not do unto others what you would not want others to do unto you."[13] This principle, featured prominently in the *Analects*, is guided by the virtue of reciprocity. The ability to understand others in their terms is to respect difference; moreover, it is to broaden and deepen our own humanity so that it can become creatively encompassing. Reciprocity is not merely passively recognizing our own limitations but also actively understanding the hearts and minds of those in need. The golden rule must, therefore, be supplemented by a positive charge: "In order to establish ourselves, we must help others to establish themselves; in order to enlarge ourselves, we must help others to enlarge themselves."[14] This inclusive sense of communal participation is predicated on the observation that in most cases human flourishing is mutually beneficial and that, even in apparently zero-sum conditions, space still exists for communication, negotiation, and consensus formation.

Confucian communal critical self-consciousness could reach a new level of cultural sophistication if India is taken as a reference society. If Confucians in the Sinic world take Indian intellectuals seriously as a spiritual challenge to their own cultural choice, they will be in a good position to retrieve their own indigenous spiritual traditions, notably Mahayana

Buddhism and religious Daoism. As a result, their perception of the world order defined exclusively in terms of wealth and power will change. A possible positive consequence of this restructuring of the modernist Chinese mindset would be the appreciation of Tibet as a spiritual resource rather than as a political threat to national unity. The adoption of multicultural and interreligious perspectives on China's minorities (numbering more than 60million and occupying more than two thirds of China proper) will significantly enrich the conceptual apparatuses and symbolic resources in her self-understanding.

The Islamic-Confucian dialogue, initiated in Malaysia in 1995, provided Confucians with a rare opportunity to explore the feasibility of a Confucian ecumenism in encountering other axial-age civilization.[15] Since Confucianism is not strictly a religion (it is, of course, fully justified to characterize Confucian teaching as a religion in the Indonesian case and important to note that there is a Confucian religion in East Asia and in Chinese communities throughout the world), we often come across spiritual self-definitions and/or scholarly designations such as "Confucian Christian", "Confucian Buddhist", and "Confucian Muslim." What kind of role can Confucians play in the dialogue of civilizations? Can Confucians facilitate interreligious dialogues as the sympathetic third party? What possibility is there for Confucian thinkers to enrich the spiritual resources of the Enlightenment project without abandoning its rootedness in this world and its commitment to the transformation of the status quo? The Confucian life-orientation has been grossly misconceived of as "adjustment to the world."[16] Yet, the crisis of the world demands that we do not escape from it. A Confucian ethic of responsibility embedded in the specific circumstances of East Asia must be extended to the global community. This requires a profound sense of crisis and the humility to realize that even a small step in the right direction is worth all the creative energy we can muster.

■ ■ ■

1. See Karl Jaspers, "Die Achsenzeit", in *Vom Ursprung und Ziel des Geschichte* (Zurich : Artenis Verlag, 1949), chapter 1.

2. Huston Smith, *The world's Religions* (San Francisco : Harper, 1991).

3. Alvind Sharma, ed., *Our Religions* (San Francisco : Harper, 1993).

4. Samuel P. Huntington, *The Clash of Civilizations and the Remaking of World Order* (New York : Simon & Schuster, 1966), 207-245.

5. For a Singaporean point of view, see Beng-Huat Chua, *Communitarian Ideology and Democracy in Singapore* (London : Routledge, 1995).

6. See Tu Weiming, ed., *Confucian Traditions in East Asia Modernity : Moral Authority and Economic Culture in Japan and the Four Mini-Dragons* (Cambridge : Harvard, 1995).

7. Edwin Reischauer, *The Japanese Today* (Cambridge : Harvard, 1995), 20-24.

8. See Tu Weiming "A Confucian Perspective on the Rise of Industrial East Asia", 1687th Stated Meeting Report, *Bulletin of the American Academy of Arts and Sciences*, XCLII : 1 (Ocotober 1988), 32-50.

9. James Fallows, *Looking at the Sun : The Rise of the New East Asian Economic and political System* (New York : Vantage, 1995).

10. Jurgen Hubermas, *The Theory of Communicative Action*, trans. Thomas McCarthy (Boston : Beacon, 1984).

11. Ewert Cousins, *Christ of the 21st Century* (Rockport, MA : Element, 1992).

12. Tu Weiming, *Centrality and Commonality : An Essay of Confucian Religiousness* (Albany : New York State University Press, 1989), epilogue.

13. *Analects*, XII : 2, XV : 24.

14. *Analects*, VI : 28.

15. An international symposium organized by the University of Malay, Kuala Lumpur, March 13-15.

16. Max Weber, *The Religion of China : Confucianism and Taoism*, trans. Hans H. Gerth (Glencoe, IL : Free Press, 1951)235.

□ **두유명**(杜維明：1940~   )

옮긴이 나 성

　하버드대 교수 겸 연경연구소장인 두유명을 유학의 현대화 또
는 세계화에서 선도적 인물이라고 부르는 데에는 아무런 이견이
있을 수 없다. 사실상 적어도 구미에서 동양의 윤리·철학에 관
한 제대로 된 심포지엄이나 세미나치고 그의 이름이 보이지 않
는 것은 생각할 수 없기 때문이다. 그는 20세기 후반까지 구미에
서 박물관의 진열장에 모셔져 있던 유학이라는 '화석'에 종교·
철학적 생명력을 불어넣어 이것을 현대를 움직이는 하나의 당당
한 윤리·종교적 이념으로 부활시킨 공로의 일부를 갖고 있다.
두유명의 학문적 입장은 현대 신유학(New Confucianism) 또는
제3기의 유학(Confucianism in the Third Epoch)으로 정리할 수
있다.
　상식적인 설명이지만, 유학의 제1기는 선진 유학을 가리키고,
제2기는 불교라는 이국적 요소와 도교라는 이질적 요소를 배제
하고(사실상 이것들의 강력한 영향을 입었으면서도) 제1기 선진

(先秦) 유학의 도통(道統)을 잇겠다고 다짐하는 송명(宋明)의 신유학 운동을 가리킨다. 많은 사람들은 유학이 청나라의 몰락과 함께 제2기로서 사라졌다고 생각한다. 그러나 두유명에 의하면 유학은 살아 있고, 우리가 살고 있는 현재의 시공은 유학의 제3기에 속한다고 주장한다.

두유명은 1940년에 중국 운남성(雲南省) 곤명(昆明)에서 태어났다. 1949년에 중국 본토의 함락과 함께 그는 부모를 따라 대만으로 이주한다. 그는 어려서부터 어학에 뛰어난 재질을 보였다. 아버지로부터 물려받았다는 이 어학의 재능은 이미 중학교 때 그의 교사였던 위정통(韋政通)의 논문을 영어로 번역해줄 정도였다. 그는 이 영어 능력을 살려 1957년에는 동해대학(東海大學) 영문과에 진학한다. 학부 2학년이던 1958년에 그는 자신의 일생을 바꿔놓는 중대한 운명적 만남을 경험한다.

당시 동해대 중문과에서 교편을 잡고 있던 모종삼(牟宗三 : 1909~1995)과 서복관(徐復觀 : 1903~1982)은 1958년에 당군의(唐君毅 : 1909~1978), 장군매(張君勵 : 1887~1969)와 함께 소위 '중국 문화 선언'을 발표한다. 이 문화 선언의 원제는 '중국 문화를 위해 삼가 세계의 인사들에게 고하는 선언(爲中國文化敬告世界人士宣言)'이며, 부제는 '중국 학술 연구 및 중국 문화와 세계 문화의 앞날에 대한 우리들의 공동 인식(我們對中國學術研究及中國文化與世界文化前途之共同認識)'이다. 이 선언은, 장군매와 당군의가 미국 체류 중 서양인들과 중국 문화와 철학에 대해 토론하던 가운데 느낀 감회를 써보내 온 것을 읽고, 모종삼과 서복관이 의기투합하여 약간의 수정을 한 후 '문화 선언'의 형태로 발표한 것이다. 중국 문화의 '재생 선언'과 '권리장전(權利章典)'의 성격을 동시에 갖춘 이 글은 학부 2년생 두유명의 감수성을 자극시키기에 충분하였고, 드디어 그는 자신의 인생 목표를 수정하도록 만든다. 이미 상당한 수준의 영어 실력을 갖고 있던 그는 더 이상 영문과에 머물 필요를 느끼지 못하고 중문과로 전과한다.

모종삼은 중국 철학을 통해 하나의 '도덕 형이상학'을 수립했다. 모종삼은 이 형이상학의 본질을 '생명적 학문'에서 찾는다. 그리고 그는 이 생명적 학문의 중심이 바로 심(心)과 성(性)이며, 다시 이 심·성의 본질적 성격이 도덕적 실체라고 주장한다. 이와 같은 도덕 주체론의 입장에서 중국 철학과 문화를 이해한 두유명은 1961년 졸업과 함께 '중국 문화 선언'의 전령으로서 이도덕적 주체를 '중국 문화와 세계 문화의 앞날'을 이끌 하나의 학문적 대안으로 더욱 다듬기 위해 미국 하버드대로 건너간다.

하버드대에서는 중국 철학을 철학 입장에서 접근하지 않는다. 그렇다고 이러한 접근법이 중국 철학을 폄하하기 위한 것은 아니다. 어떤 철학이든 더 넓은 '사상'의 울타리에 접근했을 때, 그 특성 파악이 더욱 원만하다는 것이 근본 전제다. 중국 철학은 서양 철학처럼 보편적 방법론을 따라 발전한 것도 아니고 또 그것을 목적으로 삼지도 않았다. 이러한 특성을 무시하고 서양적인 보편성이라는 범주들을 중국 철학에 적용했을 때, 득보다 실이 많을 것은 분명한 이치다. 그러나 만일 이러한 특성을 개발할 수 있는 다양한 주변 학문을 방법론으로 동원한다면 그 특수성을 더욱 심도 깊게 조명할 수 있을 것이다. 지역학의 특성을 살려 이와 같이 종합 학문으로 접근하는 태도를 총체적으로 '동양학(Asian Studies)'이라 정의하며, 당시 하버드대 동양학의 초석을 다진 페어뱅크(John K. Fairbank : 1907~1990)의 뒤를 이어 벤자민 슈워츠(1916~1999)가 하버드대 동양학의 관심 범위와 방향을 결정하는 조타수로 있었다. 결국, 동양 철학과 동양학의 차이는 동양 이해의 방법론적인 폭의 차이로 귀결한다고 하겠으며, 두유명은 하버드대의 이러한 학문적 방향 설정의 덕택으로 방법론적 개안을 한다.

그러나 미국에 온 두유명은 방법론적 개안에 앞서 중국 철학과 중국 문화가 미국 지성계에서 참담했던 현실과 먼저 정신적 화해를 해야만 했다. 당시 미국에서의 중국 철학은 철학이라는 이름을 붙이는 것은 고사하고 아예 지성사의 수준으로 치부되었고, 더구나 중국 문화는 역사적 연속성을 상실한 채 '사망 신고'가 이미 처리되어 역사 유물로서 박물관 진열장에 보관된 상태였다. 중국 문화의 '사망진단서'를 가장 조직적으로 설득력 있게 작성한 사람이 바로 레븐슨(Joseph Levenson : 1920~1969)이었고, 그 '사망진단서'가 바로 그의 저서 *Confucian China and its Modern Fate*다. '운명'이라는 표제가 암시하듯이, 레븐슨은 이 책에서 유학이라는 유구한 역사의 인문 전통이 서양 문화의 도전을 이기지 못하고 역사에서 사라졌다고 주장한다. 그는 이 비참한 운명의 원인을 철학 사상, 정치 문화, 사회 심리 그리고 관료 제도 등의 차원에서 분석적으로 보여준다.

두유명은 이러한 현실을 도전 대상으로 삼아 벤자민 슈워츠의 지도 아래, 자신이 중국 철학의 핵심이라고 생각하는 도덕적 주체론으로서의 심학을 변증하기 위한 반려를 찾기 위해 주변 학문들에 대한 편력을 시작한다. 그는 로버트 벨라를 통해 종교사회학 및 종교학과 만나게 된다.

로버트 벨라(Robert Bellah : 1927~)의 주저는 *Tokugawa Religion*이다. 이 책에서 벨라는 막스 베버의 방법론을 일본의 도쿠가와 시대(1600~1868)의 연구에 원용하여 일본 근대화의 뿌리를 천착한다. 그는 서구의 신교 윤리가 자본주의 정신과 밀접한 관계가 있듯이, 일본의 근대화는 페리 제독(Admiral Perry)이 가져온 것이거나 일본인들의 놀라운 모방성 때문이 아니라 도쿠가와 종교와 밀접한 관계가 있다고 주장한다. 다시 말해, 도쿠가와 종교를 구성했던 불교와 유교, 신도(神道)가 일본 근대화에 필수적인 정신적 기초를 제공했다고 벨라는 주장한다.

두유명은 벨라의 견해로부터 많은 격려와 시사를 받는다. 특히, 일본 근대화의 일역을 담당한 유교가 내용적으로는 심학이었다는 사실에서 그는 레븐슨의 진단을 공략할 수 있는 가능성을 발견한다. 아울러 종교의 역할에 대한 개안으로부터 심학에 대한 종교적 이해의 접근 가능성을 타진한다. 이러한 접근에는 하버드대 신학대학과 종교학과가 표방하는 종교다원주의적 분위기가 그에게 많은 도움을 주었다. 특히, 종교를 교리의 체계로 정의하는 것을 부정하고, 종교의 성립 조건을 '믿음(faith)'이라는 개인과 신성한 것 사이의 관계와 이것의 외적 표현인 누적적 전통(cumulative tradition) 요소에서 찾는 캔트웰 스미스(Wilfred Cantwell Smith : 1916~)의 입장은 두유명에게 유학을 하나의 종교로서 부각시킬 수 있는 가능성을 열어주었다.

두유명은 에릭슨(Erik H. Erikson : 1902~1992)의 심리학에서도 도움을 받는다. 에릭슨은 정신 분석을 통해 정상적 삶의 부침을 설명하려고 한다. 그의 가설에 따르면, 인간의 삶은 발전적인 여덟 단계로 나누어진다. 각각의 단계에서 인간은 사회적이고 정신적인 성격의 내면적 갈등에서 기인하는 정체 위기를 겪는다. 이러한 위기를 극복하려는 주체의 노력은 발전하는 주체에 흔적을 남기게 되는데, 이 흔적들이 결국 전체로서의 인간성 형성에 기여하게 된다고 그는 주장한다. 에릭슨 교수는 이 발전적

단계 중에서 가장 중요한 비중을 청년기에 형성된 자아의 정체
성에 두고 있는데, 이 정체성은 이전의 경험과 발전의 종합과 통
합 위에서 이루어지며 아울러 미래에 일어날 발전의 토대가 된
다고 그는 주장한다. 이러한 가설 밑에서 쓴 책이, 마틴 루터가
청년기에 겪었던 정체 위기와 종교 개혁 운동 사이의 연관성을
설명한 *Young Man Luther*다.

두유명은 이 책에서 학위 논문의 주제와 방법론을 발견한다. 그
는 루터와 종교 개혁의 관계를 왕양명과 그가 겪었던 용장(龍場)의
깨달음 사이의 관계로 대치할 수 있는 가능성을 발견하고, 양명이
청년기에 겪었던 다양한 심리적 갈등에서 그가 이룩한 인간 주체성
에 관한 깨달음을 설명하고자 한다. 결국 두유명은 유학에서 왕양
명의 위치를 기독교에서 루터의 위상과 대등하게 만든다. 이렇게
해서 1968년에 완성된 학위 논문이 바로 *Neo-Confucian Thought
in Action : Wang Yang-ming's Youth*(1472~1509)다.

두유명의 현대 신유학 사상 형성에 마지막으로 결정적 도움을
준 것은 메츠거(Thomas A. Metzger : 1926~   )다. 그는 1977년
에 출판된 그의 책 *Escape from Predicament*에서 당시까지 중
국 역사 이해에서 정설이었던 막스 베버와 레븐슨의 공조 체계
를 근본적으로 흔들어버린다. 메츠거는 중국의 역사와 전통이란
박물관의 진열품으로 존재하는 화석이 아니라 현재의 삶과 관련
된 살아 있는 실체라고 주장한다. 따라서 본질적으로 중국의 역
사는 단절이 아닌 '연속성'을 가지고 있으며, 이 연속성은 중국
문화에 내재하는 '긴장'의 성격에 의해서 유지된다고 메츠거는
주장한다.

메츠거는 중국의 전통적 자아가 역설적 긴장에 사로잡힌 것에
주목한다. 하나는 신은 아니더라도 신적인 자아며, 다른 하나는

자신이 목표로 하는 것이 상실될지도 모른다는 불안감에 항상 노심초사하는 자아다. 메츠거는 이 곤경의 긴장이 중국 역사를 관통하는 정신적 지주라고 설명하면서, 이 긴장이 유학자의 행동 양식을 결정한다고 주장한다. 그 대표적인 경우로서 선진 유학, 법가, 왕안석과 같은 급진주의와, 송명의 신유학 더 자세히 말해 주자학과 양명학의 온건한 현실주의를 꼽는다. 메츠거가 설명하는 양자의 공통점과 차이점이란 다음과 같다. 공통점이란 두 경향 모두 도덕적 자아에서의 긴장이라는 동일한 주제와 이 주제가 조성하는 형이상학적, 심리적, 정치적 및 경제적 '곤경(predicament)' 의식을 가지고 있다는 사실이고, 다른 점이란 이러한 곤경을 해결하는 방법(급진주의와 현실주의)이다.

메츠거에 따르면, 외형상 제국과 공산주의라는 배타적이고 단절적 성격을 가지고 있기는 하지만, 레븐슨에 의해 '단절'이라고 규정되었던 중국 근대로부터 현대로의 전이를 지배했던 것은 여전히 위에 제시한 곤경 해결의 방법, 그 중에서도 급진주의였다. 다시 말해, 중국의 근대와 현대는 연속성을 가진다는 것이다. 그 단적인 증거로서 메츠거는 중국 공산주의가 갖는 전통적(유교적) 성격을 든다. 그의 주장을 요약하자면, 공산주의는 중국의 전통이 자신의 곤경을 해결하기 위해 빌려 입은 '외투'에 불과하다는 것이다. 이 논리는 유교 문화국의 산업화를 설명하는 데도 적용된다. 산업화와 자본주의는 서양에만 독특한 현상이 아니라, 유교 문화국이 가지고 있는 '역사'와 '가치'의 긴장이라는 곤경 속에서 선택된 사회 이념으로서, 이렇게 도입된 사회 이념이 전통과 연계성을 가진다는 사실은 동아시아의 산업화가 가진 유교적 성격에 의해 증명된다는 것이다.

이로써 제3기 유학의 정지 작업을 끝낸 두유명은 적극적으로 자신의 현대 신유학을 천명한다. 두유명은 현대 신유학을 "인간화를 위한 학습"이라 규정하며 그 의미를 종교적 성격에서 찾는다. 그는 유학을 기성 종교와는 다른 "비회원제 종교(non-membership religion)"라고 정의한다. 이 "비회원제" 종교는 종교에 대한 기존의 관념을 거부한다. 흔히 종교라고 할 때, 우선 초월적 존재가 제일 먼저 요구되는 것이 통례인 데 반해, 종교로서의 유학이 성립하기 위해서는 최대 요구 조건도 인간이요 최소 요구 조건도 인간이다. 이러한 요구 조건이 역설적이듯이 유학의 인간관도 역설적이다. 인간은 현실 세계의 구성원으로서 현상성을 갖지만, 이 현상성 속에는 자기 초월의 가능성이 보장되어 있다. 이러한 역설적 성격을 두유명은 핑가렛(Fingarette)의 책 표제를 빌려 "신성으로서의 범속(The secular as sacred)"이라 부른다. 여기에 비추어볼 때, 결국 그가 주장하는 유학의 본질, "인간화를 위한 학습"은 인간이 범속의 상태에서 신성 상태로 탈바꿈하는 것을 의미한다. 이 탈바꿈을 학습이라고 하는 이유는 소위 기성 종교에서 말하는 '구원' 또는 '해탈'이라 부르는 인간의 질적 상태변화가 유학에서는 타율적으로 주어지는 것이 아니라 자득(自得)되는 것이기 때문이다. 아울러 이 자득은 부단한 자기 노력의 학습 과정을 통해 이루어지기 때문에 이러한 자기 노력의 학습 과정은 반드시 교회라는 제도를 필요로 하지는 않는다. 따라서 두유명은 "인간화를 위한 학습"을 달리 "궁극적 자기 변화의 과정(The process of ultimate self-transformation)"이라고 부른다. 궁극적이란 말은 이 자기 변화가 모든 유학자의 최종 목표이기 때문이다.

두유명은 이러한 자기 변화에 두 가지 조건이 수반된다고 주장한다. 첫째는 믿음이다. 이 믿음은 인간의 자기 완전성에 대한 믿음으로서 자신의 노력을 통한 자기 초월의 가능성에 대한 믿음이다. 둘째는 사회적 행위다. 종교로서의 유학이 회원제를 바탕으로 하는 폐쇄적 제도를 거부하기는 하지만, 유학에서 인간의 자기 초월은 사회적 행위를 매개로 한다고 그는 주장한다. 유학에는 이와 같은 자아, 사회, 초월의 계기들이 상호 연결되어 있는데, 이 세 요소의 유기적 전일성 또는 통전성에 대한 진정한 인식은 종교적 태도를 통해 가능하다고 두유명은 주장한다.

지금까지 두유명이 제창하는 제3기의 유학을 학적 형성의 배경과 내용으로 나누어 살펴보았다. 결론적으로 그의 주장을 요약해보면 다음과 같다 : 제1기 유학이 초월적 돌파를 통해 정신문화 발달에 공헌한 인류 공통적 자산의 하나라고 한다면, 제2기의 유학은 표면적으로는 불교와 도교를 반대하나 내면적으로는 이들의 내용을 수용하여 유학을 이론적으로 살찌운 것이고, 제3기의 유학은 표면적인 '사망'에도 불구하고 그 유구한 역사의 생명력은 면면히 이어져 동아시아의 정신적 토대로서 근대화와 산업화를 이끄는 저력을 발휘했다는 것이다. 따라서 제3기의 유학은 좁은 동아시아의 울타리를 벗어나 다시금 인류 문명과 문화를 살찌우는 인류 공동 문화 유산의 소임을 다해야 하며, 이러한 국제화된 유학의 성격은 종교여야 한다는 것이다. 두유명은 현재까지 19권의 영문 저서와 13권의 중문 저서를 가지고 있다.

□ 옮긴이 / 나 성 ─────────────────────────────

숭실대 철학과를 졸업하고 서울대 대학원에서 동양철학을 전공하여 다산 정약용으로
석사 논문을 쓴 뒤, 다시 대만대 철학연구소에서 청대 사상가 대진(戴震)에 관한 연구로
석사 학위를 받았다. 이러한 연구들의 연장선상에서 주희(朱熹) 철학을 박사 학위의 주제
로 선택한 뒤, 하버드대에서 학위를 마쳤다. 한신대 철학과에 재직하면서『중국 고대
사상의 세계』,『도의 논쟁자들』등의 역서와 다수의 논문을 발표했으며, 현재 새로운
패러다임에 의한 송명 철학의 연구서를 준비하고 있다.

문명 간의 대화
─────────

초판 1쇄 인쇄 / 2007년 11월 5일
초판 1쇄 발행 / 2007년 11월 10일
■
지은이 / 두유명(杜維明)
옮긴이 / 나   성
펴낸이 / 전   춘   호
펴낸곳 / 철학과현실사
서울특별시 서초구 양재동 338의 10호
전화 579─5908∼9
■
등록일자 / 1987년 12월 15일(등록번호 : 제1─583호)
■
ISBN 978-89-7775-644-1 03150
*잘못된 책은 바꾸어 드립니다.
*지은이·옮긴이와의 협의에 따라 인지를 생략합니다.

값 25,000원